Fabien Nivière

Naissance des Mondes

Rhuthmos I

« *Une philosophie radicale et première est la recherche du Commencement* »

Michel Henry, <u>Généalogie de la psychanalyse</u>.

Préface

Ami lecteur...

Tu tiens entre tes mains le premier volume de <u>Naissance des mondes</u>, intitulé « *Rhuthmos I* ». A l'origine, il ne s'agissait que d'un simple carnet sur lequel je notais pour moi-même quelques réflexions philosophiques au cours de mes promenades quotidiennes. Mais avec le temps, le carnet s'est rempli de nouvelles pensées et beaucoup d'autres carnets ont suivi. A l'heure où j'écris cette préface, pas moins de vingt-sept sont venus s'ajouter au premier, et tous ensemble, ils forment le squelette d'une nouvelle métaphysique de la Nature. Ce n'est pourtant qu'après de nombreuses hésitations et même une certaine réticence que j'ai pris la décision de les publier. À cela trois raisons. Premièrement, parce que la pensée est une recherche interminable qui se corrige elle-même perpétuellement en ne cessant d'arpenter ses territoires. Quel philosophe oserait prétendre que son travail a un jour atteint sa forme parfaite et sa présentation définitive ? Mes livres, mes fragments et mes conférences ne sont que des essais et des ébauches, inachevés et inachevables[1] : sentiers qui s'entrecroisent et se recoupent avec obstination comme des pistes familières et pourtant toujours nouvelles. Familières

---

[1] La pensée est un *rythme* au sein de l'infini : elle ne saurait l'inclure, mais est incluse en lui comme une vague est incluse dans l'océan.

parce que la méditation est un ressassement obsessionnel qui passe et repasse par les mêmes chemins ; nouvelles dans la mesure où chacune, malgré la parenté qui l'unit à ses voisines, brille toujours d'un éclat singulier, un peu comme un même paysage continuellement réinventé par le jeu de la lumière à toutes les heures de la journée. Le lecteur attentif qui voudra bien s'y aventurer et y séjourner quelque temps[2] (car il n'est pas de vraie méditation pour celui qui, trop pressé, ne prend pas le temps de flâner dans sa lecture) y découvrira peu à peu une philosophie nouvelle, comme une plante étrange, récemment éclose, qui chemine vers sa forme adulte. Cette plante inconnue pousse dans toutes les directions à la fois, allonge ses racines, déploie son arborescence en étendant ses ramures vers le haut et sur les côtés, nouant jour après jour de nouveaux contacts ; patiemment, elle redessine la carte de son biotope en imposant son propre

---

[2] La meilleure lecture possible de cet ouvrage est la lecture *patiente* et *chronologique* : 1) la préface permet de se familiariser avec l'idée de Mouvement et de se faire une meilleure idée de l'origine de mes pensées. 2) L'abrégé de métaphysique décrit l'acte de naissance du philosophe, présente les principaux concepts opératoires de mon naturalisme et offre un bref résumé des thèses que je défends. 3) Les fragments sont l'occasion de mettre en situation les concepts opératoires de mon ontologie à propos de questions de physique, de biologie et de cosmologie. 4) Enfin, la conférence de Sanary, rajoutée à la fin, offre une vue ramassée et plus sommaire de ma métaphysique de la Vie. Je conseille donc vivement à mon lecteur de suivre l'ordre de l'exposition de mes pensées pour en faciliter la découverte et la compréhension.

rythme à son environnement. Car il en va de la croissance des idées comme de celle des êtres vivants : tous deux transforment leur milieu et l'inventent à leur image pour mieux l'habiter. Une pensée nouvelle est un *logos* virginal qui réinvestit pas à pas le territoire commun de l'histoire des idées en lui imposant une scansion originale ; elle remodèle les anciens paysages philosophiques en les sculptant autrement, en redessinant leurs frontières naturelles. Ce faisant, elle jette sur les autres systèmes philosophiques une lumière inédite en les interprétant à partir de son centre de forces. Généralement, l'idée en train de naître s'isole pour « *pousser plus avant dans son ordre* »[3] et ne suit que ses voies propres ; mais lorsqu'elle vient à croiser des chemins déjà empruntés par d'autres, (ce qui est inévitable, étant donné le nombre restreint des grands problèmes philosophiques), elle réinterprète les réponses des grands prédécesseurs dans le mouvement de son questionnement à elle – parfois jusqu'à les tordre – tout comme la vague artiste qui bat sempiternellement le rocher grave en lui les formes temporelles du flux et du reflux. Cependant la naissance et la croissance d'une idée prennent du temps, beaucoup de temps. L'accouchement de sa pensée dans la formulation qui lui convient le mieux et la confrontation avec les grands penseurs du passé avec lesquels il dialogue continuellement sont pour le philosophe une tâche interminable et un martyr ascensionnel. En quoi ma pensée ressemble-t-elle et diffère-t-elle de celle de Démocrite, de celle d'Anaximandre, d'Héraclite ou encore de Nietzsche

---

[3] Selon la belle expression de René Char.

se demande-t-il[4] ? Qu'ai-je retenu d'eux et qu'est-ce qui me fait m'en éloigner ? Parfois, les premières formulations d'une pensée nouvelle sont timides et hésitantes et elles manquent encore de cette force sereine et cette précision chirurgicale que le scalpel de la patiente rumination leur offrira plus tard, avec la patine du temps. Car la pensée nouvelle, tout comme un organisme vivant, a besoin de faire mûrir ses fruits lentement au soleil et ne surgit jamais pour ainsi dire toute armée de la tête de Zeus. Il n'en va pas de la recherche de la vérité comme d'une action banale à accomplir, qui, une fois faite, n'est plus à faire. La vérité ne se conquiert pas comme le sommet d'une montagne. Après le premier sommet, il y a toujours d'autres montagnes et d'autres sommets, *à l'infini*. Car le philosophe, qui entreprend l'exploration de la Nature *(Physis)*, se donne la folle tâche d'explorer l'infini – la Nature étant un autre nom de l'infini puisqu'il n'y a rien en dehors d'elle qui pourrait venir la limiter[5]. Nietzsche l'a dit mieux que personne : le penseur est un « aéronaute de l'esprit »[6], un oiseau qui s'élance devant la mer

---

[4] Ce questionnement pour situer sa pensée par rapport à celle des autres penseurs apparaît très nettement chez Marcel Conche, notamment dans Penser à l'infini (PUF). Marcel Conche, par sa vie et son œuvre exclusivement tournées vers la recherche de la vérité, est le modèle même du philosophe tel que je me le représente et probablement le plus grand penseur de notre temps.

[5] Sur ce point, je renvoie au grand ouvrage de Marcel Conche, Présence de la nature, incontestablement la meilleure étude de la *Physis* grecque jamais écrite.

[6] Nietzsche, Aurore, § 575 « *Nous autres aéronautes de l'esprit !* ».

infinie du réel. Son œuvre est une interminable recherche et une patiente écoute que seule la mort peut interrompre. Qu'il découvre une nouvelle planète, une nouvelle musique ou un nouveau concept, le destin de l'explorateur est finalement toujours le même : inventer un chemin et un nom pour ce qui n'existe pas encore pour ses semblables. Le pionnier est le premier voyant. Et c'est uniquement à partir de lui et de la trouée qu'il perce au sein de l'infini que ses contemporains pourront voir ce qu'il a vu et dire ce qu'il a nommé. Car avant lui, l'idée n'avait pas encore d'être et, à la place qu'elle occupe maintenant, il n'y avait que l'*Homogène*, le pur indifférencié, c'est-à-dire le Mouvement invisible et sans nom qui précède toutes les formes. Les Anciens Grecs, et en particulier Anaximandre, ont compris que l'être véritable n'est pas individuel et ils ont baptisé *Apeiron* le Mouvement éternel et pré-individuel d'où toutes les formes finies tirent leur naissance et où elles retournent à leur mort. Avant sa mise en forme, sa cristallisation pour ainsi dire, l'idée est encore comme noyée dans l'infini et non individuée. La chose nouvelle n'existe pas avant d'être vue et elle n'est pas vue avant d'être dite. Le philosophe est le premier homme à voir ce qu'il voit et à dire ce qu'il dit. C'est dans le mouvement même de sa pensée que l'idée inouïe prend forme en s'individuant dans un rythme singulier. Tel un insecte qui achève sa mue, elle aborde au rivage de la lumière après des mois, voire des années de lente gestation souterraine. Elle se détache de l'infini sans visage et se met à exister de façon individuée comme une nouvelle vague surgie de la mer. Cependant, aussi loin que se poursuit l'aventure du philosophe, son destin est toujours d'échouer devant l'infini. Est-ce là un échec ? Probablement pas. Car, de même que de nouveaux chasseurs de planètes suivront la trace de leurs aînés et porteront plus loin la conquête de l'espace, de même, de nouveaux philosophes intrépides défieront l'horizon et iront plus loin que leurs illustres prédécesseurs dans l'exploration du réel. « *D'autres oiseaux voleront plus loin !*[7] ». Cet espoir immense, certes nécessaire à toutes les époques, de voir toujours surgir après soi de nouveaux défricheurs de connaissance revêt pour notre temps une importance et une urgence toutes particulières. Car nos contemporains vivent pour la plupart « *attachés au piquet de l'instant* »[8] et enfermés dans une temporalité étriquée et divertie[9] de l'essentiel. Le philosophe tel que je le conçois est ce chercheur infatigable et inactuel de vérité qui a le courage de se détourner du vacarme des polémiques sociétales et politiques pour s'élever à la nécessité de sa mission propre : celle de penser le dynamisme éternel de la Nature. Pourra-t-on lui reprocher sa mégalomanie et son indifférence pour les préoccupations de ses contemporains ? Nullement, car la mission même du philosophe est de penser ce qui est *véritablement réel*, c'est-à-dire ce qu'il y a d'éternel. Son inactualité est donc inséparable de sa nature même de philosophe. Tâche herculéenne certes, œuvre d'une vie tout entière dédiée à la méditation qui s'inscrit dans un temps long ouvertement en contradiction avec la société du

---

[7] Nietzsche, *ibidem*.

[8] Tout comme l'animal décrit par Nietzsche au début de la deuxième <u>Considération Inactuelle.</u>

[9] Au sens pascalien de « détournée ».

zapping, du tout périssable qu'est devenue la nôtre. Le philosophe ne se contente pas d'ajouter de nouvelles connaissances à d'anciennes, en les entassant les unes sur les autres comme on remplirait un bocal de billes. Chaque nouvelle découverte (en sciences notamment) le contraint à sculpter les contours de sa conception du monde avec la patience d'un orfèvre, tantôt affinant telle intuition, tantôt approfondissant telle démonstration, tantôt encore corrigeant telle inexactitude dont les savoirs scientifiques contemporains ont montré la limite[10]. Sa tâche ressemble à celle de Pénélope, tout aussi inachevable que la sienne, à cette différence près que le philosophe ne détisse pas ce qu'il a tissé mais s'avance toujours davantage dans l'inconnu, bien que ne pouvant jamais atteindre le centre de son étoile, car il n'est point de compréhension de

---

[10] Par exemple, il serait impossible à notre époque de concevoir le temps ou la matière comme si la révolution relativiste et la révolution quantique n'avaient jamais existé. Le travail du savant ne remplace pas celui du philosophe – car le savant étudie des domaines particuliers de la Nature tandis que le philosophe cherche à la penser dans sa totalité – mais la science, parce qu'elle parle de l'expérience tout comme la philosophie, peut contraindre le philosophe à corriger les modèles de pensée qui ne sont plus compatibles avec l'observation plus fine à grande et à petite échelle rendue possible par le développement des techniques. En ce sens il existe bien des « découvertes philosophiques négatives », comme le soutenait déjà Merleau-Ponty, et, de nos jours, Étienne Klein.

l'infini[11]. Il en résulte que la vie philosophique est forcément traversée par des moments de doute, voire de découragement, mais aussi, bien heureusement, d'instants magiques où l'espérance renaît quand la nuit s'éclaircit. C'est la raison pour laquelle, loin de proposer une philosophie achevée (mais y en eut-il jamais ?), je ne livre ici que les principes métaphysiques généraux d'une nouvelle interprétation de la Nature, comme les fondations d'un temple à venir. Au fur et à mesure des avancées de ma méditation, mes recherches rythmiques s'enrichiront et grandiront comme un arbre étend ses branches et déplie ses ramures ; tel un chantier jamais achevé, de nouvelles réflexions viendront garnir de chair le noyau métaphysique initial. La plus grande partie de ce travail est écrite sous forme de fragments[12], qui, tous ensemble, dessinent l'architecture d'une œuvre intitulée <u>Naissance des mondes</u>. Bien que la forme d'écriture qui les caractérise soit le fragment, ces pensées ne sont pas fragmentaires, puisque, prises ensemble, elles forment l'ossature d'une nouvelle métaphysique de la Vie. Ces fragments n'étaient au départ que les pensées brutes dont je noircissais mes carnets au gré de mes promenades (aussi fréquentes que possible

---

[11] Si comprendre c'est englober, il n'y a aucune compréhension de l'infini puisque tout est en lui mais il n'est (englobé) dans rien.

[12] La forme des fragments m'est naturelle mais ne signifie en rien que l'œuvre que j'écris soit fragmentée : car chaque fragment exprime et éclaire à sa manière un aspect de ma métaphysique tout comme la lumière, toujours différente à chaque heure de la journée, éclaire pourtant toujours les mêmes paysages.

mais inévitablement réduites par mes occupations hélas chronophages de professeur de philosophie). Ces recherches constituent le magma d'où surgissent mes autres livres et elles ne s'achèveront probablement qu'avec ma mort.

La deuxième raison qui explique ma réticence à publier mes travaux tient à leur *nature* même. Il y a en philosophie des sujets tabous qui dérangent, inquiètent, et dont personne ne veut entendre parler, et surtout pas les philosophes. Lorsque j'étais en Khâgne au lycée Lakanal, mon professeur de philosophie, Renée Thomas, remarquable enseignante au demeurant, voulait à toute force me faire renoncer à mes idées nietzschéennes de « Nature » et de « devenir ». La philosophie véritable, m'apprenait-on alors, ne commence qu'avec Socrate. Les Présocratiques (appellation par elle-même déjà dépréciative qui semble indiquer que ces précurseurs n'étaient que de pâles préfigurations du « père des philosophes ») ne sont généralement considérés par les philosophes professionnels que comme des poètes qui ont seulement balbutié le concept dans la langue infantile de la métaphore. Que pouvais-je répondre à cela, sinon que, dans ma perspective, c'était au contraire avec Socrate que la philosophie « se terminait » ? Et que, de fait, seuls les Antésocratiques[13] avaient authentiquement affronté l'infini de la Nature sans le trahir comme l'ont fait leurs successeurs, qui l'ont abandonné au profit de la recherche exclusive des formes finies ? Seul contre tous, je me réfugiais en Nietzsche, cet

---

[13] Appellation que je trouve, derrière Marcel Conche, bien meilleure pour désigner ces penseurs de l'originaire.

immense connaisseur des Grecs qui m'enseignait à voir en Socrate le crépuscule de la vraie pensée grecque. Mais le moins que l'on puisse dire, c'est que je n'avais pas le vent en poupe. Pour l'institution en effet, philosopher veut clairement dire découper la réalité en concepts et il n'est pas question de se perdre dans l'infini de la Nature. La philosophie occidentale s'est construite dans le *déni de l'infini* et, depuis Socrate, la question de la définition de l'étant s'est largement imposée, à quelques exceptions près, comme la seule question philosophique sérieuse. Celui qui s'éloigne un peu trop de l'étroit chemin du concept et qui renonce au dogme aristotélicien des formes substantielles se fait rapidement taxer de marginal voire de mystique par ses pairs qui lui refusent ordinairement la *qualité* même de philosophe. Quel ostracisme monstrueux ! Car si la philosophie renonce à l'infini, a-t-elle seulement encore une mission ? Cette obsession pour les étants finis qui traverse l'histoire de la pensée occidentale depuis 2500 ans environ[14] explique bien pourquoi, dans les métaphysiques de l'identité (Aristote, Descartes, Leibniz, Hegel, etc.) il n'y a pas de place pour le devenir véritable qui est toujours nié, aseptisé, et corseté dans la logique de l'être. Le devenir est pourtant *tout ce qu'il y a,* rien d'autre n'est réel. Mais, pour le prisonnier de l'étant pris au piège de la fragmentation perceptive et langagière, le devenir ne peut se comprendre que comme le devenir *d'un être*, substance immuable qui elle-même ne change pas, ou encore comme le

---

[14] A la notable exception de Nietzsche, Bergson, Simondon, Maldiney, Whitehead, et, plus près de nous, Marcel Conche.

mouvement ponctuel, vite oublié, qui relie deux états de la matière au cours du temps. Jamais le devenir n'est vraiment pris au sérieux et envisagé de façon radicale, c'est-à-dire comme la *seule véritable réalité*, une « réalité » qui, paradoxalement, n'est plus une substance, une *res*, mais, faudrait-il dire, une *insubstance*[15], autrement dit un Mouvement pur qui passe au travers des mailles de nos catégories rationnelles. Mais au nom de quoi les limites de la représentation humaine seraient-elles aussi les limites de la Nature ? Nous avons réduit le réel à la forme de l'étant – la seule que nous pouvons comprendre – et nous avons rejeté le devenir comme un néant ou tout au moins comme un *semblant d'être*, comme un *moins d'être*. Quelle folie ! Seul l'orgueil démesuré de l'homme peut expliquer qu'il appelle néant ce qu'il est incapable de penser dans sa logique ! Nous sommes allés si loin dans le refus du mouvement que nous en sommes venus à utiliser un mot qui signifie l'*irréalité* pour désigner la seule chose véritablement réelle, à savoir le devenir. « Ce qui devient n'est pas, dit le logicien. Ce qui est ne devient pas ». Mais il ne s'agit là que d'un pauvre artifice de la langue ! Car la seule réalité qui existe, c'est bien le devenir, comme l'enseignait déjà Héraclite : le devenir *comme* seul et unique être, la forme substantielle n'étant, en fait, que la

---

[15] Cette idée exprime d'une autre façon le scepticisme pyrrhonien, dont Marcel Conche a montré qu'il était une dissolution de la distinction entre l'être et l'apparaître et une route directe vers la philosophie d'Héraclite. Chez Pyrrhon, le réel perd toute consistance substantielle sans pour autant être une absence de tout : c'est le concept de « l'Apparence absolue ».

concentration fugace du Mouvement éternel à une certaine échelle de mesure. Dès 1992, j'ai eu l'intuition d'un devenir absolu, se confondant avec la Vie et dont les formes relativement permanentes qui s'offrent à notre perception ne sont que les terminaisons pâteuses et les deltas plus languissants (devenir que j'ai rebaptisé depuis « Ecoulement universel » (*Rhoé*) ou encore « Mouvement », écrit avec une majuscule, pour le distinguer du déplacement spatial et éviter ainsi toute confusion avec les métaphysiques de l'identité qui ont défiguré le concept authentique de devenir). Depuis cette époque, je n'ai fait qu'approfondir cette conception du devenir qui, à mon sens, se trouve déjà en filigrane dans la doctrine des initiés du <u>Théétête</u>, si nous savons la purifier de l'interprétation platonicienne qui la recouvre et la trahit immédiatement. Mais pourquoi cette façon de concevoir le devenir est-elle si dérangeante ? C'est qu'elle ne rentre dans aucun cadre philosophique connu, et que, en outre, elle condamne à n'être que des ombres les certitudes des défenseurs de l'être, dans la mesure où le devenir véritable n'est que l'autre nom de la Nature infinie. Or, en plus de cultiver un aspect « mystique » très impopulaire dans la gent philosophique, la pensée de l'Ecoulement universel, je ne le cacherai pas, est ambitieuse et difficile, comme toute pensée philosophique authentique. Elle est un retour à l'aurore du *logos*, là où tout a commencé. Or quiconque prétend aujourd'hui reposer à nouveaux frais la question de l'Être et méditer sur l'ensemble de la réalité passe au mieux pour un mégalomane, au pire pour un escroc. S'il prétend en plus ouvrir une piste audacieuse qui jette un pont entre les

Antésocratiques, la biologie, la théorie de la relativité et la mécanique quantique, on le prend tout bonnement pour un fou. On comprendra mieux dès lors mes nombreuses hésitations à aller de l'avant. Car la philosophie se porte mal à notre époque et elle a renoncé à beaucoup de ses titres de noblesse. Il m'est pénible de rappeler ici que, pour beaucoup – et même pour beaucoup de philosophes professionnels – l'activité philosophique s'est réduite à une théorisation de la *doxa* ambiante. Elle a renoncé à être une métaphysique et embrasser la totalité du réel et s'est bornée au commentaire de l'actualité journalistique la plus immédiate. Triste époque en vérité que la nôtre, jetée en pâture à la cohorte des faux intellectuels qui saturent l'espace public de leur insipide caquet et sacralisent l'opinion la plus répandue au lieu de la combattre. On m'a souvent reproché mon manque d'engagement politique et mon désintérêt pour les polémiques sociétales. Je me félicite de ce reproche, que j'aurais plutôt tendance à considérer comme un compliment et même une marque de distinction. Est-il vrai d'affirmer que le philosophe se doit d'embrasser les causes politiques et sociales de son époque pour être pleinement philosophe ? Je n'en suis pas du tout convaincu. Sans doute une grande métaphysique, dans un état avancé et même terminal, déboucherait-elle presque inévitablement sur une législation de l'avenir, comme Platon l'a fait avec sa <u>République</u>. Car la question de la morale, qui est au fondement de la justice, appartient essentiellement à la philosophie. Mais ne faudrait-il pas être inconscient pour prétendre aujourd'hui posséder une métaphysique achevée qui légitimerait une grande politique – j'entends, une politique qui serait la réalisation d'un authentique savoir philosophique ? On pourrait douter qu'une telle chose pût exister un jour ou qu'elle fût même souhaitable. Il est remarquable que ni les Antésocratiques (qui constituaient pourtant aux dires de Nietzsche une « République des génies »)[16], ni Platon, ni Nietzsche lui-même – qui rêvait pourtant d'une grande politique à la fin de sa vie consciente – n'ont pu mettre en œuvre cette législation de l'avenir qui aurait été une conséquence pratique de leur philosophie et j'inclinerai même à penser qu'il est préférable qu'il en soit ainsi. Car, sans même invoquer l'argument qu'un projet politique de nature philosophique est chose extraordinairement risquée (l'enfer n'est-il pas pavé de bonnes intentions ?), on pourrait avancer une raison plus profonde encore qui détournerait *naturellement* le philosophe de la politique : si philosopher, c'est penser ce qui est véritablement réel et rejoindre le « il y a » éternel de la Nature infinie, alors la pratique philosophique *en tant que telle* me semble peu compatible, voire incommensurable à toute préoccupation sociétale, économique ou même politique[17]. Le militantisme est affaire d'opinion, et l'homme engagé est avant tout un homme d'action qui se moque des subtilités métaphysiques – il veut des réponses et des solutions immédiates, et peu lui importe en définitive

---

[16] Nietzsche, <u>La philosophie à l'époque tragique des Grecs</u> § 2.

[17] Position bien tranchée et enracinée depuis longtemps en moi, que je n'osais pourtant exprimer ouvertement jusqu'au moment où je me suis aperçu qu'elle était également tenue, en des termes aussi intransigeants que les miens, par Marcel Conche. Voir à ce sujet <u>Présence de la Nature</u>, chapitre 3, « en venir à penser ».

si ces réponses hâtives ne reposent que sur l'ignorance. De sorte que l'intérêt trop prompt que manifesterait un philosophe pour la chose publique serait presque un argument contre la profondeur de sa philosophie. On pourrait lui demander avec malice si ce n'est pas là mettre la charrue avant les bœufs : a-t-on le droit de vouloir récolter les fruits de l'arbre avant qu'il ait suffisamment poussé ou même avant de l'avoir planté ? Car sans une théorie de la connaissance aboutie, à quoi bon vouloir légiférer tout le champ de l'action, qui en est une suite pratique ? Et que vaudrait un pouvoir sans savoir ? L'engagement politique d'un philosophe sans métaphysique n'aurait que le statut d'une opinion parmi les opinions, qu'on n'aurait pas de raison de croire mieux autorisée que celle des autres (donc condamnée à se perdre dans la cacophonie du relativisme ambiant). Et à tous ceux qui objecteraient qu'en l'absence de savoir véritable, il faut bien vivre et agir en se contentant, à l'instar de Descartes, d'une sorte de morale par provision, je répondrai simplement ceci : sans doute l'organisation des sociétés est-elle un sujet d'une extrême importance pour l'homme en général, et même pour le philosophe en particulier (en ceci qu'elle a partie liée avec la justice). Mais s'occuper de la question de l'action en elle-même, coupée de ses racines métaphysiques, l'éloignerait de sa mission véritable de philosophe, celle d'enfanter une conception d'ensemble de la réalité. Et cette mission est assez écrasante pour occuper toute une vie dédiée à la pensée. Aussi le philosophe a-t-il mieux à faire qu'à commenter l'actualité. Ce ne serait pour lui qu'un détour qui n'apporterait rien à sa métaphysique. Je dirais même que le vrai regard philosophique est à l'opposé d'une telle attitude. C'est une manière radicalement neuve de voir et de dire le monde : une perception virginale, un autre regard sur le réel, essentiellement déconcertant, étonné et étonnant parce qu'inouï. Le philosophe est le sol où éclot un autre *logos*. Il est, dans l'infini, un rythme inédit enfanté par la Nature artiste. En lui et par lui la Nature créatrice expérimente une *nouvelle manière de fluer* qui n'a encore jamais existé, et ce rythme éclot et se développe dans une intelligence qui a naturellement un goût pour l'abstraction et la recherche des fondements. S'interroger en naturaliste sur l'ensemble de ce qui est relève ainsi de la mission native du philosophe et c'est la seule activité qui mérite vraiment le qualificatif de *philosophique*. C'est la tâche immense qu'avaient entreprise, chacun à leur manière, les Antésocratiques, ceux que l'on appelait les *physikoi*. En ce sens, toute philosophie authentique me semble une pensée de la *Physis,* – entendons par là tout ce qui est réel, c'est-à-dire : tout à la fois une *ontologie*, une *théorie de la connaissance* et une *cosmologie*. Mais cette grande tradition s'est perdue. Pire, depuis Descartes, la Nature est devenue hémiplégique (ce que Whitehead a baptisé « la bifurcation »). Elle a fini par désigner seulement une portion de la réalité, la région de « l'objectivité », faussement opposée à une autre « région » plus mystérieuse et comme détachée d'elle, « la subjectivité ». Elle s'est ainsi retrouvée amputée de son dynamisme créateur. La révolution galiléenne a encore accentué l'oubli socratique[18] de la *Physis*. D'un côté, l'histoire de

____

[18] On peut lire à ce propos l'introduction de ma conférence intitulée « *La Nature éternelle* ».

l'homme et le mythe du progrès, revêtus pour la circonstance d'une importance cosmique. De l'autre, le temps mécaniquement répétitif d'une nature vidée de sa vitalité créatrice et réduite à de la matière morte exploitable. Cette séparation insensée a conduit à un matérialisme sans issue qui a vidé la Nature de son sacré et précipite l'humanité (d'abord occidentale, et désormais dans son entier) au bord de sa propre dissolution. Une nouvelle pensée sur le modèle des Antésocratiques est-elle encore possible aujourd'hui ? Elle me semble plus que jamais nécessaire mais sa venue est encore plus difficile à notre époque que dans les époques antérieures. Pourquoi cela ? Ce qui était encore possible pour le philosophe du XIXe siècle, proposer une vision d'ensemble de la réalité, semble plus que jamais compromis à une époque où le foisonnement et la dissémination incontrôlables des savoirs[19] rend vaines une exploration et encore plus une maîtrise en extension des connaissances. La prolifération de nouvelles théories en mathématique, en physique, en biologie, la parcellisation de ces disciplines en spécialités régionales de plus en plus fragmentées qui travaillent indépendamment les unes des autres dans l'ignorance presque totale de leurs apports réciproques, tout cela décourage la pluridisciplinarité. Il est possible que dans un avenir indéterminé, l'intelligence artificielle permette à terme l'existence d'un meilleur partage des savoirs. Mais aujourd'hui, malgré la meilleure volonté du

---

[19] C'est la définition même que Nietzsche donnait de la barbarie : un ensemble disparate de savoirs fragmentaires qu'aucune ligne directrice n'organise : la barbarie est le contraire du *style classique*.

monde, beaucoup d'astrophysiciens, de physiciens et de biologistes ignorent jusque dans leur propre discipline toutes les théories qui fleurissent et redessinent en profondeur notre compréhension du réel. Ils manquent aussi de temps pour les assimiler en profondeur. *A fortiori* en va-t-il ainsi pour le philosophe, qui, devant pratiquer la transdisciplinarité en autodidacte, a toutes les chances de se perdre dans le labyrinthe des savoirs singuliers. Il lui faut, pour réussir, un instinct plus sûr qu'à tout autre époque.

Il est enfin un dernier obstacle, peut-être le plus redoutable de tous, qui barre la route de celui qui voudrait penser la réalité dans son ensemble, (outre ce qu'un tel projet peut avoir d'ambitieux et peut-être de démesuré). Le philosophe n'a jamais accès à la Nature en elle-même mais à une représentation culturelle dont il hérite inconsciemment. La réalité sur laquelle il médite est toujours déjà agencée, organisée selon des concepts préexistants et habillée par des mots familiers. Tel un palimpseste, elle est recouverte par d'innombrables interprétations historiques. Seuls les Antésocratiques, qui étaient les premiers philosophes, ont eu la chance de se trouver dans un face-à-face non médiatisé avec la *Physis*. Aucun système du monde n'existait alors en dehors des conceptions religieuses traditionnelles qui n'entravaient pas vraiment le travail de la pensée[20]. C'est peut-être précisément pour cette raison que les

---

[20] Sur les rapports entre la pensée et la religion à l'époque des Antésocratiques, on peut lire avec profit le magnifique texte écrit par Marcel Conche en guise d'avant-propos à son <u>Anaximandre</u>.

plus grandes philosophies ont fleuri à ce moment-là de l'histoire préférentiellement à tout autre. Dans les périodes ultérieures, l'expérience originaire est déjà recouverte par une forêt de signes qui la dissimulent en l'opacifiant. Masque d'autant plus dangereux qu'il est invisible (la part de culture étant devenue indissociable de la nature : nous confondons allègrement le réel avec sa représentation, à la fois perceptive et historique). Le philosophe d'aujourd'hui doit ainsi redoubler de vigilance pour ne pas confondre l'évidence première avec la certitude culturelle. Le bol des concepts n'est jamais vide. Il les trouve barrant son chemin de pensée, comme les sentinelles spectrales de ses prédécesseurs qui, innombrables, interdisent l'entrée du temple de la réalité. Tous ces concepts inventés par d'autres qui l'ont précédé, concepts vénérés et étudiés patiemment par les historiens de la philosophie, lui semblent, à lui, mal agencés et mal adaptés pour transcrire son expérience singulière du réel. Il lui semble avoir affaire à un mauvais « découpage » de la réalité, comme le mauvais boucher dont parle Platon, qui ne respecte pas les articulations de la viande à désosser. De même, tels des habits trop grands ou trop petits, les outils de pensée des autres philosophies n'épousent pas assez étroitement les contours de l'expérience fondatrice que lui dévoile la scansion de son propre *logos*. Cette arythmie conceptuelle, qui constitue déjà en elle-même un sérieux handicap, se double de la polysémie incontrôlable de la langue. Les mots barrent la route des choses. Ils dissimulent bien plus qu'ils ne révèlent. Plus les mots sont abstraits, plus ils possèdent un grand nombre de sens. Ces significations multiples opacifient le texte de la

Nature comme autant de couches géologiques compactes, mélangées et sédimentées ; elles travestissent l'évidence originelle jusqu'à la rendre aussi méconnaissable que le dieu Glaucos de la <u>République</u> défiguré par les algues marines. Le mot déjà existant ne donne jamais un accès immédiat au réel, bien au contraire, il brouille la vision originale du philosophe en l'hybridant de présupposés clandestins et de significations ajoutées. Le philosophe aurait donc toutes les raisons de ne jamais sortir de la prison du langage et de se perdre sur des chemins qui ne mènent nulle part. C'est par conséquent toujours contre et malgré la tradition existante qu'il se réalise comme philosophe. Pourquoi cela ? Parce que sa pensée est une voie absolument nouvelle inspirée par un rythme singulier. Il doit tailler à la machette une éclaircie dans la forêt des concepts et des mots déjà existants et se frayer une voie étroite dans le labyrinthe des signifiants avec sa seule lumière pour guide. Il ne doit pas se laisser distraire ni séduire (c'est-à-dire détourner de son chemin) par un autre *logos* que le sien. « *Liberté*, affirmait Paul Valéry, *c'est un de ces détestables mots qui ont plus de valeur que de sens ; qui chantent plus qu'ils ne parlent, qui demandent plus qu'ils ne répondent* ». Cela, on pourrait le dire de presque tous les grands concepts philosophiques, et surtout de ceux que j'ai eu à manipuler le plus souvent : le temps, l'espace, le mouvement, la matière… Autant de mots usés, de concepts surdéterminés, recouverts par tant de couches d'interprétations plus ou moins arbitraires qu'ils ne veulent presque plus rien dire ! Tous ces mots cachent l'évidence de la Nature. Elle se présente désormais à nous de manière *brouillée* comme une énigme à déchiffrer. La matière ? Mais, pour le physicien contemporain, c'est un flux qui n'a précisément plus rien de « matériel », c'est-à-dire de compact et de substantiel. Le temps ? Mais c'est un concept labyrinthique auquel les philosophes ont donné au cours de l'histoire des significations souvent contradictoires : la durée, la succession, le changement, la simultanéité, le devenir... en outre, il n'est pas une entité indépendante des phénomènes temporels ! L'espace ? Mais il n'est pas davantage une sorte de scène qui contiendrait les corps ! S'en distingue-t-il d'ailleurs vraiment, dans la mesure où nous disons également des corps qu'ils sont étendus, autrement dit, « spatiaux » ? Et le mouvement ? On le définit ordinairement comme le déplacement d'un mobile (une forme est dite en mouvement), c'est-à-dire comme l'attribut d'une substance – alors que, précisément, une pensée de l'Ecoulement universel considère le corps lui-même comme une concentration fugace de Mouvement, une sorte de delta momentané plus languissant dans le devenir. Faut-il alors, sur les traces d'Anaximandre, supposer l'existence d'une sorte de Mouvement originaire invisible, d'écoulement sans mobile plus fin que l'air et plus fluide que l'eau, dont les corps en mouvement que nous observons dans l'expérience ne seraient que le prolongement visible à notre échelle de détection ? Si tout est écoulement comme je le pense, alors il faut déconstruire toutes les catégories habituelles dans lesquelles nous enfermons le concept de mouvement : la génération (la naissance) et la corruption (la mort), l'augmentation et la diminution, l'altération, ou encore, plus ordinairement, le déplacement. Tout doit être repensé selon une dynamique nouvelle. Le chantier est immense. Retrouver le chemin des origines derrière le langage usé des hommes, tel est l'étroit sentier que j'ai dû suivre pour ouvrir un chemin à ma pensée, comme un bateau invente sa route au milieu de la mer. Au fur et à mesure que j'avançais dans l'inconnu, les anciens concepts de « temps », d'« espace », ou encore de « matière » me semblaient de plus en plus étrangers, de moins en moins évidents, plein de nouveaux problèmes et d'horizons inexplorés. J'examinais avec scepticisme les réponses que la tradition philosophique et scientifique donnait à ces problèmes et je me posais des questions de plus en plus simples, aussi déconcertantes que celles d'un enfant, comme si j'étais le premier homme à me les poser : comment se forme un nuage, une dune ou une feuille ? Comment l'éclair, qui n'est pas encore présent dans le ciel d'orage, surgit-t-il brusquement à l'existence ? Quelle ressemblance y a-t-il entre l'écoulement d'une rivière, celui d'un glacier et celui d'un éboulis de pierres ? Que sont vie et mort au sein de la Nature ? D'autres interrogations, plus étranges encore, venaient hanter mes nuits[21], comme celles-ci : le temps existerait-il encore s'il n'y avait plus de formes ? Peut-il encore exister une succession temporelle au niveau des *quanta* alors que le principe d'identité ne s'applique plus ? Si notre perception ralentissait, percevrions-nous plus d'identité ou plus de différence dans la Nature, et pour quelles

---

[21] Suite à de nombreuses expériences d'inspiration nocturne, je garde toujours un carnet et un stylo à portée de main au cas où de nouvelles idées surgiraient. Il faut être prêt à tout moment : les pensées, disait Nietzsche, viennent quand elles veulent et non pas quand je veux.

raisons ? Et enfin, l'interrogation la plus obsédante et sans doute la plus difficile : comment le temps et l'espace naissent ils à partir d'un Mouvement éternel ? Peut-on faire une expérience de l'éternité ?

Ami lecteur, ce que tu trouveras ici, c'est d'abord beaucoup de questions étranges et aussi quelques convictions durement conquises au terme d'une diète sceptique. L'ensemble dessine une direction de recherche et l'ossature d'une nouvelle philosophie de la Nature, et, plus précisément une métaphysique de la Vie dans la tradition de la philosophie naturelle de nos jours bien oubliée. J'ai résolument réduit au minimum les références à l'histoire de la philosophie, sauf lorsqu'il s'agit de situer ma pensée par rapport à celle d'autres philosophes pour permettre au lecteur de mieux apercevoir les points de convergence et de divergence. Je suis convaincu qu'au cours d'une seule vie on ne peut maîtriser en profondeur et en extension un trop grand nombre de références. Ainsi, je n'ai retenu de chaque philosophe de chevet que ses convictions communes avec les miennes. Nietzsche, Héraclite, Anaximandre, Parménide, Einstein, et Conche ont été mes plus grands maîtres. J'ajoute à cette liste le grand physicien David Bohm dont l'importance autant philosophique que scientifique me semble aujourd'hui largement sous-estimée. Je n'ai pas surchargé mon écrit de références, ne voulant pas en faire un travail universitaire. Il ne faut pas que les maisons empêchent de voir la ville, selon la belle formule d'Einstein. Mon but est à la fois plus ambitieux et plus modeste : présenter les fondations d'une métaphysique de l'Ecoulement universel qui inclut la métaphysique de l'identité comme un cas limite, comme un de ses rythmes possibles, tout comme la physique relativiste inclut la mécanique newtonienne. Cette philosophie se donne en outre pour horizon de rapprocher dans un même cadre ontologique les deux plus grandes théories physiques de notre temps, la théorie de la relativité (restreinte et générale) et la mécanique quantique.

Que le lecteur veuille bien m'excuser des multiples reformulations qu'il ne manquera pas de rencontrer en découvrant mon texte[22]. J'espère qu'il n'en sera pas rebuté. A la relecture de mon manuscrit, j'ai néanmoins décidé de les maintenir pour au moins deux raisons : d'une part, une philosophie nouvelle est une *atmosphère inconnue*, qu'on ne peut découvrir pleinement sans répétition ni rumination. On n'apprend à habiter une pensée que par imprégnation patiente et ressassement quasi obsessionnel de ses philosophèmes. Le ressassement et la reformulation sont les outils indispensables de celui qui cherche à faire voir de nouvelles choses et à former un nouveau regard. A Calliclès qui lui reprochait de radoter et de redire toujours les mêmes choses, Socrate renchérit en répliquant que, non seulement il dit toujours les mêmes choses, mais encore les mêmes choses sur les mêmes sujets. A cette raison pédagogique s'en ajoute une seconde, plus philosophique celle-là. Un philosophe est un monomaniaque qui, toute sa vie, essaie de se rapprocher d'une intuition unique, que le concept ne peut qu'imparfaitement formuler - une

---

[22] En particulier, la première partie de mon « abrégé de métaphysique » reprend parfois presque textuellement, en la développant plus en détail, la question de la « libération catégoriale » abordée dans cette <u>Préface</u>.

sorte de centre ineffable autour duquel gravite sa pensée et qu'il tente de formuler jusqu'à épuisement à travers un angle toujours différent -. Ce centre est selon lui le cœur du réel et il est si riche qu'aucun mot ne l'épuisera jamais. Dans sa <u>conférence de Bologne</u> en 1911, Bergson affirmait ainsi que l'expérience philosophique relève toujours de l'obsession. En ce sens, on pourrait considérer chaque fragment de ce volume comme une sorte de porte dérobée, qui, à sa manière, conduit à l'essentiel, à la seule réalité qu'il y ait vraiment et toujours : la *variation*. Le lecteur, en nourrissant son esprit des multiples formulations que j'en propose, se rapprochera ainsi davantage, je l'espère, de cette créativité éternelle que je vois manifestée en toute chose. Si ce livre remplit cette mission, j'en serai fort satisfait au demeurant.

Un dernier mot pour conclure : l'idée de *rythme*, qui traverse l'ensemble de mon travail, doit faire son chemin. Ce n'est encore qu'une toute petite graine, semée dans la terre ingrate d'une post modernité dédaigneuse de l'infini et devenue sourde au divin. Mais la vie est tenace. Bien enveloppée dans sa gangue, elle attend le sol arable qui lui permettra de s'épanouir. Ainsi font certaines bactéries[23] qui,

---

[23] Les endo-bactéries de type *Clostridium* ou *Bacillus* par exemple, sont capables de sporuler, c'est-à-dire de s'entourer d'une spore rigide qui les protège d'un environnement défavorable. En s'enveloppant de cette capsule rigide, elles entrent en état de dormance, sorte de vie ralentie qui leur permet de patienter jusqu'à ce que les conditions du milieu leur redeviennent favorables. Une forme semblable de cryptobiose se trouve chez les

s'entourant d'une capside protectrice, ralentissent leur métabolisme et réorganisent leur temporalité pour survivre. Est-ce orgueil de ma part de croire que ma philosophie doit, à l'instar de ces bactéries survivalistes, attendre patiemment son heure ? Ou peut-être est-ce plutôt une conviction intime, une certaine foi dans la force de la pensée – même si, bien entendu, j'ignore totalement quand cela se produira. Ce qui est certain, c'est que, avant de devenir puissante, une idée reste longtemps souterraine, à l'instar de ces cigales périodiques qui habitent dix-sept ans les profondeurs de la terre avant d'aborder aux rivages de la lumière. Cette graine philosophique, nous pouvons, chacun à notre mesure, l'aider à grandir. Puisqu'elle ne pousse que dans *l'atmosphère de l'infini,* c'est de l'*Apeiron* qu'il faut partir et c'est à lui qu'il faut constamment revenir. Arpenter patiemment le chemin qui monte vers les formes et le chemin qui descend vers l'informe, le chemin ascendant du vivant et le chemin descendant de l'inorganique. Pour rencontrer l'infini, il faut méditer comme on se laisse bercer par le flux et le reflux sempiternels de l'océan. Au bout du chemin nous attend l'expérience de l'éternel, la plénitude que l'on ressent à l'aube quand le ciel se sépare de la mer. Le but ultime de la philosophie est la découverte et l'éclaircissement de l'opérateur ontologique entre l'infini et le fini, le fini et l'infini. Comment naît et se dissout une forme ? D'où vient-elle et où retourne-t-elle ? La fin de ce premier volume est consacrée à l'écriture d'une syntaxe dynamique de la Nature permettant de rendre

---

tardigrades, dont je parle plus en détail dans mon ouvrage le rythme vivant.

compte du passage du pré-individuel aux étants pluriels (reformulation de l'antique question de l'Un et du Multiple). Jusqu'à ce jour, les tables de catégories proposées par les philosophes se sont bornées à donner la syntaxe de la spatio-temporalité, qui sert de cadre à la représentation, mais elles ne sont pas parvenues à dériver l'espace et le temps du Mouvement pré-individuel qui les sous-tend et dont ils sont l'expression à l'échelle du vivant. Le dernier fragment du présent ouvrage, intitulé « arborescence végétative », entend combler cette lacune. Une métaphysique authentiquement *rhéologique* doit voir le jour.

Galé, février 2018.

Ecoulements multiples, Galé, Portugal

I) *Abrégé de Métaphysique*

1. Libération catégoriale et naissance du philosophe.

Une philosophie est une construction autonome de la pensée élaborée par la raison et portant sur l'ensemble de la réalité. La mission du philosophe est de méditer sur l'essence du réel, la place du vivant, et particulièrement le statut de l'homme en son sein. Il découle de cette définition que le véritable philosophe n'a pas grand-chose à voir avec l'intellectuel avec lequel on le confond trop souvent. L'intellectuel se contente généralement d'arbitrer des problèmes sociétaux ou de théoriser la *doxa* ambiante[24]. A l'opposé, l'authentique philosophe est

---

[24] Dans la société contemporaine, beaucoup d'intellectuels se prétendent philosophes sans l'être. Ils ne sont ni métaphysiciens, ni créateurs en aucune façon et ils usurpent par conséquent la qualité de philosophe. Sur l'opposition entre la figure de l'intellectuel et celle du philosophe, on peut consulter l'appendice de mon <u>voyage philosophique</u>, pp. 223-232.

un métaphysicien. La métaphysique est un discours par raison naturelle au sujet du Tout de la réalité. S'inscrivant dans la vénérable tradition de la « philosophie naturelle », le philosophe est l'inventeur d'une ontologie nouvelle qui permet d'articuler rationnellement une cosmologie, une physique, une biologie et une théorie de la connaissance. Et dans la mesure où un métaphysicien est par ailleurs un créateur de concepts, la philosophie, est, avant tout, œuvre d'*invention*, à l'instar des arts et des sciences[25]. Or la fécondité proprement philosophique s'appelle la pensée et elle consiste en l'invention de concepts. Penser veut dire arpenter le réel selon un rythme nouveau, le découper grâce à une métrique virginale et l'agencer selon des articulations originales, à la fois cohérentes et plus simples que celles héritées des traditions et des philosophies antérieures. En ce sens, le philosophe est toujours un pionnier, un *aventurier.* Il défriche un continent vierge. Sa pensée déploie une ramification d'idées, qui, ensemble, forment une *nouvelle carte dynamique du réel.* Cette carte est dynamique car la réalité qu'elle décrit est

---

[25] L'*ingenium*, ou art d'inventer, est une fécondité créatrice commune au philosophe, à l'artiste, et à l'homme de science. Le grand physicien, tel Einstein, est parti d'une intuition physique ; le grand mathématicien, tel Grothendieck, est parti d'une intuition mathématique. Réduire le travail du savant à de simples calculs serait une grave erreur. Les grands hommes de science sont d'authentiques créateurs, qui partent d'une vision, au même titre que les artistes et les philosophes.

processuelle et non statique : ce n'est pas un ensemble de structures immuables qu'il s'agirait seulement de mettre à nu mais une arborescence interactive toujours en train d'éclore dont la pensée fait elle aussi partie et à laquelle elle participe par son inventivité même. La représentation du monde à laquelle parvient un philosophe est absolument originale et inédite. Il s'émerveille devant la Nature en devenir[26] et, repartant de zéro, il s'aventure dans l'inconnu en ne se reposant sur aucune évidence pré-donnée par les cultures, les traditions ou les religions. Sa mission est d'acheminer à la parole une grammaire inouïe de la Nature. C'est ce qui fait à la fois la noblesse et la difficulté de son entreprise. Sa tâche est la plus noble, car il n'est pas de plus haute tâche que celle de créer ; mais elle est en même temps la plus difficile, car, entre le philosophe et son expérience du réel, se dresse, invisible, l'écran culturel. Étant enfant, le futur philosophe a inconsciemment hérité une image mentale du monde appartenant à sa culture d'origine et relative à une époque et à une géographie particulières ; sa pensée, nourrie dès le plus jeune âge de ce brouet hétéroclite et improbable, a grandi dans l'ombre de repères mentaux arbitraires qui sont exogènes à la nature de l'intelligence et de l'universel. Le penseur en herbe en a tiré à son insu une espèce de carte mentale inconsciente, qui lui sert à présent de boussole pour organiser toute son expérience. Une rythmique et une métrique invisibles ont façonné et

---

[26] L'émerveillement, que les Grecs nommaient « *thaumazein* », est l'expérience philosophique fondatrice.

configuré sa pensée, de telle sorte que sa manière de percevoir, d'imaginer, de concevoir et même de dire le monde sont entièrement tributaires de cet habit historique qui s'est incrusté à la chair de son questionnement. Dès lors, il utilise nécessairement pour penser des outils issus de la représentation collective qui sont un héritage culturel étranger à sa façon propre d'envisager les problèmes philosophiques. Ainsi en va-t-il, dans notre culture, des concepts usuels de « temps », d' « espace », de « matière », de « substance », ou encore de « mouvement » et d'autres idées semblables que tout le monde utilise en croyant faussement en connaître le sens. La manière propre qu'a chaque peuple de construire son idée de la réalité et d'organiser son expérience du monde en grandes catégories de pensée menant à des expériences religieuses et métaphysiques différentes n'apparaît jamais d'emblée comme un héritage culturel et une construction mentale mais au contraire comme le donné objectif et universel de toute perception et de toute pensée. C'est la raison pour laquelle l'habit des concepts les plus courants s'impose aux facultés cognitives de l'individu comme le cadre indépassable à l'intérieur duquel son expérience du monde est faite et formulée. Pour la plupart des hommes, que ni le talent ni le goût ne portent vers la méditation des premiers principes, ce « conditionnement catégorial » est une prison mentale inviolable[27] et

---

[27] On pourrait affirmer que la prison catégoriale est une *méta-prison*, bien plus aliénante que celles des simples opinions. Car elle ne porte pas seulement sur le *contenu*

invisible où ils passeront le reste de leur vie enfermés sans même s'en douter. Loin de soupçonner qu'il ne s'agit là que d'une construction culturelle, ils appellent cette prison « la réalité » et s'y soumettent sans discuter comme à un donné absolu, impossible à remettre en question. Par exemple l'espace, dans la représentation post-newtonienne commune de l'homme occidental, est généralement associé à un vide infini contenant l'ensemble des corps matériels ; ou encore, le temps est conçu comme une sorte de fleuve invisible qui emporte toutes choses inexorablement en s'écoulant toujours uniformément ; ou enfin, les distinctions les plus communes entre le sujet et l'attribut, la cause et l'effet, la chose et le mouvement, la matière et l'énergie continuent de structurer notre représentation quotidienne du monde. Même lorsqu'elle se croit nue, la raison du futur philosophe est toujours habillée et lestée de préconceptions qui l'empêchent de douter de façon vraiment radicale. La représentation du monde héritée des siècles antérieurs, sédimentée dans l'intellect et intériorisée jusqu'à devenir une solide croûte de réflexes mentaux inaperçus, à laquelle

---

des jugements mais sur les *outils* de la pensée qui permettent de les formuler. La remise en cause des opinions courantes est assez fréquente, pour peu que l'on possède et que l'on cultive l'esprit critique. Mais la remise en cause des catégories de la pensée est très rare et elle est la marque incontestable de la nature philosophique. Par la suite, ce qui distingue les différentes philosophies est la radicalité et la profondeur de ce geste inaugural de la pensée.

s'ajoutent encore les traditions culturelles particulières et une éducation familiale aléatoire, toutes ces influences conditionnent a *priori* l'expérience immédiate du penseur en herbe et faussent la naïveté profonde de son regard. Son expérience de la réalité est *toujours déjà* recouverte par une interprétation philosophique dominante passée dans l'imaginaire collectif et devenue *doxa,* d'autant plus dangereuse qu'elle est invisible. Il n'a pas encore conscience qu'entre lui et ses perceptions, il y a des apprentissages devenus des automatismes cérébraux qui défigurent et barrent la route à sa pensée naissante. Sans même s'en apercevoir, il commence donc à méditer sur une *fausse réalité*, une réalité co-tissée avec une culture, corsetée dans une configuration historique particulière, moulée dans des concepts usés et habillée par les mots familiers de sa langue qui en dissimulent l'étrangeté véritable. Sa pensée originale ne peut émerger, enfermée dans le carcan qu'est le découpage conceptuel contraignant de ses prédécesseurs. Cette prison invisible qui structure son esprit lui interdit l'entrée du temple de la Nature. S'il veut malgré tout parvenir à percer ses secrets, il lui faut se libérer de ce carcan catégorial pour atteindre l'universel. Un philosophe naît par conséquent toujours deux fois : une fois, en tant qu'homme ; une deuxième fois en tant que métaphysicien. *L'acte de naissance du philosophe est sa libération catégoriale*. Se libérer des catégories de la pensée, cela ne veut pas dire seulement s'émanciper du contenu idéologique des opinions – tâche à la portée de tout un chacun pourvu qu'il développe suffisamment son aptitude à argumenter[28]-, mais se libérer aussi des *outils* de la représentation commune dans laquelle la pensée est formulée. Il doit s'extraire de cette gangue pour accéder à sa nature créatrice et la libérer de ce carcan qui l'emprisonne. Cette seconde libération est beaucoup plus difficile que la première. Les catégories sont les « genres de l'être », autrement dit les concepts les plus généraux qui permettent de décrire l'expérience selon les articulations rationnelles les plus évidentes. Elles s'imposent à la raison quasi naturellement car la culture est devenue une seconde nature (ainsi, dans notre culture, l'espace, le temps, la substance, ou encore la quantité). C'est pourquoi cette compartimentation de la réalité nous semble (en Occident du moins) aussi naturelle que l'air que nous respirons. Les catégories ne montrent jamais d'emblée leur vraie nature : celle de constructions mentales qui permettent de découper et d'agencer le réel pour en faire le monde régulier et familier de l'expérience. Nous y sommes tellement habitués que nous finissons par ne plus les voir, un peu comme au théâtre, les événements qui se déroulent sur la scène finissent par faire oublier l'existence de la scène elle-même. Fondues dans le tableau du monde dont elles semblent les propriétés objectives, il est facile d'oublier leur caractère conventionnel et leur universalité apparaît indiscutable. Parvenir à se libérer de ces cadres

---

[28] Sur la question de la libération des opinions, on peut consulter la première partie de mon ouvrage <u>le voyage philosophique</u>.

mentaux, c'est découvrir qu'il existe d'autres possibilités de penser le réel absolument nouvelles [29]. Mais le chemin qui mène à cette découverte est pour le futur philosophe un parcours du combattant semé d'embuches. Le premier obstacle qui se présente sur sa route est l'invisibilité même de cette prison culturelle. On ne peut se distancer que de ce que l'on voit. Or, le caractère historique et artificiel des catégories est invisible. A son insu, le penseur commence par formuler son intuition originale à l'intérieur d'un cadre traditionnel inadapté – l'ontologie implicite de son époque ou celle des penseurs qui ont contribué à son éducation philosophique – et cette formulation d'une pensée nouvelle dans un ancien cadre qui ne lui correspond pas affaiblit considérablement la portée révolutionnaire de son intuition [30]. Seul le malaise

---

[29] C'est une opinion encore aujourd'hui partagée par beaucoup de philosophes qu'il est impossible, après Heidegger, d'inventer une métaphysique vraiment nouvelle, au prétexte que le champ des thèses philosophiques serait désormais saturé. Je m'inscris en faux contre cette affirmation : les manières de nervurer la réalité sont innombrables et la métaphysique, a, aujourd'hui plus que jamais, un avenir, surtout après les grandes révolutions scientifiques du XXème siècle.

[30] Il est en effet impossible dans une création (philosophique, artistique, scientifique) de dissocier la forme du fond. Tenter de formuler une vision nouvelle dans un langage conventionnel est voué à l'échec. Une œuvre nouvelle est un rythme nouveau, et la vision originale s'accompagne toujours d'une esthétique inédite,

répété qu'il éprouve devant la formulation brouillée de sa pensée finit par le pousser à interroger l'indubitable et à ébranler le sol sur lequel il s'appuie pour questionner. Car on n'interroge jamais une vérité aussi longtemps qu'elle semble indiscutable. Une évidence est une vérité si proche de soi qu'elle en est paradoxalement invisible. C'est pourquoi rien n'est plus dangereux qu'une évidence. Elle est la clarté aveuglante dont le halo lumineux dissimule l'artifice. Ce qui est trop brillant éblouit trop pour être vu, et c'est pourquoi l'évidence est toujours invisible : située en retrait de ce qu'elle illumine, elle fait voir sans se laisser voir, comme le cœur d'une étoile dissimulé par l'éclat de ses rayons. Pour voir l'évidence, il faudrait s'en distancer. Quand l'œil se confond avec la chose, il devient aveugle. C'est la raison pour laquelle beaucoup d'hommes, qui développent par ailleurs un esprit critique admirable, continuent malgré tout de s'appuyer sur ce sol invisible chaque fois qu'ils pensent et se mettent à douter. Les catégories sont, comparées aux opinions, une prison de dimension supérieure, le sol non questionné qui permet le questionnement. Le philosophe, lui, se reconnaît à ceci qu'il accepte courageusement l'effritement du sol lui-même. Il consent à l'errance temporaire pour ne suivre que la lumière improbable que lui donne sa vision nouvelle. Ce n'est d'abord qu'une petite flamme vacillante et entêtée sur laquelle il se force à concentrer son regard et il lui faut trouver en lui une foi inébranlable

---

loin de tout académisme. Le contenu nouveau se donne dans une forme nouvelle.

en la pensée pour oser laisser derrière lui le réel balisé et rassurant pour tenter l'aventure de l'infini et suivre le guide tyrannique qui le pousse sur un chemin inconnu[31] ; puis, enfin, cette flamme grandit et devient un feu capable de réduire en cendres la représentation commune. Mais alors même qu'il est parvenu à franchir cet obstacle, déjà considérable, le philosophe en aperçoit aussitôt un second, non moins redoutable : celui de *la prison des mots*. Pour formuler son intuition, les mots dont il dispose dans sa culture disent trop ou trop peu ; ils sont brouillés et parfois même leurs significations se contredisent. D'instinct, le penseur sait qu'il lui faut commencer par rénover la langue et la purger des manières habituelles de formuler les problèmes philosophiques s'il veut retrouver un jour le bloc homogène du réel dans sa beauté vierge et intacte et y graver son arborescence à lui. Mais il doit accepter le malaise et l'errance comme un destin pénible avant de trouver le nouveau langage qui porte sa vision. Naître à la pensée est douloureux, comme toute naissance.

A titre d'exemple, j'évoquerai brièvement mon errance philosophique des années 2015-2016,

---

[31] Cette étape dans la découverte de sa pensée est sans doute la plus délicate : car l'intuition est encore lointaine et ténue et le philosophe doit résister à la tentation du collectif qui le ramène sur les chemins connus de la connaissance. Plus tard, lorsque sa vision prend plus d'ampleur et développe des ramifications plus nombreuses et plus solides, il lui est plus facile de suivre son propre chemin car, entre-temps, il a gagné une plus grande confiance en sa mission.

longue et douloureuse, qui précéda de peu ma libération catégoriale. A cette époque, quelques-uns de mes carnets étaient déjà écrits, et je possédais déjà presqu'entièrement la conception du Mouvement qui est aujourd'hui la mienne. Pourtant, je n'avais pas encore les mots justes pour la dire. La boîte à outils conceptuelle dont je disposais alors était encore celle de la métaphysique non relativiste. Au cours d'une promenade au bord de la mer, à Porquerolles, je pris soudain conscience que je devais me débarrasser de tous les concepts traditionnels qui peuplaient encore les pages de mes carnets : le temps, l'espace, la matière, le mouvement, tous ces concepts (dont je me servais depuis des années avec de plus en plus de réticence, il est vrai), m'apparurent soudain si confus et si contradictoires que je me décidai enfin à les démanteler et à reconstruire sur des bases plus simples et plus solides... Ces concepts surdéterminés, recouverts par tant de couches d'interprétations et employés dans des sens tellement différents finissent par ne plus rien vouloir dire. Ils dissimulent la Nature et brouillent le regard. La « matière » ? Mais elle est devenue au fil des avancées scientifiques un concept complètement obsolète auquel les physiciens eux-mêmes ne croient plus guère ! Etymologiquement, « bois de construction », « bûche en bois »[32], et connotant à l'origine la solidité du corps matériel, elle s'est dépouillée de ses propriétés de compacité et de densité pour s'identifier peu à peu à sa sœur jumelle, l'énergie, dont elle a pris l'aspect fluide, impalpable et

---

[32] Du latin *materia*.

insubstantiel. En devenant flux, la matière s'est curieusement rapprochée de l'esprit, qui, étymologiquement est un souffle. Si l'on rajoute à cela le fait qu'un atome est composé à 99,9% de vide, et que, de surcroît, la matière baryonique, c'est-à-dire celle dont sont faits les atomes et tous les corps que nous connaissons ne représente pas plus de 5% de la matière contenue dans l'univers visible[33], on admettra facilement que la matière est devenue, au début de ce XXIème siècle, un concept brouillé, contre-intuitif et physiquement inutilisable. Et que dire du « temps » ? C'est un concept labyrinthique auquel les philosophes ont donné au cours de l'histoire des significations souvent contradictoires : la durée, la succession, le changement, la simultanéité, le devenir... en outre, « le temps » n'est pas une entité indépendante des phénomènes temporels, mais leur chair même, pour ainsi dire. « L'espace » ? Mais ce concept est confus, brouillé, puisqu'il désigne à la fois le vide et les corps pleins qui sont dedans... Ne faudrait-il pas plutôt le penser comme un *champ plus ou moins intense* dont les corps ne se distinguent pas davantage que le tourbillon n'est séparé de la rivière ? Bref, la différence entre corps et vide, et, plus généralement entre « matière » et « esprit » ne serait-elle pas, en fin de compte, une question de densité, un coefficient de viscosité dans la Nature ? Et « le mouvement » ? On le définit ordinairement comme le *déplacement de quelque chose dans l'espace* (on parle généralement d'une forme en mouvement), c'est-à-dire comme

---

[33] Le complément de matière invisible se trouve dans la matière dite « exotique ».

l'attribut/l'action d'une substance - mais si l'espace n'est pas un grand « conteneur » vide, ni la « chose » un corps plein, ne convient-il pas le redéfinir lui-aussi nécessairement ? Une pensée de l'Ecoulement universel considèrerait les corps eux-mêmes comme des concentrations fugaces de l'énergie dansante, une sorte de delta momentané, plus visqueux et plus languissant dans le fleuve du devenir. Faut-il alors, sur les traces d'Anaximandre, supposer l'existence d'une sorte de Mouvement originaire invisible, d'écoulement sans mobile plus fin que l'air et plus fluide que l'eau, dont les corps en mouvement que nous observons autour de nous ne seraient que le prolongement visible et plus dense à notre échelle de perception ? Si tout est écoulement comme je le pense, alors il faut déconstruire toutes les anciennes catégories du mouvement d'Aristote dont nous usons et abusons encore : la génération et la corruption, l'augmentation et la diminution, l'altération, le déplacement. Tout doit être repensé dans un cadre moniste agencé selon une dynamique nouvelle. Le chantier est immense. *Une nouvelle syntaxe de la Nature doit être écrite*. Retrouver le chemin des origines derrière le langage usé des hommes, tel est l'étroit sentier que doit suivre le créateur de concepts, comme un bateau invente sa route au milieu de la mer en fendant des eaux jamais naviguées. Au fur et à mesure que j'avançais dans l'inconnu, les anciens concepts de « temps », d'« espace », ou encore de « matière » me semblaient de plus en plus étrangers et arbitraires ; en outre ils faisaient naître plus de perplexités qu'ils ne donnaient de réponses. J'examinais avec scepticisme les réponses que la tradition philosophique et scientifique donnait à ces problèmes et je me posais des questions de plus en plus simples, aussi déconcertantes que celles d'un enfant, comme si j'étais le premier homme à me les poser : comment se forme un nuage, une dune ou une feuille ? Comment l'éclair, qui n'est pas encore présent dans le ciel d'orage, surgit-t-il brusquement à l'existence ? Est-ce par le même processus qu'une particule émerge du vide quantique et qu'une idée se forme dans l'esprit ? Quelle ressemblance y a-t-il entre l'écoulement d'une rivière, celui d'un glacier et celui d'un éboulis de pierres ? Que sont vie et mort au sein de la Nature ? D'autres interrogations, plus étranges encore, venaient hanter mes nuits, comme celles-ci : quelle différence existe-t-il entre une durée et une distance ? Que veut dire véritablement l'expression « succéder à quelque chose » ? La succession, et partant, le temps, ne supposent-ils pas déjà l'existence d'un repère, donc de formes réidentifiables ? Mais alors, le quantique, qui ne connaît pas de formes mais seulement des fluctuations infinitésimales est-il encore soumis au temps ? Serait-il possible de concevoir un *mouvement sans temps ?* Et n'est-ce pas là une nouvelle définition, révolutionnaire, de l'éternité ? Enfin, l'interrogation la plus obsédante et sans doute la plus difficile : si l'espace et le temps n'ont pas toujours été tels que nous les connaissons, comment naissent-ils ? Comment concevoir une naissance qui ne soit pas elle-même dans le temps ? Cela n'implique-t-il pas l'existence d'une variation ou instabilité plus archaïque que le temps et l'espace eux-mêmes, une sorte de différence non successive ? Et cette expérience de l'éternel ne correspond-elle pas, en fin de compte, à ce que les hommes appellent maladroitement « la mort » et qui n'est finalement qu'un changement d'allure dans le flux créateur de la Nature ?

Au fil des mois, j'entrevoyais peu à peu des réponses nouvelles à ces questions. Ces réponses étaient étranges et elles ne se présentaient pas isolées et décousues mais progressaient vers la clarté toutes ensemble, comme un nouveau continent inconnu qui émerge lentement à l'aube, quand le brouillard se dissipe et rend ses formes à toute chose. D'abord confuses et presqu'incolores, elles prenaient tous les jours une consistance plus solide et un relief plus visible. Au début, je ne trouvais pas les mots justes pour décrire ces paysages étranges, car il n'existe pas de mots dans la langue usuelle pour parler de choses vraiment nouvelles. Nous n'avons de mots que pour les expériences que nous avons déjà faites et pas pour dire l'inouï. Une nouvelle pensée a aussi besoin de mots nouveaux. Il ne faut pas en abuser. Ces néologismes doivent être aussi rares que possible et il ne faut y recourir que lorsque cela s'avère absolument nécessaire.[34] Chaque philosophe,

---

[34] Tout comme Stendhal s'est résolu à importer en psychologie le terme de « cristallisation » pour décrire la fièvre de l'imagination dans l'expérience de la passion amoureuse. Ce terme n'était alors utilisé que dans le domaine de la chimie où il désignait le processus de solidification des cristaux. Sans cette invention, il aurait été condamné à user d'une périphrase fort compliquée.

comme chaque poète, invente un langage sur-mesure adapté *à son* expérience du réel. L'invention linguistique doit toujours être claire et rigoureuse, étymologiquement motivée, et, bien entendu, la moins arbitraire possible. Dans mon cas, les concepts de **démixtion,** *de* **panpathie,** de **régime apeironique** ou encore de **régime pérasique** sont quelques-unes de ces inventions.

Ainsi, pour faire éclore sa pensée nouvelle, le philosophe doit patiemment détisser ce faux habit qui colle à sa raison et inventer de *nouveaux outils* pour appréhender la réalité — ses propres concepts à lui. Pour y parvenir, il lui faut ou bien redéfinir certains concepts déjà existants (faire usage de concepts traditionnels mais en redéfinissant le sens nouveau qu'ils acquièrent à l'intérieur de sa nouvelle métaphysique) ou bien en inventer d'autres quand cela s'avère absolument nécessaire. Pour présenter ma métaphysique de l'Ecoulement universel, je redéfinis certains concepts de la tradition philosophique et j'en introduis de nouveaux (signalés dans le texte par un astérisque*).

2. Concepts opératoires de la Métaphysique de l'Ecoulement universel (Rhoé)

Apeiron

J'emprunte ce concept grec à Anaximandre. Mot à mot, l'*Apeiron* est le sans-fin, le sans-limite, le sans-mesure ou encore le sans-forme. On le traduit généralement par « l'infini ». Toutefois, il existe deux interprétations possibles de l'infini, qui ne s'équivalent pas. Selon la première, est infini ce qui est *illimité dans l'ordre de la quantité*. Ainsi, l'infini arithmétique : il est possible d'ajouter à tout nombre une nouvelle unité, et cela, indéfiniment : $1+1+1+n$. On peut parler en ce sens d'un espace infini (lorsque, en ajoutant une partie après l'autre, on n'arrive jamais à une fin, aucune n'étant la dernière) ou d'un temps infini (dans une durée infinie, on peut ajouter indéfiniment un instant à l'autre sans jamais atteindre de commencement dans le passé ni de fin dans le futur). Cette première interprétation n'atteint toutefois pas l'infini véritable, qui n'est pas susceptible de quantification, mais l'*indéfini*, autrement dit, un fini variable[35], qui ajoute

---

[35] Selon l'expression de Couturat, reprise par Marcel Conche.

inlassablement une unité à une autre sans jamais s'arrêter. L'indéfini est un infini catégorisé et configuré par sa spatialisation et sa temporalisation. Le sans mesure a été agencé par la mesure de l'homme, et, à présent, l'incommensurabilité est traduite sous la forme d'une répétition indéfinie de la mesure (distance infinie, durée infinie, quantité infinie etc.). Il faut donc concevoir l'*Apeiron* autrement, sans l'habiller du rythme humain pour accéder à la nature véritable de l'infini. Sans la mesure du vivant qui l'assagit et la configure, la Nature est indéterminable et elle n'a pas forme de monde. L'infini véritable est par conséquent l'incommensurable, l'*inquantifiable*. Il échappe à la catégorisation de l'esprit qui finitise toute chose. Ne connaissant aucun *peras,* c'est-à-dire aucune mesure, aucun contour, il est pour nous l'indéterminable ou encore le *pré-individuel.* Pour cette raison, il peut aussi être dit homogène[36] car ce qui est homogène ne peut être déterminé. L'infini véritable ne peut être totalisé. La Nature, bien qu'unique, ne peut être pensée en une[37]. Elle est un Mouvement irreprésentable et sans contour, une énergie insubstantielle dont seulement un aspect, à une certaine allure, est visible (les corps

---

[36] Un quasi-homogène mais pas un absolument homogène, car renoncer à la variation pure reviendrait à annuler le devenir et à faire sombrer la Nature dans le néant. Le quasi-homogène ne paraît parfaitement homogène qu'à notre échelle de mesure grossière.

[37] Je partage avec Cantor et Marcel Conche cette idée d'une intotalisation du réel.

matériels), la subjectivité qui les pose n'étant pas elle-même objectivable. Hors de la mesure du vivant qui le configure dans le format relationnel de la spatio-temporalité, l'*Apeiron* est la créativité éternelle qui ne connaît ni passé ni futur et qui déploie sa présence dans un maintenant sans limites. Le contraste entre le fluide et le pâteux est trop faible au sein de l'agitation primordiale pour faire émerger une mesure qui engendrerait un avant et un après.

Par ailleurs, il faut se garder de la tentation de distinguer l'incommensurable de la somme constituée par l'incommensurable et l'indéfini. Cette manière de voir est fautive dans la mesure où elle finitise l'infini en le sommant à autre chose que lui-même. L'infini configuré en monde par le vivant ne fait pas nombre avec le réel sans le vivant pour former tout ce qu'il y a, parce que le fini ne s'ajoute pas à l'infini et le mesurable ne s'additionne pas au non-mesurable[38]. Vouloir comprendre la Nature comme la somme de deux régimes (le réel à travers la perspective du vivant et le réel sans le vivant) est encore une tentative de la corseter dans la catégorie de la quantité pour en faire une totalité close. Or cette addition n'est possible que depuis la perspective de l'homme. Le fini, tout comme l'indéfini (qui est l'addition illimitée des finis) ne se

---

[38] C'est la raison pour laquelle le régime apeironique (mot à mot « régime de l'infini ») et le régime de l'absolu (du continuum homogène soudé à lui-même hors de toute relation) coïncident exactement.

rajoute pas à l'infini actuel, qui seul est. Ce qu'il faut seulement expliquer, c'est comment le fini émerge sur fond de l'infini. Le concept de rythme répond à cette exigence.

Écoulement/Mouvement

En grec, *Rhoé*. Le concept d'écoulement est un terme *générique* pour décrire la créativité de la Nature dans son ensemble, qu'elle soit visible (un changement de formes) ou invisible (une variation sans forme)[39]. Le réel, à toutes les échelles, n'est que processus et dynamisme. Il ne faut pas le penser comme une somme de choses ou d'êtres immuables mais comme un ensemble de processus se déroulant selon d'innombrables vitesses différentes. Des fluctuations microscopiques imperceptibles trop véloces pour se fixer en états (variations amorphes), jusqu'aux formes matérielles réidentifiables qui nous apparaissent changer au cours du temps (les corps physiques), il n'est rien qui ne s'écoule et ne passe, emporté par le torrent du devenir héraclitéen :

---

[39] J'emploie indifféremment « écoulement » ou « variation », à cette nuance près que la variation est la formulation la plus abstraite, et l'écoulement sa traduction concrète et son image dans la sphère de l'apparaître. On peut donc appeler ma philosophie indifféremment une *métaphysique de la variation* ou une *métaphysique de l'Ecoulement universel*.

l'énergie subquantique s'« écoule » (fluctue) , le temps s' « écoule », mais également un liquide, un glacier, une chaîne de montagnes et même un trou noir s'écoulent en quelque manière puisque rien jamais ne demeure immobile et immuable, quelle que soit par ailleurs la vitesse à laquelle ces processus se produisent. De façon moins imagée et plus conceptuelle, je désigne habituellement le dynamisme créateur universel par le terme de **Mouvement**, que j'orthographie alors avec un M majuscule pour bien le différencier de son usage ordinaire et ontique dans une philosophie de la représentation, qui renvoie au déplacement d'un mobile dans l'espace. Car, que l'on parle d'Ecoulement ou de Mouvement, l'essentiel est ici de saisir qu'il ne s'agit pas de l'écoulement ou du mouvement de quelque chose ou de quelque être, mais bien d'une *agitation intransitive*. Le Mouvement n'est pas le prédicat d'une ou de plusieurs substances, ce sont bien au contraire les choses que nous croyons être des substances qui se révèlent n'être qu'une expression éphémère et ponctuelle du Mouvement à une allure et une intensité spécifiques. Toutes les prétendues choses ne sont que des flux, c'est-à-dire des événements ou des processus de durée différentes. Le Mouvement est le seul être originaire. C'est une dynamique pré-individuelle que l'on pourrait décrire comme le processus de créativité pré-subjectif et pré-objectif qui engendre tous les étants par constante différenciation d'avec lui-même. Bien compris, le Mouvement déconstruit la différence entre le temps et l'espace, la matière et l'énergie, qui, dans cette optique, deviennent les innombrables coefficients de viscosité qui constituent la Nature, et, qui, chacun à sa manière, exprime une intensité de la Vie omni-créatrice. Le Mouvement renvoie toujours à la Nature dans son processus même de créativité, qui est ramification rythmique et chemin inlassable vers la différence. Le réel s'identifie à un *principe de variation* universelle qui commande tous les changements, visibles et invisibles. Le Mouvement peut ainsi se comprendre comme le geste ou l'épanchement de la Vie universelle qui se ramifie en une arborescence infinie de motifs rythmiques, c'est-à-dire de gradients spatio-temporels différents. Tout s'écoule, mais à des vitesses différentes, de sorte que le flux créateur n'est jamais linéaire mais infiniment turbulent. Aucun quotient d'espace-temps (c'est-à-dire aucun différentiel de fluide et de pâteux) n'est le même. Par la gamme des innombrables variations qui le constituent, le Mouvement jette un pont entre le continu et le discontinu, exprimant son dynamisme dans le souffle le plus immatériel jusque dans la substance la plus solide. Si la Nature doit se comprendre en termes de « champs » physiques, comme les deux révolutions physiques du XXème siècle nous invitent à le penser, alors le Mouvement est bien l'ultime réalité à laquelle nous puissions remonter : il est parcouru par d'innombrables intensités, depuis les fluctuations les plus diluées du vide quantique jusqu'aux trous noirs les plus massifs et les plus condensés où la courbure gravitationnelle devient infinie.

L'usage que je fais du concept de Mouvement renvoie typiquement à deux contextes qu'il convient de distinguer. Soit il désigne l'ensemble du réel, tant à l'échelle macroscopique de l'expérience ordinaire où il s'exprime par la multiplicité des étants en devenir, qu'à l'échelle microscopique où il désigne le champ éternel des fluctuations quantiques ; soit il renvoie au seul régime apeironique, c'est-à-dire à la Nature sans vivant qui ne connaît pas la séparation rythmique entre le temps et l'espace. Par Mouvement, il faut alors penser le dynamisme créateur dé-dimensionnalisé, qui vibre éternellement, en sourdine, trop homogène pour faire surgir à l'existence les formes spatio-temporelles finies.

Démixtion et mixtion*.*

Ces concepts (que j'emprunte à la physique en leur donnant un sens métaphysique et pas seulement phénoménal) sont les opérateurs ontologiques qui rendent compte du passage de l'infini au fini et du fini à l'infini[40]. J'appelle démixtion le processus de différenciation qui fait surgir les étants finis du Mouvement infini. L'informe prend forme par le processus même de la morphogenèse. Ce passage de l'infini au fini peut être décrit comme la traduction

---

[40] Pour une analyse plus complète de ces deux concepts, on se réfèrera au dernier fragment de ce volume intitulé « Arborescence végétative ».

de la créativité une et invisible en un tableau fragmenté de formes spatio-temporelles que nous nommons un « monde ». Le chemin vers la forme s'opère toujours de la même manière : au sein d'un flux vrillé par d'imperceptibles variations, l'augmentation du gradient des vitesses produit une dissociation rythmique dans le *continuum* dynamique ; ce dernier perd son homogénéité originelle et se sépare alors en deux régimes d'écoulement différenciés tels deux affluents distincts. Le motif arborescent est l'effet d'un déphasage et il se manifeste par intensification des contrastes dans le champ physique. Omniprésent dans la Nature, il apparaît partout où des formes surgissent à l'exister[41] (qu'il s'agisse d'interfaces solides, liquides, gazeuses, ou mixtes). Partout où il y a de l'être – entendons ici « être » de la manière la plus large, le matériel comme l'idéel, le réel comme l'imaginaire –, il y a chemin vers la différence. La démixtion est la scission du flux créateur en d'innombrables régimes différenciés d'hétérogénéité, chacun donnant lieu à un quotient spatio-temporel singulier nommé rythme. Le plus pâteux se sépare du plus fluide et la forme surgit à l'apparaître en se détachant d'un fond. C'est le processus qui préside à toute naissance – des galaxies, des objets perçus dans l'expérience ordinaire, des idées, et même des

---

[41] Le jeu de l'ombre et de la lumière qui dessine des formes au crépuscule en est un bon exemple.

particules quantiques –. L'émergence du vivant et le processus de conscience eux-mêmes sont encore l'expression et le prolongement de la démixtion à un plus haut degré de contraste et de puissance[42]. Dans

---

[42] Le vivant est, de mon point de vue, une illustration particulièrement représentative du processus de démixtion : le contraste entre le sentant et le senti est le produit d'un déphasage intense. C'est seulement à travers la perception de certains vivants comme les mammifères supérieurs tel que l'homme qu'émergent des formes réidentifiables (et pas seulement des degrés de pressions, des polarités olfactives ou des intensités lumineuses). Toutefois, si l'on entend par démixtion *tout* processus de différenciation et pas seulement la naissance des formes qui en est une expression particulièrement intense, alors il est incontestablement déjà présent indépendamment des êtres organiques qui sentent, perçoivent et se représentent un monde. Car, sans supposer la variation déjà présente à toutes les échelles de la Nature, il deviendrait impossible de comprendre comment un être vivant puisse jamais être engendré par la Nature ; en outre, retirer la différence à la Nature reviendrait à la priver de Vie et la faire tomber dans le Néant. Car l'essence de la Nature est la créativité et l'essence de la créativité est la différence. Là se situe la limite de mon « idéalisme » : sans le vivant, le réel n'aurait certes pas forme de monde, mais il ne serait pas non plus un pur néant. Le vivant configure l'irreprésentable en représentable. On peut ainsi soutenir que, bien que déjà présente dans la Nature sans le vivant, la démixtion ne franchit le seuil de l'apparaître qu'avec le vivant qui seul donne forme à l'informe et achemine le processus d'hétérogénéisation vers sa manifestation. A travers le vivant l'espace vient à exister et le Mouvement

ce dernier cas, la démixtion ne se présente pas seulement comme une séparation (*apokrisis*) dans un même plan d'immanence, mais comme une éjection (*ekkrisis*) de son objet dans un espace de représentation externe (le monde perçu est objectivé dans la conscience immédiate et le moi est redoublé dans la conscience réflexive). La démixtion est ainsi l'unique processus qui rend raison à la fois de la diversité des textures et des métriques des corps matériels d'une part et du passage du non-étant à l'étant de l'autre (comment un dynamisme pur et sans forme se matérialise en particule quantique par exemple). Elle est par conséquent un concept unificateur qui permet de jeter un pont entre les changements non substantiels et les changements substantiels, autorisant ainsi une refonte et une unification des quatre catégories de mouvement chez Aristote (génération et corruption, accroissement et diminution, altération, transport). A partir d'elle, il devient possible de réécrire une grammaire plus simple et sans aucun arbitraire de la Nature en s'appuyant sur l'idée universelle de contraste rythmique. Il est ici essentiel de comprendre que la démixtion n'est pas un attribut extrinsèque à la réalité, qui lui serait ajouté arbitrairement comme un prédicat supplémentaire. Le contraste que la

---

vient à s'exprimer comme un changement de formes au cours du temps (et même comme une histoire chez les êtres conscients).

démixtion exemplifie est l'expression d'une différence et la différence partout à l'œuvre dans le réel est elle-même l'expression la plus pure de l'inépuisable fécondité de la Vie. La démixtion dissimule en son cœur le moteur de la réalité. La variation est l'expression même de la Vie créatrice et elle est l'essence de la Nature, ce qui l'empêche de s'égaler au néant.

Notons pour finir qu'il est aisé de donner de la démixtion une illustration pédagogique éclairante. La métaphore des jumelles permet de s'en faire une idée très concrète : pour parvenir à une image nette, il convient de tourner la molette de réglage. Tant que la mise au point n'est pas faite, l'image est floue, et toutes choses confondues dans un brouillard presque homogène. La perception du vivant joue le rôle de la mise au point en donnant forme à l'informe et en structurant le champ homogène en multiplicité numérique.

La mixtion est le processus qui mène du fini à l'infini, de la forme à l'informe. Au fur et à mesure que la différence entre le temps et l'espace s'estompe (c'est-à-dire à mesure que le gradient entre fluidité et viscosité diminue) le tableau du monde perd ses contours et retombe dans une agitation sans formes et sans dimensions. L'extrême mixtion conduit à la disparition de l'espace (qui n'existe qu'à un seuil d'hétérogénéité suffisant). La consistance ontologique du monde structuré des étants repose sur la relation spatio-temporelle entre le sentant et le senti et leur contraste : lorsque la différence entre la distance et la durée (qui sont deux allures dans le Mouvement) est insuffisante, le cadre spatio-temporel et toutes les formes qui l'habitent sont résorbés dans l'indistinction du Mouvement originaire. A la place du monde, il n'y a plus qu'une espèce de purée dynamique et homogène qui fluctue hors du temps. La dissolution des formes est ce qui, dans la perspective du vivant, s'appelle « la mort ». C'est la fin du déséquilibre thermodynamique qui permettait l'existence du vivant et ses propriétés métaboliques (assimilation, perception, reproduction…). Toutefois, la fin de la forme ne signifie pas la fin de la créativité. La fin du monde n'est pas la fin du réel. La mixtion n'est en effet pas le contraire de la créativité (car la Nature, qui est le Tout, est créatrice et n'a pas de contraire), mais une expression de la créativité naturelle à un rythme de donation incroyablement plus homogène. La mixtion est une espèce de *création en sourdine* que nous nous représentons faussement comme une absence de mouvement et un pur repos, parce que nous parlons de la réalité depuis notre point de vue déséquilibré de vivant. Mais le vide quantique fourmille d'activité. Ainsi ce que nous appelons « mort » ou « entropie » est une espèce de créativité imperceptible, incroyablement rapide et unie, et bien trop subtile pour nous apparaître active et vivante. Pourtant, l'être ne peut être cessation de puissance sans tomber dans le néant : il est donc nécessairement expression du Mouvement à toutes les échelles de la réalité.

Enfin, notons pour terminer que les concepts de démixtion et de mixtion sont des quasi-synonymes de ceux de morphogenèse (chemin vers la forme) et de morphophthorèse[43] (chemin vers l'informe), à ceci près que la démixtion et la mixtion sont des concepts à la fois ontiques et ontologiques ; leur domaine d'application ne se réduit pas au surgissement et à la disparition des formes et ils permettent de traquer l'activité créatrice jusque dans l'imperceptible. A l'opposé, la morphogenèse et la morphophthorèse, qui décrivent seulement la prise-forme et la perte de la forme ne s'emploient qu'à l'échelle de la manifestation.

---

[43] Du grec *phthora*, la perdition, la dissolution. La morphophthorèse désigne le processus par lequel une forme est dissoute et retourne au Mouvement sans dimensions.

Régimes rhéologiques (ou régimes d'écoulement).

Je distingue dans la Nature deux régimes généraux de Mouvement[44]. De même qu'un fleuve connaît une période d'étiage, durant laquelle son débit est minimal et une période de crue, durant laquelle son débit est maximal, de même la créativité connaît deux débits différents. Je les nomme respectivement régime **apeironique * (ou régime de l'absolu) et régime pérasique* (ou régime de la relation)**.

Le *régime apeironique* est l'expression de la créativité naturelle à l'échelle microscopique du quantique et du subquantique. A cette échelle, la Nature ne se présente pas sous la forme structurée d'étants séparés mais comme un *continuum* énergétique fluctuant qui ne connaît ni la juxtaposition spatiale ni la succession temporelle. Le régime apeironique est un pur Mouvement sans formes, auquel les physiciens contemporains donnent les noms exotiques de « mousse », d' « écume » ou encore de « vide quantique ». Peu importe d'ailleurs la dénomination retenue,

---

[44] Ces deux régimes d'écoulement sont déterminés à partir de la mesure du vivant : il y a pour lui ce qui est structurable en monde et ce qui ne l'est pas, ce qui n'a pas forme de monde, étant trop *fluide* pour être arrêté par son biorythme et faire l'objet d'une représentation au sens le plus large.

l'essentiel étant de comprendre que l'on désigne par là un très bas régime de l'énergie parcouru par des vibrations (appelées également fluctuations) imperceptibles et éternelles car non soumises à la naissance et la mort comme le sont les formes de la perception. Le régime apeironique peut également être désigné comme le régime de l'*absolu*, au sens littéral du terme. Est dit absolu ce qui est sans relation avec autre chose, ce qui se trouve en dehors de toute relation. Le régime apeironique mérite bien le qualificatif d'absolu car il se présente comme un flux indivis dont les variations sont trop faibles pour faire émerger la fragmentation du réel en étants[45]. Il est un non-monde. La démixtion (ou séparation rythmique) y est présente à son *plus bas étiage* ; les différences infinitésimales sont des variations intensives trop faibles pour qu'il en résulte des formes distinctes et l'agitation créatrice se perd en une « friture » inanalysable[46]. De plus en plus de physiciens suggèrent la présence de cette réalité sous-jacente en-dessous de l'échelle de Planck. Cet état minimal de l'énergie peut être qualifié d'originaire (autrement dit, plus primitif que l'ordre de la spatio-temporalité) parce que

---

[45] Dans le langage traditionnel de la philosophie, on dirait que le régime apeironique est la présence de L'Un sans le Multiple.

[46] C'est ce que l'on nomme l'entropie, l'information non disponible pour le vivant.

l'espace et le temps ne sont pas encore dissociés en dimensions séparées (l'ouverture en dimensions spatio-temporelles est *le fait* du biorythme, qui constitue dans le Mouvement éternel un motif rythmique contrasté). En l'absence d'un gradient suffisant qui permettrait au temps de se séparer de l'espace, les variations intensives cohabitent dans l'ubiquité et l'omniprésence. La dilution dynamique est si grande que le Mouvement ne parvient pas à se dimensionnaliser. Tels des frissons inchoatifs fondus tous ensemble dans un champ immatériel et pré-individuel sans dimensions ni directions, les variations pures forment la réserve inépuisable et invieillissable des mondes. C'est la raison pour laquelle le régime apeironique peut être également décrit comme *presque homogène*[47] (pas l'absolument homogène toutefois, car le degré zéro *de* l'activité créatrice conduirait à l'affirmation contradictoire de l'existence du néant : la Nature, qui est par essence puissance créatrice, ne peut être conçue comme une absence absolue d'activité).

Par opposition avec le régime apeironique, le *régime pérasique* (ou régime des formes[48]) désigne

---

[47] Dans la suite de <u>Naissance des mondes</u>, le régime apeironique sera souvent désigné par l'expression de régime du « quasi-homogène ».

[48] Du grec *peras* : la limite, la bordure. Une forme est un mouvement circonscrit par un bord.

la créativité naturelle à l'échelle macroscopique. La fécondité de la Nature s'y exprime à travers la diversité des formes. Dans la mesure où il n'y a de formes que par et pour une subjectivité qui les perçoit, le régime pérasique est aussi celui de la *relation*. Le monde des formes n'existe jamais comme un en soi indépendant d'un sentir, il est le corrélat de l'être organique et le pôle objectal de la relation. C'est relativement à la fluidité de la subjectivité que la viscosité des choses peut surgir par contraste. Et puisque le senti et le sentant proviennent tous deux d'un unique Mouvement pré-individuel qui s'est scindé en deux affluents, la correspondance entre le sujet et l'objet qui a fasciné les philosophes [49] n'a plus rien de mystérieux. Elle trouve sa justification dernière dans l'unité de la Nature. Si le sujet vivant est un aspect rythmique du Mouvement au même titre que l'objet senti, il n'est rien d'étonnant à ce que le réel tel qu'il apparaît au vivant (et plus particulièrement à l'homme) ne soit pas un chaos irreprésentable, mais un monde

---

[49] Pour expliquer cette correspondance dont le hasard ne saurait rendre compte, Leibniz n'a convoqué rien de moins que l'hypothèse coûteuse de l'harmonie divine préétablie et Kant celle du sujet transcendantal imposant son ordre au monde. Comprendre la co-apparition réglée du sujet et de l'objet comme le résultat de la démixtion d'une Nature sensible pré-individuelle est probablement l'hypothèse la plus économique et la plus rationnelle pour expliquer le « miracle de la connaissance ».

consistant de choses [50], ordonné et fragmenté en formes plurielles et présentant un certain nombre de propriétés réidentifiables. Un monde (*cosmos*) est un agencement structuré d'étants séparés qui sont signifiants pour le vivant qui l'habite. En découpant le Mouvement universel selon la vitesse propre à son métabolisme, le vivant fait surgir des repères spatiaux et temporels. Ainsi l'énergie impalpable est configurée en monde de choses. C'est ainsi que naissent dans la représentation de l'homme les structures finies que sont les atomes, les molécules, les corps, et même les octets. La représentation ordinaire, immergée dans la multiplicité des étants, croit en la réalité de l'espace et en la multiplicité des choses. Seuls ceux qui ont accès à l'unité de l'Être (les philosophes, les mystiques et les artistes) sont conscients de l'illusion de la fragmentation des étants à laquelle le régime pérasique assujettit le vivant.

*Ek-sistence, dé-sistence, in-sistence**

J'appelle *ek-sistence* (du latin *ex-sistere*, « sortir de » ou « jaillir hors de ») le surgissement à l'apparaître. Il est bien entendu plus commode d'orthographier ce concept de façon ordinaire (existence), à condition de ne jamais oublier son sens véritable et de ne pas l'utiliser à tout va dans

---

[50] Plus ou moins consistant, c'est-à-dire objectivé, selon l'intensité de la démixtion.

un régime fluvial de la Nature où la séparation entre le temps et l'espace est encore absente (typiquement, à l'échelle de la « mousse quantique »). Tout ce qui existe a une naissance *(genesis),* se maintient dans l'apparaître durant un certain intervalle de temps *(on)* et finit par mourir *(phthora)* en sombrant à nouveau dans le courant éternel.

L'eksistence est le mode de présence relationnel dans l'espace-temps. Puisque, par ailleurs, la séparation du Mouvement en espace et en temps est également la définition de l'être vivant, qui est essentiellement relation, il en résulte que l'existence est la qualité essentielle des êtres vivants. L'existence désigne le processus par lequel un monde senti surgit à l'apparaître pour un être sentant. Toutefois, les étants qui surgissent à l'existence ne se présentent jamais comme des entités isolées les unes des autres mais prises dans un ensemble de relations avec tous les autres étants (ils co-existent avec les autres étants avec lesquels ils contribuent à former la structure du monde). Ce qui *ex-siste* se détache chaque fois du Mouvement comme une forme délimitée et éphémère. L'existence et la sensation/perception sont donc une seule et même chose, c'est-à-dire une démixtion, une morphogenèse.

J'appelle *dé-sistence* (du latin *de-sistere,* « tomber du haut de ») le glissement de l'étant fini dans le non-être : la forme, qui apparaissait à l'échelle de la séparation de l'espace et du temps, se dissout dans le Mouvement sans dimensions de la Nature. Les Anciens Grecs nommaient ce processus « *phthora* » (« perdition », « ruine » ou encore « dissolution »). L'étant qui a jailli à la lumière de l'existence sombre à présent dans la nuit de sa mort. C'est la fin du monde (c'est-à-dire de la relation entre le sujet vivant et le *cosmos* en vis-à-vis). Mais la fin du monde pour un vivant n'est pas la fin des autres mondes vivants, et encore moins celle de la réalité, qui, s'identifiant à la Vie universelle, est impérissable. En effet, ce que les hommes ont nommé la « mort » n'est pas la cessation de la Vie, mais la dissolution de la forme vivante passagère dans le flux créateur où s'annule la différence entre la distance et la durée. Pour le dire autrement, la *désistence* est un changement d'allure dans le Mouvement. Elle est la perte des catégories de la pensée prédicative et constitue pour le vivant l'énigme fondamentale du « *tout-autre* » (selon l'heureuse formule de Jankélévitch). Les religions interprètent comme un mystère de la transcendance une barrière dimensionnelle de la perception. En remplaçant le terme commun de « mort » par celui de désistence, j'entends montrer que la mort est un changement dimensionnel qui ne peut signifier ni le néant ni la survie individuelle, mais l'expérience pré-individuelle qui est aussi expérience de la présence absolue.

Enfin, j'appelle *in-sistence* (du latin *in-sistere*, « séjourner », « demeurer ») la présence inextinguible du Mouvement créateur qui sourd en-dessous de l'histoire spatio-temporelle des formes finies. Hors du régime hétérogène du vivant qui décompose le Mouvement originaire en espace et en temps, perdure une agitation créatrice rebelle à toute forme, toute dimension, toute détermination. J'ai souvent recours à la formulation de « régime apeironique » ou encore de « régime soudé » pour désigner la créativité en sourdine et trop homogène pour donner lieu à une relation. J'interprète l'*Apeiron* anaximandrien comme ce régime illimité de la Nature, sorte de vibration imperceptible et inéliminable en dessous de l'évolution temporelle des formes. Les physiciens nomment cet état « vide quantique » ou encore « fluctuations du vide » et ils le situent en dessous du « mur de Planck », à des échelles encore inatteignables à l'expérimentation physique. Contrairement aux formes, mortelles, les fluctuations du vide, qui ne connaissent ni naissance ni mort sont à proprement parler invieillissables car elles échappent à la représentation dans l'espace et le temps. On peut les dire éternelles dans le sens où elles ne sont soumises ni à la durée ni à la succession. Ce qui in-siste, c'est le Mouvement plus primitif que l'espace-temps, un régime de la Nature invisible et non fragmenté où tout est encore indistinct et virtuel. Les fluctuations du vide sont le réservoir énergétique éternel de la Vie.

Rythme

Du grec *rhein*, « s'écouler » et *thmos*, « manière », « modalité ». Un rythme est une certaine manière de fluer, une modalité dans l'écoulement. Ce concept transversal est essentiel pour construire une métaphysique unifiée du Mouvement car il abolit la fausse dichotomie que nous établissons d'ordinaire entre le temps et l'espace. A la fois spatial et temporel, on peut le définir comme un *motif spatio-temporel récurrent*. Dans un rythme, le rôle du temps est joué par la variation qui produit de la différence tandis que le rôle de l'espace est joué par la mesure qui, en scandant le mouvement, y inscrit un repère et permet la répétition : apparaît alors une « même forme » évoluant dans le temps. Aussi, le rythme se présente d'ordinaire comme un mouvement scandé par une mesure qui permet à un même motif de se répéter, à une même forme de revenir à intervalle régulier. Par exemple, le rythme cardiaque (le battement du cœur survient à intervalle régulier), ou un rythme en musique (une phrase musicale se répète de façon régulière comme dans la 9ème symphonie de Bruckner par exemple). La physique traduit le rythme dans le langage de la quantité. Il s'appelle alors une vitesse, c'est-à-dire un quotient spatio-temporel. On calcule la vitesse d'un processus en mesurant sa période et sa fréquence. La période est la durée entre deux phénomènes et la fréquence le nombre de motifs/phénomènes répétés par unité de temps. Dans son usage commun comme dans son usage scientifique, le rythme se présente ainsi comme un concept hybride constitué à la fois par la notion de *variation* et par celle de *mesure* qui permet la répétition.

Toutefois, jusqu'à ce jour, la nature hybride du rythme n'a pas été philosophiquement exploitée comme elle le mérite. Défini avec rigueur, le concept de rythme conduit à une révolution ontologique majeure en remplaçant les notions traditionnelles de « temps » et d' « espace », tout comme celles d' « esprit » et de « matière » dont il brouille les lignes de partage. Ce qui passait jusqu'alors pour des substances différentes doit se comprendre comme des *gradients dynamiques*, les degrés d'élasticité et de viscosité d'un unique Mouvement dont tout est fait. Cette révolution ontologique est par ailleurs rendue nécessaire par la physique relativiste. Dans la conception newtonienne du monde, le temps et l'espace étaient considérés comme des cadres absolus et comme deux entités de nature différente. La théorie de la relativité restreinte a bouleversé de fond en comble l'ancienne représentation en enseignant que l'espace et le temps n'existent que relativement l'un à l'autre, et qu'ils ne forment en réalité qu'une unique entité dynamique. Ce changement conceptuel majeur, adopté par l'immense majorité des physiciens depuis plus de cent ans, n'a toutefois encore jamais amené les philosophes aux conséquences épistémologiques et surtout ontologiques radicales qui s'imposent. Je propose de tirer de la révolution einsteinienne les conséquences métaphysiques auxquelles elle conduit nécessairement si on la prend au sérieux. Le temps newtonien unique a explosé en une infinité d'espace-temps différents. Il n'y a plus un Temps unique, un même maintenant partout dans l'Univers, pas plus qu'il n'existe un Espace unique : à la place, à l'infini, des bulles spatio-temporelles plus ou moins désynchronisées les unes par rapport aux autres. Ce sont précisément des *rythmes*. Le sens le plus profond de la théorie de la relativité restreinte est qu'à chaque point de l'espace est attachée une temporalité différente. L'espace et le temps sont à la fois réunis en une unique entité élastique et pluralisés à l'infini. Nous arrivons à l'idée inouïe d'une réalité dynamique universelle constituée d'une infinité de rythmes différents.

Prenant acte de la révolution relativiste, j'appelle rythme tout *quotient d'espace-temps*. La Nature, source infinie de différences, se compose d'une infinité de rythmes : ce sont les innombrables coefficients de viscosité qui constituent le Mouvement universel. La proportion entre le fluide (temps) et le pâteux (espace) n'est jamais le même, ce qui explique la grande diversité des rythmes naturels. D'innombrables motifs spatio-temporels existent à des degrés d'individuation divers, c'est-à-dire plus ou moins saillants dans le champ énergétique. Certains d'entre eux nous sont visibles et ils constituent le tableau vivant du monde ; d'autres, plus homogènes, nous sont imperceptibles et prolongent dans l'invisible la démixtion du fluide et du pâteux. Car parmi l'infinité des rythmes, nous ne pouvons mettre en évidence que ceux qui sont suffisamment compatibles avec le nôtre, et les processus trop lents ou trop rapides échappent complètement à notre détection[51]. La Nature, dont la créativité ne connaît pas de limites, engendre des motifs spatio-temporels de toutes les amplitudes et de toutes les fréquences, unis ou contrastés, rapides ou lents : rythmes inorganiques, rythmes vivants, rythme de l'homme en tant qu'espèce, rythme de tel individu singulier, rythme de chaque cellule, de chaque molécule, de chaque atome et de chaque particule. Chacun de ces rythmes est une sorte de bulle spatio-temporelle qui donne naissance à un monde dont la texture et la richesse sont uniques. Résultant de démixtions d'intensité incroyablement diverses, tous ces rythmes sont à la fois relativement autonomes les uns par rapport aux autres et pourtant indissolublement unis puisque tous proviennent d'une source de créativité commune qui est la Nature. Ainsi le tourbillon dans la rivière : relativement autonome par l'intensité du contraste qu'il entretient vis-à-vis du reste du courant, il n'en reste pas moins profondément uni au reste de la rivière dont il est un motif fugace et singulier.

---

[51] Dans son cours intitulé « l'univers, cours tout public », Aurélien Barrau estime ainsi que les fréquences que nous sommes capables de détecter ne correspondent qu'à l'épaisseur d'un cheveu comparativement à la grandeur de notre galaxie ! La diversité rythmique de la Nature nous est incommensurable.

Biorythme

Le biorythme est le rythme du vivant. C'est un certain coefficient de viscosité dans le Mouvement, autrement dit, une certaine proportion de fluidité et de viscosité qui correspond à une texture de la Nature. Ce quotient spatio-temporel est défini par un intervalle de grandeur, variable selon les espèces, et, dans une moindre mesure, selon les individus. Avec ses différents sens, chaque vivant dispose ainsi d'un étalon de mesure spatio-temporel propre qui lui permet de se représenter le réel et de le configurer en monde signifiant[52]. La sensation et la perception jouent dans ces conditions le rôle d'un tamis permettant de discriminer l'existant du non-existant. Tout ce qui est plus fluide que le tamis passe au travers sans être arrêté par le grain trop grossier de la maille et se perd dans l'imperceptible. Cette part

---

[52] Par exemple, le métabolisme de la mouche est environ six fois plus rapide que celui de l'homme, tandis que celui de la tortue Luth est quatre fois plus lent. Pendant qu'une tortue a une perception, l'homme en a quatre et la mouche vingt-quatre environ. Il en résulte que chaque vivant vit dans un monde de consistance différente, puisque la proportion d'espace et de temps n'y est pas la même. Une partie du temps humain devient de l'espace dans la perspective du diptère, qui accède à un plus grand nombre d'informations disponibles (si, bien entendu, on n'envisage ici que les sens naturels et non technicisés qui servent à l'homme de prothèses sensorielles amplificatrices).

de réalité, inexorablement perdue par le vivant, n'existe pas au sens propre du terme[53] (elle ne surgit pas dans l'espace et le temps). Elle est imperceptible et ne peut faire l'objet d'une représentation. A l'inverse, tout le réel dont le coefficient de viscosité est plus grand que celui du tamis est retenu par ce dernier et acquiert le statut d'étant subsistant dans le monde du vivant. Le monde que sent et perçoit le vivant n'est donc qu'une étroite meurtrière donnant sur l'immensité du réel.

Dans l'infini des rythmes, le biorythme se distingue des autres rythmes inorganiques par une signature spatio-temporelle bien caractéristique : celle d'un contraste maintenu suffisamment longtemps pour permettre l'exercice et le maintien des principales fonctions métaboliques[54] (assimilation, régulation, perception, reproduction…). Traduit dans le langage quantitatif de la physique, le biorythme se reconnaît par une onde de grande amplitude et de relativement basse fréquence. La survie implique toujours un déséquilibre thermodynamique entre le vivant et son milieu durant une durée suffisante. Il importe que le bilan énergétique du vivant demeure toujours positif : si les entrées ne l'emportaient pas sur les

---

[53] Ainsi toutes les longueurs d'onde incommensurables aux nôtres.

[54] Voir Fabien Nivière, <u>le rythme vivant</u>, page 88.

sorties ni les recettes sur les dépenses, il ne pourrait ni croître, ni même se maintenir en vie. Ce déséquilibre, qui est la signature véritable des êtres vivants[55] pourrait être représentée sous la forme d'une chorégraphie spatio-temporelle de l'hétérogène. Le biorythme est un motif suffisamment contrasté pour que s'ouvre un espace de représentation entre un sentant (aspect le plus fluide du Mouvement) et un senti (aspect le plus pâteux qui surgit en vis-à-vis par contraste). Le surgissement du vivant correspond toujours à une sorte de déchirure dans la dynamique de la Nature : le Mouvement, jusqu'alors indivis, se sépare en deux affluents de débit très différent, celui du sentant et du senti. Pour la première fois, *quelque chose est senti par un sentant* : le vivant inaugure ainsi dans la Nature la modalité de la relation, et, avec elle, celle de la localité et de la succession. Ce n'est qu'à partir de l'être vivant, que le temps et l'espace, à des degrés divers, viennent à l'existence. Par exemple, la représentation intensive du lièvre de mer est un degré de séparation rythmique moins intense que la représentation catégorielle de l'araignée, qui elle-même est une démixtion plus faible que la

---

[55] Cette signature est donc rythmique et non chimique. Le motif spatio-temporel hétérogène pourrait servir de critère pour reconnaître la présence du vivant dans un environnement différent, même sans la chimie du carbone. Voir Fabien Nivière, le rythme vivant, pp. 78-83.

représentation objectivante des mammifères supérieurs[56]. Plus la démixtion est importante, plus le métabolisme est actif et plus est intense le degré d'objectivation du réel. La métrique des formes se dessine avec plus de précisions, et la texture des choses gagne en densité. Ainsi naît peu à peu la croyance en un monde extérieur. Ce déséquilibre rythmique est déjà présent dans la chimie hétérogène dans une moindre mesure, mais il ne s'exprime pleinement que dans l'organisme vivant[57]. Tous les degrés de la séparation rythmique existent, depuis la sensation confuse où le vivant et le milieu, encore proches de l'état pré-individuel, sont fondus et comme noyés ensemble jusqu'à la claire séparation du sujet et de l'objet qui s'appelle la conscience.

Il convient toutefois de faire remarquer que les qualifications de « vivant » et de « non vivant », dont nous usons et abusons pour catégoriser les existants est une nomenclature arbitraire qui reste largement tributaire de l'étalon de mesure humain. La levure, disons-nous, est vivante, le cristal ne l'est pas. Pourquoi ? Pourtant tous les deux poussent et leur arborescence se ressemble étrangement. Le

---

[56] Voir les travaux de grande qualité de Joëlle Proust sur le concept de représentation.

[57] Voir les travaux de Prigogine sur les structures dissipatives. Je les aborde dans mon ouvrage <u>Le rythme vivant</u>, p. 88.

critère de l'hétérogénéité du motif rythmique servant de signature biologique doit être relativisé car le déséquilibre que nous mesurons n'a de sens que comparativement au nôtre. En dernier ressort, c'est bien le rythme humain qui est la mesure du vivant et du non vivant. Nous interprétons tous les autres rythmes de la Nature en les rapportant au nôtre, qui, tel un centre rayonnant (*Umwelt*) autour duquel se déploie le monde, nous sert de toise universelle. Mais, dans la mesure où chaque rythme vivant en fait autant, il n'y a pas de mesure absolue. L'argument d'échelle nous conduit à admettre que rien n'est mort ni vivant en soi, mais seulement rapporté à notre mesure perspectiviste. La créativité de la Nature est partout présente et elle déploie sa richesse infinie telle une musique jouée à toutes les vitesses d'exécution.

Anthroporythme*

Du grec *anthropos*, « l'humain », et *rhuthmos*, « manière de fluer ». L'anthroporythme est le rythme propre à l'espèce humaine. Rapporté à la Nature infinie, il n'est qu'un rythme vivant quelconque parmi tous les autres. Toutefois, il revêt à nos yeux d'humains une importance toute particulière parce qu'il est le centre intensif irradiant à partir duquel émerge un monde fragmenté en choses. En outre, le rythme humain est plus complexe que celui des autres animaux car l'homme n'est pas seulement un être organique capable de sentir et de percevoir, mais également un être conscient capable de représentations abstraites. L'anthroporythme se compose ainsi de plusieurs filtres spatio-temporels, dont chacun se distingue par la grossièreté ou la finesse de son grain. L'existence spatio-temporelle d'un phénomène dépend de son aptitude à être arrêté par le filtre, c'est-à-dire qu'elle dépend de son coefficient de viscosité. D'une manière générale, tout processus ou événement plus rapide que la mesure perceptive se soude au suivant et tombe dans l'indiscernabilité de l'homogène[58] : il n'existe tout simplement pas pour le vivant. Ainsi sommes-nous incapables, si nous nous en tenons à nos sens naturels[59], de percevoir le pullulement vibratoire du magnétisme. Les filtres sensoriels et perceptifs présentent les mailles les plus lâches : l'homme est capable de distinguer une information visuelle toutes les 35 millisecondes, une information

---

[58] L'intervalle temporel entre deux sensations, visuelles, tactiles ou auditives est ce que l'on nomme *point de temps* en psychologie cognitive. Pour plus de détails, on peut lire ma conférence de Sanary qui se trouve à la fin de l'ouvrage.
[59] La technologie permet de rétrécir considérablement le point de temps et de prolonger la perception dans l'imperceptible, à des échelles toujours plus éloignées de la perception naturelle.

tactile toutes les 10 millisecondes et une information auditive toutes les 2 millisecondes. L'ouïe, qui est le sens le plus subtil de l'homme, est pourtant bien trop grossière pour saisir les rythmes les plus subtils de la Nature. Toutefois, l'anthroporythme ne se réduit pas aux seuls filtres perceptifs. Il comporte aussi un filtre au grain beaucoup plus fin qui lui permet de s'aventurer dans l'abstraction. Ses facultés intellectuelles permettent à l'humain de traquer le Mouvement à des échelles incroyablement plus fines et précises que ne le lui permettent ses sens. Ainsi, le principe d'identité est le coefficient de viscosité de la représentation humaine. Les physiciens baptisent « mur de Planck » cette limite de la représentation (10^{-35} m et 10^{-44} s). En dessous de cette borne, l'esprit humain ne parvient plus à différencier le temps de l'espace et il ne peut donc plus se faire une image cohérente du monde[60]. Pour pouvoir se représenter une histoire des formes il faut croire en la permanence des choses. Si la différence entre le temps et l'espace s'évanouit, il ne reste plus qu'une agitation sans permanence aucune. La mesure humaine du monde est dissoute. Le principe

---

[60] Il ne faut pas pour autant confondre la limite de la pensée représentative avec la limite de la pensée tout court. Il demeure possible de penser sans image la présence éternelle de la Nature, comme l'établira la suite de mon travail.

d'identité ou mesure de l'identique est donc bien la frontière entre le monde (*cosmos*) et l'informe. Il sert de fondement à toute la pensée représentative. C'est en quelque sorte le grain spatio-temporel qui borne la représentation humanisée du réel. En dessous du mur de Planck, l'espace-temps se dé-dimensionnalise et se dissout en un Mouvement éternel, informe et inanalysable. C'est la raison pour laquelle l'homme en a fait une vérité ultime et indépassable. En réalité, cette frontière n'a rien d'absolu : elle n'est que la mesure humaine qui dissimule la réalité ultime du Mouvement sans repères.

Si nous voulons à présent décrire l'anthroporythme à partir de son motif ondulatoire, on constate qu'il est une figure spatio-temporelle très hétérogène, plus contrastée encore que celle du rythme des autres vivants, qui restent plus soudés au tissu sensible de la Nature. L'homme n'est pas seulement capable de sensations, il est capable de représentations. La représentation est l'ouverture d'un monde pour une subjectivité. A la conscience immédiate qu'il partage avec la plupart des mammifères supérieurs, (la séparation entre le percevant et le perçu) s'ajoute chez l'homme la conscience réfléchie (*le cogito*) qui est le savoir d'un savoir, autrement dit une objectivation de la créativité à un plus haut degré de puissance, éjectée dans une dimension supplémentaire. La représentation comprend chez l'homme trois degrés croissants de démixtion : premièrement, la dissociation rythmique du sentant et du senti (*apokrisis*) qui donne les premières polarités (pressions tactiles, effluves, saveurs…) ; deuxièmement, l'éjection rythmique (*ekkrisis*) du perçu hors du percevant, qui donne naissance aux formes sensibles : l'objet vu est posé devant la subjectivité et il a le statut d'une transcendance dans l'immanence[61]. Enfin, chez les êtres capables de conscience réfléchie, on a affaire à une éjection de deuxième degré, la perception se redoublant d'une aperception (ou savoir abstrait de la perception)[62]. La conscience humaine témoigne d'une créativité très contrastée et elle est probablement à l'origine des interprétations dualistes de la tradition philosophique (Idées/ choses, substance pensante/ substance étendue, chose en soi/phénomène, Volonté/représentation etc.). A travers les processus de différenciations complexes de la représentation, la Nature réfléchit localement son éclosion dans les miroirs emboités de la conscience. Toutefois, une conscience de l'absolu à la manière dont Hegel l'a

---

[61] Transcendance qu'il faut penser en termes dimensionnels et non ontologiques. La Nature, qui est infinie, est pour cette raison même nécessairement immanente.

[62] Je vois la montagne : c'est une perception. Je sais que je vois la montagne : c'est une aperception.

conçue est exclue du seul fait que l'intensité de la démixtion n'est nulle part égale dans la Nature. Puisque l'intensité de la créativité est en chaque point différente, la conscience ne peut être qu'un phénomène local. Le réel n'est pas rationnel dans son ensemble, mais la rationalité est une possibilité de la diversité. Croire le contraire, comme le fait Hegel, consiste à accréditer l'illusion d'une anthroporythmie cosmique. La Vie, qui est le socle commun de la subjectivité et de l'objectivité est plus archaïque que le monde de l'esprit et celui de la matière.

Biopathie et panpathie**

De même qu'il y a des rythmes vivants et des rythmes inorganiques, de même il y a des affects organiques et des affects inorganiques. Cela n'a en soi rien d'étonnant. La sensibilité n'est pas un produit tardif de l'histoire de la matière comme l'affirment les matérialistes. Il est absolument impossible de déduire un quelconque sentir d'un morceau d'espace. En revanche, partir de la sensation pour penser l'origine de la matière est plus prometteur : la matière, que la physique des XXème et XXIème siècles a réduite à un ensemble de flux, n'a d'existence qu'en tant que contenu d'une représentation. Il faut définitivement renoncer à la conception d'une matière absolue et indépendante du sentir. Le concept même de « matière » est relationnel. Il désigne le pôle objectal d'une relation qui, couplé à la subjectivité qui la pose, se nomme un rythme vivant. Sans une subjectivité dont elle est le corrélat cristallisé et solidifié, aucune forme matérielle réidentifiable n'existerait. Il ne resterait qu'une énergie homogène, impalpable et invisible qui est l'ancêtre commun du senti et du sentant, une fois abrasé le gradient rythmique qui les sépare. Or le sol commun du sentant et du senti est le sensible. Par conséquent, la Nature tout entière est sensible, comme Diderot l'a magistralement anticipé. Toutefois, il convient à présent de distinguer deux modalités du sentir de la Nature : la sensibilité dans le vivant (ou **biopathie**) et la sensibilité sans le vivant (ou **panpathie**).

J'appelle biopathie la sensibilité des êtres vivants. Elle est une espèce de *pathos* qui se reconnaît par son intensité remarquable. Caractérisée par une forte démixtion, la biopathie est essentiellement le sentir de la *relation*. On peut la définir comme l'affect du régime pérasique. Puisqu'elle est la propriété de l'être organique, et que l'être organique résulte d'un gradient de vitesses dans le Mouvement[63], la biopathie implique nécessairement l'opposition entre l'actif et le passif. Dès lors qu'apparaissent les figures

---

[63] Dont la traduction physique est le déséquilibre thermodynamique chez le vivant.

contraires et complémentaires du sentant et du senti, émerge en même temps la distinction de l'agir et du pâtir qui s'applique à la sensibilité du vivant. Toucher, sentir, goûter, entendre et voir supposent toujours, quoiqu'à des degrés différents, une activité et une spontanéité morphogénétique s'exerçant sur une passivité et une réceptivité. La biopathie pourrait par conséquent être définie comme la sensibilité du déséquilibre (elle se caractérise par des interactions diverses, allant de la symbiose à la prédation en passant par le parasitage et inclut à ce titre les relations de coopération et d'entraide, tout comme celles de pouvoir, de type prédateur/ proie).

Diminuons à présent de plus en plus le contraste entre le sujet et l'objet, puis entre le percevant et le perçu, enfin, entre le sentant et le senti. Par homogénéisation progressive, la distinction vivant/milieu s'estompe et on se rapproche peu à peu de la Nature sans vivant où tout git encore dans l'indifférencié. Cette archaïsation du sentir dissout les formes matérielles objectives et fragilise la croyance au « monde extérieur » mais elle ne fait pas disparaître la sensation comme telle[64].

---

[64] On pourrait apporter de l'immortalité du sentir (non de l'individu) la démonstration suivante : 1) Sensation et matière ne sont pas des réalités de nature différente, mais diffèrent seulement par leur organisation rythmique : la matière se caractérise par un pullulement vibratoire à très

J'appelle panpathie le sentir pré-individuel de la Nature sans vivants. C'est la sensation archaïque propre à l'inorganique. Cette modalité de la sensibilité est un *pathos* à un très faible niveau de démixtion qui s'oppose à la représentation (perception, conscience). On peut la définir comme l'affect du régime apeironique. Elle ne concerne pas les vivants qui évoluent dans l'espace-temps mais la vitalité indestructible des fluctuations inorganiques. Alors que la représentation est dédoublement, dissociation du percevant et du perçu, la panpathie[65] est une sensation de la Nature par elle-même, du Tout pré-individuel de la Nature. En effet, sans l'hétérogénéité suffisante pour dissocier le temps de l'espace, il ne saurait exister aucune distance entre le sentant et le senti. La panpathie est par conséquent une sorte de sensation globale qui se touche elle-même, non brisée, *océanique*. La Nature

---

haute fréquence et à très faible amplitude, tandis que la sensation du vivant se caractérise par une haute amplitude et une bien plus faible fréquence. 2) Or, la mort est la dissolution de la forme matérielle. 3) Par conséquent, la mort doit nécessairement se comprendre comme un changement d'allure dans le mouvement indestructible du sentir. Il ne faut la concevoir ni comme une chute dans le néant, à la façon des matérialistes, ni comme une survie individuelle à la manière des croyants. La mort est l'expérience pré-individuelle de la sensation, elle est l'affect originaire et indestructible de la vitalité.

[65] Du grec « *pan* », « tout » et « *pathos* », l'affect. La panpathie est l'affect du Tout.

ne s'y exprime pas de manière suffisamment différenciée (« démixtiée ») pour se refléter dans les miroirs vivants. C'est, par excellence, l'affect de l'absolu. On pourrait aussi la qualifier d'*autopathe*, à condition de bien préciser que cette sensation « de soi » est à l'opposé de tout individualisme ordinaire. Le sentir de soi n'est pas un sentir de l'*ego* (qui est dissous dans le Mouvement) mais un sentir du Tout dont la saisie coïncide exactement avec l'acte de présence. La panpathie est l'expérience du frisson de la Nature tout entière, frisson ininterrompu et inchoatif car soudé à lui-même[66] et comme vibrant sur place. Il en résulte que l'état mort (ou inorganique) ne peut être conçu ni comme un néant absolu (car la Nature ne peut cesser d'être la Vie) ni comme une survie individuelle des formes finies (ce qui reviendrait à projeter le rythme vivant sur l'inorganique). La mort doit être pensée comme l'expérience du pré-individuel. Expérience qu'il ne faut qualifier ni de subjective, ni d'objective mais de sensible. La panpathie est source de plénitude car elle est aussi expérience d'éternité.

---

[66] Il est probable que Leibniz se soit approché de la panpathie avec sa théorie des petites perceptions.

Vie, vivant, vitalité

J'appelle **Vie** la réalité dans son ensemble qui est à la fois la vie de l'être vivant et la vitalité de moindre amplitude que nous appelons mort depuis l'échelle rythmique que nous occupons. La Vie est le Mouvement éternel du Tout, qui s'identifie à la Nature. Elle est sans contraire et indestructible, étant l'ensemble de la réalité à toutes les échelles.

J'appelle **vivant** le phénomène biologique confiné dans une *forme* vivante : une cellule, un organisme, un écosystème. Le vivant se distingue de la Vie universelle par un rythme particulier, le biorythme : un déséquilibre maintenu durant une durée suffisante pour que les recettes l'emportent sur les dépenses. L'être vivant décompose le Mouvement de la Nature en espace et en temps séparés, ce qui lui permet de manipuler son environnement et de croire en l'existence d'un monde de formes réidentifiables. L'être vivant n'est rien d'autre que cette chorégraphie spatio-temporelle, la dimensionnalisation de la Nature en trois dimensions d'espace et une dimension de temps. Les formes matérielles n'existent que pour un être percevant et conscient (pour l'être seulement sentant il n'existe que des polarités, des *protoformes*). Lorsque la spatio-temporalité se réfléchit dans le miroir de la conscience, le temps devient alors une histoire pour le vivant.

J'appelle **vitalité** ce que le sens commun appelle ordinairement la « mort ». Le terme de mort me semble très mal choisi pour qualifier l'aspect le plus homogène et régulier de la Vie universelle. La mort est un régime fluvial du réel qui se caractérise par de très hautes fréquences et une amplitude très petite. La Nature est alors animée de minuscules variations très unies comme des frissons imperceptibles que nous confondons avec de l'immobile. Dans « l'état mort » la Nature se sent elle-même dans une sorte d'auto-affection ineffable pour un vivant soumis à l'échelle de la spatio-temporalité. Cet état peut être décrit comme une sorte de sentir océanique et pré-individuel, non encore fragmenté par le rythme vivant.

Éternité

Il existe en philosophie trois manières de concevoir l'éternité. On peut tout d'abord la concevoir comme une *immuabilité absolue* – la privation totale de mouvement –. C'est ainsi que Parménide concevait l'être véritable, étranger à tout devenir, n'ayant pas besoin de devenir pour être. Je rejette cette conception de l'éternité comme aphysique, car la réalité, qui est puissance créatrice, ne peut devenir akinésique[67] sans sombrer dans le néant. Le dynamisme est l'essence même de la Nature en tant qu'elle est puissance d'éclosion et il ne peut lui être retiré sans la priver en même temps

---

[67] Privée de mouvement.

de la Vie. La seconde définition de l'éternité est la *sempiternité*, c'est-à-dire la durée infinie. Ce qui est sempiternel est bien temporel mais ne connaît ni la naissance ni la mort, car une durée infinie n'a ni commencement ni fin. Par exemple, dans l'hypothèse cosmologique de l'univers en rebond, il y alternance infinie de Big Bang et de Big Crunch mais aucune naissance ni aucune mort de l'univers. Je conçois la sempiternité comme une éternité déformée par la perspective du vivant qui interprète le Mouvement en termes de succession d'états en lui imposant sa mesure. Reste l'éternité véritable, celle de la Nature hors du rythme vivant qui la temporalise et du rythme humain qui l'historicise. Il s'agit du *Mouvement sans le temps*, c'est-à-dire d'un écoulement incommensurable : une pure *variation sans l'ordre de l'avant et de l'après.* L'aléa du quantique en est la meilleure illustration. Il nous fait expérimenter une différence sans forme, un devenir plus archaïque et plus pur que l'évolution des formes dans le temps[68]. L'éternité véritable est par conséquent à la fois atemporelle (car non successive) et pourtant dynamique (car créatrice).

---

[68] Alain Connes le surnomme avec bonheur « le tic-tac de l'horloge divine ».

3. *Organisation arborescente de mes pensées.*

Ma philosophie est un monisme[69] naturaliste et vitaliste. Par Nature, j'entends l'ensemble de la réalité, visible et invisible, existante et virtuelle. Je rejette les philosophies dualistes, pour lesquelles la nature se réduit à un seul aspect du réel, la naturalité biologique, opposée bien souvent de façon caricaturale à l'histoire ou à la culture et amputée de la subjectivité et de l'esprit. Ces métaphysiques manquent l'univocité de la réalité et elles ne remplissent pas l'exigence qui est celle de la philosophie depuis Thales, à savoir rechercher l'unité de l'être. Si on ne commet pas l'erreur de la réduire à un mécanisme mort, dirigé arbitrairement du dehors par un esprit transcendant, la Nature (du grec *phuô*, « faire croître », « faire pousser ») est une *puissance* immanente d'engendrement et de fécondité qui fait naître et s'épanouir toute chose. La présence de la Nature s'exprime par un Mouvement créateur universel : à toutes les échelles, elle sécrète de la différence et enfante de la diversité. Mon naturalisme peut être dit *vitaliste* dans la mesure où la fécondité créatrice est l'expression même de la Vie : la Nature peut donc se définir comme une

---

[69] Un monisme est une philosophie qui n'admet qu'une seule réalité : la matière pour le matérialiste, l'esprit pour le spiritualiste, l'idée pour l'idéaliste, etc. Pour moi, l'unique réalité est le Mouvement, qui s'identifie à la Nature.

puissance intrinsèque de Vie. Puisqu'il n'y a rien d'autre que la Nature et qu'elle est essentiellement créatrice, son dynamisme s'engendre et s'entretient lui-même. De cela il résulte deux conséquences : premièrement, la Nature est infinie puisque, étant le Tout du réel, elle ne peut être bornée par rien d'autre qu'elle-même ; deuxièmement, elle est éternelle, puisque, s'égalant à une source intarissable de Vie, elle engendre continuellement toute chose finie sans avoir été elle-même engendrée.

« Nature », « infini », « Vie », « Mouvement » sont par conséquent quasi synonymes dans ma métaphysique, puisqu'ils renvoient tous au même référent : la réalité prise dans son ensemble (ensemble qu'il ne faut penser ni comme une totalité inorganique formée par l'addition d'éléments disparates formant un agrégat (*to pan*) ni comme une totalité organique à l'instar d'un corps vivant (*to holon*) mais comme une énergie pré-individuelle immatérielle et infinie, c'est à-dire non totalisable par la pensée représentative (*to apeiron*)[70]. Toutefois, l'usage de ces concepts diffère légèrement en fonction du contexte dans lequel ils apparaissent.

---

[70] L'expression « Tout du réel » ne doit s'entendre ni à la manière d'une unité agrégative (une addition indéfinie d'éléments comme les grains dans un tas de sable) ni à la manière d'une unité organique (une totalité structurée comme un corps vivant) mais à la manière d'une réalité pré-individuelle : l'Un-Multiple, à la fois homogène car non fragmenté en étants et pourtant vibrant d'une multiplicité intensive inextinguible, autrement dit l'*Apeiron*.

Ainsi, lorsque j'emploie le terme de « Nature », je mets prioritairement l'accent sur l'idée de *fécondité* : la Nature est puissance d'invention et sa créativité est illimitée; lorsque j'emploie le terme d' « infini », j'insiste davantage sur l'idée d'*absence de délimitation*, de contour, ou encore de forme : l'infini est le réel en tant qu'il est visé hors de la mesure vivante qui le détermine, le configure et le finitise dans le monde des étants multiples ; lorsque je désigne ce même réel comme « Vie » universelle, je souligne d'abord la qualité d'animation de la Nature, qui, étant l'origine commune du sentant et du senti, est une réalité *sensible* et non un bloc inerte de matière. Le tort des matérialistes est de ne s'intéresser qu'à un aspect de la Nature, son aspect objectivable, et de laisser de côté la part d'intériorité et de subjectivité sans laquelle aucune objectivation ne serait possible. La sensation appartient à la nature même de la réalité parce qu'on ne peut concevoir de choses matérielles que comme corrélat d'une représentation. La sensation n'est pas un produit de la matière (thèse des matérialistes), pas plus que la matière n'est le produit de l'esprit (thèse des spiritualistes). La relation réciproque entre le senti et le sentant est née d'un *terreau commun pré-individuel* plus primitif que le couple formé par le vivant et son monde. Un *pathos* archaïque indifférencié et fécond est le fond sensible originaire de la Nature d'où ont co-éclos par séparation rythmique « la subjectivité » et « l'objectivité » telles que nous les connaissons aujourd'hui, avec leurs paliers intensifs intermédiaires (senti/sentant, perçu/percevant, sujet/objet). Enfin, lorsque je désigne le réel dans son ensemble comme « Mouvement », je mets l'accent sur son dynamisme inéliminable, pour l'opposer aux métaphysiques de l'identité qui ont refusé le devenir à l'être originaire. En désaccord avec ces philosophies de l'être, je soutiens au contraire que la créativité ne connaît jamais aucun état, aucun arrêt ni aucun repos dans son éternel processus d'enfantement.

Mon naturalisme, disais-je, est un vitalisme. Mais c'est un vitalisme bien particulier qui ne doit pas être confondu avec les vitalismes de la tradition, de type métaphysique (tel celui d'Aristote), ou scientifique (tels ceux de Driesch ou de Barthez). Les conceptions classiques du vitalisme se contentent en général d'*ajouter* un élan vital ou un souffle d'animation mystérieux à des corps matériels déjà existants pour rendre compte de la complexité des êtres vivants. Ces interprétations reposent sur la distinction ordinaire du corps et de l'âme, en posant d'un côté des entités matérielles substantielles et de l'autre un souffle immatériel et invisible qui leur est arbitrairement adjoint pour les animer du dedans. A l'opposé, je soutiens que les théories de la relativité einsteinienne (restreinte et générale), en supprimant la différence entre le temps et l'espace d'une part, et la matière et l'énergie de l'autre, ont définitivement rendu caduques les distinctions traditionnelles entre le corps et l'âme, la matière et l'esprit. Il n'existe rien de tel dans la réalité que « le corps » et « l'âme » car la matière est intégralement réductible à de l'énergie (mouvement) et ce mouvement a par ailleurs davantage les caractéristiques de la vie en général (créativité et diversité) que les attributs traditionnels de la spiritualité (intentionnalité, raison, conscience)[71]. Les lignes de démarcation entre la matière et l'esprit ont été complètement bouleversées par la physique du siècle dernier. Il y a plus de spiritualité dans la matière que ne se l'imaginaient les matérialistes et plus de matérialité dans l'esprit que ne le croyaient les spiritualistes. Le nouveau concept de *rythme* permet en outre de rendre compte de ce qui, dans les dualismes traditionnels, s'appelait jusqu'ici « le corps » et « l'âme ». Il ne s'agissait en vérité que de deux *textures* de l'espace-temps : l'aspect le plus fluide et insubstantiel de la réalité était baptisé *souffle spirituel* et son aspect le plus visqueux et pâteux était

---

[71] Cette dernière remarque m'éloigne d'ailleurs d'un spiritualisme de type bergsonien. La Vie est selon moi la source commune de « la matière » et de l' « esprit » avant leur séparation rythmique. Prêter à la Vie universelle les attributs de l'esprit (rationalité) ou de la conscience (intentionnalité) est donc confondre une intensité de la Vie avec son essence. Le caractère le plus général de la Vie est la créativité mais pas la spiritualité. La conscience, qui fait partie de la réalité, est bien entendu une expression de la Vie (qui, étant le Tout, ne laisse rien subsister en dehors d'elle). Mais elle n'en est qu'une manifestation régionale, un degré de Vie caractérisé par une démixtion intense : la représentation est une figure contrastée de la morphogenèse, une transcendance dans l'immanence, qui scinde le flux créateur en deux affluents : le sujet et l'objet. Je ne soutiens donc aucunement que la conscience est une réalité universelle. Elle est un degré d'intensité de la Vie.

nommé *corps matériel*[72]. La théorie de la relativité restreinte a conduit à admettre que le temps et l'espace ne sont pas deux entités ontologiquement distinctes mais les gradients de viscosité d'une unique entité « l'espace-temps » ; la théorie de la relativité générale, quant à elle, a conduit à voir en l'énergie (le mouvement) et la matière (les choses) deux aspects complémentaires d'une entité unique, la « matière-énergie ». Il résulte de cette révolution majeure que la matière et l'esprit ne doivent plus être considérées comme des réalités séparées mais comme une sorte de pâte élastique unique présentant tous les degrés du fluide et du visqueux : la réalité est faite d'un unique tissu de consistance différente, qu'Einstein comparait volontiers à un « Grand Mollusque » pour évoquer sa texture élastique et gélatineuse. Il convient en outre de cesser de donner aux corps une réalité séparée : ils ne sont, dans leur matérialité même, qu'une expression de la Vie à une certaine allure, interprétés par le rythme spécifique de la subjectivité des vivants. A travers le rythme vivant, l'énergie impalpable se manifeste sous la forme d'un monde de corps substantiels, juxtaposés dans l'espace et évoluant dans le temps. Ces corps physiques apparaissent relativement permanents à travers la

---

[72] Plus exactement encore, corps, âme (*anima*) et esprit (*animus*) correspondent à des degrés de viscosité décroissante dans le Mouvement. Le corps est plus pâteux que l'âme, et l'âme est plus visqueuse que l'esprit. Toute une psychologie rhéologique peut-être écrite à partir de cette intuition.

mesure rythmique (sensorielle, perceptive, noétique) des êtres vivants, mais ils ne sont pas faits d'une autre substance que le Mouvement de créativité invisible dont tout procède. Il en résulte que mon vitalisme est de type *spéculatif*, puisqu'il étend le principe de Vie au-delà des vivants, qui n'en sont qu'une expression rythmique particulière. L'être vivant n'est qu'un *thème musical* de la Vie universelle qui se distingue par le caractère hétérogène de son motif. Le vivant est le rythme le plus manifeste de la Vie, parce qu'il possède une basse fréquence et une haute amplitude. Cette organisation rythmique particulière le conduit à croire en l'objectivité de l'espace et à affirmer la permanence des formes. Le vivant fait ainsi l'expérience du régime pérasique de la Nature (autrement dit, il vit dans un monde spatio-temporel de formes qui sont en relation avec sa subjectivité). Le rythme vivant se reconnaît typiquement par une signature vibratoire moins frénétique et plus contrastée que celle de l'inorganique. Lorsque nous attribuons à une entité perçue la qualité de « vivante » ou de « non vivante », nous comparons seulement son rythme d'éclosion au nôtre. Nous nommons « vivants » les rythmes suffisamment proches du nôtre pour présenter le motif caractéristique du déséquilibre thermodynamique reconnaissable par nous et nous appelons « morts » les rythmes qui en sont trop éloignés (le rythme du cristal par exemple, dont la croissance est incroyablement lente relativement à la nôtre), sans prendre conscience de tout l'arbitraire de ces dénominations et compartimentations. Car en-dessous du régime pérasique, la Vie poursuit son activité créatrice dans le régime imperceptible de la variation pure où l'espace-temps laisse place à une agitation intransitive presque homogène. C'est le domaine de l'*apeironique* ou régime de l'absolu (sans relations). En effet, à cette échelle de la réalité, la dynamique créatrice est trop indiscernable et uniforme pour s'exprimer sous l'aspect d'une relation entre une subjectivité fluide et des formes pâteuses : il n'existe ni formes ni vivants, mais seulement des différences intensives qui *insistent* sans *exister*. La Vie y exprime sa créativité en sourdine. Elle se définit alors comme une vitalité sans vivants : un Mouvement pur, sans dimensions, trop homogène pour connaître la différence entre la distance spatiale et la durée temporelle. Le régime de l'absolu est à la fois soudé à lui-même (*sunekes*) et vibrant sur place (*atremes*) dans un *continuum* fluctuant qui ne connaît ni la juxtaposition ni la succession mais l'invieillissable présence. Etant hors de l'espace et du temps, il ne connaît ni la naissance ni la mort qui sont le destin de tous les finis. Car ce qui est sans formes ne peut connaître ni la naissance, ni la mort et est éternel. La mort n'existe que depuis la perspective du vivant qui oppose la forme à la non-forme. Le dynamisme imperceptible de l'apeironique est composé d'une multiplicité intensive de différences pures vibrant à très haute fréquence et à très basse amplitude. Son mode de vibration est si subtil et si homogène à notre échelle[73] que nous autres, êtres

---

[73] Dans la suite de mon travail je nomme souvent le régime apeironique le règne du « *quasi homogène* » : un homogène à notre échelle de détection, parce que les

habités au régime du contraste, le confondons avec un être immobile et immuable opposé au devenir des formes que nous expérimentons dans le régime pérasique soumis à l'évolution historique. Les religions et la plupart des métaphysiques ont ainsi décrit comme *deux mondes* (l'un, empirique, soumis au devenir, l'autre, immuable et éternel tel l'Etre postulé par la métaphysique dualiste) ce qui n'était en fait que deux *régimes différents de la créativité*. L'être n'est pas plus immobile que le devenir : ce sont deux régimes de variation appartenant à la Nature qui s'opposent comme rythme homogène et rythme hétérogène. Partout, la Nature est Mouvement. Il n'y a pas de contraire à la Vie, mais seulement une opposition entre forme et informe. Ma philosophie est par conséquent une métaphysique qui se donne pour objet de rendre compte de toutes les formes finies et de reconstruire l'ensemble de la réalité à partir du seul concept de *variation*. La variation est la différence créatrice présente à toutes les échelles.

Le vivant, s'identifiant à la figure rythmique de la séparation du temps et de l'espace, est l'opérateur ontologique qui permet d'articuler le régime de l'absolu à celui de la relation. Il configure le réel en monde. Tous les vivants, hormis l'homme, épuisent la créativité dont les Nature les a dotés à la tâche

---

variations y sont si nombreuses et imperceptibles qu'elles sont pour nous incommensurables. Pourtant, elles ne sont pas un pur repos, car, de l'immobile pur ne peut jaillir aucun monde.

sérieuse de configurer un monde spatio-temporel et à l'habiter sans pouvoir s'en détacher par la pensée pure. L'homme seul, par la pensée de l'être, peut s'arracher à l'étant et penser l'éternelle présence sous-jacente. Jetant un pont entre l'infini et le fini, il fait la navette entre l'apeironique et le spatio-temporel, et le spatio-temporel et l'apeironique. Il cherche désespérément à comprendre sa place au sein du réel. C'est la raison pour laquelle, bien que finis, nous avons l'intuition de l'infini, bien que mortels, nous avons l'intuition de l'éternel. La sensation, la perception et la pensée sont les tamis spatio-temporels de finesse différente dont nous a dotés la Nature. Ces tamis, qui sont des rythmes, laissent passer ou arrêtent les variations créatrices en fonction de leur intensité. Les fluctuations créatrices arrêtées par le rythme vivant s'organisent comme un monde signifiant de formes fragmentées aux textures et aux métriques extraordinairement variées, avec lesquelles la subjectivité de chaque vivant peut entrer en relation. Les variations trop diluées ne sont pas retenues par le filtre de la mondanéité, et elles constituent le réservoir infini de virtualités que la vitesse perceptive du vivant ne parvient pas à fixer et à cristalliser en formes actuelles. Toutefois, nous pressentons que le réel ne s'arrête pas aux bornes du monde et qu'il y a un réservoir de mondes possibles derrière la meurtrière de la perception. L'homme se sent intimement relié à l'incommensurable qui déborde ses structures catégoriales et prédicatives. Ce débordement du réel sur le monde rend possibles une expérience du divin et un sens du sacré. Le pressentiment d'une présence éternelle affleure sous le rythme de l'existence.

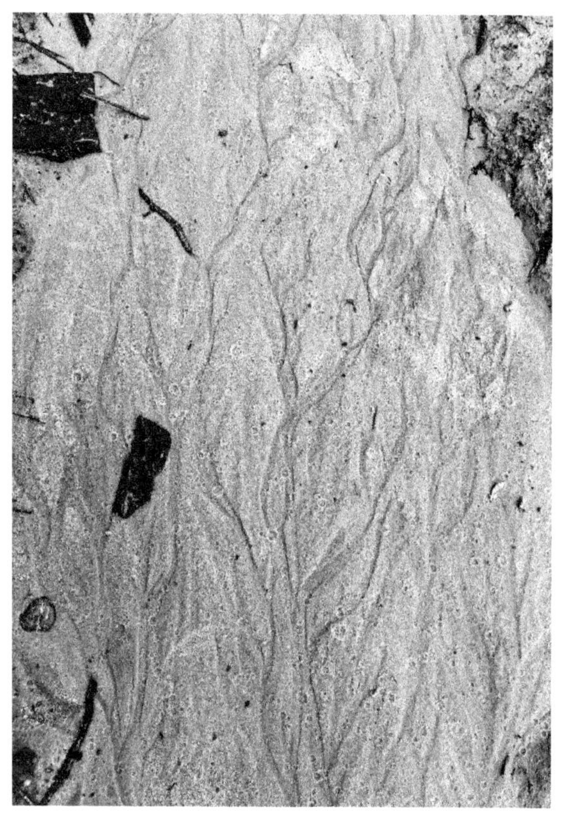

Rigoles arborescentes après un orage,
Albufeira, Portugal.

II)   *Fragments*

« *Plus on a voulu cerner de près le problème de savoir comment en premier lieu le défini a jamais pu être engendré par l'indéfini en le trahissant, puis comment la temporalité est née de l'éternité, l'iniquité de la justice, et plus la nuit s'est obscurcie* ».

Nietzsche, <u>La philosophie à l'époque tragique des Grecs</u>, §4.

§1.

« Premiers pas dans l'infini »

Seul le temps rétréci de la vie humaine nous pousse à croire en l'existence d'étants matériels. Et, de fait, toute réalité se manifeste d'emblée à moi sous l'aspect d'un ensemble de choses (*res*) finies : tel arbre, tel rocher, telle maison etc. On ne fait jamais l'expérience de « la matière en elle-même », - sorte d'abstraction sans visage inventée par les philosophes et les physiciens – mais toujours de cet objet-ci, de cet être-là. La matière et la forme sont données en même temps, comme l'envers et l'endroit d'une même pièce : l'une ne va pas sans l'autre. La matière toute nue, c'est-à-dire la *materia prima* dénuée de toute frontière, de toute limite (*peras*) ne peut se représenter. Que serait un arbre sans les lignes de ses branches et sans le contour de ses feuilles ? Que serait un nuage sans ses moutonnements ou une rivière sans ses bords ? Si nous tentons malgré tout de l'imaginer, ce ne peut être qu'au moyen de l'image vague d'une vapeur floue aux contours incertains, une sorte de brouillard indistinct, sans bord et irréel comme un songe. Mais paradoxalement, une telle représentation perdrait jusqu'à sa matérialité par l'absence même de formes puisqu'on ne saurait concevoir de corps physique sans ligne. « *Nous ne pouvons nous représenter le mouvement sans ligne*, note Nietzsche en 1881, *l'essence nous en est cachée* ». La matière n'apparaît ainsi jamais désolidarisée de sa forme individuelle car sinon elle ne saurait être perçue : elle se transformerait en une énergie impalpable et un écoulement sans mobile comme une invisible présence. La perception s'évanouit là où la forme se perd. Toute manifestation matérielle est donc forcément déterminée, c'est-à-dire délimitée par une forme qui l'individualise et la finitise. La Nature éternelle, qui aime à se cacher comme le dit Héraclite, dissimule son flot créateur sous les formes finies. Ma perception m'offre à chaque instant une espèce de mosaïque vivante et mobile, composée d'innombrables apparitions à la fois séparées les unes des autres et pourtant toutes interagissantes et structurées en monde. Sans la capacité d'harmoniser et d'unifier en faisceau unique et cohérent les formes multiples qu'il perçoit, le vivant serait incapable de survivre durant le laps de temps que lui a accordé la Nature. La croyance en la permanence est la condition nécessaire de sa survie. Pourtant, nous ne devons pas nous laisser prendre au piège des formes individuelles. Si j'observe avec attention la réalité qui m'entoure, ce qui m'apparaît n'est ni un flux informe de pur devenir ni un tableau immobile de formes pétrifiées pour l'éternité. C'est plutôt un monde intermédiaire, tissé de permanence et de changement, d'ordre et de désordre, d'être et de devenir : les choses que je perçois bougent et s'altèrent imperceptiblement au cours du temps tout en demeurant cependant des « choses ». Elles semblent changer suffisamment pour ne plus être tout à fait les mêmes, sans toutefois changer assez pour ne plus être du tout elles-mêmes et devenir d'autres choses tout à fait différentes. Cette fleur en bouton que j'ai aperçue hier en me promenant chemine à présent vers l'éclosion, cet escargot qui rampait au pied de l'arbre il y a quelques heures à peine se trouve maintenant à mi-hauteur du tronc, mais j'identifie la fleur de maintenant comme la fleur d'hier et l'escargot d'à présent comme l'escargot de tout à l'heure. Cependant si je patientais suffisamment longtemps, la fleur finirait par faner, se recroqueviller et disparaître, l'escargot se déplacerait assez loin pour sortir de mon champ perceptif et finirait lui aussi par se dissoudre et disparaître, emporté comme tout étant fini par le flot furieux du devenir. Quelle leçon tirer de tout cela ? Aristote distingue le changement par altération (*kata poïon*) du changement substantiel (*kath'ousian*). Le premier porte sur une variation de qualité (par exemple une feuille qui, de verte, devient jaune à l'automne) ; le second concerne la génération et la corruption, c'est-à-dire la naissance et la mort, le passage du non-être à l'être et de l'être au non-être (une feuille vient au monde au printemps et disparaît en hiver). Or Aristote ne tente jamais de réduire une espèce de changement à une autre ni d'unifier le concept de changement sous un même dénominateur. L'Être se dit en plusieurs sens et, entre chaque espèce de changement, se dresse comme un infranchissable mur, la barrière des catégories. Pourtant, une observation minutieuse des phénomènes naturels suggère tout le contraire : il y a passage continu et ininterrompu entre l'altération et l'altérité, entre le changement de qualité qui modifie superficiellement et imperceptiblement l'apparence d'un étant donné sur le temps long (ses qualités sensibles et son usure) et le changement de substance qui commande son surgissement soudain à l'être et sa disparition brutale dans le non-être. Venir au monde, s'altérer au cours d'une vie et décliner dans la nuit ne font qu'un. C'est comme si l'accident devenait subitement substantiel en intensifiant sa métamorphose au-delà d'un seuil précis qui commande l'apparaître et le disparaître de la forme. La naissance est le prolongement d'un Mouvement qui se cristallise en être. L'usure des jours est une petite mort quotidienne qui devient un jour « La Mort ». En deçà et au-delà de l'étant perdure la présence éternelle de la Nature qui s'incarne dans les formes mortelles du vivant éphémère. Il devient dès lors possible de réunir sous un même concept d'Ecoulement/Mouvement universel (*Rhoé*) les catégories aristotéliciennes de qualité et de substance. La génération (*genesis*) et la corruption (*phthora*) d'une part, l'altération de l'autre ne sont pas des catégories indépendantes, mais bien plutôt des échelles et comme des dimensions d'un écoulement primordial continu aux gradients rythmiques infinis. Le Mouvement est la source de toutes les temporalités et de toutes les textures corporelles. Or, un devenir suffisamment lent à notre échelle nous apparaît comme une altération qui laisse subsister l'identité de « la chose » (cela s'appelle changer tout en restant le même être), mais un changement plus intense ou plus rapide s'attaque à l'intégrité de l'essence qu'il dissout comme un acide puissant. Car la substance n'est pas faite d'un autre tissu ontologique que ses qualités accidentelles, elle est simplement un écoulement plus visqueux et plus dense qui ne peut être modifié que par un changement plus conséquent. Le changement de qualité se mue insensiblement en changement substantiel lorsque la puissance et la vitesse de la métamorphose sont suffisantes. Mais pourquoi le passage du non-être à l'être et de l'être non-être est-il si soudain ? Pourquoi ne voyons-nous pas le Mouvement pur prendre forme et se solidifier petit à petit en être fini ? Là où il n'y avait rien, brusquement il y a quelque chose, et là où il y avait quelque chose, brusquement il n'y a plus rien. L'apparaître et le disparaître sont des seuils de visibilité. Pour nous autres créatures vivantes, il n'y a pas d'intermédiaire entre être et ne pas être car, sans forme, rien ne peut apparaître. L'entrée dans le monde et le déclin dans la nuit sont des sauts aussi brusques que ceux de l'électron sur son orbite : dans les deux cas, la manifestation ne peut exister qu'à certains niveaux d'énergie bien précis. Le passage de l'existence au néant et du néant à l'existence nous apparaît donc comme un pur discontinu. La raison de tout cela, c'est qu'il existe une *mesure* de l'écoulement qui rend possible l'existence des vivants. Cette mesure, c'est le *biorythme* fondamental qui s'exprime à travers notre spatio-temporalité. C'est un rythme particulier, un gradient spécifique de l'Ecoulement universel qui se présente à nous comme une pâte bien précise faite d'espace et de temps mêlés, présentant un quotient de viscosité déterminée, en-dessous duquel l'existence de formes devient impossible pour chaque vivant. La distinction que nous faisons entre le temps et l'espace est simplement dimensionnelle et renvoie seulement à une différence d'allure et de texture dans le flux. Les physiciens baptisent ce seuil de la manifestation le mur de Planck (10^{-43} s et 10^{-35} m). En deçà de cette mesure, rien ne peut apparaître car l'écoulement primordial n'est pas encore assagi en espace granulaire et en temps successif. Hors de la bulle vivante règne le non-monde, l'écoulement pluriel et multidimensionnel de la *Physis*. Multidimensionnel dans la mesure où toutes les catégories du changement (génération et corruption, altération, accroissement et diminution, transport) ne sont pas encore démêlées et affectées à l'élaboration de la diversité de tout ce qui est. L'écoulement primordial dont les formes n'ont pas encore émergé (c'est-à-dire qui précède l'ek-sistence des étants dans un sens plus logique que chronologique) est une sorte de chaos déchiqueté que nous ne pouvons nous représenter dans les formes habituelles de l'espace et du temps car le juste rapport du temps et de l'espace ne s'est pas encore détaché de la bouillonnante écume de la création éternelle. Mais la trop courte vue de l'homme, et probablement du vivant en général, prisonnier de son biorythme, lui interdit de percevoir l'écoulement derrière l'espace, le changement derrière la forme, le mouvement derrière l'être. Toute la perception du vivant reste prisonnière du monde de l'étant. Pour nous seuls dit Nietzsche il y a du fini. Mais la croyance aux formes, toute utile soit-elle à l'action quotidienne des hommes, et plus généralement à la survie du vivant perd toute sa pertinence à l'échelle du devenir immense de la Nature. L'ontologie la substance est celle de l'homme du commun, prisonnier de l'étant et immergé dans les distinctions pratiques indispensables à la bonne tenue de son existence individuelle comme sociale. Son utilité pour la conservation de la vie n'est pas à démontrer mais la recherche métaphysique, qui vise le vrai, n'a pas à s'accommoder des illusions de l'anthropologie. Elle n'a pas pour mission d'être une philosophie à dimension humaine mais sa destination native est de rendre compte des illusions de l'être humain et de les dépasser. Comment, dès lors, retrouver le flux derrière la forme et l'écoulement originaire derrière l'espace et le temps ? Seule une expérience de pensée peut nous y aider. La distinction entre l'action et l'agent, sur laquelle s'est construite toute la logique de l'identité et la métaphysique de la substance est une illusion produite par la petitesse de notre unité perceptive. C'est seulement parce que dans un certain intervalle de temps nous pouvons percevoir plusieurs centaines de fois cet arbre ou ce rocher sans remarquer aucun changement que nous croyons à l'existence de choses permanentes et durables en dehors de nous, transformant ainsi des intensités rythmiques en des formes objectivées. Les processus sont tellement lents à notre petite échelle de temps qu'il nous faut accélérer la marche de la Nature pour apercevoir ce qui se passe vraiment. Cette extrapolation rationnelle reste toutefois possible et légitime car le temps humain et le devenir universel ne sont pas différents en nature mais simplement *en dimension* : le temps est une petite vague dans la Vague universelle du Mouvement. En sortant du temps rétréci de l'existence humaine, nous pouvons donc amener à la lumière ce que la Nature dissimule. Si nous déréglions notre vitesse perceptive en allongeant notre mesure du temps, la substantialité des choses et des êtres, soudain ramenée à l'échelle cosmique, s'évanouirait et se perdrait dans l'écoulement turbulent et ininterrompu de la présence. Dans cette perspective, tous les étants finis s'éroderaient à vue d'œil, confondant leurs lignes et leurs contours dans une sorte d'écume en furie pré-individuelle et les formes fondraient littéralement comme de la neige face à l'ardeur du soleil en devenant de purs événements invisibles et intangibles. Que deviendrait, par exemple, la durée d'une vie humaine noyée dans plusieurs milliards d'années ? Un jet d'existence jaillirait comme une flèche d'énergie dans la lumière et retomberait aussitôt dans la nuit insondable. Celui qui atteint l'intuition du Mouvement universel perce à jour le secret le mieux gardé de la Nature. En diluant sa mesure finie de l'espace et du temps dans le Mouvement, il se libère de toutes les fictions communes qui servent de prison aux autres hommes : la substance, Dieu, le sujet, la cause et l'effet, la finalité, la forme, l'identité, la durée, et toute la fausse logique des contraires. En se reliant à la présence qui borne de part et d'autre sa naissance et sa mort mais que rien ne borne, il fait ses premiers pas dans l'infini.

§2.

« Métaphore pour ma métaphysique »

Le tourbillon dans la rivière n'est pas la cause du courant. Il en est plutôt une espèce de *fragment intensif*, une traduction locale et ponctuelle qui l'exprime et le condense. Sa forme de vortex fait de lui un organe dynamique efficace pour transmettre et distribuer le flux. Ainsi en va-t-il pour toutes choses : atomes, objets et étoiles sont les innombrables nœuds dans le flux de la Vie universelle. Tout ce qui existe se détache un moment comme une forme éphémère sur fond du mouvement éternel et retourne à la source. Nous tous, qui surgissons à l'apparaître, constituons les aspects infiniment divers du Mouvement et notre existence spatio-temporelle est, par son fait même, une contribution et une participation à sa réalité éternelle. Rien n'est en dehors du Mouvement. Car le Mouvement n'est pas un déplacement : étant tout, d'où viendrait-il ? où irait-il ? La créativité ne part de nulle part, ne va nulle part, est présente à elle-même partout et toujours. Elle est la Vie inaltérable.

§3.

« Du Mouvement à l'étant »

Le Mouvement n'a pas encore gagné ses lettres de noblesse en philosophie. L'histoire de la pensée occidentale, qui est essentiellement selon Nietzsche une *nécrologie* et une histoire de momies[74] ressemble à une vaste exposition mortuaire dont les œuvres ne seraient autres que les métaphysiques de l'identité désertées par la Vie universelle[75]. Dans ces philosophies au fort « *relent de charogne* »[76], le mouvement n'est pas le matériau ontologique originaire, il ne s'y inscrit que comme réalité dérivée, qu'il s'agisse d'une illusion (Parménide), d'une perspective imparfaite (Leibniz) ou encore d'une réalité secondaire (Aristote, Hegel). Reflet inconsistant de l'être, point de vue fini sur l'infini, trait d'union entre deux substances ou entre deux états d'une même substance, le devenir n'est jamais *pris au sérieux*. Il est toujours enserré et prisonnier de l'étant. Principe de mouvement dans une

---

[74] Dans le <u>Crépuscule des idoles</u>, « la raison dans la philosophie » §1, Nietzsche, critiquant la première idiosyncrasie des philosophes (leur « égypticisme »), diagnostique dans la métaphysique occidentale la présence d'un même instinct de mort généralisé : « *Tout ce que les philosophes ont manipulé depuis des millénaires, c'était des momies conceptuelles ; rien de réel n'est sorti vivant de leurs mains. Ils tuent, ils empaillent, ces messieurs idolâtres du concept, quand ils adorent – ils mettent tout en danger de mort, lorsqu'ils adorent* » ; on peut aussi se reporter à la conclusion du §1 du « problème de Socrate » : « *serait-ce que la sagesse n'apparait sur Terre que sous la forme d'un corbeau alléché par un léger relent de charogne ?* »

[75] A quelques remarquables exceptions près : Anaximandre, Héraclite, Nietzsche, Bergson, Whitehead, Simondon, Maldiney, Conche.

[76] Nietzsche, *ibidem.*

substance individuelle (c'est la définition que donne Aristote des étants naturels), force mécanique reliant plusieurs corps de l'extérieur par les lois du choc (Galilée), moteur dialectique de la Raison (Hegel), peu importe : on a toujours affaire à un *faux* mouvement qui se surajoute à l'être comme un attribut accidentel ou même essentiel, à tel point que le devenir lui-même a fini par se définir *en relation à l'étant* comme l'illustre cette définition retenue par la tradition philosophique : « *par devenir, on entend d'abord la série, ou, mieux encore, l'enchaînement des changements susceptibles d'affecter, spécialement dans l'avenir, une chose, une personne, une institution etc.* »[77]. Même si, dès la plus haute antiquité grecque, chez Homère et Anaximandre le devenir (*genesis*) renvoie bien à un Mouvement éternel, sorte d'agitation créatrice intransitive tel l'*Apeiron* anaximandrien[78], toute la philosophie occidentale postérieure, nourrie de platonisme et d'aristotélisme a soigneusement enterré ce devenir radical qui est l'autre nom de la puissance créatrice infinie. Dans l'histoire de l'ontologie ultérieure, le sort du Mouvement est toujours circonscrit entre un pur néant impensable et ineffable (un devenir qui n'est pas devenir de quelque chose n'est rien puisqu'il est le devenir d'un rien) et le statut d'un auxiliaire de l'être, cependant toujours subordonné à ce dernier, puisque le mouvement joue le rôle de simple prédicat. Il en

---

[77] François Chenet, <u>Le Temps</u>, éd. Armand Colin, p. 75

[78] Voir Conche, <u>Anaximandre, fragments et témoignages</u>, éd. PUF, p. 146

résulte que la créativité de la Nature est toujours niée ou, pire, assagie, logicisée, subsumée sous le concept. Car si l'on part de la permanence (c'est-à-dire du néant, la réalité étant essentiellement active) on ne peut plus jamais retrouver le processus créateur. Si le dynamisme n'est pas posé comme premier, il ne peut jamais être retrouvé par la suite. La vie n'est pas un fluide magique que l'on injecte dans un corps mort subsistant par lui-même et donné à l'avance, c'est plutôt le corps dans son individualité finie qui est un *dépôt* et un concentré spatio-temporel de la Vie. Si on ne donne pas au devenir la priorité sur l'être, on est contraint de le réintroduire du dehors pour mettre les substances en mouvement comme l'a fait Galilée, ou encore, à la manière de Hegel, d'en faire le moteur d'une dialectique factice dont la rationalité humaine trop humaine s'impose à la réalité tout entière comme un *deus ex machina*. Aussi ne faut-il pas partir de l'étant pour penser le Mouvement, car c'est du Mouvement que surgit l'étant individuel. Le Mouvement qui est la Vie même de la Nature n'est ni le mouvement *dans* un être, ni le mouvement *d'*un être mais le Mouvement *comme seul être réel*. Les expressions passées dans la langue commune telles que « le mouvement d'une chose », « d'un être » ou encore « d'une substance », sont toutes fautives en ce qu'elles attribuent le mouvement à l'étant, alors que c'est l'étant qu'il faut prédiquer du Mouvement lorsqu'il prend forme de « chose ».Tel que je l'entends, le Mouvement est l'unique réalité : infini, puisque, étant tout, rien ne le borne ; éternel, puisque seul ce qui est dans l'espace et le temps est susceptible de naître et de mourir et que le Mouvement est ce dont la séparation réciproque engendre l'espace et le temps. Source incréée de tout ce qu'il y a, le Mouvement est le processus de créativité à toutes les échelles que nous appelons la Nature (*Physis*). Le fini n'existe pas *en plus* de l'infini (dans ce cas, il le finitiserait par son existence même) ; il se déploie en son sein par séparation rythmique (ou *démixtion*). Aussi, nier le Mouvement reviendrait à nier la Vie, puisque le Mouvement est le dynamisme créateur de la Vie universelle. Et puisque la Vie s'identifie à la réalité, nier le Mouvement reviendrait à nier le réel, ce qui est absurde.

§4.

« Renverser la logique »

Contrairement à son maître dont la théorie des Idées fait violence au sens commun, l'ontologie d'Aristote développe une représentation du monde en accord avec le bon sens et l'expérience ordinaire. Or, le Stagirite est aussi l'inventeur de la *logique* dans la tradition occidentale ; on ne saurait surestimer le rôle de cette invention dans toute l'histoire ultérieure de la logique.[79] En accord avec sa

---

[79] L'influence d'Aristote continue de jouer un rôle prépondérant chez des penseurs aussi différents que Leibniz, Kant, Hegel, Russel et son influence s'étend jusqu'aux théories de la logique modale contemporaine.

115

théorie des substances individuelles, la logique d'Aristote est une syntaxe qui repose sur la division du réel en agents et en actions, découpage qui est le plus commode et qui se retrouve dans la plupart des langues indo-européennes. Or, en prenant pour point de départ et unité signifiante la substance individuelle, toute la logique s'est trouvée contaminée par l'illusion de la *fragmentation* ontique du réel. Les logiques de l'identité sont construites sur la métrique et la rythmique perceptives de l'homme, ce sont des logiques *anthroporythmiques*. Elles ne peuvent prétendre à l'universel car ce qu'elles croient objectif et absolu n'est qu'un motif rythmique particulier érigé en norme universelle. Leur champ de validité n'excède pas le rythme de l'homme et son découpage perceptif particulier. Pourquoi l'être en soi devrait-il être construit selon les articulations de la phrase humaine ? Pourquoi penser l'être originaire comme une multiplicité numérique et pas de façon pré-individuelle ? Pourquoi ériger la métrique perceptive en loi absolue de la réalité ? Scrutée avec attention, la science aurait dû conduire le philosophe depuis plus d'un siècle à renoncer au modèle classique de la prédication : *S est P*. Ce modèle, d'inspiration aristotélicienne, se fonde sur une ontologie dépassée et erronée, complètement en contradiction avec les enseignements de la mécanique quantique qui refuse à la fois l'existence absolue d'entités réidentifiables et les principes de non-contradiction et de tiers exclus qui sont le cadre le plus approprié pour penser les substances. La mécanique quantique place le pré-individuel (autre nom de l'*Apeiron* d'Anaximandre, que je nomme moi-même le Mouvement) à la source de la multiplicité des étants. Aussi, ce ne sont pas les états, les actions, ou les processus qui sont les prédicats de la substance ; bien au contraire, c'est la substance individuelle (« l'être », « la chose », « la particule » etc.) qui est le prédicat d'un Mouvement créateur absolu et pré-individuel (que les physiciens nomment d'ordinaire « le vide » ou encore « le champ covariant »). Les étants sous tous leurs aspects (une particule, un processus, un événement) ne sont que les *émanations* éphémères et les manifestations du Vide. Toute notre logique doit être *renversée* si nous voulons redonner à la présence (l'éternel « *il y a* ») et à l'étant individuel la place qui leur revient. Ce qui était autrefois dérivé et jouait le rôle de prédicat (le devenir, le mouvement) doit devenir l'originaire et prendre la place jadis occupée par le sujet individuel substantiel ; tout à l'inverse, les êtres et les choses jadis compris en termes d'unités absolues et indépendantes deviennent dans cette perspective nouvelle des entités plus modestes : elles doivent être comprises comme des manifestations ponctuelles, tardives et dérivées du Mouvement éternel et intransitif qui seul mérite le titre d'être vrai.

§5.

« Passage à une philosophie de l'événement »

Seul le temps rétréci de la vie humaine nous permet de distinguer les choses du mouvement qui

117

les anime. Lorsque le flux des événements s'accélère, les corps physiques se résorbent en Mouvement pur et s'évanouissent dans l'invisible. Dans le Mouvement incommensurable de la Nature, les choses se muent en purs événements. La distinction que nous faisons entre l'action et l'agent est une illusion produite par la petitesse de l'échelle temporelle, qui offre une persistance relative aux événements les plus lents. Ramenée à la durée de l'univers (13,7 milliards d'années), la vie humaine n'est plus qu'un événement quasi instantané et le corps matériel se dépouille de sa substantialité illusoire. La différence entre le sujet et l'action n'est qu'une dénomination grossière permettant de distinguer plusieurs durées entre elles. Je dirais par exemple que la promenade que je suis en train de faire occupe une durée plus petite que ma vie de quatre-vingts ans. Nous mesurons la marche à la durée de la vie et faisons de notre corps le substrat permanent dont la marche ne serait qu'une action. Il résulte de cela que la substance est la croyance exagérée en la fixité des choses – croyance produite par un différentiel d'écoulement entre deux événements de durée différente – demeurer un corps pendant quatre-vingts ans dure plus longtemps que marcher maintenant et c'est pour cette raison qu'il m'est possible d'attribuer la marche au sujet. Pourtant, ce « je » n'est pas la cause qui me fait marcher mais l'ensemble des événements (marche comprise) qui, tous ensemble, forment la durée du vivre. Dans cet ensemble, la marche ne représente qu'un événement ponctuel plus court que la vie entière. La prédication est donc fautive puisqu'elle confond une somme avec une cause. Bien compris, le langage doit être purifié de la métaphysique de l'identité pour exprimer pleinement une philosophie de l'événement. Les noms sont les pléonasmes des verbes, leur expression statique redondante. Celui qui, fidèle à Nietzsche, comprend cela, se libère de toutes les fictions dualistes, du Dieu du monothéisme, du sujet, de la croyance en la cause et l'effet, de la finalité, de la forme, de l'identité, et de toute la fausse logique des contraires. La puissance du verbe suffit sans rajouter l'agent qui n'est qu'une cause imaginaire.

§6.

« Chose et mouvement »

Nous disons : « l'oiseau vole ». En nous exprimant ainsi, nous distinguons un être (ou étant) c'est-à-dire une substance – l'oiseau – de ce qu'il fait en ce moment (son action) : voler. Cette distinction que fait la grammaire entre un agent et son action, un être et son devenir, aussi évidente soit-elle pour le sens commun, n'a pourtant aucune pertinence à l'échelle de la Nature : ce n'est qu'une différence de durée entre plusieurs processus. Qu'appelons-nous, en effet, « l'oiseau » ? C'est un simple mot qui rassemble en une unité nominale une somme de flux spatio-temporels qui se déroulent tous durant un intervalle différent : voler, se poser, se nourrir, dormir etc. Or, l'être de l'oiseau s'épuise dans la somme de ses activités. Il n'est pas le sujet réel du verbe voler mais une étiquette globale pour désigner la somme de purs événements que l'on ne peut rattacher à aucune substance. La phrase que nous prononçons « l'oiseau vole » est ainsi trompeuse. Elle suggère faussement l'idée que l'oiseau est un être, c'est-à-dire un sujet transcendant à ses propres actions, et qu'il pourrait ne pas voler en ce moment, étant libre de faire tout autre chose. Mais il n'existe rien de tel qu'une sorte de réservoir d'être derrière ce qui est fait. Puisque le mot « oiseau » ne désigne en définitive qu'un faisceau de processus, il est facile de comprendre que le langage invente de toutes pièces le concept d'agent et induit une folle croyance à propos de la réalité : le sujet n'est que la somme de ses actions mais en aucune façon leur cause. Tous les noms ne sont donc que des pléonasmes et des métonymies : non seulement ils disent la même chose que les verbes de façon statique, mais en plus ils attribuent à une somme le pouvoir magique d'engendrer chacun des éléments qui la constituent.

§7.

« Sujet et prédicat »

Le sujet est, dit-on, celui qui fait l'action. On apprend ainsi très tôt aux enfants à croire en des causes imaginaires. L'idée d'un agent thaumaturge capable de faire jaillir des actions *ex nihilo* par la volonté et la parole est un résidu archaïque de superstition animiste. La croyance en la création divine s'est ici sédimentée dans le langage et elle fait orgueilleusement naître en chacun l'illusion d'une toute-puissance. Celui qui décide de vouloir ou de ne pas vouloir, de faire ou de ne pas faire est un Dieu absolu qui fait surgir l'existence du néant et n'est limité par rien d'autre que lui-même. Quelle déception, plus tard, l'homme éclairé n'éprouve-t-il pas lorsqu'il découvre la nature dérisoire du sujet et son statut infiniment plus modeste ! Car que veut dire, au fond, être un sujet ? Cet *ego* tant vanté auquel on prête le pouvoir exorbitant de créer sans condition n'est finalement que l'addition de toutes les activités qui, prises ensemble, constituent la totalité de l'existence d'un l'individu et dont cette activité présente n'est qu'un cas singulier. Une somme est confondue avec une cause. Ainsi, lorsque je dis « je pense », le « je » n'est en rien l'agent responsable de la pensée, c'est-à-dire celui qui pense, mais le mot valise qui condense en un seul signe mnémotechnique tout le flux des événements, des actions et des processus divers qui collaborent à former tout mon « être » et dont la pensée qui m'habite en ce moment n'est qu'un aspect particulier. Mis bout à bout, tous ces prédicats dessinent la forme approximative de mon identité – identité fluente jamais parfaitement égale à elle-même – ; comme un tissu vivant en perpétuelle métamorphose, ils entrelacent leurs trames événementielles de durées différentes, et font de mon corps une horloge plurielle où se croisent et s'harmonisent d'innombrables devenirs. Ils conspirent tous ensemble à former cette pâte malléable pétrie de l'inextricable mélange de l'espace et du temps que j'appelle mon « moi ». Et encore faut-il préciser que ce « moi » ne se donne jamais comme un *cogito* séparé de ce qui lui apparaît, mais toujours comme un « moi-au-monde » qui voit des images, entend des sons, hume des odeurs, goûte des saveurs, et sent courir sous ses doigts l'inépuisable diversité des formes de la Nature. En ce sens tout mon être s'épuise dans mon apparaître. Ce qui distingue finalement le sujet de chacun de ses prédicats pris séparément n'est qu'affaire de durée et de rythme spécifique : fluidité ou viscosité, rapidité ou lenteur, dureté ou mollesse, élasticité ou friabilité, transparence ou opacité. La nature d'une chose n'est pas hétérogène à celle d'une action : le danseur s'identifie à la danse, dont il n'est que la cristallisation à un plus haut degré de présence. Les prédicats sont les peintres subtils de la chair spatiale et temporelle des choses, et leur somme, le « sujet », délimite l'écoulement global de la vie d'un individu en la fixant dans une forme relative et artificielle grossièrement adaptée aux besoins du langage et de l'action. Le prédicat s'écoule plus vite que le sujet comme la flaque s'évapore plus rapidement que le lac qui la comprend. C'est ainsi que le « je » se prolonge au-delà de l'activité immédiatement présente et singulière, au-delà de telle promenade, de tel geste, de telle pensée, etc. pour couvrir tout l'intervalle temporel de la vie individuelle. Mais si le sujet n'est qu'un mot, l'identité devient une énigme : comment rendre compte du sentiment d'unité relative dont je jouis tout au cours de mon existence ? Car même si je change au cours des années, même si mon visage se creuse, même si les rides apparaissent et que mes cheveux blanchissent, il n'en reste pas moins qu'à l'échelle humaine des discours et des actions, j'ai toujours l'impression d'être « moi-même » depuis l'instant de ma naissance jusqu'à celui de ma mort et le sentiment de mon individualité demeure intact même si tout de moi change et se renouvelle perpétuellement. Si le flux qui me constitue n'était qu'une collection d'actions séparées et limitées au seul présent atomique (boire, manger, dormir, marcher, penser etc.), à la façon par exemple dont les empiristes se représentent le moi, alors l'identité éclaterait en une somme disparate de sensations instantanées et bariolées et aucun sentiment d'un même moi ne pourrait perdurer dans l'empan de la vie. Je me dissoudrais littéralement en une myriade d'impressions atomiques et multicolores. Car l'instant présent n'est en lui-même qu'une sorte de point métastable sans épaisseur. Cette critique a souvent été adressée aux empiristes à qui l'on a reproché de pluraliser le moi en une multitude de sensations atomiques non reliées qu'il est ensuite impossible d'unifier en sujet unique. D'où me vient donc l'impression que je ne suis pas une simple juxtaposition disparate de sensations bariolées ? Les empiristes répondent que l'identité est une fiction de l'imagination née avec le langage. Mais le sentiment d'unité du moi précède l'apparition du langage et se trouve, dans une certaine mesure, déjà présent dans l'expérience perceptive, comme on peut le voir chez les jeunes enfants. Par ailleurs, d'autres animaux que l'homme, qui n'accèdent pourtant pas à la conscience de soi, et sont privés de langage, structurent déjà leur expérience en monde à des degrés divers.

Comment, dès lors, soutenir à la fois, contre Descartes, que le sujet n'est pas une substance distincte de ses prédicats et contre les empiristes qu'il n'est pas une simple suite d'impressions disparates ? La solution de l'énigme est bien plus simple qu'il n'y paraît. Le fleuve d'Héraclite n'est pas un courant lisse et homogène où tout s'écoulerait à la même vitesse. Si tel était le cas, nous aurions affaire à des instants parfaitement identiques, comme des points mathématiques sur la ligne. Ces instants temporels et ces parties spatiales atomiques feraient sombrer chaque sensation dans un éternel oubli et chaque maintenant serait un nouveau commencement. Mais le grain spatio-temporel dont est fait chaque phénomène n'est jamais identique. La *Physis* est partout écoulement turbulent et principe de variation et de différenciation infinies. Le moi est, lui aussi, au même titre que tout fragment de réalité, l'expression de l'éternelle créativité. Certains phénomènes sont si rapides à notre échelle qu'ils nous semblent des apparitions clignotantes ne méritant même pas le nom « d'être », parce qu'ils sont de purs processus sans mobile : nous les classons volontiers dans la catégorie des événements (un clin d'œil, une douleur qui fulgure dans le corps) ; d'autres, d'une durée plus importante, sont rangés dans la catégorie intermédiaire des processus : la croissance, le vieillissement etc. Ils semblent immatériels dans l'instant mais sur de longues périodes de temps ils induisent des changements matériels visibles. D'autres, enfin, sont suffisamment stables à notre échelle pour nous apparaître durablement sous la forme de corps matériels individués et réidentifiables et nous les classons dans la catégorie des « choses » (rubrique que nous pouvons à nouveau subdiviser et enrichir en distinguant d'innombrables textures parmi tous les corps : un flux sanguin, une cellule, une dent etc.). Ce n'est donc en dernière analyse qu'un gradient rythmique qui différencie les actions du corps des parties du corps, les changements et les êtres. Mais d'un point de vue plus global, tout le corps, ses actions autant que sa matérialité même, est « *metabolé* », c'est-à-dire changement, écoulement perpétuel. La corporéité n'est qu'une échelle de l'insubstantiel, la manifestation spatiale du devenir universel de la Nature à une certaine allure plus lente qui permet la matérialisation. Ce gradient rythmique entre le sujet et ses prédicats se vérifie par le fait tout simple que nous vieillissons en pièces détachées et que nous assistons à notre déclin. Les biologistes savent bien que le processus de vieillissement n'est pas du tout homogène. Le corps n'est qu'un entrelacs d'innombrables rythmes, certains se manifestant à l'échelle de quelques millisecondes tandis que d'autres s'échelonnent sur plusieurs décennies. Certaines fonctions déclinent plus vite que d'autres, par exemple le cristallin et les vaisseaux sanguins perdent leur élasticité en 70 ou 80 ans tandis que les connexions nerveuses pourraient perdurer 400 ans environ sans subir de dommages substantiels. Le vieillissement cutané, quant à lui, est influencé par le stress. Il est donc variable. Ainsi, tandis que des aspects du moi se dégradent et disparaissent, d'autres perdurent suffisamment de temps pour assurer à l'individu une unité relative et faire comme s'il était un sujet hors du temps. L'orgueil humain a fait le reste, transformant une durée relative en une éternité fictive.

§8.

« En finir avec la causalité »

Une métaphysique du Mouvement universel doit se débarrasser du concept de cause. Quel que soit le sens dans lequel on les emploie, les notions de « cause » et « d'effet » sont inutilisables pour penser la dynamique de la réalité dans son ensemble. La causalité peut se comprendre en deux sens, l'un fort, dans le cadre d'une métaphysique dualiste, et l'autre, affaibli, dans celui de la science contemporaine.

Au sens fort, une cause c'est d'abord une substance qui a la puissance d'engendrer une réalité. Ainsi, le modèle ontologique de la causalité trouve en priorité son inspiration dans le Dieu créateur du monothéisme et, secondairement, dans les substances individuelles que sont les sujets libres et volontaires. Selon cette première conception de la causalité, une cause est un sujet permanent, séparé de son effet et doté de la force efficiente d'engendrer librement un mouvement qui est dit l'action distincte de ce sujet. De même que Dieu est la cause première des existences, dans les métaphysiques théologisées, le sujet libre passe pour la cause première de ses décisions. Dans une certaine mesure, le libre arbitre accordé aux individus est une

126

version miniature et une répétition anthropologique de la création divine *ex nihilo*, calquée et ajustée à la mesure finie de l'homme. Chaque sujet est une espèce de moteur indépendant de ses actions et, en tant que cause, il leur confère à la fois leur raison d'être logique et leur existence physique, de même que Dieu est le fondement rationnel et l'origine temporelle de ses créatures. Ce sens fort de la causalité se trouve d'abord dans toute la tradition religieuse et métaphysique où la Cause Première (*causa sui*) est assimilée à l'Etre Suprême ou Dieu. Dieu est le principe premier et transcendant qui fonde la nature. Cette première conception de la cause interprétée à partir de l'idée de substance se trouve en premier chez Aristote et elle a influencé toute la théologie ultérieure. En amont du mouvement, se trouve un Premier Moteur immobile, et, en aval, des substances individuelles multiples qui sont les principes de leur propre mouvement. Selon ce paradigme, c'est le moteur immobile qui engendre le mouvement, et pour que le mouvement continue, il faut que la force du moteur le maintienne continuellement dans son être. La physique occidentale, s'appuyant sur Aristote, a commencé par défendre cette conception ontologique massive de la causalité, comprise comme une authentique création donatrice d'existence. Ce sens fort de la causalité s'exprime typiquement dans la croyance au sujet-substance. Chaque être serait une « monade » responsable de ses actes et l'individu serait doté d'un libre arbitre. D'abord théologique, la causalité a été importée en sciences pour rendre compte de la rationalité des phénomènes physiques et biologiques. Toutefois, si le modèle de toutes les causes physiques est celui de la première cause métaphysique, alors la causalité scientifique rentre en contradiction avec la science qu'elle prétend servir. D'une part parce qu'elle ramène inévitablement à Dieu : si tout effet provient d'une cause, pour empêcher la régression à l'infini des causes et des effets il faut nécessairement poser une cause première, qui n'est elle-même l'effet d'aucune autre. Or, Dieu expliquant tout en général, n'explique par là même rien en particulier (une explication unique est un asyle de l'ignorance). D'autre part, l'idée d'une première cause anéantit l'explication scientifique du monde, puisqu'elle se fonde ultimement sur une volonté libre et donc arbitraire. Si expliquer c'est toujours donner la raison de tout ce qui arrive à partir d'une cause antérieure, alors de deux choses l'une : soit on remonte la chaîne des causes sans jamais trouver de raison ultime et dans ce cas, l'explication reste inachevée (c'est, par exemple, l'affirmation matérialiste qui postule un temps infini et un univers sans origine) ; soit on empêche la régression à l'infini des causes par l'invention d'une première cause : mais une première cause étant une volonté libre n'est en rien une explication rationnelle puisqu'elle n'a elle-même d'autre cause que son bon vouloir, qui est sans raison. Ainsi, si toute cause ramène ultimement à une intention, la science renonce à la raison et se fonde ultimement dans la magie et la superstition animiste. Derrière son apparence de scientificité, l'interprétation substantialiste de la causalité dissimule en réalité une pensée finaliste occulte qui projette dans la Nature une âme du monde (malgré sa rationalité apparente imposante, le système philosophique de Hegel est un gigantesque anthropomorphisme de ce type). Encore aujourd'hui, cette conception archaïque de la causalité survit comme la trace d'un passé lointain dans la métaphysique populaire du langage et sa croyance au sujet. Comme l'a superbement montré Nietzsche, chaque fois que nous employons des expressions apparemment scientifiques telles que « la force agit », ou encore, « la gravitation cause la chute des corps » etc., nous ressuscitons la mentalité superstitieuse et animiste de nos ancêtres. Car qu'est donc qu'une force de plus que son action ? Il n'y a pas d'agent imaginaire derrière l'action, qui est le processus réel dans son entier. Tous les noms sont les pléonasmes des verbes et les causes imaginaires que nous rétroprojetons sur les événements pour les justifier et les déduire d'un principe d'identité fictif. Une explication causale de ce type est une supercherie puisqu'elle a besoin de recourir à la volonté d'un agent mystérieux pour comprendre. Cette interprétation superstitieuse de la causalité a sans doute régné pendant des immenses périodes de temps qui ont précédé la naissance de l'esprit scientifique et la rationalité des lois naturelles. Encore aujourd'hui, l'animisme anthropomorphique qui voit des esprits à l'œuvre derrière tous les phénomènes physiques et comprend tout ce qui arrive en termes d'intentions est le vestige de cette manière de penser le monde. Le primitif comprend les causes non comme des relations nécessaires entre les choses, mais comme des volontés capricieuses qui font librement surgir l'être du néant. Longtemps prisonnière de la croyance aux substances et de la conception superstitieuse de la causalité qui l'accompagnait, ce n'est qu'au XIXème siècle, quand le devenir a commencé à s'infiltrer dans les sciences de la nature (théories de l'évolution en biologie, thermodynamique en physique), que la science a pu se libérer de ce schéma ontologique et repenser une conception allégée et minimaliste de la causalité : la loi.

Au sens faible, la causalité est un concept scientifique purgé de la croyance substantialiste. La cause se trouve alors réduite au concept de loi, d'*invariant* dans les phénomènes permettant la prévision. En dégraissant la causalité de la substance, la science contemporaine a ainsi renoncé à deux croyances : la transcendance de la cause par rapport à son effet et la puissance efficiente de la cause. Une loi ne fait plus rien exister magiquement, elle se réduit à une relation fixe et déterminée entre phénomènes qui se répètent à travers le temps, c'est une constante. Mais par-là même, elle perd son statut d'explication pour devenir une simple *description*. Mettre à jour une loi, c'est se contenter de constater le fait que deux événements se donnent comme reliés entre eux dans la nature. La « cause » n'engendre plus « l'effet ». "Cause" et "effet" deviennent deux moments successifs arbitrairement découpés, abs-traits d'un mouvement continu et reliés après coup par la logique de l'intellect : dans ce dernier cas, affirmer un rapport de causalité entre deux phénomènes se réduit à la constatation et à l'affirmation d'une relation d'équivalence entre la cause et l'effet. *La création s'est transformée en corrélation.*

Deux sortes de corrélations peuvent être distinguées dans l'explication causale :

a) Soit la cause et l'effet sont des moments contigus à notre échelle de perception sur la ligne temporelle. On ne voit aucune différence entre elles, parce que la cause et l'effet se produisent presque simultanément, dans un délai trop court pour que nous puissions détecter une différence entre les deux images. Nous pouvons affirmer indifféremment que la cause est l'effet ou l'effet, la cause. La métamorphose qui a eu lieu entre les deux positions choisies sont imperceptibles à notre vitesse de perception. Si, par exemple nous prenons deux clichés très rapprochés de la croissance d'un têtard, à quelques secondes d'intervalle sur les trois semaines de son devenir-grenouille, les deux clichés montreront un têtard à un stade d'évolution indifférenciable. Dans l'expérience, il n'y a jamais les causes d'un côté et les effets séparés de l'autre mais un *continuum* indivis. Ce n'est que par une analyse artificielle et cinématographique de l'intellect que nous isolons certains faits par rapport à d'autres dans un but pratique, mais cette distinction est tout au plus une approximation. Le têtard, dit-on volontiers, est la cause de la grenouille. Fort bien ! Mais à partir de quand exactement n'est-il plus têtard et déjà grenouille ? Il est impossible de le dire sans arbitraire. Même si une caméra filme plus de 20 images/s durant les trois semaines de la croissance de l'animal, nous obtiendrons plus de 43 millions d'images différentes mais aucune réponse à notre dilemme : on ne pourra jamais penser la métamorphose elle-même, qui se joue toujours du principe d'identité et glisse entre les positions fixes comme l'eau de la mer entre les mailles d'un filet. Jusqu'à un certain seuil critique nous nommons l'animal « têtard ». Puis, brusquement et sans transition, nous le nommons « grenouille ». Mais le passage de l'un à l'autre nous restera caché même si nous disposions de trillions d'images à notre disposition. Chaque fois que nous regardons une série de clichés, nous ne constatons qu'une stricte équivalence entre la "cause" et l'"effet" : ce sont des séquences quasi interchangeables dont il est difficile de dire laquelle est antérieure à l'autre. Dans ce cas de figure, la cause égale complètement son effet à notre échelle d'observation.

b) Si les deux moments représentant la "cause" et "l'effet" sont des points plus distants l'un de l'autre sur la ligne du temps, on aperçoit qu'un changement a eu lieu entre les deux instants retenus (une réaction chimique par exemple prise au commencement, puis à la fin du processus). Mais là encore, nous ferions fausse route en déclarant péremptoirement que la séquence antérieure « explique » la suivante. A la place de l'explication rationnelle attendue, la succession causale soulève un insoluble paradoxe en rentrant ouvertement en contradiction avec une autre loi importante de la physique : le premier principe de la thermodynamique qui établit la *conservation de l'énergie*. En effet si l'effet suit la cause et qu'il y a entre les deux un délai incompressible qui tient à la vitesse finie de la lumière, alors il s'ensuit que dans l'intervalle temporel qui sépare le déclenchement de la cause et la réalisation de l'effet, l'énergie totale n'est pas conservée dans le système puisqu'il y a un « plus » de force qui n'est pas compensé ailleurs par un « moins ». Pour que la conservation soit assurée, il faudra attendre que l'énergie atteigne sa cible. Cela prendra nécessairement du temps qui ne pourra pas être ramené à une simultanéité absolue. Dans l'intervalle, l'énergie du système se sera accrue sans raison. Cette conclusion, inacceptable, signifie en réalité qu'il faut repenser en profondeur le *processus réel* qui se cache sous la prétendue relation de la « cause » et de « l'effet ». Ce que nous appelons très maladroitement "cause" et "effet" ressemble en réalité davantage à une sorte d'effet concomitant d'un seul tenant, prolongé et augmenté continuellement, que nous sommes incapables de comprendre dans sa globalité sans le découper en séquences successives. C'est *en même temps* que l'univers se modifie dans son entier et « l'effet » se produit simultanément à sa « cause », sans aucun intervalle temporel pour les séparer. Mais notre esprit est incapable d'appréhender cette interaction absolument simultanée du premier phénomène avec le second dans lequel il se fond et avec lequel il se confond ; il la traduit aussitôt en une suite fragmentée de séquences. Pourtant, si l'on met de côté l'opération de l'intellect, le mouvement total ressemble davantage à un *rythme vivant*, un empiètement continu de moments qui se compénètrent et se chevauchent tous à la fois et non une succession de moments bien distincts. Il n'est pas pertinent d'affirmer que le premier (la cause) est la raison d'exister du second (l'effet) mais bien plutôt sa continuation, son dépliage, son déploiement naturel.

Dans tous les cas de figure, il devient manifeste que la causalité est un concept inutilisable qui n'explique rien : tout au mieux est-elle un moyen commode, à l'échelle macroscopique, de rassembler entre eux des phénomènes et de comparer des séquences les unes par rapport aux autres pour anticiper les événements. Le principe de causalité est un principe de *fragmentation* à usage pragmatique. S'imaginer que l'on atteint par-là la vérité sur le réel, c'est confondre le découpage perceptif du rythme vivant avec le cours des choses.

Ainsi, si on pousse la rigueur jusqu'au bout, on est forcé d'admettre que l'explication causale est une stricte impossibilité. Récapitulons. Je distingue deux sens de la causalité : 1) la causalité-substance : on considère la cause comme un sujet qui engendre le mouvement, et dans ce cas, elle est une superstition animiste incrustée dans la grammaire qui ramène la compréhension à l'arbitraire d'une volonté et transforme l'explication scientifique en magie. La causalité est alors une *mythologie.* 2) la causalité-loi : C'est une simple corrélation descriptive qui n'a plus valeur d'explication. Dans la causalité-loi, je distingue encore deux cas de figure : a) soit cause et effet renvoient à deux phénomènes quasi simultanés. Ils sont alors deux effets et la causalité est une *tautologie.* b) soit cause et effet sont deux phénomènes successifs arbitrairement découpés dans un mouvement continu et reconstruits après coup par le cerveau. Dans ce cas, la causalité est alors une *impossibilité physique* puisqu'elle rentre ouvertement en contradiction avec le premier principe de la thermodynamique. Dans tous les cas, la causalité est une métrique grossière, de surface, elle est la projection du rythme humain dans les choses. Elle n'atteint pas l'être de la réalité.

§9.

« La causalité, un concept contradictoire »

Il y a, au sein du principe de causalité, une contradiction qui passe souvent inaperçue aux yeux des scientifiques qui préfèrent utiliser ce concept plutôt que de s'interroger sur sa légitimité. Car de deux choses l'une :

a) Soit le principe de causalité permet de corréler des phénomènes à des vitesses infra-luminiques et luminiques, comme c'est le cas dans la physique relativiste. Dans ce cas, il existe toujours un délai entre la cause et l'effet, l'influence de A sur B n'est jamais instantanée puisque la vitesse du signal est finie. La théorie de la relativité implique d'ailleurs que seuls les phénomènes suffisamment proches dans l'espace peuvent être dits causaux : puisque rien ne va plus vite que la vitesse de la lumière, il est impossible de concevoir une corrélation instantanée entre deux phénomènes physiques[80]. Mais dans cette hypothèse, la causalité entre en contradiction avec le premier principe de la thermodynamique qui postule la conservation de l'énergie totale. Car si A n'agissait pas instantanément sur B, alors, on aurait « un plus » dans l'univers sans « un moins » correspondant, entre le moment où l'énergie de la cause est libérée et celui où il produit son effet. Or, un tel écart énergétique supposerait la capacité de l'univers de s'augmenter lui-même sans cause. Car d'où tirerait-il une énergie qu'il n'a pas déjà ? Durant le délai de la transmission du signal entre la cause et l'effet, le premier principe de la thermodynamique qui énonce la conservation de l'énergie serait violé. Citant le physicien Vogt, dont il connaissait bien les travaux, Nietzsche

---

[80] Dans <u>La renaissance du temps</u>, Lee Smolin écrit à ce sujet : « *Deux événements peuvent être si éloignés dans l'espace et survenir si rapprochés dans le temps, qu'aucun signal issu de l'un ne peut atteindre l'autre. Nous disons que deux tels événements ne sont pas causalement reliés* » Lee Smolin, La renaissance du temps, éd. Interedition, p.60.

écrit : « *cause et effet n'existent pas non plus. Au contraire : s'il intervient ici une tension, il faut que dans tout le reste du monde apparaisse un relâchement. (Et le fait que cette tension se produise est à son tour « la conséquence » d'un relâchement ailleurs.) Mais il est impossible qu'il y ait une succession temporelle : c'est simultanément qu'ici la tension croît lorsque là-bas elle se relâche. Les événements qui sont vraiment reliés entre eux doivent avoir lieu absolument en même temps. (…) Si le temps était nécessaire à l'effet, il y aurait un plus sans le moins correspondant, du moins pour un instant, c'est-à-dire la force serait tantôt plus grande, tantôt moindre* »[81].

b) Soit par « cause et effet » on veut dire que deux événements sont *instantanément* corrélés. Notons tout d'abord qu'une telle définition de la causalité serait contraire à l'essence même de l'enseignement de la théorie de la relativité et même de la physique en général. Car à supposer que de tels phénomènes supraluminiques existent – les phénomènes d'intrication quantique par exemple pourraient appartenir à cette catégorie – ils seraient qualifiés d'acausaux puisqu'on ne pourrait pas établir que l'état de B est l'effet de A (étant donné que la causalité n'est avérée que dans le cas d'une influence circonscrite par l'existence du cône de lumière).

---

[81] Nietzsche, <u>Fragments posthumes</u>, IX, 24 [36], Colli-Montinari, ed. Gallimard, p.694.

Deux phénomènes purement simultanés seraient certes bien « corrélés » mais il serait faux de prétendre que l'un est l'effet de l'autre. Allons plus loin, si une corrélation simultanée était avérée, on ne pourrait même plus distinguer la cause de l'effet puisque seul l'espace fragmente le réel en choses plurielles et rend possible l'existence d'étants multiples. La simultanéité absolue abolirait l'espace, et, avec lui, toute forme de multiplicité numérique. La distinction entre la cause et l'effet deviendrait donc impossible. Deux particules intriquées ne sont en réalité qu'*un seul quantum*, présent à lui-même sous la fausse apparence de sa séparation spatiale. Il est non local, à la fois ici et ailleurs. Il en résulte que la causalité ne peut être ni successive (parce qu'elle violerait la conservation de l'énergie), ni simultanée (parce qu'il serait alors impossible de distinguer deux choses ou deux moments dans un *continuum*). Renonçons donc à ce concept occulte qui n'est qu'une projection de notre biorythme et son besoin de fragmentation.

§10.

« L'explication est toujours une illusion »

La science contemporaine, en dépit des deux formidables révolutions auxquelles elle a donné le jour (théorie de la relativité, mécanique quantique) a bien du mal à se débarrasser du dogme ancestral de la toute-puissance de l'explication causale. Bien que des voix critiques s'élèvent de plus en plus fort à son encontre, un nombre important de physiciens continuent d'adhérer plus au moins au vénérable modèle de la cause et de l'effet[82]. Pour certains, la causalité n'a plus qu'un parfum suranné et son usage s'est restreint petit à petit au seul principe méthodologique de la scientificité réaménagé selon la diversité des contextes ; mais d'autres vont jusqu'à lui offrir une place à la fois centrale et intrinsèque dans le fonctionnement ontologique de la nature[83]. Il faudrait une fois pour toutes faire le ménage dans la science de cette notion confuse qui soulève plus de difficultés qu'elle n'en résout et en purger l'épistémologie. Car le schéma causaliste est incapable d'éclairer le processus de morphogenèse universelle, quel que soit par ailleurs le niveau (microscopique, mésoscopique, macroscopique) auquel on le fait intervenir : l'aléa du quantique est un événement *intrinsèquement indéterminé* qui est un authentique processus de création ; le surgissement des qualités sensibles est tout autant une création inanticipable à notre échelle de mesure où seule l'habitude nous fait confondre détermination et explication ; enfin, si l'on prend la Nature comme un Tout, l'explication causale ne peut pas rendre

---

[82] Au sujet de l'affaiblissement et du maintien du concept de cause en physique, on peut lire la mise au point très claire d'Etienne Klein dans son article « l'évanescence de la notion de cause en physique ».

[83] Ainsi Roger Penrose et sa théorie des *twisters*. Penrose reste, par ailleurs, un des plus grands physiciens de ce siècle.

raison de ce qui est sans pourquoi. A toutes les échelles de la réalité, le modèle de la cause et de l'effet se révèle une fiction mentale inutilisable qui repose sur la croyance en une fragmentation de la Nature en entités ontologiques irréductibles.

Reprenons depuis le début. Expliquer, c'est *donner la raison* de ce qui arrive. On rend raison d'un événement lorsqu'on arrive à établir que, la cause étant donnée, l'effet suit nécessairement. Par exemple, si une fuite de gaz a lieu, une étincelle suffira à déclencher une explosion. On dit alors que l'étincelle est la cause de l'explosion. Contrairement à la simple condition, nécessaire mais non suffisante pour que l'effet s'ensuive (par exemple du ciel orageux ne surgit pas toujours l'éclair), la même cause suffit à produire toujours le même effet.

Pourquoi l'explication causale échoue-telle à rendre raison du réel ?

1) Commençons par l'échelle microscopique qui est la « boîte » de commandes de la réalité phénoménale. Le principe de causalité est-il pertinent pour expliquer les phénomènes quantiques ? Il ne le semble pas, à la quasi-unanimité des physiciens. La condition de possibilité de l'explication déterministe, c'est la position transcendante du spectateur. Le Dieu omniscient de Laplace qui, d'un seul regard, peut calculer la trajectoire du plus petit atome comme de la plus lointaine étoile atteint la précision absolue dans la prévision parce qu'il ne fait pas lui-même partie de l'univers qu'il calcule. Le discours déterministe est, à

cet égard le pendant scientifique du créationnisme religieux, encore triomphant au XIXème siècle. De même que Dieu est le créateur transcendant du monde, de même le savant pose son regard désintéressé sur la nature objective pour en exhiber les lois. A l'origine du déterminisme se trouve la croyance erronée que l'acte de connaissance est une lumière acosmique jetée sur le monde des phénomènes, lumière neutre et désincarnée qui n'est pas énergétiquement coûteuse comme l'est fatalement n'importe quelle interaction physique. Mais le connaissant, fût-il Dieu lui-même, est un participant soudé à la vie du réel et non un esprit désincarné qui le contemple du dehors. Il en résulte que l'acte de connaître est nécessairement une *création* et non une simple découverte. La mécanique quantique a définitivement mis fin à la conception d'une connaissance qui consisterait à la mise à nu d'un en soi ou d'une essence absolue et indépendante de l'acte de connaître. Connaître est créer, ou plutôt co-créer, danser avec le monde. Négligeable à l'échelle macroscopique, cette interaction s'avère essentielle dans la connaissance du microscopique. Ce qui m'empêche avant tout de connaître l'état futur d'un système quantique, c'est ma participation énergétique inéliminable à ce système avec lequel je dois forcément interagir si je veux le connaître. Or, je ne peux ni quantifier ni retrancher cet échange pour savoir précisément à quoi ressemblerait l'univers sans lui. Dès lors, le hasard quantique n'est pas un défaut dans la connaissance qu'un appareillage plus précis ou qu'une résolution meilleure pourrait corriger (ce qui supposerait encore l'existence de causes réelles mais trop nombreuses ou trop enchevêtrées pour être connues comme dans le cas du chaos déterministe) mais une indétermination intrinsèque du réel que mon existence et les actions qu'elle implique contribuent à constituer. Cette participation de l'observateur au système observé n'a par ailleurs rien à voir avec une quelconque action à distance mystérieuse de la conscience comme on l'a parfois supposé. Toute interaction modifie le système, aussi bien un coup de vent qu'un observateur humain. Ce qu'il faut retenir ici, c'est que demain n'existe pas encore dans aujourd'hui puisque c'est mon interaction avec aujourd'hui qui contribue à faire exister demain. Rien n'est écrit et l'explication causale est impossible parce que, dans le processus d'une authentique création, l'imprévisibilité est de *droit* et non de *fait*. La Nature est ce qui continue d'arriver à travers mes paroles et mes actions. L'explication causale est donc forcément une lecture rétrospective et simplificatrice qui laisse de côté l'éclosion du nouveau au moment même où il surgit dans le monde. La faillite de l'explication causale à l'échelle du quantique trouve une illustration spectaculaire dans l'impossibilité de déterminer une trajectoire continue des atomes ou des particules. A l'échelle microscopique, un *quantum* est toujours en état de superposition avant d'interagir avec une cible. Avant l'interaction, il n'est qu'une sorte de nuage immatériel et non local que seul peut appréhender le formalisme mathématique au moyen d'une onde de probabilité. Seule l'interaction le fera quitter cet état virtuel et prendre la forme locale et ponctuelle d'une particule déterminable dans l'espace-temps. Mais entre chaque interaction, le *quantum* se vaporise dans l'invisible et cesse d'exister. Pour lui, exister veut donc dire se manifester de façon discontinue comme une suite d'impacts visibles séparés par du vide. Il serait d'ailleurs légitime de ne donner aucune existence intrinsèque à la particule mais de dire d'elle qu'elle n'est que l'excitation d'un champ immatériel. Le *quantum* qui surgit du vide n'existe que *de temps en temps*, car il n'est qu'une interaction sans substrat et non un objet réidentifiable. Dès lors, il est impossible de prédire où il se trouvera l'instant suivant. Nous ne pouvons déterminer qu'une densité de présence globale grâce à l'onde de probabilité. Le monde microscopique échappe ainsi complètement à l'explication causale ordinaire.

2) Passons à l'échelle macroscopique du quotidien. Contrairement aux apparences et à ce que pourrait laisser penser une lecture trop superficielle des phénomènes, le modèle causal échoue à rendre compte de la nouveauté de l'événement singulier parce qu'il est seulement *l'application à la physique du principe d'identité*. Dans son ouvrage <u>L'aléatoire</u>, Marcel Conche montre que la définition kantienne de la causalité repose sur deux affirmations mutuellement contradictoires : d'une part, la *différence* entre la cause et l'effet (l'effet ajoute quelque chose à la cause qui ne s'y trouvait pas déjà) ; d'autre part, la *nécessité* de l'effet une fois la cause donnée (il ne peut pas ne pas la suivre car la cause implique en droit l'effet). Or ces affirmations

qui appartiennent toutes deux à la définition de la causalité se contredisent : soit l'effet est effectivement nécessaire et il n'est rien d'autre que sa cause, il l'égale absolument. Mais dans ce cas, il n'y a strictement rien *de plus* dans l'effet que dans sa cause et la relation de cause à effet se résume à une simple tautologie : « A cause B » signifie en réalité « A=A ». Soit il y a bien une différence en plus dans l'effet qui n'existe pas déjà dans sa cause ; mais alors cet élément supplémentaire n'est précisément plus nécessaire (c'est-à-dire impliqué en droit dans la cause) mais seulement très probable en fait : et alors, il n'est pas *expliqué*. Car expliquer (du latin *explicare*) veut dire « déplier », « dérouler », et lorsque l'on déroule un câble, la partie non encore déroulée existe déjà repliée avant le processus de déroulement. Mais ce n'est justement pas le cas ici : la nouveauté de l'effet n'est pas déjà comprise dans sa cause. Ce qui est nouveau n'est donc jamais *expliqué* au sens rigoureux du terme. En réalité, la certitude de voir se répéter l'événement n'est que *de fait*, elle est en son essence un surgissement imprévisible et purement aléatoire qui n'est jamais impliqué dans l'événement précédent. Même si l'effet suit toujours la cause, cela n'est qu'une illusion d'explication, car cette succession n'est qu'une très forte probabilité de fait qui produit en nous une certitude subjective très forte de voir la séquence se répéter (comme l'avait déjà compris Hume). Mais une croyance subjective, aussi forte soit-elle, n'est pas une règle nécessaire et universelle de la raison. Le physicien retrouve dans l'instant suivant la quantité qui se trouvait déjà dans l'instant précédent et il ajoute à cette quantité un élément supplémentaire que seule l'expérience répétée permet de prévoir. Un effet, c'est donc quelque chose d'identique (qui se trouvait déjà dans la cause) que l'on retrouve dans l'effet + une nouveauté absolue qui ne s'y trouvait pas déjà (et que seule l'expérience permet d'anticiper de façon probabiliste). Autrement dit, la cause *détermine* bien son effet mais ne l'explique pas. Ce qu'il arrive de nouveau, c'est précisément le devenir de la Nature, rebelle à la pensée de l'identique : comment aurait-on pu prévoir *sans* la voir que la longueur d'onde de 580 nanomètres produirait toujours la couleur jaune sur notre rétine ? La connaissance de la cause ne permet pas d'anticiper l'effet. L'explication est une reconstruction illusoire et rétrospective de la création continue, toujours inouïe, de la *Physis* qui éclot à l'infini.

3) Enfin, l'explication causale peut-elle rendre raison de la Nature considérée cette fois comme le Tout de la réalité ? Cela est impossible. Car le schéma causal présuppose la croyance en la *fragmentation* intrinsèque du réel en unités distinctes ; il repose sur un mode de pensée analytique, qui décompose et segmente le donné pour le connaître. Il en résulte qu'il ne peut avoir de signification qu'à l'intérieur d'une Nature préalablement divisée en étants multiples. Loin d'être une réalité objective, il dépend d'un rythme perceptif dont il est la métrique associée. L'interprétation causale du monde est une lecture ontique et *internaliste* de la réalité, reconstruite du dedans. Elle conçoit naturellement

cette réalité comme la somme d'unités existant en soi et indépendantes les unes des autres. A l'*intérieur* du monde, un étant peut être la « cause » d'un autre étant, qui est alors son « effet ». Mais pour que tout cela ait du sens, il faut nécessairement à la fois pouvoir distinguer *plusieurs* unités spatio-temporelles dans le flux du réel et supposer l'*impénétrabilité* (au moins relative) de chaque unité spatio-temporelle distinguée par rapport à l'autre (si l'effet était simultané à sa cause, il n'y aurait plus enchaînement de deux événements successifs mais présence d'un seul au même instant.). Autrement dit, la lecture causale n'est valable qu'à partir d'un certain degré de *viscosité* de la pâte du réel qui permet le découpage du Mouvement en une multiplicité d'événements, de processus ou de choses. Dès lors que l'on considère la Nature comme un *continuum* énergétique indivis, il n'est plus pertinent d'en parler en termes de « morceaux » ou même de « moments » ontologiquement séparés. Faire dépendre l'explication causale d'une métrique perceptive particulière, l'*anthroporythmie*[84], suffit à faire d'elle un discours utilitaire et conventionnel mais l'exclut de l'être vrai des choses. En outre, du

---

[84] J'entends par *anthroporythmie* le rythme spécifique de l'homme, c'est-à-dire l'unité spatio-temporelle de la perception de l'espèce homo sapiens. C'est une unité de mesure à la fois spatiale et temporelle, c'est-à-dire un certain coefficient de viscosité à partir duquel le réel est représenté et configuré en monde. Ce monde se caractérise par une métrique et une consistance (ou texture spatio-temporelle) distincte de celle des autres espèces.

Tout de la Nature il ne saurait y avoir aucune explication ultime puisque tout discours explicatif trouve son fondement hors de lui et que rien n'est extérieur à la Nature qui, étant infinie, s'égale au réel. Le réel pris dans son ensemble n'est l'effet de rien d'autre que de lui-même. Ou plutôt : l'explication est toujours incluse en lui. On explique quelque chose de fini *dans le réel* en dépliant des séquences d'événements par rapport à d'autres – séquences que l'on découpe, déplie et recompose par un bricolage anthropologique de la perception et de la pensée mais on n'explique pas par là le réel dans son entièreté. De la Nature comprise comme le Tout, il n'y a nulle explication. L'infini n'a pas de fondement car ce qui fonde n'est pas fondé, tout comme l'éternel n'a pas d'origine car il ne commence pas dans le temps. Le Tout est la Présence, et la présence est inexplicable.

A toutes les échelles de la réalité, l'explication causale est ainsi une mythologie de la représentation. Elle sécrète une *fausse origine* et donne une *fausse raison* à tout ce qui arrive en reconstruisant artificiellement le mouvement naturel à partir du rythme humain. A la source du malentendu causal se trouve une illusion rythmique dans notre appréhension du monde : nous croyons voir d'un côté des objets relativement permanents qui restent ce qu'ils sont durant un certain laps de temps et de l'autre des actions ou des processus éphémères qui se renouvellent continuellement. La vie humaine qui se déroule dans un temps rétréci engendre l'illusion d'un schéma d'interprétation animiste, qui est l'ancêtre de l'explication causale :

la croyance préhistorique que « *quelque chose* » *agit*, que l'action est le mouvement volontaire d'un agent qui existe indépendamment d'elle. Bien plus tard, sous l'effet du positivisme, la volonté magique disparaît de la causalité qui se ramène alors à une corrélation successive régulière entre phénomènes, relation épurée réduite à sa plus simple expression de *protection chronologique* (cette conception d'une causalité squelettique réduite à son plus simple appareil logique est celle proposée par Hawking). Mais c'est déjà trop dire : ce dégraissage ontologique ne doit pas faire oublier l'illusion qui subsiste à la source. Au fond, dès que l'on parle de « cause » et d' « effet », on fait toujours la même erreur : on abstrait (détache) arbitrairement un moment pris dans le flux des phénomènes et on en fait à la fois force génératrice (origine) et la raison d'exister (fondement) du flux tout entier. Un moment d'une histoire est *rétroprojeté* en cause de toute cette histoire[85]. L'explication est prélevée à l'existence pour servir de point d'ancrage et de fondement à cette existence. Ainsi naît la métaphysique de la substance, effet de la métrique du langage. On n'explique jamais rien puisqu'en définitive on part du fleuve du devenir pour expliquer le fleuve du devenir. La Nature est sans pourquoi et l'explication n'est qu'un bricolage de l'intelligence humaine qui cherche désespérément un sens dans le dédale de l'infini.

---

[85] C'est la signification profonde de la critique nietzschéenne du sujet.

§11.

« Finitude des structures »

Toutes les structures sont finies et devenues, elles sont les produits de processus. Nulle part il ne faut présupposer de formes indépendamment du Mouvement qui leur donne naissance : une fois leur temps écoulé, toutes retombent dans le flux qui enfante et détruit toutes choses. Seul peut être dit éternel le Mouvement lui-même, puisqu'étant toujours le « il y a » du réel, il ne peut être devenu comme toutes les choses finies qui naissent et meurent en son sein. Peu importe d'ailleurs la nature de ces structures : des quarks aux galaxies, en passant par tous les corps matériels visibles à notre échelle de mesure, les formes matérielles sont toutes des concentrations énergétiques momentanées. Dès lors qu'elles sont des déterminations, elles ne peuvent être que finies : car de ce qui est déterminé, on peut toujours légitimement demander pourquoi il est ainsi et pas autrement. Seul l'indéterminable échappe en droit à cette question, et, par conséquent à la naissance et à la mort qui sont des déterminations. C'est la raison pour laquelle ni les substances individuelles d'Aristote, ni les atomes de Démocrite, ni les essences de Platon, ni même les nombres des Pythagoriciens ne peuvent être les principes premiers. Car le déterminé, quelle que soit sa durée, est une formation individuelle précaire dans le Mouvement éternel. Toute structure est une formation qui fait saillie et se détache sur fond de sensation, de perception ou de pensée selon l'intensité qui l'individualise ; selon la vitesse du métabolisme, la forme est plus ou moins nette ou confuse, détachée ou soudée au flux sensoriel dont elle émerge. C'est le gradient rythmique qui est l'opérateur ontologique de l'individuation et le géniteur des formes. De la matrice énergétique indifférenciée et invisible se détache et se matérialise la structure dans l'horizon du regard. Le processus de morphogenèse dévoile le même *logos* de la sculpture à toutes les échelles de la réalité : l'idée se détache de l'esprit qui l'abrite comme l'objet physique se détache du milieu qui l'englobe. C'est seulement la fluidité ou la viscosité du processus qui diffère. L'ensemble dynamique que constitue la sensation et son objet se nomme le motif rythmique : il se compose d'un pôle subjectif et d'un pôle objectal – la structure matérielle qui se détache relativement à cette sensation –. Lorsque nous parlons communément de « choses » nous oublions précisément le dynamisme qui les constitue intrinsèquement, et sans lequel la choséité s'évanouirait. Or tous les rythmes (il en existe une diversité innombrable), qui sont des coefficients de viscosité (quotients d'espace-temps) sont destinés à se dissoudre car la Nature varie à l'infini ses textures. La seule chose qui perdure toujours, c'est le Mouvement lui-même qui invente sans relâche de nouveaux rythmes. Toutefois, d'un point de vue relatif et strictement méthodologique, il reste possible de considérer certaines structures assez stables pour décrire et prévoir les phénomènes naturels qui en dépendent, par exemple les constantes en physique qui font office de lois pour la pensée. Il est très probable que, sur d'immenses périodes de temps, les lois elles-mêmes finiraient par connaître des variations tout comme les phénomènes qu'elles permettent d'organiser. Les formes se déploient sur des échelles temporelles incroyablement diverses, au point qu'il n'est pas nécessaire de postuler l'existence d'une structure absolument permanente dans la Nature pour servir de socle à la connaissance, mais seulement celle d'une structure plus stable qui permettrait d'arrêter ce qui est plus labile et plus fuyant. Toutes les structures s'écoulent, mais à des vitesses différentes : les formes matérielles (corps) s'écoulent plus rapidement que les lois (déterminations immatérielles). De même que la langueur d'un glacier lent et pâteux empêche le ruissellement des eaux de pluie d'atteindre ses profondeurs glacées, de même il est possible de canaliser et de corseter le flux des phénomènes dans des lois invariantes à notre échelle sans qu'elles paraissent elles-mêmes souffrir des assauts du temps. Mais il ne faudrait pas pour autant en conclure que ces lois ne sont pas elles aussi, devenues. L'eau de la rivière s'écoule plus vite que le rocher ne s'érode, mais il finit malgré tout par être emporté par le devenir lui aussi. Les lois se déploient sur des échelles de temps telles qu'elles sont pour la pensée humaine un repère suffisamment solide pour construire et légiférer. En tant que *structures*, elles ne sont cependant pas absolument permanentes. Elles constituent bien plutôt les motifs rythmiques de notre représentation de la Nature. Stricto sensu, seul le Mouvement échappe en soi à la finitude des choses car il est informe, absolu et éternel.

§12.

« La fausse éternité du matérialisme »

Comme toute métaphysique, la doctrine matérialiste a besoin d'un fondement éternel pour expliquer l'univers. Et puisque le matérialiste trouve ce fondement dans la matière, il est naturel qu'il postule l'éternité des atomes qui sont pour lui les ultimes constituants des corps. Ainsi, pour les atomistes, les corps (qui sont des agrégats d'atomes) sont périssables, tout comme les molécules et les liaisons chimiques qui les unissent ; seuls sont éternels les atomes (les « insécables »), car ils sont les plus petits éléments dont tout le réel est fait. La science s'est longtemps accrochée au mythe de l'éternité des atomes. Heinz Pagels par exemple affirme dans l'Univers quantique : « *un atome ignore le vieillissement ; l'âge et le vieillissement dépendent uniquement de la façon dont les atomes et les molécules sont organisés. Le temps irréversible, le vieillissement, le pourrissement des fruits, tout cela n'est qu'illusion du point de vue de la microphysique* »[86]. Il est indéniable que la durée de vie des atomes et des particules élémentaires est incommensurable à celles des molécules et des objets macroscopiques. Mais il

---

[86] Heinz Pagels, l'Univers quantique, éd. Interedition, p.127.

152

est tout à fait inexact de soutenir pour autant l'éternité des atomes. Car toutes les particules finissent par se désintégrer, même si, pour certaines d'entre elles, la durée de vie semble presque infinie à l'échelle de notre courte vie (par exemple la durée de vie estimée des électrons et des photons excède de beaucoup la durée totale de l'existence de l'univers). Dès lors que nous comprenons que le seul être véritable est le Mouvement, toute structure, quelle qu'elle soit, est périssable. Tout comme les corps, les atomes peuvent mourir, parce qu'ils sont des finis. Seul est invieillissable le dynamisme de la Nature, c'est-à-dire l'énergie sans substrat qui, ne connaissant pas la naissance, ne connaît pas non plus la corruption. Contre le matérialisme, il faut donc affirmer que toutes les formes matérielles, si petites soient-elles, sont condamnées à périr. Le Mouvement seul est éternel mais en aucun cas les structures éphémères qu'il engendre.

§13.

« Testament de la métaphysique de la substance »

Dans sa conférence intitulée « les deux concepts de temps : l'ordre et le devenir », reprise et complétée par un article dans la <u>Revue de morale et de métaphysique</u> [87], Francis Wolff remarque que l'histoire de la philosophie est traversée par une ligne

---

[87] <u>Revue de morale et de métaphysique</u>, « le temps comme concept hybride », 2011/4, (n° 72), p. 487-512.

de partage très nette entre deux expériences bien distinctes du temps : le *temps-ordre* et le *temps-devenir*. Chacune de ces conceptions se fonde sur une ontologie radicalement différente (respectivement l'être des substances et l'être des événements) incompatible avec celle de l'autre. Le temps-ordre (défendu majoritairement par des philosophes logiciens comme Carnap, Leibniz ou Aristote, ainsi que par la majorité des physiciens) permettrait de penser la nature sans nous selon les déterminations dyadiques objectives de l'antérieur, du postérieur et du simultané. Les partisans du temps-ordre entendent se passer du temps subjectif de la conscience et ils évacuent le devenir qu'ils réduisent à une simple illusion subjective. L'ordre sans le devenir est ramené à de l'espace et le présent créateur n'existe pas. L'histoire est seulement une succession d'états immobiles. En revanche, le temps-devenir renvoie à l'expérience phénoménologique du présent de la conscience : c'est toujours au présent que nous percevons, que nous avons des souvenirs et des attentes. Cette seconde conception du temps est indexée à notre propre présence dans le temps en tant qu'observateurs et elle s'exprime à travers les déterminations monadiques du passé, du présent et du futur ; elle est soutenue par les « philosophes de la conscience » comme Saint-Augustin, Husserl, Bergson, ou encore Merleau-Ponty. Contrairement au temps-ordre, représenté par l'image de la flèche, qui pointe du passé vers le futur, le temps-devenir est symbolisé par l'image du fleuve qui s'écoule de l'avenir vers le passé en passant par le présent. Après avoir montré que le devenir avait bien une réalité objective (celle, irréductible, de l'existence), F.Wolff s'attache à établir que ces deux expériences, nécessairement complémentaires pour penser l'idée de temps, sont par ailleurs mutuellement incompatibles, et, que, prises séparément, elles conduisent même à la négation de l'idée de temps : en effet, l'ordre sans le devenir n'est pas le temps mais seulement l'espace ; quant au devenir sans l'ordre, ce n'est pas le temps non plus mais une sorte de mouvement fou réduit à un pur passage qui coule comme l'eau sur les pierres. Une ontologie de la substance interdit le changement *par défaut* (puisque l'entièreté du monde est un bloc immobile où seulement demeurent des relations entre substances) tandis qu'une ontologie de l'événement interdit le changement *par excès* (le devenir pur ne pouvant lui-même changer puisque seul ce qui possède un être peut changer). Sans principe d'identité, il n'y a plus qu'un présent fait d'une différence irréductible, grouillante, qui esquive l'ordre de l'avant et de l'après. Le temps est plus fluide que l'espace mais plus permanent que le devenir pur, il est un *entre deux*. Francis Wolff en conclut alors que les idées d'ordre et de devenir, claires en elles-mêmes, deviennent contradictoires dès que l'on cherche à les combiner pour former à partir d'elles le concept hybride de temps ; chacune de ces deux idées prise séparément mène à la négation du concept de temps qui s'avère une construction aussi inintelligible qu'elle est indispensable pour la vie.

Cette conférence, par ailleurs remarquable par sa clarté, sa richesse conceptuelle et sa précision, a l'allure d'un *testament* de la métaphysique traditionnelle de l'identité. Elle illumine comme un sublime crépuscule la pensée de la substance et ce qu'elle a offert de meilleur à la philosophie au fil des siècles tout en mettant à nu (non sans une certaine nostalgie) ses contradictions intimes. Elle porte l'aporie du temps à son apogée en exhibant sa nature impensable dans le cadre d'une logique et d'une ontologie de l'identité. Tel une chimère, notre concept humain de temps est l'accouplement monstrueux de l'être et du devenir, de la forme et de la différence. Wolff fait preuve d'humilité et d'honnêteté : au lieu de minimiser la divergence entre ces deux représentations incompatibles, il l'exacerbe et radicalise l'aporie jusqu'au bout en montrant que l'opposition entre l'ordre et le devenir est consubstantielle à l'idée que nous nous faisons du temps ; elle ne peut être surmontée avec les outils de la logique classique. En effet, affirme-t-il, il existe deux régimes différents de temporalité, qui correspondent à deux types de chroniques bien distincts. Le premier est celui des substances et il permet de répondre à la question « combien de temps ? » ; autrement dit, il porte sur la *durée* des choses. Le second est le régime des événements, qui sont ponctuels et se produisent à un moment précis, et il permet de répondre à la question « quand ? » ; autrement dit, il porte sur la *databilité* des événements. En creusant l'écart entre les deux ontologies, Wolf est acculé à l'idée d'une *expérience quasi schizophrénique de la temporalité*. D'un côté, l'idée d'ordre conduit à la représentation d'un monde immuable, constitué d'une série successive d'états figés ; de l'autre, l'idée de devenir mène à un présentisme insubstantiel où tout phénomène se dissout dans l'acte même de sa naissance.

Toutefois, l'aporie est *féconde* dans la mesure où elle conduit à questionner le fondement même de l'expérience contradictoire : la séparation ontologique de l'espace et du temps – séparation conceptualisée pour la première fois par Newton mais qui est en réalité l'attitude naturelle et l'impensé de toute notre expérience macroscopique du monde. Nous vivons dans un monde dont la chair même est tissée d'identité et de différence, un monde de formes suffisamment permanentes pour que nous les reconnaissions d'un instant à l'autre et pourtant suffisamment changeantes pour que nous ayons l'impression subjective qu'un changement s'est produit d'un instant à l'autre, changement que nous exprimons en disant que « le temps passe ». Le temps est ainsi l'expérience contradictoire de la présence du dynamique dans le statique et du statique dans le dynamique, une sorte de mélange indécomposable de permanence et de devenir : nous ne pouvons qu'intellectuellement abstraire l'identité de la différence ou la différence de l'identité, mais dans l'expérience de la perception elles se trouvent toujours inextricablement mêlées, car nous n'avons affaire ni à des formes immuables, ni à un dynamisme sans chair mais toujours à des *formes qui deviennent*. Même les événements se manifestent sur le substrat des choses. En partant de l'expérience perceptive habituelle de *formes qui évoluent*, nous nous trouvons pour ainsi dire *aux portes* de la révolution relativiste et disponibles pour recevoir la pensée capitale. Pour surmonter l'antinomie du temps-ordre et du temps-devenir, il n'est d'autre choix que de reconnaître les notions d'*élasticité,* de *fluidité* et de *viscosité* dans l'être du réel : la pâte ontologique n'a ni la rigidité absolue de l' être immuable, ni l'impermanence évanescente du devenir ou plutôt, elle peut, dans l'intervalle qui sépare l'être du non-être en manifester *toutes* les intensités, tous les dégradés de textures : une infinité de degrés de fluidité et de viscosité sont possibles entre l'être et le néant dans la pâte ductile et élastique de l'espace-temps, et chaque composition correspond à un rythme singulier. Wolff n'a, semble-t-il, pas pris la pleine mesure de la révolution einsteinienne (qu'il réduit au seul éclatement de la durée newtonienne unique en une pluralité de temps locaux). Il ne tient pas compte de l'essentiel : que la théorie de la relativité restreinte a *effacé* la frontière entre le temps et l'espace et qu'elle a conclu à leur *identité profonde et substantielle.* L'espace est assoupli et liquéfié par le temps, le temps est épaissi et densifié par l'espace. Dans ce nouveau cadre de pensée, ordre et devenir ne sont plus des contradictoires puisqu'ils forment *une seule entité réelle,* qui ne peut être décomposée que par l'intelligence et l'abstraction[88]. Ordre et devenir doivent être compris comme *deux manifestations complémentaires* d'une réalité dynamique unique, tantôt fluide jusqu'à l'inconsistance ontologique,

---

[88] L'espace-temps pris comme nouvelle unité dynamique indivise est par ailleurs indicible dans les termes de la logique étriquée de l'identité et du tiers-exclus.

tantôt pâteuse jusqu'à la permanence apparente de la substance individuelle. Ce sont précisément des *rythmes.* Un rythme est un *ratio* spatio-temporel : il est à la fois étendu et inétendu, visible et invisible, pâteux et fluide. L'idée d'ordre et celle de devenir ne sont contradictoires que pour celui qui les oppose depuis le principe de non-contradiction et qui n'aperçoit pas leur source commune : *le Mouvement créateur archaïque* plus primitif que le temps et l'espace et dont tous deux ne sont que des dérivations séparées par le rythme vivant et ses nécessités de survie. Ce Mouvement originaire n'est rien d'autre que la Nature *(Physis)*, mais nous ne pouvons le dire qu'articulé dans la langue imparfaite et dichotomique des catégories. Nous autres vivants, enfermés dans notre prison rythmique étriquée, n'avons accès qu'à une échelle limitée de la réalité, échelle à laquelle l'être vrai se donne démembré et écartelé dans les dimensions de la perception et de la prédication. Forme et devenir sont en réalité comme l'endroit et l'envers d'une pièce de monnaie, à ceci près qu'ils ne sont pas pareillement visibles comme deux surfaces étendues dans les seules dimensions de l'espace : le devenir est le moteur invisible de la créativité que porte en elle chaque forme mais ce dynamisme invisible est si fluide et dilué qu'il n'est rien d'étant ; il franchit la barrière dimensionnelle de la perception et il fait irruption dans la spatialité des choses dont il est la traîne énergétique qui s'évanouit dans le non être du présent. Nous ne voyons jamais le devenir dans son processus même, processus impalpable et immatériel ; nous ne devinons son existence qu'à travers les modifications spatiales successives d'une forme qui sert de substrat à la différence qui advient. C'est la raison pour laquelle l'ordre et le devenir nous semblent substantiellement hétérogènes alors qu'ils ne le sont que dimensionnellement. C'est seulement notre rythme perceptif qui nous fait croire à la différence entre le devenir et la substance.

Si nous voulons sortir de l'aporie du temps, c'est donc *du Mouvement qu'il faut partir*, et non de l'espace ou du temps qui sont ses *dérivées*. Mais une telle chose est impensable pour la physique classique, pour laquelle le mouvement (limité à sa seule signification de *déplacement* dans l'espace) est une dérivée du temps. Toute la physique depuis les Grecs s'est construite sur l'idée erronée que l'espace et le temps sont des notions primitives et séparées et que le mouvement, second, n'est qu'une composition d'espace et de temps. Selon cette conception classique, il est absurde de parler d'une vitesse du temps ou d'une accélération du temps. Puisque la vitesse se définit comme le *ratio* entre une quantité spatiale au nominateur et une quantité temporelle au dénominateur (la vitesse d'un déplacement par exemple), il est impossible que le temps ait une vitesse : cela reviendrait à mesurer le temps par lui-même. Mais dès lors que le Mouvement est placé au rang de réalité ultime, c'est le *rythme* (c'est-à-dire le quotient spatio-temporel) qui devient le nouvel étalon de mesure. Et puisque l'espace et le temps entrent tous deux dans la composition d'un rythme, parler de la vitesse du temps, ou même de celle de l'espace, c'est-à-dire de son degré de fluidité ou de viscosité n'a plus rien de tautologique. Il faut faire un pas conceptuel – un petit pas en apparence, mais philosophiquement parlant, un pas de géant - pour réformer en profondeur notre manière de penser le Mouvement, l'espace et le temps. Le couple primaire espace/temps dont la combinaison était le mouvement (déplacement d'un mobile dans l'espace selon une unité de temps) doit être remplacé par le Mouvement originaire de la Nature dont les espace-temps sont les rythmes en nombre infini, plus ou moins fluides ou visqueux. Dans cette nouvelle *imago Mundi* la forme spatiale n'est plus le contraire du devenir pur mais un devenir épaissi, un écoulement plus pâteux qui franchit le seuil de notre perception et devient substance individuelle. Si le gradient entre le fluide (temps) et le visqueux (espace) est trop faible (comme cela semble le cas en dessous du mur de Planck par exemple) la texture dynamique de la réalité est trop homogène pour engendrer des structures ; le flux créateur vrillé d'imperceptibles frissons se perd en une écume de mouvement désordonnée sans forme et sans direction. Mais lorsque l'agitation devient suffisamment hétérogène par le jeu imprévisible des variations infinies, le Mouvement se nervure et se scinde en régimes fluviaux de fluidité et de viscosité différents. Ce processus de séparation du Mouvement en temps et en espace est ce que nous appelons un être vivant. Les proto-formes co-surgissent avec la sensibilité organique. L'histoire des formes et son ordre successif n'est pas ontologiquement hétérogène au devenir fou qui l'a engendrée. L'espace et le temps sont une échelle du Mouvement. Depuis notre bulle perspectiviste de vivant, nous ne parvenons plus à dénouer l'énigme des relations entre Mouvement, temps et espace. Le biorythme brouille notre vue et il nous semble qu'ordre et devenir sont des réalités différentes. Pourtant, il n'en est rien. La différence n'existe que pour un vivant qui se situe à une échelle où le Mouvement s'appréhende en formes et en temps. Sans lui, la Nature n'est plus « l'espace », ni « le temps », mais ce maintenant créateur fluctuant et grouillant de différences imperceptibles dont aucune forme matérielle n'émerge.

Pour Wolff, nostalgique de la métaphysique de la substance, les ontologies de l'événement se brisent toutes sur l'écueil du présentisme. L'instant semelfactif et sans épaisseur est une « apparition disparaissante »[89] incapable de rendre compte de la matérialité du réel, de son extension spatiale et de sa consistance ontologique. Mais ce n'est pas l'ontologie de l'événement qui est fautive, plutôt la manière même de définir un événement. Aussi longtemps que nous opposons la ponctualité de l'événement à la durée des choses, nous restons prisonniers de notre rythme perceptif. La différence entre un événement et un objet physique réidentifiable est seulement relative à sa *durée*. Dans la vie ordinaire, l'homme ne parvient qu'à expérimenter une gamme très pauvre de rythmes comparativement à toutes les durées qui existent dans la Nature. Les montagnes lui paraissent immuables et les muons sont bien trop rapides pour son regard. Tout comme Einstein s'est élevé au-

---

[89] Selon l'heureuse formule de Vladimir Jankélévitch.

dessus des préjugés du sens commun pour apercevoir la syntaxe cosmique, de même il lui faut construire une passerelle dimensionnelle entre la databilité des événements et la durée des choses. « *Pourquoi donnons-nous titre d'être*, demande Montaigne dans les <u>Essais</u>, *à cet instant qui n'est qu'un éclair dans le cours infini d'une nuit éternelle ?* » La substance est flux, le flux est substance, tout dépend de la vitesse à laquelle on les considère. Une expérience de pensée permet facilement de comprendre qu'un changement d'échelle suffit à transformer des corps étendus et relativement durables en des événements ponctuels. Si nous condensions un milliard d'années en quelques secondes, les formes des objets autour de nous tout comme notre corps s'évanouiraient dans un événement impalpable quasi-invisible : nous viendrions à l'être et cesserions d'être tout en un, comme un jet d'énergie sans contour à l'instar des particules quantiques (excitations du champ) qui surgissent du vide et retournent quasi instantanément dans l'agitation informe. Jusqu'ici, les ontologies de l'événement ont toutes échoué à penser *l'épaisseur ontologique* de l'expérience perceptive pour la même raison : parce qu'elles ont réduit l'événement à un processus sans être, sans consistance ni texture, une sorte d'instant métastable sans consistance, un quasi-néant qui retombe dans le non-être en venant à être.

Je propose de redéfinir l'événement de manière relativiste, en prenant au sérieux la théorie d'Einstein. Si l'espace et le temps se dilatent et se contractent de manière élastique, alors une mesure de temps suffisamment petite – celle de l'humain mais surtout celle de l'insecte– doit nous permettre de percevoir des processus ralentis et les agencer en un monde de choses et de structures réidentifiables. Le corps physique est une espèce d'*événement épaissi* qui réapparait à travers plusieurs perceptions et permet ainsi la reconnaissance d'une même forme. Toutes les épaisseurs spatio-temporelles existent depuis le pur devenir pour nous (processus irreprésentables sans un formalisme mathématique telles que la création et l'annihilation des particules quantiques dans le vide) jusqu'à la quasi-permanence des essences, en passant par le monde relativement consistant à notre échelle des objets physiques et des êtres vivants. La petitesse de notre échelle de mesure nous dissimule le passage entre l'immédiateté de la databilité et l'épaisseur de la durée. Ce qui est pour nous une dimension ne l'est pas pour la Nature sans nous. La « chose » n'est qu'un événement plus épais, plus visqueux, dont l'existence est arrêtée par la mesure perceptive. Quand un événement est toujours là dans la (ou les) perceptions suivantes, nous parvenons à le réidentifier et nous le nommons « chose » ; quand il est semelfactif à notre échelle de perception, nous le classons dans la catégorie des « événements ».

Substance et événement appartiennent bien au même tissu de réalité : il n'y a qu'une Nature. Mais ils s'opposent comme des processus de durées incroyablement différentes. Loin d'être les représentants de deux ontologies hétérogènes, il faut les considérer comme des degrés dans une échelle intensive dont la vitesse de notre perception est l'étalon de mesure et la condition de manifestation. Ce qui est chose pour nous est un événement pour une perception beaucoup plus lente, qui ne parvient pas à fixer et à réidentifier le devenir entre deux perceptions. Il en va ainsi probablement de nos cousins inorganiques les rochers qui ne vivent pas dans un monde de formes stables mais dans une réalité fluide de processus torrentiels.

§14.

« Trop dur ou trop mou »

La réalité à la fois permanente et mouvante des choses a toujours nargué les philosophes en esquivant les filets conceptuels qu'ils ont tendus pour la capturer. D'Aristote à David Lewis, la compréhension de la coexistence de l'être et du devenir au sein de la substance individuelle a été la croix des métaphysiciens et des logiciens. Aux prises avec l'énigme du temps, tous se sont livrés à travers les âges à des contorsions sophistiques bien artificielles dignes de celles de leurs pairs théologiens qui se donnaient pour tâche de dédouaner Dieu de la responsabilité du mal sur Terre avec les plus fins arguments. Dans le cas de la substance précisément, il leur fallait tordre la réalité en tous sens afin qu'elle épousât enfin la logique de l'identité et du tiers exclus, le but étant d'expliquer que seul ce qui ne change pas peut vraiment changer.

Pour y parvenir, ils ont commencé par distinguer, dans la substance individuelle, les propriétés dites *essentielles* (celles qui demeurent les mêmes au

165

cours de l'existence de cette substance) des propriétés dites *accidentelles* (celles qui changent au cours du temps). Ainsi, pour une clé, sa figure dentelée est une qualité essentielle puisque cette forme ne peut lui être enlevée sans supprimer sa nature de clé. En revanche, qu'elle soit rouge ou couleur métal est une qualité accidentelle de la clé puisque cette qualité peut changer au cours du temps (au cas où on la repeindrait par exemple) sans altérer son être de clé. Toutefois, la distinction entre propriété essentielle et propriété accidentelle n'est ici qu'un mot – vain expédient linguistique qui ne fait que baptiser la difficulté sans la résoudre. On nomme essentiel l'invariant et accidentel le changeant, mais cela ne permet pas de mieux comprendre les rapports entre permanence et devenir. Pris d'embarras, certains logiciens se sont alors avisés de compléter l'antique distinction aristotélicienne de l'essentiel et de l'accidentel par celle de l'intrinsèque et de l'extrinsèque. Une propriété intrinsèque est *« une propriété que la chose a par elle-même et qu'elle peut en droit posséder indépendamment de ce qui a lieu hors d'elle* [90] *»*. Autrement dit : *« une propriété que la chose ne peut pas ne pas avoir si elle existe* [91] *»*. Dans l'exemple de la clé, la forme de ses dents, sa masse ou sa matière. Par

---

[90] Frederic Ferro, <u>Revue de métaphysique et de morale</u> 2002/4 (n°36), p. 501-509. Ou encore cette définition que l'on trouve un peu plus loin : *« appelons propriétés intrinsèques les propriétés que [la clé] exemplifie seulement par elle-même, comme la forme de ses dents, sa masse et sa matière »*.

[91] *Ibidem*

« extrinsèques », on entend au contraire les propriétés inessentielles et relationnelles de la clé telles que « être dans une poche », « ouvrir la porte du bureau » ou encore « être mentionné dans cette phrase ». Or, loin d'éclaircir la distinction de l'essentiel et de l'accidentel, cette seconde distinction ne fait que l'obscurcir en brouillant les cartes : car elles ne se recoupent pas comme on aurait été en droit de l'attendre : « *les propriétés accidentelles peuvent être intrinsèques, et les propriétés essentielles peuvent être extrinsèques ; l'essentialité n'est ni une condition nécessaire, ni une condition suffisante de l'intrinsécalité* [92] ». Comment comprendre cela ? Le problème métaphysique véritable que cette distinction recouvre est en réalité celui des *accidents intrinsèques* soulevé par David Lewis : comment se fait-il qu'une substance puisse posséder des propriétés accidentelles intrinsèques ? Si toutes les propriétés intrinsèques étaient essentielles (c'est-à-dire invariantes), et si toutes les propriétés accidentelles étaient extrinsèques (relationnelles), cela ne poserait aucune difficulté : par exemple qu'une clé, au cours du temps, appartienne successivement à Paul ou à Pierre est une propriété relationnelle de la clé, mais ce changement de propriétaire n'affecte pas son être de clé. En revanche que la clé reste la même sous forme solide ou fondue devient problématique. Car si tous les apparents accidents intrinsèques sont en réalité des relations extrinsèques, dans ce cas, il n'y a plus

---

[92] *Ibidem*

du tout d'intrinsèque et tout devient relationnel et contingent. Il n'y a plus de nature des choses.

En réalité, le problème provient de ce que l'intrinsèque ne correspond pas toujours à l'invariant mais peut aussi qualifier le changeant. Et d'autre part que l'essentiel peut tout autant être relationnel. Par exemple, posséder deux bras est une propriété intrinsèque de ma substance, pourtant je peux les perdre et continuer à rester moi-même ; mais si je viens à perdre toutes les autres parties de mon corps, serai-je encore moi ? A partir de quand l'identité d'une substance est-elle perdue ? On voit bien tout l'arbitraire de ces pseudo-distinctions habillées de dignité logico-métaphysique. Puisque le devenir s'immisce dans la substance et la relation dans l'essence, ce sont les deux paires de relations (l'essentiel/accidentel d'une part, l'intrinsèque/extrinsèque de l'autre) qui deviennent des fictions inutilisables.

Comment cheminer vers la résolution de l'aporie ?
Pour éviter de se perdre dans le labyrinthe de la métaphysique et de la logique contemporaines (qui compliquent souvent bien inutilement les choses), il suffit de revenir à l'enseignement de la théorie de la relativité. Une forme substantielle (la clé dans notre exemple), est un rythme. C'est un rapport élastique d'espace et de temps qui présente une texture matérielle, c'est-à-dire un coefficient de viscosité particulier (densité, élasticité, impénétrabilité etc.). Cette texture renferme, indissolublement tissées dans sa réalité matérielle, les « qualités premières » et « les qualités secondes », les propriétés dites essentielles (figure, matière, métrique), et les

propriétés dites accidentelles (tout autant sa couleur, que sa relation à la serrure du bureau etc.). Le point essentiel est ici de bien comprendre que l'aspect spatial et l'aspect temporel qui constituent l'être de la clé ne sont qu'intellectuellement séparables. L'objet perçu forme *en réalité* un tout spatio-temporel indécomposable. Mais ce tout n'est en rien coupé de l'environnement et reçoit de lui toutes ses propriétés y compris celles qui sont qualifiées d'intrinsèques : « *les qualités d'une chose, ce sont les effets de cette chose sur d'autres « choses ». Si l'on supprime les autres « choses », la chose n'a plus de qualités* [93] ». L'intrinsécalité est pure illusion car l'être de la clé n'est rien d'autre que la somme des relations qu'elle entretient avec toutes les autres choses. Exister pour un objet est toujours un prédicat relationnel. S'il n'y a plus de relations, il n'y a plus d'être individuel. Le devenir s'infiltre jusque dans l'en-soi des choses, et l'étendue habille toujours la différence dans l'objet physique de sorte qu'il nous apparaît comme une substance individuelle dont on ne peut séparer la forme spatiale de l'histoire temporelle. Les qualités essentielles sont toujours plus labiles et les qualités accidentelles toujours plus consistantes que l'on ne pense. Le problème des fameux accidents intrinsèques ne dit pas autre chose : l'être même des choses est tissé d'un Mouvement impalpable et abstrait de lui, et, si par malheur on prétend l'ôter de l'essence de ces choses comme un vêtement superflu, il ne reste plus rien

---

[93] Nietzsche, <u>Volonté de puissance</u>, I, éd. Gallimard, trad. Bianquis.

dans les mains. Le devenir fait partie de la chair du réel, tout autant que la relation. La distinction du dedans et du dehors ne fait sens que depuis la perspective thermodynamique déséquilibrée du vivant. Nulle part il n'existe de qualité qui ne soit relation, pas plus qu'il n'existe de forme qui ne soit mouvement. Les propriétés essentielles sont trop rigides, mais les propriétés accidentelles sont trop fluides. Ce qui existe, est l'entre-deux de la relation : ni trop dur ni trop mou, le monde sensible est le régime du *flexible*.

§15.

« Changer de regard sur le temps »

Carlo Rovelli est un éclaireur qui nous aide à prendre conscience de la portée de la révolution einsteinienne. A travers ses ouvrages, il revient sur cette idée fascinante : nous ne mesurons jamais le temps mais seulement un phénomène naturel qui se répète par rapport à un autre. Ainsi Galilée mesure le pendule avec son rythme cardiaque mais l'on pourrait tout aussi bien mesurer le rythme cardiaque à partir du pendule. $A(B)=B(A)$. Il en résulte que ce que nous appelons le « temps » est seulement la répétition d'un phénomène par rapport à un autre : par exemple la rotation de la terre par rapport à elle-même ou encore au soleil. Selon Rovelli, le pouls et le pendule n'évoluent pas tous les deux *dans* le temps mais chacun évolue par rapport à l'autre : « *tout comme l'espace, le temps devient une illusion relationnelle. Il n'exprime qu'une relation entre les différents états des choses* »[94]. Prendre la mesure de cette révolution conceptuelle, c'est comprendre que le mouvement ne doit pas être compris comme une dérivée du temps (ce qu'ont fait jusqu'alors presque tous les physiciens et les philosophes)[95] mais au contraire dériver le temps d'un métamouvement infini et sans mobile dont toutes les formes finies sont abstraites par la perception et la pensée.

§16.

« Révolution relativiste »

La révolution relativiste est la combinaison de deux idées fascinantes, qui, mises ensemble, changent en profondeur notre représentation de la réalité. En dépit de ses prédictions sans faille, à ce jour jamais démenties et même de ses applications dans la vie quotidienne, tel le GPS, la théorie de la relativité n'a pas reçu à ce jour l'interprétation *philosophique* qu'elle mérite. Quelles sont ces deux idées ? Et surtout en quoi leur réunion est-elle vraiment révolutionnaire ? Les deux acquis majeurs

---

[94] Carlo Rovelli, <u>Et si le temps n'existait pas</u>, éd. Dunod, p.105.

[95] Saluons quelques notables exceptions de philosophes et de scientifiques lucides : Anaximandre et son *Apeiron*, Henri Maldiney, David Bohm et son *holomouvement* ou encore Guy Bernard dont je salue ici le remarquable travail.

de la théorie de la relativité restreinte sont 1) que l'espace et le temps doivent être pensés ensemble, comme une seule entité physique substantiellement indécomposable, l'*espacetemps*[96]. Ce n'est que parce que nous vivons dans le temps rétréci de la vie humaine qu'il existe pour nous des formes spatiales qui nous semblent des réalités relativement permanentes séparées de nous et que ces formes objectivées dans un « monde extérieur » nous semblent évoluer « *dans le temps* ». En vérité ces formes et l'évolution temporelle qui les affectent doivent être réinterprétées comme un et même *processus* dynamique tantôt fluide comme un mouvement dématérialisé que nous nommons « temps », tantôt comme une pâte visqueuse que nous nommons « espace ». Mais l'échelle à laquelle nous vivons nous contraint de dimensionnaliser le Mouvement Unique et de le percevoir selon des dimensions séparées (trois dimensions d'espace et une de temps). A la place de ce Mouvement unique irreprésentable, nous ne percevons que des « choses » et nous avons l'intuition d'une sorte de

---

[96] Orthographier espace-temps en un seul mot, comme le suggère Carlo Rovelli (espacetemps) suggère très fortement le sens de la révolution relativiste : remplacer par un unique concept revisité de Mouvement ce qui semblait jusqu'alors deux entités séparées. Si je ne le suis pas dans cette réforme linguistique, c'est simplement pour montrer que l'espace et le temps sont des concepts qui n'existent que pour le vivant. Je préfère utiliser le terme de « Mouvement » lorsque je parle de la Nature hors de la mesure du vivant.

flux invisible qui les entraîne dans sa course irréversible que nous appelons le temps, fluide immatériel que nous ne pouvons pas percevoir directement mais dont nous enregistrons les effets sur la matière (l'entropie). 2) Qu'il n'existe pas de Temps universel et de maintenant global valable dans n'importe quel lieu de l'univers comme le pensait Newton. La relativité conduit à abandonner l'idée d'une durée unique et à la remplacer par des durées propres innombrables, c'est-à-dire par des temps tous différents. Il y a théoriquement une infinité d'horloges qui battent toutes une durée différente puisque chaque point dans un système physique a sa propre durée. Cette deuxième idée consiste à *émietter* le temps, à le multiplier à l'infini. Le battement d'un temps unique est remplacé par une polyphonie de la Nature. Si maintenant nous combinons ces deux idées extraordinaires, la révolution relativiste apparaît dans toute sa radicalité. Car, si, d'une part, le temps est toujours un espacetemps (1) et si, d'autre part, il y a une infinité de temps différents (2), alors il y a nécessairement une infinité d'espacetemps différents (3). Mais que sont ces innombrables espacetemps ? Des *rythmes*, c'est-à-dire des manières (*thmos*) de s'écouler (*rhein*), plus ou moins fluides ou visqueuses, qui chacune présente un quotient d'espace et de temps différent, c'est-à-dire un *ratio* de pâteux et de fluide singulier. Dit autrement, il existe une infinité de *coefficients de viscosité* différents. Einstein a transformé le réel en un « mollusque » - le terme est de lui - kaléidoscopique dont chaque point est fait d'une texture unique.

§17.

« Textures »

Einstein a révolutionné en profondeur la nature de la réalité : car à la place d'un Temps unique et d'un Espace rigide, nous nous trouvons devant un nombre infini de *textures* de réalités dont la somme est intotalisable. Les *quanta* d'action en sont les valeurs permises par la représentation humaine de la réalité. La pensée humaine comme toute chose est un quotient spatio-temporel. Elle ne peut se représenter que ce qui est plus visqueux que son tamis, ce sont précisément les *quanta* d'action. L'infinité des espace-temps plus homogènes passent à travers elle sans être arrêtées, tout comme un tamis laisse passer les fluides les plus fins. L'infini s'interpose entre chaque « particule ».

§18.

« Temps propres et dualité onde-corpuscule »

Dans la théorie de la relativité, on appelle « temps propre » d'un objet le temps qui se trouve mesuré dans le référentiel de cet objet, autrement dit, dans le référentiel où il se trouve immobile. Toutefois, une telle définition n'est pas strictement rigoureuse. Car que veut dire ici « immobile » ? Bien entendu, à l'échelle de l'observation macroscopique, il y a bien des objets en mouvement et d'autres qui, relativement aux premiers, nous semblent immobiles. Mais au niveau microscopique, cette immobilité n'existe plus. Elle n'est qu'une approximation statistique. Et cela, en raison même de la nouvelle définition de l'espace-temps que propose la théorie de la relativité. En effet, si l'espace et le temps doivent se comprendre non plus comme deux entités distinctes mais comme une unique réalité présentant une texture différente en chacun de ses points, alors chaque point devient un *quotient spatio-temporel*, c'est-à-dire un rythme qui présente un rapport singulier et absolument singulier de fluide et de visqueux. Le temps newtonien unique, vole en éclats et se pluralise en une myriade de temps propres, c'est-à-dire de rythmes différents. Ce que nous nommons un objet n'est lui-même qu'un agrégat de ces rythmes innombrables qui, telles les monades leibniziennes, sont des points d'énergie mobiles que nous synthétisons et condensons sous la forme approchée d'objets de la perception. Par conséquent, bien comprise, la notion de temps propre annule tout autant la conception classique du temps que celle de l'espace. L'idée de corps se mouvant dans le vide, selon une durée unique, cette représentation insistante et intuitive que les corps évoluent « dans » l'espace et « dans » le temps est inutilisable. La théorie de la relativité nous achemine ainsi vers l'idée qu'entre un mouvement invisible et une particule visible, il n'y a plus qu'une différence de fluidité : n'est-ce pas précisément la même idée que l'on retrouve au cœur de la mécanique quantique, qui soutient qu'une onde (un mouvement) peut se manifester dans certaines conditions comme une particule (une chose), ou que, à l'inverse, un pur mouvement (fluctuations du vide quantique) peut se manifester comme une particule (chose) ?

§19.

« Illusion d'un temps unique »

Si la réalité se réduit ultimement à une infinité de coefficients de viscosité, d'où provient l'illusion d'un temps universel à l'échelle macroscopique ? Pourquoi avons-nous affaire à un nombre fini de formes matérielles évoluant dans ce que nous croyons être un temps unique ? Cela tient probablement au fait qu'à l'échelle de notre perception nous négligeons les micro-différences de rythmes de tous les *quanta*, et fabriquons une moyenne à partir de tous leurs mouvements innombrables ; de même qu'en regardant la mer notre perception ne retient que la direction majoritaire des plus grandes vagues et néglige les remous multidirectionnels infimes du courant. C'est le propre d'un être vivant, en situation de déséquilibre thermodynamique massif avec le reste du monde, que de synthétiser tous les rythmes de la Nature en des découpages globaux qui lui permettent d'interagir avec son milieu. Le détail extraordinairement complexe des mouvements singuliers est effacé par cette même erreur qui nous fait croire à l'existence d'un même objet en deux instants rapprochés du temps, et qui nous fait confondre le semblable et l'identique. En réalité, à l'échelle microscopique, chaque rythme a encore son avant et son après (comme nous l'enseigne la géométrie non-commutative), mais ces décalages spatio-temporels sont si infimes et insignifiants qu'ils sont laissés de côté et peuvent être négligés à plus grande échelle. C'est la raison pour laquelle la croyance newtonienne en une durée unique et absolue a pu tromper la vigilance des philosophes et des physiciens pendant plusieurs siècles.

§20.

« Midi créateur »

Une année terrestre équivaut à 247,86 ans sur Pluton, 164,77 ans sur Neptune, 29,45 ans sur Saturne et 0,24 an sur Mercure. Chaque planète accomplit sa rotation autour de son étoile à sa propre vitesse et sécrète sa propre temporalité, étrangère à celle des autres ! Mais la créativité jamais ne tarit : quand une étoile s'éteint, une autre s'allume. Il est toujours midi à l'horloge de la Nature.

§21.

« Temps et mesure du temps »

Dans la plupart de ses ouvrages et de ses conférences, Etienne Klein insiste sur la différence entre la mesure du temps et le temps lui-même. La mesure du temps ne serait qu'un rythme variable soumis aux lois de la relativité. Mais, indépendamment de cette mesure existerait *le* Temps lui-même, immuable, qui va d'un pas égal (celui de Newton et de Benjamin Constant). On peut mettre en doute la pertinence d'une telle distinction, car si l'on dissocie le temps de sa mesure, il ne faut plus l'appeler « temps », mais Mouvement : c'est le fait de mesurer le Mouvement qui fait de lui du temps. « *Temnein* », en grec, d'où le terme « temps » est issu, signifie « découper ». Autrement dit, la perception et la mesure du temps font partie intégrante de son essence, et il est impossible de les lui retirer à la façon dont on enlève un vêtement : la mesure est coextensive à la définition du temps, elle n'est rien qui se rajoute à elle et en est absolument indissociable. Si nous retirons au temps sa mesure, il ne demeure qu'une variation sans direction : la différence pure de l'aléa quantique. Ce n'est plus le temps, mais son moteur éternel : la créativité.

§22.

« Deux manières de comprendre la théorie de la relativité »

Il existe deux façons très différentes d'interpréter la théorie de la relativité. Selon la première, assez répandue, les phénomènes de dilatation des durées et de rétrécissement des distances portent seulement sur la *mesure* de l'espace et du temps mais non sur la *nature* de l'espace et du temps eux-mêmes. En parlant de « temps différents », les physiciens commettraient sans s'en apercevoir un abus de langage, en confondant des mesures différentes du temps, variables selon les référentiels, avec le temps lui-même qui resterait dans tous les cas une réalité invariable. Au fond, on serait juste contraint d'intégrer au calcul la variable temporelle en raison de la différence de mesures entre les référentiels, mais l'artifice mathématique de la quadri-dimensionnalité n'aurait pas la signification profonde et ontologique d'une *fusion* authentique et d'une sorte d'hybridation plastique entre l'espace et le temps. Bref, l'espace et le temps seraient réunis par le calcul mais « l'espacetemps » ne serait pas une entité nouvelle, hybride, sorte de pâte à la viscosité intermédiaire entre la fluidité immatérielle du temps et l'épaisseur pâteuse des formes spatiales. Et, dans ces conditions, *ce qu'on mesure resterait au fond inchangé*, même si, depuis la découverte d'Einstein, l'on ne peut plus se contenter de la mesure unilatérale de Newton, le fameux *t* dans les équations. Autrement dit, la révolution einsteinienne serait une révolution *gnoséologique*, qui consisterait dans la pluralisation des mesures mais pas une révolution *ontologique* qui elle, ferait éclater le temps lui-même en d'innombrables devenirs différents. Au contraire, selon la seconde interprétation, ce n'est pas seulement la mesure du temps qui change mais le temps lui-même qui est modifié dans sa *nature*. Le temps est ralenti par la vitesse tout autant que par les masses[97]. Ce sont les *processus physiques eux-mêmes* qui sont allongés ou raccourcis : par exemple, si l'on comparait les rythmes cardiaque, respiratoire, et plus généralement le taux métabolique d'un homme placé dans un référentiel accéléré à une vitesse très proche de celle de la lumière à ceux d'un autre homme qui se trouverait dans le référentiel terrestre, on constaterait que toutes les fonctions métaboliques du premier seraient très fortement ralenties et plus « pâteuses » que celles du second (même si, chacun dans son temps propre, désynchronisé de celui de l'autre, ne s'apercevrait pas de la différence et aurait l'impression de vivre toujours à la même vitesse). Selon cette seconde manière d'interpréter la théorie, le déplacement dans l'espace tout comme la densité du champ gravitationnel changent la *texture* du réel, c'est-à-dire sa plasticité, la malléabilité de sa pâte. Et étant donné que temps et espace sont ultimement la même réalité, tantôt baptisée « temps » lorsqu'elle est appréhendée dans sa fluidité immatérielle, tantôt nommée « espace » lorsqu'elle est appréhendée selon sa nature plus visqueuse de formes matérielles à notre échelle perceptive, il est naturel que ce qui était du « temps » dans tel référentiel puisse devenir de l'« espace » dans tel autre dès lors que la consistance de la pâte est altérée par la vitesse ou par la masse.

Or, de ces deux interprétations, la seconde seulement fait de la théorie einsteinienne une

---

[97] Voir Carlo Rovelli, L'ordre du temps, éd. Flammarion, p.53.

authentique *révolution ontologique* qui bouleverse notre représentation commune du réel. Si l'on se contente d'affirmer que c'est seulement la *mesure du temps* qui change, la vision d'Einstein est comme affadie et perd presque tout de toute sa puissance novatrice. Les effets relativistes sont alors ramenés à de simples effets de perspective[98]. Dans ce dernier cas, le temps et l'espace sont toujours ces entités que la perception quotidienne distingue et l'étrangeté du bloc quadridimensionnel est laissée de côté. Simplement, les deux observateurs ne sont plus d'accord sur ce qui est antérieur, simultané, ou postérieur. Mais c'est juste une question de regard.

---

[98] Voir par exemple la lecture de J.M Vigoureux, dont l'interprétation seulement épistémique de la théorie de la relativité semble prisée jusqu'à l'éducation nationale. En témoigne l'article « théorie de la relativité restreinte » destinée aux enseignants sur éduscol : « *Par contre, si je l'observe depuis la Terre avec mon horloge, les mesures de durées que je ferais en l'observant manger ou dormir me montreraient qu'il mange en 2,3 h et dort pendant plus de 18 h ! Mais si j'observais une horloge de la fusée je me rendrais compte qu'elle indique bien une durée de repas égale à 1 heure et une durée du sommeil égale à 8 h. Il n'y a donc aucun processus qui ralentisse le rythme des horloges dans la fusée ; c'est un effet cinématique* ». Dans son ouvrage L'univers en perspective, J.M. Vigoureux propose une image claire de son point de vue en soulignant que ce qui est en cause, c'est la relation entre un observateur d'un repère et celui d'un autre repère en mouvement par rapport au premier, il introduit la notion de « perspective dynamique », celle liée au mouvement par analogie avec la « perspective statique » : « *si tu es loin de moi, je te perçois objectivement plus petit mais tu n'as pas changé de taille* ».

Pourquoi, plus d'un siècle après sa découverte, la théorie relativiste n'a-t-elle pas été *métaphysiquement* prise au sérieux ? Ce qui barre l'accès à sa juste génialité, c'est probablement l'illusion tenace d'un espace et d'un temps qui se donnent toujours séparés dans la perception des vivants que nous sommes. Nous n'avons jamais affaire au Mouvement monobloc de la Nature mais à sa version dimensionnalisée en espace et en temps perçus : des formes volumiques qui présentent une longueur, une largeur et une profondeur et qui évoluent selon la ligne du temps. Cette représentation du réel est la préconception du monde (*cosmos*) pour l'humain et, à des degrés divers, pour tous les vivants doués de représentations. Ainsi, ce qui empêche de comprendre ce qu'il y a vraiment d'inouï dans cette théorie, c'est une tendance indéracinable de la perception à la dimensionnalisation, atavisme qui est lui-même l'effet de la thermodynamique du déséquilibre auquel tous les vivants sont soumis. Selon la superbe formule de Nietzsche, nous sommes « *physiologiquement faux* », nécessités à l'erreur par notre condition vivante que nous ne pouvons surmonter sans nous supprimer nous-mêmes. Le déséquilibre thermodynamique est responsable de la ramification originaire de la Vie créatrice dans les affluents rythmiques du temps et de l'espace qui sont les limites de notre monde mesurable. La vitesse de la lumière en est l'indépassable frontière. Il faut faire un effort inimaginable pour seulement concevoir que cette représentation n'est qu'un rythme du réel, et même lorsque nous le comprenons, nous ne pouvons pas en *imaginer* une autre (car toutes les images que nous en formons impliquent déjà la séparation en temps et en espace). Lorsque, nourris de la pensée de la relativité, nous parvenons par la vision pure à nous abstraire de la prison spatio-temporelle, nous concevons alors une autre idée de la réalité, consistante avec les équations einsteiniennes : les frontières de l'espace et du temps se mélangent et se confondent dans une sorte de bloc dynamique[99] fluide et élastique qui présente un quotient de viscosité différent en chacun de ses points. Il n'y a pas d'innombrables spectateurs qui perçoivent différemment une même durée, mais une infinité de coefficients de viscosité tous différents qui, tous ensemble, forment la trame spatio-temporelle dans toute sa diversité rythmique et métrique.

Bien comprise, la théorie de la relativité aboutit donc inexorablement à l'idée que cette séparation, si naturelle pour l'homme, de l'espace et du temps n'a plus cours si nous dépouillons la Nature de notre rythme humain et de l'échelle de mesure étriquée qui l'accompagne. Les créatures organiques ne sont capables que d'expérimenter des vitesses extraordinairement faibles rapportées à l'ensemble

---

[99] A la différence d'Einstein, je ne conçois pas l'absolu comme un bloc quadridimensionnel immobile (ce qui est encore une image géométrisée et statique de la réalité) mais un Mouvement pur, intransitif, éternel car non successif et toujours présent à lui-même. Pourquoi un Mouvement et pas une géométrie morte ? Parce que la Nature, source vivante de tout ce qui est, est nécessairement dynamique.

de celles qui existent dans la Nature. L'existence humaine tout entière se déroule à un rythme si lent que l'unité ontologique de l'espace-temps ne s'y manifeste jamais et peut seulement être *déduite par la réflexion*. Si nous pouvions nous déplacer incroyablement vite ou nous approcher de trous noirs, nous cesserions de croire que le temps et l'espace sont deux choses différentes et une conception inouïe d'un méta-mouvement verrait probablement le jour. Mais cette expérience nous est interdite par la nature même du rythme que nous constituons au sein de la réalité.

Ce qui a probablement brouillé les pistes, c'est que la théorie de la relativité pose bien un absolu au-delà des perspectives humaines. Certains ont pu croire ainsi que cette théorie n'avait somme toute qu'une portée épistémique, puisqu'on pouvait, semblait-il, continuer à croire en un temps objectif derrière la mesure subjective du temps, variable selon les référentiels. Toutefois l'on n'a pas fait suffisamment attention que le réalisme einsteinien n'avait plus grand-chose à voir avec le réalisme naïf de l'homme ordinaire qui absolutise son expérience commune de l'espace et du temps. Car l'absolu einsteinien n'est plus une durée temporelle. C'est un intervalle indissolublement *spatiotemporel* : l'hypoténuse du triangle de Minkowski, dont les deux autres côtés sont respectivement le temps et l'espace. Dans le modèle einsteinien, distance et durée se contractent et se dilatent, s'allongent et se raccourcissent de telle sorte que l'intervalle qui les compose tous deux reste toujours le même. Mais cet intervalle n'est plus rien de représentable, il est précisément absolu, ce qui est hors de toute relation. Le maintien d'un temps absolu (sous la forme d'une durée s'écoulant uniformément) derrière les mesures différentes des observateurs n'est donc pas permis par la théorie de la relativité[100]. Elle pointe plutôt dans la direction inconnue d'une entité hybride plastique et mouvante, baptisée par Einstein « le Mollusque » : une entité pensable mais non représentable. La théorie de la relativité est la description mathématisée de la sculpture rythmique universelle. A ce titre, elle atteint le réel dans *son être même*, dans les degrés infinis de fluidité et la viscosité de sa texture.

§23.

« Changement mesuré mais réel »

La théorie de la relativité restreinte nous enseigne que l'accélération d'un corps en mouvement contracte le temps, le comprime comme une pâte et ralentit son cours en le rendant plus visqueux. « *Un objet en mouvement, note Carlo Rovelli dans* <u>l'Ordre du temps</u>, *expérimente donc une durée inférieure à celle d'un objet immobile : l'horloge égrène moins de secondes, une plante pousse moins, un adolescent rêve moins. Pour un objet en mouvement, le temps est contracté* »[101]. Observée depuis le référentiel

---

[100] Contrairement à la position défendue par Etienne Klein par exemple, qui, en dépit d'un travail par ailleurs admirable, semble ne pas avoir pris toute la mesure de la révolution relativiste sur un plan strictement ontologique.
[101] Carlo Rovelli, <u>L'ordre du temps</u>, éd. Flammarion, p.55.

185

immobile, l'horloge en mouvement perd sa rapidité et sa fluidité, comme si le cours alerte du temps se transformait en une gelée plus paresseuse et plus visqueuse ; symétriquement, ses contours spatiaux s'amincissent et se rétractent dans la direction du mouvement, comme si sa matérialité même se floutait et se perdait dans un mouvement invisible. On pourrait affirmer – tout en mesurant l'arbitraire de ce type de formulation qui ne repose que sur la sémantique commune peu rigoureuse et limitée à notre échelle – que pour l'horloge en mouvement, le temps devient de l'espace en ralentissant sa cadence et l'espace devient du temps en accélérant sa vitesse depuis le référentiel de l'observateur immobile (il ne s'agit bien entendu que du temps et de l'espace relatifs). Peu importe au fond la façon dont nous formulons les choses, cette formulation reste de toute façon fatalement entachée de l'imperfection des concepts élaborés à partir de la langue ordinaire et donc de l'expérience macroscopique. L'essentiel est de saisir cette *élasticité* dans la texture des choses. Le mouvement, avec ses accélérations et ses ralentissements, modifie la *texture* et sculpte la *métrique* des corps. Cette sculpture est le processus réel lui-même. Si le jumeau resté sur Terre vieillit *vraiment* plus vite que son frère voyageur, la différence d'âge ne peut pas être *seulement* une mesure subjective puisqu'elle impacte tous les processus physiques et psychiques. Ce n'est pas uniquement le temps qui est mesuré autrement, le mouvement *aussi* est modifié, et avec lui, la consistance du réel (puisque cette dernière ne consiste qu'en *des degrés de densité* innombrables du Mouvement). Toutefois, cette différence de rythme passe inaperçue aussi longtemps que les temps propres des deux jumeaux restent désynchronisés (dans la fusée qui l'emporte à 99% de la vitesse de la lumière, une heure reste toujours une heure pour le jumeau voyageur sans qu'il s'aperçoive du ralentissement du temps à bord ; ce n'est que lors de son retour sur Terre, quand son horloge est de nouveau synchronisée avec celle de son frère jumeau que la différence devient manifeste). Aussi longtemps que chacun vit dans son propre référentiel sans se préoccuper de celui de l'autre, aucune anomalie n'est perceptible. On a interprété à tort l'invariance du temps et de l'espace propres comme la preuve que la dilatation des durées et la contraction des distances n'était qu'affaire de *perspective* et de mesure et non une authentique réalité physique[102]. Il y a dans ce

---

[102] Un exemple significatif, parmi des centaines d'autres : dans les ressources scientifiques pour l'enseignement de la physique (site internet : http://culturesciencesphysique.ens-lyon.fr/ressource/principe-relativite-restreinte-2.xml), on trouve la conférence de Marc Vincent, destinée à la formation des professeurs de physique en France. Au détour des analyses, on peut lire cette phrase, apparemment anodine : « remarque : la « contraction des longueurs » est un effet relatif ; elle ne caractérise pas l'objet en soi mais sa relation à l'observateur ». L'auteur présuppose comme une évidence qu'il existerait un objet en soi indépendamment de notre interaction de mesure avec lui. Cela n'a rien d'un constat de physicien, ce n'est rien moins qu'une *interprétation philosophique*

raisonnement un vice caché : le préjugé réaliste qui consiste à séparer l'acte de la mesure (prétendument subjectif) de la réalité elle-même (prétendument objective). La *doxa* commune oppose volontiers le point de vue subjectif et relatif du sujet (ou perspective) à la réalité physique objective et universelle ; le premier est variable et arbitraire, différent pour chacun, tandis que la seconde est la même pour tous et indépendante du point de vue des observateurs. Par exemple, nous affirmons, à la

---

substantialiste de la réalité, interprétation d'autant plus dangereuse qu'elle ne se donne pas comme une interprétation mais comme une évidence incontestable. Si la théorie de la relativité enseigne bien qu'il existe un intervalle d'espacetemps absolu, elle n'enseigne en rien que cet absolu serait un objet ! Pourquoi l'absolu conserverait-il la fragmentation en étants séparés qui est l'effet de notre rythme perceptif ? De telles affirmations, viciées par un présupposé métaphysique clandestin, contribuent à brouiller le regard et à rendre inaccessible la signification philosophique de la révolution einsteinienne. Des milliers d'enseignants nourris de ces énoncés métaphysiquement absurdes, formatent ensuite l'esprit de centaines de milliers d'élèves qui auront bien peu de chance, par la suite, de pouvoir se libérer de cette prison mentale. Le *réalisme naïf* est le péché naturel du physicien (ce qu'Husserl appelait « l'attitude naturelle »). On ne saurait reconnaître à sa juste valeur le ravage que ce préjugé produit sur de jeunes esprits. Plus de cent ans après sa naissance, les meilleurs physiciens contemporains, tel Carlo Rovelli, commencent tout juste à accepter le caractère radicalement *relationnel* de la mécanique quantique !

manière de Protagoras, que le vent qui m'apparaît chaud peut t'apparaître froid (car notre appréciation subjective de qui est froid ou chaud diffère selon notre physiologie) mais nous tombons tous d'accord pour dire qu'il y a bien du vent. C'est ainsi que lorsque nous utilisons le terme de « mesure » ou encore de « perspective », nous sommes spontanément persuadés que la chose que nous mesurons continuerait d'exister en dehors de notre perspective qui ne fait que colorer de sa subjectivité un réel par ailleurs identique pour tous. L'interaction qu'est la mesure n'appartiendrait pas à l'essence des choses mais serait une qualité rajoutée que l'on pourrait toujours ôter de la chose sans lui enlever son être de chose, de même qu'il est possible d'enlever un vêtement sans menacer l'intégrité du corps qu'il recouvre. En vérité, cette fausse interprétation qui repose sur l'antique superstition des qualités premières opère une confusion entre le *relativisme* (qui laisse subsister une réalité objective derrière la manière subjective de la saisir) et le *relationnisme* (qui affirme que l'être même des choses est dans leurs seules relations). La théorie de la relativité est bien une théorie relationniste de l'espace et du temps, mais elle n'a rien à voir avec le relativisme au sens ordinaire du terme. Elle en est même à plus d'un titre l'exact l'opposé (puisqu'elle suppose l'existence d'un *intervalle spatio-temporel absolu*, identique pour tous les observateurs). Ce qu'elle affirme seulement, c'est le caractère purement relationnel de l'espace et du temps, qui sont l'un par rapport à l'autre dans un rapport dynamique et élastique : plus on a de l'un, moins on a de l'autre. Le triangle rectangle de Minkowski est la structure mathématique qui symbolise cette élasticité : puisque chacun des petits côtés du triangle (dont l'un représente la durée et l'autre la distance) est composé d'une infinité de points, il existe une infinité de combinaisons de durées et de longueurs qui donnent comme résultat le *même intervalle* d'espace-temps (représentée par l'hypoténuse dans le triangle rectangle). Or, une combinaison d'espace-temps est précisément ce que je nomme un *rythme* : c'est un coefficient de viscosité unique qui correspond à une texture de réalité. Dans l'unique Mouvement qu'ils sont tous deux, le côté « temps » exprime l'aspect le plus fluide, tandis que le côté « espace » exprime l'aspect le plus visqueux. Il existe une *infinité de rythmes*. Et toujours le temps et l'espace se déforment et s'ajustent réciproquement de telle sorte que la quantité de temps reste inversement proportionnelle à la quantité d'espace dans le rapport. Gary Zukav est un des vulgarisateurs les plus talentueux de la théorie relativiste, qui a le mieux exprimé la malléabilité et la plasticité infinies de la pâte du réel : « *D'abord, un objet en mouvement semble se contracter selon la direction de son mouvement et se raccourcit de plus en plus à mesure que sa vitesse croît jusqu'à qu'il disparaisse entièrement à la vitesse de la lumière. Ensuite, une horloge en mouvement marche plus lentement qu'en repos, et continue de ralentir sa cadence tandis que sa vitesse augmente jusqu'à qu'elle s'arrête complètement à la vitesse de la lumière*[103] ». Puisque les distances et les durées peuvent être déformées jusqu'à complètement disparaître à la vitesse de la lumière, il devient impossible de soutenir que les mesures sont extrinsèques aux étants et qu'elle ne les atteint pas dans leur intégrité d'étants. Il n'existe pas d'*objet* physique sans longueur ni durée. A la vitesse de la lumière, c'est le monde fragmenté en une multiplicité de substances qui s'évanouit. Les qualités premières ne résistent pas davantage à l'accélération que les qualités secondes et c'est la métrique de la réalité dans son entièreté qui est altérée par la vitesse. Il résulte de cela qu'il faut donner à la révolution relativiste un statut *ontologique* fort et pas seulement phénoménal : c'est l'être même des choses qui est relation.

Exister dans l'espace-temps signifie en fait toujours : « *être-en-relation-avec* ». La relation est l'essence de l'exister. Ce relationnisme radical est précisément ce que Nietzsche baptise « perspectivisme » : « *Les qualités d'une chose, ce sont les effets de cette chose sur d'autres « choses ». Si l'on supprime les autres « choses », la chose n'a plus de qualités. C'est dire qu'il n'y a pas de chose sans autres choses, c'est dire qu'il n'y a pas de « chose en soi* »[104] ». Les propriétés des objets tout autant que les objets eux-mêmes (qui ne sont qu'une

---

[103] Gary Zukav, <u>La danse des éléments</u>, éd. Robert Laffont, p.154.

[104] Nietzsche, <u>La volonté de puissance</u>, I, éd. Gallimard, trad. Bianquis, § 179, p.78, voir également §204-205, p. 88-89.

synthèse de propriétés réunies par un rythme perceptif) n'existent pas indépendamment du rapport qu'ils entretiennent avec tous les autres. L'unité du réel explose en une infinité de rythmes et de textures. Il est certes vrai d'affirmer que la théorie de la relativité restreinte relativise les mesures de l'espace et du temps. Cette affirmation est correcte mais à condition que l'on interprète correctement la notion de mesure – comme une relation constitutive du tissu du réel et pas uniquement une qualité objective. Dire que tout est relationnel signifie que la relativité touche à l'essence du réel et pas seulement à sa mesure. Car notre mesure des choses, qui n'est qu'un cas de toutes les interactions possibles, est constitutive de l'être même des choses. Elle ne se rajoute pas à la réalité, pas plus que la perception n'enregistre passivement un monde déjà constitué mais contribue à le tisser par le rythme qu'elle imprime au reste de la nature.

Que retenir de tout cela ? Que la théorie de la relativité est bien une théorie de la distorsion des mesures (1), mais que la mesure est une interaction ontologique (2), donc que la théorie porte sur la *nature* de l'espace et du temps eux-mêmes (3) dans le cadre d'une ontologie *relationnelle*. C'est précisément cette ontologie de la relation que la théorie de la relativité *partage* avec la mécanique quantique. Et lorsqu'on réduit la relativité restreinte à une banale théorie de la mesure, ce n'est pas la théorie en elle-même qui est fautive, mais une compréhension erronée de la mesure qui, projetée sur elle, en déforme le sens authentique.

§24.

« Le rythme, nouvel étalon de mesure »

En tant que vivants, nous ne pouvons pas vivre fondus dans le flux indifférencié de la Vie. En raison du déséquilibre thermodynamique qui nous constitue, nous n'avons accès au Mouvement créateur qu'à travers le *contraste* de l'espace et du temps et le flux créateur se manifeste pour nous nécessairement sous l'aspect *séparé* des durées et des distances. Tout notre système perceptif est un appareillage de *prélèvement* et de *décomposition* de la création continue de la Nature en aspects utilisables par nous pour construire des réseaux de signaux signifiants qui, tous ensembles, forment notre monde spatio-temporel[105]. Notre rythme de vivant, qui est une condition de survie (sans ce crible, nous mourrions écrasés par le torrent du flux informationnel incident) est aussi une prison qui compromet l'accès au Mouvement absolu, ou du moins, qui en *obscurcit* l'accès par la croyance indéracinable aux formes. Leurrés par cette nécessité vitale, nous avons, pendant des milliers d'années[106], mesuré le réel avec des longueurs et des

---

[105] De cette décomposition du Mouvement dérive une contrainte de structuration du monde, dont les philosophes se sont acquittés par l'élaboration d'une table des catégories.

[106] Les premiers systèmes primitifs de mesure datent de l'âge de bronze.

durées et non avec la *pâte* commune qui les constitue toutes deux : le rythme. En effet, d'un côté, existaient des unités de longueur : le pied, la coudée, ou le mètre ; de l'autre, des unités de durée : le *gnomon*, la clepsydre, le sablier ou la seconde. Toutes ces mesures d'espace et de temps étaient nos repères, constamment utilisés pour organiser la vie des sociétés et, plus tardivement, l'action individuelle. Tout au début, les systèmes les plus archaïques de mesure (rotation de la Terre autour du soleil, cadran solaire etc.) maintenaient un lien implicite avec l'idée de rythme, puisque l'on mesurait non une distance ou une durée en elles-mêmes mais relativement au mouvement qui l'effectuait (par exemple, le mouvement accompli par la Terre en une année) ; mais, à mesure que les mesures devenaient plus précises, elles se sont émancipées du mouvement qui leur avait donné naissance et qu'elles étaient censées décrire pour devenir des toises intrinsèques qu'on a fini par considérer comme absolues : le mètre, la seconde etc. Ce fut là l'erreur fatale qui conduisit à l'illusion d'un temps et d'un espace uniques et absolus – illusion millénaire entretenue jusqu'à aujourd'hui par la physique newtonienne. Nous nous sommes imaginés que l'espace et le temps étaient des contenants universels et, que, à l'instar de toutes choses, nous étions nous-mêmes *dans* l'espace et *dans* le temps. Combien les choses auraient été différentes, si, par exemple, au lieu d'utiliser des longueurs et des durées pour nous rapporter à la réalité, nous avions mesuré chaque chose selon sa *texture* fluide ou pâteuse, sa pénétrabilité et sa résistance, son élasticité ou sa rigidité, en déterminant, pour chaque réalité physique, son coefficient de viscosité par rapport à nous et aux autres objets ! A la place d'un monde mort, constitué d'étants objectifs étendus dans l'espace et appréhendés du dehors par une conscience énigmatique[107], nous aurions conçu la réalité comme l'épanchement différentiel d'une infinité de rythmes vivants ! Bien heureusement, la théorie de la relativité restreinte est venue mettre fin à la croyance en l'invariance des durées et des distances. Car si la longueur du mètre étalon et de la seconde peuvent eux-mêmes varier, se dilater ou se contracter en fonction de la vitesse et de la proximité ou de l'éloignement vis-à-vis d'un champ gravitationnel, alors tous nos systèmes traditionnels de mesure se révèlent arbitraires et faux. Le système de mesures adopté par la physique contemporaine, a, *de fait*, pris acte de la révolution relativiste : les nouveaux étalons retenus ne sont plus le mètre ni la seconde mais la *longueur d'onde* du césium ou du crypton. Toutefois, les physiciens n'ont pas encore, dans leur majorité, pris pleinement conscience du bouleversement conceptuel qu'entrainait cette modification en apparence minime. Ce n'est pas seulement une mesure qui est remplacée par une autre ; c'est une nouvelle façon de se représenter le réel qui voit le jour, qui substitue aux concepts de longueur et de durée celui de *rythme*. En effet, une fréquence se définit comme le nombre de fois qu'un

---

[107] Dès lors que l'on sépare le senti du sentant et la conscience du monde, la subjectivité devient une réalité incompréhensible externe à la réalité.

motif se répète par unité de temps. C'est précisément ce qui s'appelle un rythme. Prendre le rythme comme nouvelle toise pour mesurer le reste du réel, ce n'est plus mesurer des durées et des distances séparément pour déterminer des événements, mais c'est mesurer un quotient spatio-temporel, c'est-à-dire une *texture*. Une texture est une mesure rythmique permettant de déterminer la fluidité et la viscosité d'un processus ou d'une forme dans un mouvement. Les propriétés d'élasticité et de rigidité de chaque étant (sa consistance, son impénétrabilité, sa ductilité etc.) sont le produit de l'ensemble des interactions qui l'unissent à tous les autres étants. La réalité phénoménale est relationnelle et dynamique.

En définitive, c'est bien le gradient de viscosité dans le Mouvement et ses nuances infinies qui nous permettent de construire un monde matériel fait de corps étendus et volumiques. Partout, sans même que nous nous en apercevions, le rythme nous sert d'étalon universel pour déterminer l'existence ou la non-existence des choses singulières. C'est d'abord notre rythme perceptif de vivant que nous projetons en toutes choses ; de façon plus universelle encore, chaque rythme mesure le monde à partir de lui-même : l'animal, la plante et même l'univers minéral qui vit dans le temps long de la géologie où nos vies ne sont que minutes et secondes. Mais cette vérité reste la plupart du temps dissimulée au vivant assujetti à l'ordre spatial et à l'illusion de permanence qui le caractérise.

§25.

« Pensée mutagène »

Si nous espérons un jour vivre réellement de manière relativiste, faire l'expérience de durées qui s'allongent et de longueurs qui raccourcissent, fusionner les durées et les distances dans la diversité des textures, il ne suffit pas de comprendre intellectuellement la théorie et se contenter de l'enseigner abstraitement comme un calcul mathématique désincarné. C'est tout le *corps* qu'il faut convaincre et nourrir d'images inouïes de la vision nouvelle ! Pour cela, il nous faut l'assimiler et l'incorporer à nos schèmes mentaux les plus habituels et les plus instinctifs[108]. Penser, rêver, imaginer, pour enfin percevoir avec un œil relativiste le Mollusque einsteinien en toutes choses ! Mais il n'est pas d'apprentissage sans l'enseignement de l'habitude. Elle seule grave dans le corps des réflexes nouveaux et des possibilités de vie inconnues. Si nous la cultivons avec régularité et persévérance, cette pensée capitale nous transformera et élargira les frontières de notre monde. Jusqu'à présent, c'est le newtonisme qui

---

[108] Tout comme la pensée de l'éternel retour a métamorphosé le regard et la sensibilité de Nietzsche. Voir à ce sujet les excellentes analyses de Philippe Granarolo dans L'individu éternel (édition vrin). Philippe Granarolo reste à ce jour le meilleur spécialiste de Nietzsche et l'interprète le plus profond et le plus original de sa pensée.

a conditionné toute notre sensibilité et façonné notre rapport au réel : car, quoique nous fassions, nous sommes *toujours* ramenés par l'expérience sensible à la séparation immédiate de l'espace et du temps et nous n'avons d'expérience de la Nature que sous l'aspect tronqué d'une multiplicité de formes qui évoluent *dans* le temps. L'impuissance native de la perception empirique et les faibles vitesses que nous expérimentons avec nos moyens technologiques nous enferment dans un monde d'objets spatio-temporels rigides et relativement permanents à notre échelle de mesure ; la conception *ontique* du monde (des formes matérielles évoluant dans un temps absolument indépendant), toute cette vision newtonienne trouve un écho d'autant plus puissant en nous qu'elle correspond au donné immédiat de la perception. Le rythme perceptif est une prison naturelle dans laquelle la Nature tient l'homme captif. S'il veut coûte que coûte s'en extraire, il lui faut apprendre à penser contre le sens commun. Apprendre à voir toutes choses sous l'angle de la relativité[109] c'est développer en soi la pensée des rythmes et découvrir la diversité infinie des textures de réel. Il y a plus de mondes que notre perception ne peut en voir et notre imagination ne peut en rêver. Mais ils sont bien

---

[109] Par exemple grâce au cinéma : le film Interstellar de Christopher Nolan, nous confronte à une expérience de relativité vécue que nous n'avons pas l'occasion de vivre dans notre quotidien où nous expérimentons de trop faibles vitesses pour percevoir des effets relativistes.

cachés à notre regard car ils se déroulent dans des temporalités trop lentes ou trop rapides pour pénétrer l'étroite meurtrière de notre perception. Tout comme un transistor réglé sur une certaine fréquence ne peut capter les messages émis sur d'autres ondes, trop courtes ou trop longues, de même la perception ne peut stabiliser en formes matérielles que les flux informationnels compatibles avec la petitesse de son spectre électromagnétique. Ce qui est trop fluide pour elle n'a pas d'existence. Apprenons à voir plus loin ! Pensons le monde de manière relativiste ! Nous finirons par *expérimenter* de nouvelles textures avec nos sens et à *voir* ce qui maintenant nous est encore invisible ! La pensée relativiste est mutagène car elle a le pouvoir de métamorphoser toute notre sensibilité et d'agrandir notre horizon perceptif.

§26.

« Lois et temps »

Les lois de la Nature sont-elles immuables ou évoluent-elles ? Cette question ne cesse de diviser physiciens et philosophes. Selon Carlo Rovelli, elles sont atemporelles. En cela, il suit le jugement communément admis par les physiciens selon lequel les lois physiques ne sont pas soumises au devenir : Niels Bohr, en affirmant que la loi de conservation de l'énergie n'était pas respectée en radioactivité bêta, mettait en péril toute la physique. Lee Smolin en revanche, soutient la temporalité des constantes universelles : « *j'imaginais que les univers puissent se reproduire en formant des bébés univers à l'intérieur de trous noirs et je supposais que lorsque cela se produisait, les lois de la physique pouvaient changer légèrement* »[110](...) « *un univers était vu comme l'expression d'un choix de lois effectuées à sa formation, exactement comme un organisme est l'expression de ses gènes* »[111]. Or, chacune de ces réponses présente des difficultés. Celui qui soutient l'atemporalité des lois parvient à rendre raison de la constance des lois physiques à travers les âges (les modèles physiques permettant de décrire un passé lointain de l'univers sont apparemment régis par les mêmes lois que celles qui s'appliquent encore aujourd'hui). En revanche, il ne parvient pas à expliquer pourquoi il y a de l'immuable dans une réalité où tout change : comment se fait-il que les lois ne deviennent pas tout comme les phénomènes spatio-temporels qu'elles régissent ? Pour résoudre ce paradoxe, il faut postuler l'existence d'un niveau de réalité immuable qui n'est pas soumis à l'évolution physique. Cette position se rapproche de la doctrine platonicienne des Idées, puisqu'elle distingue, dans le réel, une strate temporelle et une strate atemporelle. Quant à faire des lois une réalité temporelle, à la manière de Lee Smolin, cette option soulève également des difficultés. Certes ce modèle a l'avantage d'inclure sa propre intelligibilité dans le dynamisme universel de la Nature : tout change y

---

[110] Lee Smolin, <u>La renaissance du temps</u>, éd. Dunod, préface, p.22.
[111] *Ibidem*

compris les lois du changement elles-mêmes. Mais alors le changement peut-il s'arrêter de changer ? Et la Nature d'être un devenir perpétuel[112] ? Le partisan de la temporalité des lois doit affronter un paradoxe redoutable : si les lois changent, comment se fait-il que nous puissions parler des débuts de l'univers en invoquant les lois présentes aujourd'hui, comment se fait-il que les constantes universelles (c, $\hbar$, g etc.) n'aient pas évolué depuis presque quatorze milliards d'années ? Une hypothèse prometteuse serait de distinguer des rythmes d'évolution différents dans le devenir. La révolution einsteinienne a mis fin à la croyance en un temps unique valable partout dans l'univers. Le temps a explosé en une infinité de rythmes, c'est-à-dire de manières de s'écouler, de durées extraordinairement différentes : qu'y a-t-il de commun par exemple entre la durée de vie d'un muon (2,2 microsecondes) et celle d'un photon (10^{18} ans environ) ? On pourrait dès lors émettre l'hypothèse qu'une loi n'évolue pas à la même vitesse qu'un phénomène physique, parce qu'elle est une réalité d'un statut ontologique différent. C'est une structure dématérialisée qui n'a pas la densité matérielle d'un existant soumis à la naissance et à la mort. Solidaire de l'esprit humain dont elle organise la représentation, la loi pourrait être considérée comme une sorte de méta-strate de réalité, plus subtile que les étants matériels qu'elle permet

---

[112] Ainsi, Quentin Meillassoux place la contingence au-delà du devenir lui-même et conçoit la possibilité d'un surgissement *ex nihilo* de la permanence à partir du changement pur.

d'organiser. Bien qu'appartenant elle aussi au devenir (car rien ne saurait échapper au dynamisme éternel de la *Physis*), l'évolution d'une loi serait incroyablement plus lente que celle des corps matériels. Peut-être est-il impossible aux humains vivants dans le temps rétréci[113] des préoccupations humaines d'envisager le Mouvement vibratoire éternel dans lequel même les lois pourraient varier telles des fluctuations invieillissables à l'instar des vibrations qui agitent éternellement le vide quantique sans jamais connaître le naître et le mourir.

§27.

« Rythme des lois et rythme des phénomènes »

Si le Mouvement est la réalité universelle et qu'il n'est rien en dehors de lui, il est impossible que les lois du devenir ne deviennent pas elles-mêmes. Elles doivent elles aussi exprimer à leur manière l'universelle créativité. Car si tel n'était pas le cas, il faudrait donner aux mathématiques et aux idéalités un statut transcendant au réel, ce qui contredirait sa

---

[113] J'emprunte ici le concept de « temps rétréci » à Marcel Conche. Toutefois, contrairement à lui, je ne maintiens pas le concept de « Temps immense » de la Nature, car hors de la mesure vivante, plus aucun temps n'existe mais seulement un Mouvement incommensurable. Ce Mouvement, ne peut, selon moi, s'appeler du temps, car le temps (du grec « *temno* », découper) ne peut se passer d'un étalon de mesure.

nature infinie, puisque l'infini ne peut admettre quoi que ce soit hors de lui. Toutefois, il est incontestable que les lois de de la pensée n'évoluent pas au rythme des phénomènes qu'elles décrivent. A notre échelle, elles semblent bien intemporelles, probablement parce que les choses perçues évoluent bien plus vite que l'esprit qui se les représente. Peut-être la première loi de la thermodynamique sur la conservation de l'énergie n'est-elle pas autre chose qu'une illusion liée à l'échelle de mesure du représentant. Dans ce cas on ne pourrait même pas soutenir que la somme de l'énergie reste constante dans la Nature hors de la représentation vivante. Sous l'apparente permanence du vide fourmille une agitation incessante.

§28.

« Le problème de Bergson »

Dans Les tactiques de Chronos, Etienne Klein formule une énigme temporelle qu'il baptise « le problème de Bergson ». En regardant la ligne du temps constituée d'une suite d'instants on peut se demander : « *comment du successif peut-il être engendré par du juxtaposé ? Des points juxtaposés sont tous donnés d'emblée ensemble ; dès lors, comment peuvent-ils se décliner dans la réalité de façon successive ? Comment des points placés sur une ligne droite parviennent-t-ils à se temporaliser ?* ».

Question redoutable, qui, formulée de cette manière, semble en outre posée *à l'envers*. Car en parlant d'instants temporels en termes de points géométriques, Klein suppose implicitement l'existence préalable du juxtaposé, c'est-à-dire « d'atomes de temps » contigus et immobiles (les instants) disposés sur une ligne spatiale. Bergson n'aurait jamais accepté ce point de départ *a priori* spatialisant. Si l'on commence par spatialiser le temps, il n'est plus possible ensuite d'animer le film du réel, sinon artificiellement. Il est impossible de parler de l'instant comme d'une chose étendue (même si l'instant a une épaisseur et une texture dynamique, cette extension est l'épanchement d'un processus duratif et non une longueur immobile « morte » donnée à l'avance). Pour comprendre comment les unités spatio-temporelles sont engendrées, il faut partir du Mouvement créateur et intransitif de la Nature pour aller jusqu'aux points que notre perception distingue et non pas partir de points déjà existants par eux-mêmes pour reconstruire après coup et artificiellement un mouvement réduit au seul *déplacement d'un mobile*. Toutefois, nous devons aussi garder à l'esprit que la succession est tout *aussi peu* originaire que la juxtaposition. Car pour qu'une chose succède à une autre, il faut *déjà* que chacune existe de façon séparée et délimitée de l'autre dans la représentation. Il n'y aurait ni avant ni après s'il n'y avait pas une multiplicité de choses à ordonner. La succession, au même titre que la juxtaposition, suppose ainsi l'existence de la *pluralité* des étants. En réalité, la succession, tout comme sa sœur jumelle la juxtaposition, sont co-engendrées par la mesure de la perception. L'ordre spatial de juxtaposition en est la métrique, et l'ordre temporel de succession en constitue la durée. Prises ensemble, métrique et durée forment la *rythmique*, c'est-à-dire l'intervalle spatio-temporel de l'unité de mesure perceptive. Pour affronter l'énigme du temps, il ne faut partir ni du juxtaposé ni même du successif qui sont l'envers et l'endroit d'un même concept, celui de rythme, qui s'exprime différemment selon les espèces et les individus. Tous les rythmes vivants sont les *épanchements* du Mouvement créateur Un, indivis et pré-individuel et ce continuum dynamique se scinde et se distribue comme des ruisseaux et des rivières dans les innombrables *pneumas* vivants. Les motifs rythmiques qui émergent du courant de la Nature diffèrent tous par leur scansion et leur texture ; tous ensemble, comme un immense réseau fluvial ils constituent le chœur polyphonique de la Vie.

§29.

« Expérience de pensée relativiste »

Imaginons une fusée animée d'un mouvement rectiligne uniforme voyageant à 98% de la vitesse de la lumière. Le temps propre des astronautes se désynchronise de celui de leurs compagnons restés sur Terre. Bien sûr, à bord, les astronomes ne s'aperçoivent de rien (« le mouvement n'est rien » comme le rappelle Galilée) puisque tous les objets qui les entourent sont affectés de la même manière par le ralentissement du temps ; c'est seulement de retour sur Terre qu'ils se rendront compte de cette désynchronisation en comparant leur montre avec celle de leurs compagnons restés sur Terre. Tout cela est bien connu.

Considérons maintenant ceci : puisque la vitesse extrême de la fusée provoque une dilatation du temps, *tous* les processus à l'intérieur de la fusée (qui constitue le système de référence) se désolidarisent du temps terrestre et sont affectés par cette dilatation. Une seconde dans la fusée n'a plus la même durée qu'une seconde sur Terre. Même si les occupants sont incapables de le détecter, à bord, les horloges ralentissent, les sabliers s'écoulent plus lentement, le métabolisme des astronautes ralentit aussi : toutes leurs fonctions corporelles sont plus lentes. Leur cœur bat plus lentement, leur respiration ralentit, mais tout autant la pousse des cheveux, des ongles ou même celle des plantes qui se trouvent à bord. Tous les corps de la navette semblent enkystés depuis la perspective de la Terre, comme une pâte qui perd peu à peu sa flexibilité et se pétrifie inexorablement.

Imaginons maintenant que les astronautes assistent par la fenêtre de leur fusée à un événement cosmique - disons un impact d'astéroïde sur une planète. Que verraient-ils ?

Cette question est piégée. Car il faut bien distinguer deux choses : la contraction du temps d'une part (plus on va vite moins il y a de temps), et son effet de dilatation sur la perception d'autre part (moins il y a de temps, moins les phénomènes sont décomposés par la perception et plus ils semblent accélérer). Logiquement, le ralentissement de tout le

référentiel en mouvement doit *aussi* modifier le seuil critique de fusion du papillotement perceptif. Or, plus la perception est lente, plus l'intervalle de temps est grand entre deux images. Si le cerveau ralentit tous ses mouvements, alors il découpera en moins d'images un intervalle perceptif donné. Ce qui signifie qu'en s'étirant, l'événement perçu révèlera sa richesse cachée, les micro-métamorphoses qui échappent à une perception plus rapide qui segmente davantage la réalité en clichés immobiles. Ainsi, plus nous percevons lentement, plus ce que nous percevons nous semble changer rapidement. Par exemple si une minute pour les autres devenait une heure pour nous, nous découperions soixante fois moins vite la réalité et le monde nous semblerait donc soixante fois plus rapide. A l'inverse, plus une perception est rapide, plus le cerveau découpe la séquence en images rapprochées et plus le monde nous paraît figé et comme immobile, puisqu'en une seconde, par exemple, nous croyons voir de nombreuses fois le même objet sans détecter de modification (c'est une des raisons pour lesquelles il est difficile d'attraper une mouche en vol car les vitesses de perception d'une mouche et d'un homme diffèrent considérablement).
Si maintenant nous prenions en compte à la fois les lois relativistes et les effets psychologiques de notre « cinéma intérieur », qu'arriverait-il aux astronautes s'ils regardaient le *cosmos* à travers le hublot de leur fusée ?

A cette question, le physicien Thibaut d'Amour répond[114] : « *la réponse à cette question dépend de*

---

[114] Correspondance entre Fabien Nivière et Thibaut Damour.

la valeur de deux vitesses : la vitesse radiale vr, relative, entre les astronautes et l'événement qu'ils regardent, ainsi que la vitesse totale v entre les astronautes et l'événement qu'ils regardent. Il faut en effet combiner l'effet Doppler-Fizeau classique à l'effet de dilatation relativiste des temps. Par exemple, 1) s'ils se dirigent vers l'événement, c'est-à-dire s'en rapprochent radialement, de sorte que vr=-v ils vont le voir en accéléré ; 2) s'ils s'éloignent (vr=+v), ils vont le voir très ralenti ; 3) si l'événement se passe à 90 degrés de leur vitesse, c'est-à-dire si la vitesse radiale relative est nulle, ils vont le voir au ralenti, mais moins que dans le cas 2 ».

§30.

« Faux espace »

Ce qui caractérise la Nature en son fond originaire, c'est une agitation sans répit, un dynamisme qui ne connaît nul repos. A l'échelle de notre perception, la plus simple observation nous contraint déjà à admettre qu'aucun référentiel n'est en repos absolu et que tout bouge par rapport à tout dans notre univers. Sur Terre, toutes les choses bougent par rapport à la Terre, mais la Terre elle-même bouge par rapport au Soleil, qui lui-même bouge par rapport à la galaxie, qui elle-même bouge relativement aux autres galaxies, qui, toutes ensemble, dessinent la carte de l'univers visible. Et, dans le cas où il existerait d'innombrables univers comme le nôtre, il est à parier qu'ils seraient, eux aussi, et en dépit de toutes les divergences concevables, soumis à l'inexorable devenir qui est la vie essentielle de la *Physis*. Car on ne saurait concevoir de vie sans mouvement. Toutefois, si nous voulons penser la nature du Mouvement universel, nous ne devons pas le réduire aux seuls changements des formes que nous expérimentons dans la perception. Car le Mouvement véritable n'est pas seulement un changement de position des corps au cours du temps – ce que la physique nomme « le mouvement d'un corps dans l'espace » –, mais bien un dynamisme originaire plus primitif que toutes les formes qui en sont issues et qui ne sont que des concentrations passagères du Mouvement[115]. Toutefois, celui qui refuse l'existence d'un Mouvement absolu se voit contraint d'inventer un faux espace comme milieu absolu de tous les mouvements relatifs. Ainsi Newton a-t-il dû arbitrairement poser l'hypothèse de l'existence d'un substrat absolu (baptisé l'Espace) pour porter l'ensemble des mouvements relatifs en son sein. Car dès lors que le mouvement n'était plus qu'une

---

[115] Par convention calligraphique, je distinguerai désormais le Mouvement absolu (*méta-mouvement originaire qui est la source vivante de tout ce qui est*) orthographié avec une majuscule, du mouvement relatif, employé dans le sens courant et/ou seulement physique et qui désigne *le déplacement des corps dans l'espace*. Le Mouvement absolu est toujours indépendamment des formes (qui n'en sont que des aspects particuliers), tandis que le mouvement relatif que nous expérimentons dans la perception ne saurait exister sans des corps qui se déplacent.

propriété des corps (leur déplacement) il fallait nécessairement donner à toutes ces formes en déplacement un milieu dans lequel elles pouvaient se déplacer. Sans ce milieu en toile de fond, servant de repère et de position absolue à tous les déplacements, le mouvement n'était plus pensable. L'espace newtonien était dès lors la seule alternative pour justifier le mouvement des atomes et des particules : car tout ce qui bouge bouge nécessairement « dans » quelque chose. Newton inventa l'Espace comme une sorte de *deus ex machina* qui fournissait un repère providentiel et une cause du mouvement. Dans <u>La renaissance du Temps</u> Lee Smolin formule le problème dans toute sa radicalité : « *Comment*, écrit-il, *quelque chose peut-il être la cause du mouvement de la Terre autour du Soleil s'il existe un point de vue différent et tout aussi valable selon lequel la Terre ne bouge pas du tout ? Si le mouvement est relatif, un observateur est libre d'adopter le point de vue selon lequel tout mouvement est défini relativement à lui* »[116]. Sans position absolue, il n'y a pas plus de raison d'affirmer que la Terre tourne autour du Soleil, que de soutenir le contraire. L'héliocentrisme n'est pas plus vrai que le géocentrisme car tout référentiel devient arbitraire : « *une conséquence du mouvement relatif est qu'un objet ou une personne qui se déplace est toujours une question de point de vue. La Terre et le Soleil se déplacent l'un autour de l'autre, mais lequel bouge réellement ? Est-ce qu'en vérité le Soleil bouge autour d'une Terre qui est immobile au centre*

---

[116] Lee Smolin, <u>La renaissance du temps</u>, éd. Dunod, p.28.

de l'univers ? Ou est-ce plutôt le Soleil qui est immobile et la Terre qui orbite ? Si le mouvement est seulement relatif, il n'existe pas de réponse correcte à cette question »[117]. Sans l'existence d'un substrat absolu, il manque la référence ultime : car si l'on peut donner la position de la Terre par rapport à celle du soleil, celle du soleil par rapport à celle de la galaxie et celle de la galaxie par rapport à celle d'autres galaxies, où se trouve l'Univers lui-même ? Comment déterminer une position intrinsèque et non plus relative ? Sans un référentiel absolu, il devient impossible de le faire. Pour arrêter la régression à l'infini du référentiel, Newton est contraint d'inventer un Espace absolu, socle de tous les mouvements de l'univers. « *Postuler un espace absolu*, continue Lee Smolin, *met un terme à la régression infinie et donne du sens à la localisation de tout objet dans l'univers, sans devoir recourir à autre chose* »[118] . A cet égard, la tentative désespérée, à la fin du XIXème siècle pour prouver l'existence de l'éther luminifère a la même origine. Car, de même que le son se propage dans l'air, de même, les ondes électromagnétiques découvertes par Faraday et Maxwell doivent elles aussi, comme tous les autres mouvements, se propager dans un substrat. Telle était du moins la croyance qui dominait alors. Seul l'absolu fonde le relatif.

Cependant, l'erreur de Newton ne fut pas tant de supposer un absolu que de le placer dans l'Espace.

---

[117] *Ibidem*, p.28.
[118] *Ibidem*, p.29.

C'est toute notre manière de penser qu'il faut reformer si nous voulons comprendre pourquoi c'est en réalité le Mouvement qui est la réalité dernière. Car l'espace n'est pas en plus du Mouvement, mais, *dans* le Mouvement, ou plutôt il est un aspect du Mouvement mal nommé et mal compris. Qu'entendons-nous, en effet, par « espace » ? Deux choses principalement : 1) les formes matérielles « pleines », que nous nommons les corps. 2) Le « vide » c'est-à-dire *l'écartement*, qui, à notre échelle d'observation, sépare une forme matérielle d'une autre. Entre deux tables, nous ne voyons rien : nous nommons cet intervalle de l' « espace vide », de même que nous nommons « espace plein » le corps physique qu'est la table. Mais en réalité, cette distinction entre le vide et le plein est foncièrement arbitraire et n'a de pertinence qu'à l'échelle macroscopique de la perception. Car la zone d'air qui sépare deux objets est elle aussi pleine de molécules d'air, de sorte que le vide n'est jamais qu'un plein plus fluide et plus dilué que l'observation ne permet pas d'identifier. Mais il y a bien davantage. Si par espace, nous entendons à la fois les formes pleines et l'écart apparemment vide entre ces formes, cela indique, qu'entre le plein et le vide, il n'existe que des degrés, qu'ils ne sont, en réalité, que des aspects, ou, mieux, des intensités différentes d'un unique Mouvement universel. Car la forme n'est permanente qu'à la courte échelle de nos vies éphémères qui fixe les processus en états et les états en objets ; et le vide n'est pas un milieu privé de tout mouvement mais l'écoulement frénétique du vide quantique, théâtre d'un fourmillement incessant où s'engendrent inlassablement des interactions. De sorte que, derrière le faux concept de l'Espace newtonien, tout autant les corps que l'intervalle qui les sépare, il faut entendre le Mouvement absolu, l'Unique réalité source de toutes choses. Car il n'y a pas, d'un côté, le contenu (les formes matérielles stables animées d'un mouvement) et de l'autre le contenant (l'espace vide) mais bien plutôt un Mouvement unique qui, tantôt, a la texture fluide du « vide », et, tantôt, revêt celle, plus visqueuse, des « choses » (les particules, les atomes, les corps, les planètes etc.). En réalité, la distinction artificielle entre le vide et le plein, le mouvement (déplacement) et la chose est tout de notre fait : c'est le rythme perceptif du vivant, son déséquilibre thermodynamique propre qui le rend incapable de connaître *tota simul* le Mouvement créateur originaire. Vivre, c'est essentiellement percevoir des formes multiples évoluant dans l'espace et dans le temps. Pour nous seuls, les êtres vivants, il y a des formes finies, de l'espace et du temps. Cette décomposition du Mouvement créateur se nomme la *représentation*. L'espace newtonien cache l'antique *Apeiron* d'Anaximandre, travesti sous le vêtement de la physique classique. Ce faux espace est le Mouvement universel, seul véritablement réel.

§31.

« Matière et mouvement »

Einstein a établi que le temps et l'espace ne sont pas seulement déformés par le mouvement mais qu'ils le sont aussi par la matière. Cette seconde découverte, dix ans après la première, est le passage de la relativité restreinte à la relativité générale. Mais que faut-il entendre par « matière » ? Essentiellement du mouvement. L'étymologie latine du mot « matière », *bois de construction*, est ici plus trompeuse qu'éclairante car elle charrie avec elle des propriétés de densité, de dureté et d'impénétrabilité qui n'appartiennent pas intrinsèquement au concept de matière : l'hydrogène est tout autant un corps matériel qu'un bloc de béton, même si l'opinion spontanée associe davantage au terme de « matière » les corps les plus massifs et les plus denses à l'échelle de l'observation quotidienne (un tronc d'arbre, un caillou etc.). Cependant, même lorsque nous affirmons que la molécule d'hydrogène est de nature matérielle, notre formulation n'est pas exempte d'ambiguïté, car nous sous-entendons encore qu'une matière comme l'hydrogène a encore forme de corps, que le dynamisme qui la traverse peut-être délimité et individué dans un étant, cet élément fût-il plus léger et subtil que l'or ou le plomb. Mais en réalité, il faut aller encore plus loin dans la *dématérialisation* de la matière : car la célèbre formule d'Einstein, $E = mc2$, ne signifie rien d'autre que l'équivalence et la réciprocité physique de la matière et de l'énergie. Et par « énergie », il faut entendre ici dynamisme insubstantiel, « immatériel », autrement dit pur mouvement sans substrat. Bien compris, le concept de matière se dissout dans celui d'interaction. Paradoxalement, la matière n'a plus rien de « matériel », elle n'est plus un corps, qui, en tant qu'étant, est une forme réidentifiable dans l'espace-temps. La matière tout entière s'est dissoute en processus, activité, pur dynamisme sans rien de permanent. Le corpuscule est ramené au flux, l'être au pur devenir. Or, si d'une part, l'espace-temps est déformé par le mouvement mais aussi par la matière, et si, d'autre part, la matière elle-même n'est rien d'autre que du mouvement, alors il en résulte que « le Mouvement déforme le Mouvement ». Que faut-il entendre par là ? Par « Mouvement », il ne faut plus entendre le mouvement d'un corps mais la « pâte » dynamique et insubstantielle dont tout le réel est fait. La différence entre le contenant et le contenu est abolie. Ce Mouvement, qui est le réel lui-même, connaît tous les degrés de fluidité et de viscosité parce qu'étant essentiellement dynamique, il n'est en aucun de ses points absolument égal à lui-même. Le Mouvement universel est infiniment turbulent. Lorsque, en son sein, se dessine un contraste de densité suffisamment puissant et prononcé, tel un courant de convexion, des proto-formes apparaissent, comme des boules de densité inchoatives dans le courant. Ce n'est qu'à notre échelle biologique, c'est-à-dire à notre rythme perceptif propre et le découpage fragmenté du réel qu'il induit que le flux infini et indivis prend l'apparence d'une pluralité de corps matériels individuels et réidentifiables. La matière est une sorte de delta énergétique qui ne prend l'aspect granulaire et pluriel que pour le percevant. Lorsque le flux universel est moins uni et présente un écoulement différentiel suffisamment hétérogène dans une de ses directions, surgissent en lui des amas dynamiques plus visqueux qui sont des champs gravitationnels en formation : ces accrétions dynamiques se manifestent à nous comme des étants, c'est-à-dire comme des formes matérielles plus ou moins fluides ou denses. Matière et mouvement ne se distinguent donc plus essentiellement mais seulement par leurs vitesses réciproques. Pour nous, les vivants, la présence de la matière est toujours associée au phénomène de gravitation, ce qui laisse supposer que les étants matériels sont toujours de l'énergie condensée et capitalisée. Il y a dans un corps de 1 kg au repos assez d'énergie pour soulever un lac alpin de taille moyenne.

§32.

« Masse et temps »

Les masses ralentissent le temps : plus on se rapproche du centre d'un champ gravitationnel, plus le temps s'enkyste, s'empâte et moins il s'écoule vite. Ainsi, le temps passe moins vite au bord de la mer qu'au sommet d'une montagne. A notre échelle, la différence est minuscule et inobservable, mais c'est une réalité physique. La matière est une espèce de mouvement contracté, ramassé et comme recourbé sur lui-même. C'est une vibration frénétique qui fait du « sur place », une sorte de « paquet d'énergie » en agitation perpétuelle ; mais, vue depuis notre perspective de vivant, elle se manifeste à nous sous la forme d'un mouvement extrêmement ralenti, une sorte d'agglutination visqueuse qui forme un delta languissant dans le fleuve du devenir. La forme matérielle est à l'énergie ce que la peinture est à l'eau. Le temps passe moins vite là où le degré de viscosité s'accroît ; la forme extrême de ce phénomène est le trou noir dans lequel la spatialité est condensée, concentrée et accélérée sur elle-même à la vitesse de la lumière tandis que l'écoulement temporel se fige dans la glace. A l'inverse, l'énergie (ou le vide) est une forme de matière très déliée et si diluée que plus aucune forme n'émerge de sa dynamique ; autrement dit, l'énergie est un *mode* du Mouvement plus temporel que spatial ; le temps passe plus vite dans le processus fluide que nous nommons « l'énergie » que dans l'état pâteux que nous nommons « matière ». La « masse » est donc le mot imprécis que nous utilisons chaque fois que nous voulons décrire une accélération de l'espace et un ralentissement du temps, autrement dit un champ gravitationnel intense. Plus il y a de matière, plus l'espace se ramasse en son centre en se densifiant et accélère en se courbant sur lui-même ; par conséquent, plus un temps long est nécessaire pour en parcourir les innombrables plis ; le trou noir est, à ce jour, le phénomène de la Nature qui va le plus loin dans ce sens : il tend à l'infiniment courbe.

§33.

« Gravitation »

Ne pourrait-on pas penser la gravitation comme une sorte de traine énergétique invisible qui prolonge le corps matériel comme une queue de comète ? On ne trouve jamais dans la réalité les trois protagonistes de l'univers newtonien : les corps, le vide, et cette espèce de glu mystérieuse qui semble agir à distance et relier magiquement les corps séparés par du vide. Le père des <u>Principes mathématiques de la philosophie naturelle</u> reconnaissait lui-même qu'aucun homme sensé ne pouvait raisonnablement admettre l'hypothèse absurde d'une action à distance bien que le modèle fonctionnât à merveille sur un plan purement physique. « *Il est inconcevable*, note Newton dans les <u>Lettres à Bentley</u>, *que la matière brute, inanimée, puisse agir sur de la matière, à distance, sans un intermédiaire matériel (...) Que la gravité soit innée, inhérente et essentielle à la matière, en sorte qu'un corps puisse agir sur un autre à distance au travers du vide, sans médiation d'autre chose, est pour moi une absurdité dont je crois qu'aucun homme, ayant la faculté de raisonner de façon compétente dans les matières philosophiques, puisse jamais se rendre coupable* » [119]. L'action à distance est un fait incompréhensible par la raison : comment deux corps séparés pourraient-ils s'attirer sans se toucher ? Cela relèverait du miracle ! Une action à distance

---

[119] Cité par Carlo Rovelli, <u>Par-delà le visible</u>, éd. Odile Jacob, p.53.

suppose toujours une volonté et une volonté est une cause immatérielle et non une explication scientifique. Pour venir à bout de cette difficulté, il est bien plus cohérent de poser l'hypothèse d'*une seule et même réalité*, le Mouvement universel que les physiciens d'aujourd'hui nomment un champ. Je me garde bien néanmoins de la nommer « Substance » car la notion, surdéterminée par la métaphysique de l'identité, empêcherait sûrement d'apercevoir le caractère intégralement dynamique et fluent de cette réalité omniprésente. La notion de champ, introduite par Maxwell et Faraday est bien plus pertinente. Encore faut-il comprendre le concept de champ comme une sorte de mouvement intransitif ou encore d'énergie sans substrat dont la densité et la concentration diffèrent en chacun de ses points : tantôt ramassée sur elle-même et condensée (ce qui s'appelle une « particule » ou un agrégat de particules, autrement dit un corps matériel) tantôt diluée et fluide comme une toile invisible que nous ressentons comme une force, attractive ou répulsive. La gravitation est le nom que nous donnons au champ lorsqu'il est plus dilué qu'un corps visible. A la fois impalpable et pourtant bien présente, la gravitation n'est pas l'autre de la matière de même que la force n'est pas l'autre de la chose. L'espace « vide » dans lequel semble s'exercer la mystérieuse action à distance est encore fait du même tissu dynamique que tous les objets matériels, mais le fil en est plus subtil et la densité plus faible, l'énergie qui le constitue est plus diluée, moins « enroulée » sur elle-même, moins courbe. Le Mouvement éternel partout présent est une sorte de nuage énergétique dont l'intensité croît ou décroît au fur et à mesure que l'on s'éloigne des centres de forces qui s'épanchent en tous sens comme d'innombrables frissons. Nous tombons non pas parce qu'une force magique nous attirerait mystérieusement vers le centre de la Terre mais parce que là où nous nous trouvons le temps est plus visqueux et s'écoule plus paresseusement. La présence de la matière et l'attrait mystérieux qu'elle semble exercer sur nos corps comme une colle invisible est la traduction, dans notre rythme perceptif, de cet « embouteillage » dans le flux créateur : là où la gravitation fait le plus sentir ses effets, nous sommes pris dans le caillot visqueux d'une géographie spatio-temporelle escarpée ; le quotient d'espace-temps y enregistre le plus fort contraste : la « spatialité » l'emporte sur la « temporalité », la viscosité sur la fluidité.

§34.

« Photons macroscopiques »

La grandeur des photons est minuscule car ils voyagent à la vitesse de la lumière. Mais cette petitesse est justement un effet de leur vitesse, ils rapetissent dans la direction du mouvement conformément aux prédictions de la théorie de la relativité. À quoi ressembleraient-t-ils donc ramenés à des vitesses incroyablement plus faibles, comme celles que nous connaissons ? On aurait affaire à des « objets » beaucoup plus gros et bien plus éphémères. La durée de vie du photon n'est immense et sa taille microscopique qu'en raison de sa vitesse incommensurable à la nôtre.

§35.

« Naissance de la forme matérielle »

La forme et la matière ne sont pas deux entités ontologiquement distinctes. Il n'y a pas d'un côté une matière première informe dépourvue de qualités et de l'autre une essence parfaitement déterminée qui viendrait l'informer. Car une matière sans forme n'existe pas plus qu'une forme sans matière. Dans l'expérience, nous avons toujours affaire aux deux *simultanément*, et chaque objet perçu est une sorte de « bloc de mouvement » indécomposable qui s'individualise par la singularité irrépétable de sa texture plus ou moins plastique : le corps est dur ou mou, grand ou petit, épais ou mince etc. Mais dans tous les cas, l'unité de la forme qui s'offre au regard n'est qu'une unité *rythmique* : c'est à dire un certain rapport d' « espace » et de « temps », une certaine proportion de fluide et de pâteux que découpent nos sens dans la chair du réel pour y prélever un monde. Le gradient de vitesses des flux est le processus de sculpture lui-même. C'est de cette rencontre rythmique que naissent le percevant et le perçu et aucun des deux n'existe avant la relation qui est l'acte de leur naissance. Et pas plus que le perçu n'existe indépendamment du percevant, pas davantage dans la forme perçue le contour et la texture ne sont indépendants l'un de l'autre. Car si

221

nous modifions la vitesse de la perception (tout comme on fait une nouvelle mise au point avec un appareil photographique) c'est *tout ensemble* que la forme et la consistance de l'objet se trouvent altérées par ce changement de rythme. La variation dans la résolution d'une image modifie à la fois la qualité de sa texture interne et la netteté de sa ligne de contour. En modifiant la proportion de fluide et de pâteux dans le « bloc de mouvement » constitué par le corps matériel, nous changeons à la fois ses frontières individuelles qui le distinguent du corps mitoyen et la densité de sa pâte. Qualités premières et secondes sont inséparables dans le processus de la morphogenèse. Preuve s'il en est qu'il n'est tout entier que *rythme* : un certain quotient d'espace-temps.

§36.

« Morphogenèse selon Alan Turing »

Grâce à son hypothèse audacieuse sur la morphogenèse en biologie, Alan Turing a franchi un pas décisif vers la constitution d'un modèle *rhéologique* de la réalité, c'est-à-dire un modèle d'explication de l'origine des formes à partir d'un gradient rythmique. Comment passe-t-on d'un embryon parfaitement symétrique (un œuf ou une sphère) à un organisme structuré, composé d'un réseau de formes ? Il s'agit de comprendre les processus à l'œuvre dans la formation de *motifs* à partir d'un flux pré-individuel presqu'homogène. Un milieu, quel qu'il soit, n'est jamais totalement homogène car une homogénéité absolue signifierait un repos absolu, ce qui contredit l'essence active de la Nature qui est devenir incessant. Pour désigner ce résidu minimal et inéliminable d'énergie, les scientifiques parlent volontiers de « brisure spontanée de symétrie » ou encore de « fluctuations du vide ». S'appuyant sur le postulat de l'existence de variations d'intensité imperceptibles formant le tissu du réel, Alan Turing commence par faire remarquer que tout milieu homogène symétrique subit des perturbations aléatoires dont certaines sont amorties et d'autres sélectionnées et amplifiées. C'est ce que l'on appelle un phénomène de « résonance ». Le mathématicien fait alors l'hypothèse que c'est l'intensité de la perturbation qui détermine la possibilité de l'émergence des formes et qui rend compte de leur durée dans le temps. Il faut donc se donner au départ un fond chaotique indifférencié qui est un *principe de variabilité infini* : une sorte de flux créateur métastable qui n'est jamais même que lui-même et donc capable d'enfanter une infinité de différences. Turing parle « d'instabilité intrinsèque ». Il résulte de cela deux conséquences : 1) les motifs métriques sont la traduction spatiale et la matérialisation d'une dynamique sous-jacente. 2) Mais l'apparition du motif est aléatoire et inanticipable, elle surgit comme un événement spontané. Plus précisément, le modèle qu'il propose est un couplage de réactions chimiques et de diffusion de réactifs moléculaires nommés morphogènes. En contrôlant les vitesses des réactions impliquées, les gènes permettent d'expliquer la genèse et la diversité des formes, établissant un lien entre le génotype et le phénotype. C'est par exemple un gradient de diffusion qui permet de justifier le passage de la tâche à la rayure ou encore le changement d'aspect (la longueur rapportée à la largeur). On comprend ainsi la forme des tentacules de l'hydre d'eau douce ou encore la disposition en rosette des feuilles de l'aspérule. Turing propose alors une approche formelle de la morphogenèse. Soit une espèce A auto-activatrice. L'espèce A active la production de l'espèce B. B inhibe la production de A. B diffuse plus vite que A. Une fluctuation locale produit alors un léger excès de A et donc l'accélération de la production de A et de B en cet endroit. L'excès de B, qui diffuse plus vite que l'excès de A, crée une couronne inhibitrice autour du point initial, isolant le pic de A par une zone plus riche en B. Apparaît alors un pic périodique. Le motif est né.

§37.

« Démixtion »

C'est parce que le flux de la Nature varie perpétuellement dans son intensité et que se dessinent des directions majoritaires dans le courant comme des blocs de mouvement antagonistes dans leur fluidité et leur viscosité que peut se former la structure relationnelle entre un senti et un sentant, comme une forme se détache d'un fond en se déphasant de lui. C'est ce que je nomme une *démixtion*, c'est-à-dire une séparation rythmique. La démixtion est un chemin vers l'hétérogène qui s'ouvre dans le Mouvement lorsque le gradient rythmique augmente au point de séparer le Mouvement indifférencié en plusieurs régimes fluviaux qui se différencient par leur finesse et leur épaisseur, comme l'huile s'écoule avec plus de langueur que l'eau mais moins paresseusement que la peinture. Ces rythmes d'écoulement innombrables sculptent l'extraordinaire diversité du réel, tant sa métrique que ses textures. Toutes les qualités sensibles sont l'expression d'un quotient de viscosité spatio-temporel. En revanche dès que les vitesses s'uniformisent et s'homogénéisent, la forme matérielle se dissout dans l'énergie insubstantielle. Energie et formes matérielles, ou si l'on préfère, « mouvement » et « chose » s'opposent donc comme la synchronisation et la désynchronisation des vitesses.

§38.

« Homogène et hétérogène »

Une certaine quantité d'hétérogène est nécessaire pour que naisse la forme ; plus exactement, forme et fond surgissent ensemble et simultanément en se séparant l'un de l'autre à partir d'un dynamisme invisible trop indifférencié pour que nous puissions le percevoir. Mais au-delà d'un certain *quantum* de différence, la forme se perd à nouveau et la ligne se brouille dans le pullulement inaudible de la variation pure. Ce qui est, à faible dose, condition de l'apparition de la forme, est, à plus forte dose, la raison même de sa disparition. De même qu'une vitesse absolue serait synonyme de repos absolu, de même, la *différence* pure équivaut à la *présence* : trop de différences qui surgissent à un rythme frénétique apparaissent comme soudées, comme fondues l'une dans l'autre et annulent l'impression d'un défilement successif ; la perception de l'altérité devient impossible et l'hétérogène retombe dans l'homogène. Les formes temporelles ne peuvent exister que dans l'intervalle entre le mouvement et le repos. La sphère de l'apparaître est circonscrite par le gradient des flux. C'est dire son caractère essentiellement *relationnel*. Dans l'arène spatio-temporelle bornée des deux côtés par l'absolu se déroule l'existence des êtres organiques pour lesquels il existe un monde de formes. De toutes parts, l'*Apeiron* englobe ces mondes spatio-temporels élastiques.

§39.

« Origine de la ligne »

La ligne géométrique est le produit d'une démixtion intense qui affine l'épaisseur spatio-temporelle de la forme jusqu'à l'imperceptible. D'abord, le gradient rythmique sépare le courant globalement homogène en deux affluents approximatifs sommairement taillés par la lame de la perception qui ampute le Mouvement d'un monde ;

de la brume du pré-individuel émergent maladroitement deux régions grossières qui se dissocient l'une de l'autre comme deux masses de mouvement encore confuses et approximatives. Ces bourgeons hésitants sont les proto-formes de la sensation archaïque. Au fur et à mesure que la perception effectue sa « mise au point » les corps matériels s'affinent ; ils perdent leur densité compacte et leur épaisseur spatio-temporelle se condense, se ramasse sur elle-même et s'amincit comme la graisse sous l'effet de la flamme ; enfin, tout le volume de la forme finit par disparaître et les lignes de contour du corps amaigri tendent à se rejoindre en une unique ligne si mince que sa réalité physique échappe au regard le plus perçant. La matérialité du corps s'est évanouie dans l'invisible. Mais pour la pensée plus subtile et plus alerte que la perception, il demeure encore une ligne mathématique inétendue là même où le tracé de crayon n'est plus. Cette ligne invisible, qui ne peut plus être perçue, est la ligne géométrique : ce n'est plus un objet physique mais une essence mathématique, qui poursuit l'aventure créatrice de l'arborescence au-delà de toute acuité visuelle.

§40.

« Sculptures naturelles »

Chaque forme finie peut être considérée comme une œuvre à la fois immanente et jamais achevée de la Nature créatrice. Car, contrairement à l'artiste humain dont les œuvres s'achèvent un jour en raison de la nature finie de son génie, la Nature, infatigable puissance de fécondité, ne cesse jamais de sécréter de la différence et de renouveler ses productions : même si elle n'est pas toujours visible par les yeux de taupes des vivants aveugles au devenir le plus subtil, la fluctuation incessante, artisan de la diversité infinie, travaille secrètement toute chose du dedans comme une agitation inextinguible qui finit par transformer tout en tout. Il suffit d'attendre pour voir le plus improbable se produire : le gland devient un chêne majestueux, les montagnes finissent par devenir des vallées, les soleils qui semblaient éternels s'éteignent et sont remplacés par d'autres, semblables à eux et pourtant différents. Pour peu qu'une durée suffisante soit accordée à la Nature pour effectuer ses transformations, les choses les plus pérennes sont emportées dans la danse éternelle. Car il n'est jamais aucune trêve dans le processus créateur : l'ouvrage de la Nature est un chantier inachevé et toujours nouveau. Chaque forme est à chaque instant l'effet conjoint de toutes les interactions qui la définissent : c'est une sculpture perpétuellement retouchée, façonnée, dilatée ou rabotée par l'ensemble des relations dynamiques qu'elle entretient avec toutes les autres formes. Couleur, saveur, odeur, qualité tactile lisse ou rugueuse (ce que les philosophes du XVIIème siècle nommaient qualités secondes) mais tout aussi bien étendue, figure et nombre (autrement dit, les qualités premières), il n'est pas une seule propriété (ni accidentelle ni essentielle) que la Nature artiste ne sculpte et n'ajuste au cours d'un interminable processus d'individuation. De même que le flux et le reflux de l'océan sculpte sempiternellement la forme du rocher, ainsi en va-t-il pour chaque chose singulière, même si, habituellement, nous ne le voyons pas parce que cette éclosion de nouveauté se joue à des échelles de durée trop différentes de celles où nous vivons. Seul l'œil à la fois naïf et averti du philosophe, qui regarde toute chose sous l'angle de l'être, dévoile partout les rythmes de la morphogenèse. Il existe toutes sortes de sculptures naturelles. C'est ce que l'on appelle la *thigmomorphogénèse*, c'est-à-dire la formation architecturale des plantes et des paysages par le toucher, leur modelage naturel sous l'effet du vent, de l'eau, de la lumière ou de la pression *etc*. Ce processus de sculpture végétale est la manifestation vivante des forces créatrices de la Nature qui « se touche elle-même » selon le mot heureux de Marx. L'*anémomorphose* en est un exemple saisissant : sous l'effet de vents forts et dominants, les plantes et les arbres sont tordus et déformés dans le sens habituel de la bourrasque ; leur tronc s'étire et se courbe presque jusqu'à terre ; leurs branches rabougries s'aplatissent sous l'effet répété de la force du vent, comme si le matériau végétal était une sorte de pâte ductile et malléable pétrie par les mains d'un géant naturel dont la mission serait de remodeler le paysage (voir illustration 1 : *l'anémomorphose, une sculpture aérienne*). Un autre exemple significatif de thigmomorphogénèse est le *pneumatophore*, ou excroissance aérienne des racines de certains arbres en milieu humide : dans un milieu lacustre par exemple, soumis à un fort gradient des niveaux aquatiques (typiquement susceptible d'être submergé pendant les pluies hivernales et découvert en période d'étiage, durant les sécheresses de l'été) la racine du chêne pousse volontiers hors du sol et exhibe des circonvolutions et des méandres racinaires aux formes baroques (voir illustration 2, *le pneumatophore, une sculpture aquatique*). Ce phénomène se produit souvent chez les palétuviers et autres arbres qui poussent dans les marécages. Ainsi la forme, la métrique et la polarité d'un tronc, d'une branche ou d'une racine, bref tout ce qui constitue son *être* individuel de tronc, de branche ou de racine, loin d'être des qualités intrinsèques, sont des propriétés relationnelles résultant d'une sculpture réciproque de tous les éléments qui contribuent, tous ensemble, à faire que la chose soit telle qu'elle est et pas autrement. Toutes les choses contribuent à chaque instant à la nature de chacune : l'être de toute manifestation est relationnel et non atomique[120].

Il en résulte que le concept biologique *d'adaptation* doit être repensé comme la manifestation et l'expression partielle d'un processus de sculpture universelle qui déborde largement les frontières de la biologie et même de la chimie. Tous les étants sont l'effet momentané d'interactions

---

[120] Cette idée se retrouve dans le bouddhisme Selon le <u>Sutra de la Guirlande des fleurs</u>, chaque partie de la réalité physique est composée de toutes les autres. Dans chaque perle de la résille d'Indra se trouvent reflétées toutes les autres perles. Ainsi en va-t-il de chaque chose.

dynamiques en situation de dilatation et de contraction les uns relativement aux autres. Nous limitons d'ordinaire l'usage du concept d'adaptation au seul domaine du vivant car c'est dans la biologie que les différences créatrices sont les plus contrastées et par conséquent les plus visibles à notre échelle de mesure ; pourtant la morphogenèse se poursuit en sourdine à toutes les échelles, mais son murmure se perd dans l'ineffable en dessous du seuil de la relation, dans l'absolu où l'espace-temps se dissout en une écume de Mouvement ineffable. Ainsi, chaque sculpture est une respiration de la Nature scandée dans un rythme singulier et, prises ensemble, toutes ces respirations composent la vaste polyphonie où s'expriment toutes les intensités de la Vie universelle.

Deux exemples de thigmomorphogenèse :

Illustration 1 : l'anémomorphose, une sculpture aérienne.

Illustration 2 : le pneumatophore, une sculpture aquatique.

§41.

« Déterminismes rythmiques »

Pour comprendre la nature des processus à l'œuvre dans la Nature, il faut cesser d'opposer déterminisme et liberté mais distinguer des degrés d'intensité dans l'influence. L'épigénétique ne remplace pas le modèle du déterminisme par celui du libre arbitre, elle permet plutôt de distinguer entre plusieurs degrés de puissance dans le déterminisme, comme s'il existait un *gradient intensif et duratif* dans le jeu des influences subies. Certaines influences, dites génétiques, s'exercent intactes sur des immenses périodes de temps et, des milliers de générations plus tard, l'on peut encore retrouver chez le descendant le trait de l'ancêtre conservé dans toute sa netteté comme un fossile vivant (plus d'un quart de nos gènes sont vieux de trois milliards d'années selon les dernières études). Mais, à côté de ces influences massives et incontestables transmises génétiquement, qui jouent sur le temps long de l'évolution des espèces, il existe aussi des influences plus brèves et plus subtiles, qui, bien qu'acquises durant la vie de l'individu, se transmettent à ses descendants l'espace de quelques générations seulement. Ces influences qui ne relèvent pas de l'hérédité génétique mais d'une transmission de l'acquis à court terme, sont ce que l'on nomme des influences *épigénétiques*. Elles ne concernent pas les mutations du génome mais des mécanismes modifiant la structure de la chromatine (l'ADN et son habillage protéique[121]). Leur puissance, plus discrète, ne se ressent que durant une durée limitée – l'espace de quelques générations seulement –, et à chaque génération l'influence se dilue un peu plus jusqu'à s'effacer tout à fait : ainsi le stress chez les drosophiles produit sur la descendance une modification de la forme des yeux : les bébés mouches naissent avec les yeux « bridés » ; cette réponse adaptative au stress se transmet sur quelques générations suivantes, puis s'atténue et finit par disparaître complètement sur un temps suffisamment long. Ce qui est le plus remarquable est qu'à chaque génération nouvelle, l'influence est un peu moins présente, comme une substance chimique qui se diluerait petit à petit et qui se retrouverait chaque fois dans un état de plus faible concentration, jusqu'à ce que plus aucune trace ne soit enfin décelable dans le liquide. On pourrait ainsi distinguer entre plusieurs types de déterminismes, plus ou moins puissants et durables. Les uns, génétiques, exercent leur influence sur de très longues durées sans s'amoindrir ; les autres, épigénétiques, diminuent d'intensité avec le temps, comme un fil qui s'effilocherait avec les années, ou, plus précisément, une potion médicamenteuse qui perdrait au fil du temps sa concentration et son efficacité. Une *biologie rhéologique* doit voir le jour, qui apprendrait à trier les influences non plus sur la grossière dichotomie spatiale entre le dedans (le

---

[121] Pour plus de détail, on peut se référer au chapitre 1 de l'ouvrage d'Alain Prochiantz « Qu'est-ce que le vivant », intitulé « mémoires du vivant », éd. Seuil, p.24-29.

génome) et le dehors (l'environnement) mais selon des coefficients de fluidité et de viscosité différents dans le jeu des interactions incessantes. Il existe des rythmes déterministes, chacun se distinguant par une signature de viscosité propre. Ces déterminismes exercent une influence plus ou moins grande sur l'individu en fonction du degré de concentration ou de dilution de l'énergie qu'ils expriment. Tous ensemble, ils s'enlacent dans un ballet complexe de durées différentes et sculptent perpétuellement le vivant et son environnement. Les rythmes déterministes de la transmission génétique et épigénétique nous dévoilent l'extraordinaire complexité de l'enchevêtrement des niveaux temporels qui forment l'architecture des vivants ; telles des strates géologiques, savamment empilées les unes sur les autres, toutes ces couches temporelles s'interpénètrent pour former l'architecture vivante du réel.

§42.

« Déterminisme dilué »

L'épigénétique est la nouvelle science de l'*interface*. Interface de l'inné et de l'acquis, du génome et de l'environnement, du dedans et du dehors. L'intérieur et l'extérieur ne diffèrent qu'en intensité, comme le visqueux du fluide, le concentré du dilué. C'est la raison pour laquelle une influence acquise est plus superficielle et évanescente qu'un trait de caractère inné qui se transmet de manière stable sur un nombre très grand de générations. Il est faux de prétendre que la transmission biologique de l'acquis est impossible. Le génome n'est pas une forteresse impénétrable à toute influence du milieu, comme une certaine interprétation idéologique néodarwiniste a voulu l'imposer à la biologie. Mais l'influence épigénétique est plus subtile et légère car elle agit indirectement sur des mécanismes, qui eux-mêmes modifient la structure de la chromatine. Aussi a-t-il fallu attendre très récemment pour que son influence plus silencieuse soit enfin reconnue. La plupart de nos gènes ne sont pas codants et strictement déterminants, mais seulement régulateurs : seul le milieu les active. L'environnement agit en réalité comme un interrupteur qui les inhibe ou les exprime. Quand une influence est massive et inéluctable, on parle de *déterminisme* ; ce qui est déterminé résulte d'une raison suffisante donnée et aucun facteur supplémentaire n'est à invoquer pour rendre raison du fait observé. Mais lorsque l'influence est plus discrète, plus ponctuelle et n'agit que comme une prédisposition sans nécessité, on parle de *conditionnement*. Un conditionnement est une espèce de déterminisme plus dilué qui n'agit pas comme une contrainte absolue, mais de manière plus indirecte, plus partielle, et sur une durée limitée (durant la vie d'un individu, ou, tout au plus sur les quelques générations suivantes). Même si cette influence est moins éclatante que celle produite par le déterminisme, elle n'en est pas moins réelle à un plus faible degré d'intensité, tout comme une liqueur est toujours présente, même diluée dans plusieurs litres d'eau. L'environnement a effectivement un impact direct sur la génétique. Par exemple, la température fait varier le sexe des œufs de crocodile, ou de tortues ; il arrive aussi que des poissons adultes puissent changer de sexe en fonction du changement de température dans leur environnement. Enfin, l'influence peut être sociale : c'est la façon de nourrir les larves des abeilles qui fait d'elles des ouvrières ou des reines. Ainsi, longtemps oublié et éclipsé par le déterminisme de la génétique, le conditionnement épigénétique retrouve le rôle qui lui revient dans l'évolution des espèces. Déterminisme et conditionnement sont les mots usuels pour désigner des *textures* de pâtes plus visqueuses ou plus fluides dans le travail de sculpture de la Nature.

§43.

« Une nouvelle lecture du dualisme »

Bien des prétendus problèmes de la philosophie s'évanouiraient si on commençait à les interpréter à partir du concept rigoureux de rythme. La dualité du corps et de l'âme, l'opposition entre l'esprit et la matière qui parcourent toute l'histoire de la métaphysique, ne sont probablement qu'une dramatisation de l'élasticité asymétrique entre l'espace et le temps. Plutôt que de poser l'existence de deux substances différentes, il convient d'opposer l'aspect fluide (l'âme, l'*anima*) voire très fluide (l'esprit, l'*animus*), à l'aspect pâteux (le corps, la matière), depuis la perspective du vivant. Dans le rythme vivant, le Mouvement est distribué selon un motif si contrasté que le temps et l'espace sont dimensionnellement disjoints. Il en résulte que seule l'étendue est visible pour un vivant, tandis que le temps lui apparaît comme une sorte de fluide immatériel et invisible. L'âme et l'esprit ne sont pas l'autre du corps, mais appartiennent, tout comme ce dernier, au Mouvement éternel dont ils ne sont que des degrés de densité et d'intensité singuliers.

§44.

« Champ physique »

Un champ est un ensemble de lignes de forces qui délimitent une espèce d'immense toile d'araignée invisible où se manifestent des influences : les forces semblent attirer ou repousser les objets que nous voyons, dans le cas des phénomènes électriques ou magnétiques par exemple. Bien compris, le concept de champ annule celui d'espace, car le champ n'est pas un milieu porteur de la force, distinct d'elle, mais la force elle-même à une intensité moindre. Plus nous nous éloignons du centre gravitationnel, plus l'influence se dilue sans jamais disparaitre tout à fait ; plus l'on se rapproche du centre d'où l'énergie rayonne, plus l'action du champ est importante. Entre l'objet et le champ, n'existe donc qu'une différence d'intensité et non de nature. Champ et matière, vide et plein, ne s'opposent pas comme des contraires mais comme des degrés de puissance dans la présence : le champ est une sorte de *matière diluée* et le corps matériel est une sorte d'*énergie concentrée*.

§45.

« Nouveau sens de l'atome »

Dans une réalité en flux perpétuel, il ne saurait exister aucun indivisible : l' « *atomos* » de Démocrite est une illusion. Nous avons importé et projeté notre croyance aux choses dans le monde microscopique. La croyance aux atomes est une conséquence de notre croyance aux choses et notre croyance aux choses est un effet du rythme vivant. Ce que la physique contemporaine nomme « atome » n'est pas un petit grain insécable de matière tel que l'imaginaient les matérialistes de l'Antiquité, mais une concentration dynamique fugace arrachée au Mouvement éternel et cristallisée par la pensée. Supposer l'existence absolue de grains indivisibles indépendamment de toute subjectivité, c'est méconnaitre le sens même de toute existence. Tout ce qui existe est nécessairement *en relation avec* autre chose, de sorte que c'est seulement par les relations que les choses sont. De même que dans le monde macroscopique les choses sont des synthèses de sensations, de la même manière dans le monde microscopique les atomes sont des synthèses d'intellections (c'est-à-dire de qualités abstraites telles que la charge, la masse, le spin etc.). Le monde des atomes est un relationnisme de la pensée de même que le monde des choses est un relationnisme de la perception. C'est seulement le grain qui change, comme le plus lisse diffère du plus rugueux. Le tamis de la pensée est plus fin que celui de la perception. Mais dans les deux cas, « *être, c'est être-pour* »[122].

§46.

« Interprétation rythmique de la gravitation quantique à boucles »

Les atomes ne sont pas de petits cailloux insécables mais des *quanta* d'information finis. Un *quantum* est un événement, une quantité minimale d'action. C'est à mon intellect qu'il apparait comme indivisible, mais l'indivisibilité n'est en rien la propriété intrinsèque d'une matière qui existerait dans l'absolu, indépendamment de celui qui se la représente. Au niveau le plus fondamental, l'information m'apparait distribuée en quantités discrètes, mais ce n'est que relativement à mon rythme de vivant que cette quantification existe. C'est l'apparition qui est granulaire, et non une hypothétique réalité détachée de sa possible manifestation. Les *quanta* se présentent sous la forme d'une sorte de pullulement vibratoire : l'impermanence de la réalité s'infiltre jusqu'aux plus petites échelles et c'est la vibration et la

---

[122] Nietzsche, <u>La volonté de puissance</u> I, éd. Gallimard, trad. Bianquis, §204, p.88.

métastabilité qui définissent la nature même de l'atome. Dans Par-delà le visible, Carlo Rovelli note avec beaucoup de pénétration : « *les propriétés des choses se manifestent de façon granulaire seulement au moment de l'interaction, c'est-à-dire aux bords du processus et ne sont telles qu'en relation à d'autres choses. Elles ne peuvent pas être prévues de façon univoque, mais seulement de façon probabiliste* ». Pourquoi la granularité n'est-elle présente qu' « *aux bords du processus* »[123] ? C'est à cet endroit que la gravitation y est la plus forte et le temps le plus pâteux. Près du centre gravitationnel, le temps s'épaissit, s'enkyste, et, en ralentissant son allure, il se manifeste à nous comme de l'espace. C'est la raison pour laquelle l'information nous apparait granulaire. Nous pouvons nous représenter en première approximation ce qui se passe grâce à l'image du tourbillon. Dans la rivière, un tourbillon s'impose à mon regard comme une forme individuée ; pourtant, en droit, il se prolonge à la rivière tout entière car aucune coupure substantielle n'existe entre l'eau qui constitue la forme du tourbillon et l'eau qui existe partout ailleurs dans la rivière. Le tourbillon n'est que la forme en entonnoir de l'eau, condensée et comme densifiée en vortex. Les particules et les atomes ne sont que des *nœuds* dans le Mouvement universel de la Nature, l'énergie condensée en des points matériels. Nous savons depuis Einstein que matière et énergie sont des termes réciproques qui peuvent se convertir l'un en l'autre. Le fluide et le granulaire ne sont pas

---

[123] Carlo Rovelli, Par-delà le visible, éd. Odile Jacob, p.125.

ontologiquement distincts mais l'expression d'un même dynamisme à un rythme différent. La structure matérielle des particules n'est par conséquent qu'un seuil caractéristique de concentration induit par la courbure du champ gravitationnel. Dans ces conditions, il est regrettable que Carlo Rovelli interprète les *quanta* comme de petits grains de matière doués d'une consistance ontologique pleine (alors qu'il défend par ailleurs une conception relationnelle de la mécanique quantique). Les *quanta* sont des manifestations discrètes de la réalité mais ils ne sont pas pour autant des petits « morceaux d'être ». Trompé par la représentation démocritéenne de l'atome (à laquelle il fait abondamment référence à travers ses livres), Carlo Rovelli, n'a, semble-t-il, pas vu que la finitude spatiale des *quanta* est incompatible avec l'idée qu'ils sont des *processus* (idée qu'il défend avec justesse par ailleurs). Un processus n'est pas une chose car son influence, bien que diluée, ne s'arrête théoriquement jamais. Un *quantum*, même s'il se manifeste ponctuellement comme une particule, est en réalité un rayonnement non local. Où s'arrête l'influence d'un électron ? Théoriquement, nulle part : il s'étend à la totalité de l'univers physique. Carlo Rovelli a suivi jusqu'au bout la leçon de Démocrite : il a émietté l'Être de Parménide, il ne l'a pas fluidifié... Seul un modèle rhéologique, et non spatial peut rendre raison de l'étrangeté du quantique.

§47.

« Du sens de la granularité en mécanique quantique »

Pour Carlo Rovelli, l'infini est une forme d'obscurantisme. Il rappelle l'<u>Arénaire</u> d'Archimède : les grains de sables sont en nombre immense, mais fini. « *La gravité quantique,* note-t-il, *est justement la découverte qu'il n'existe pas de points infiniment petits. Il existe une limite inférieure à la divisibilité de l'espace. L'Univers ne peut être plus petit que l'échelle de Planck car il n'existe rien de plus petit que cette échelle* »[124]. Or, cette lecture pose un problème. Quel sens exact donner à la granularité du *quantum* ? Est-ce une granularité substantielle (spatiale) ou bien une granularité événementielle (spatio-temporelle) ? Tantôt, en suivant Démocrite, Carlo Rovelli semble définir le *quantum* comme la plus petite partie d'espace au-delà de laquelle la divisibilité devient impossible (par exemple, à la page 154 de son ouvrage <u>Par-delà le visible</u>, il évoque des « *atomes d'espace* »). Tantôt, au contraire, dans le sillage d'Héraclite, il semble définir le *quantum* comme une unité événementielle, c'est-à-dire en termes de *processus*. Page 125, par exemple, le mot « *processus* » apparaît plusieurs fois. Or, une partie est spatiale mais un processus est un devenir et non un élément. Ainsi, émergent deux représentations différentes du *quantum*, selon le contexte. Tantôt, il est défini comme la plus petite

---

[124] Carlo Roveli, <u>Par-delà le visible</u>, éd. Odile Jacob, p.213.

244

unité spatiale non divisible, et tantôt, comme un processus vibrant et relationnel qui nous apparaît, à notre échelle seulement, comme une unité d'information ou un événement. Or, ces deux représentations du *quantum* ne s'équivalent pas et chacune conduit à une compréhension différente de la Nature. Dire que le *quantum* est la plus petite action possible ou le plus petit événement pouvant apparaître lors d'une interaction ne revient pas au même qu'affirmer qu'il est la plus petite parcelle de matière - comme Démocrite - ou même le plus petit morceau d'espace possible. Une partie d'espace est un morceau d' « être », un événement est un « condensé de devenir », le plus petit « agir » possible en quelque sorte. Chez Démocrite et plus encore chez Epicure, la position est très tranchée en faveur de la première option. Le « grain » de matière insécable est une substance. Démocrite a « émietté » la sphère immobile d'Être de Parménide en une infinité de fragments. Il les a appelés des « atomes », c'est-à-dire étymologiquement, des « choses insécables », de minuscules blocs de matière absolument solides, d'un seul tenant, parfaitement durs, impénétrables, indestructibles, éternels et en nombre infini. Toute réalité est faite selon lui de ces minuscules étants insécables. Des substances matérielles miniatures. De plus, l'atome étant un corps, il a nécessairement une forme intrinsèque. Il existe ainsi des formes innombrables d'atomes pour Démocrite (le nombre de ces formes n'est pas infini comme celui des atomes mais inconcevablement grand malgré tout), et le nombre des atomes de chaque forme est lui-même infini. Quoiqu'il en soit, le point important chez Démocrite, c'est l'indivisibilité de la matière à partir d'une certaine échelle. Il existe une limite à la divisibilité des étants, limite en-deçà de laquelle il est impossible d'aller parce que la Nature est pour lui objectivement d'essence granulaire. L'insécabilité serait une propriété intrinsèque et objective de la matière dont l'existence serait absolue et indépendante. Mais on est là bien loin du modèle relationnel suggéré par la mécanique quantique. Démocrite est réaliste. Pour lui, chaque atome existe dans une réalité extérieure indépendante, l'espace infini, et il existe d'abord par lui-même, identique à lui-même, indépendamment des relations qu'il entretient avec tous les autres atomes. Exister a pour lui un sens très fort et veut dire « être posé au dehors », indépendamment de ma présence ou de celle d'autres « objets », quels qu'ils soient (atomes, objets, étoiles etc.). Les atomes de Démocrite existent en eux-mêmes avant d'exister relativement à d'autres, en ce sens précis où, même s'ils interagissent avec d'autres atomes, leur existence est d'abord définie en elle-même numériquement et non relationnellement. Pour Démocrite, les choses existent avant et indépendamment de leur mise en rapport réciproque. L'atome a ainsi une nature intrinsèque faite de propriétés objectives et permanentes. Or ce réalisme ontologique est précisément ce que conteste la mécanique quantique. Carlo Rovelli le rappelle d'ailleurs lui-même de manière forte et limpide, avec cette formule lapidaire : « *Ce ne sont pas les choses qui peuvent entrer en relation, ce sont les relations qui fondent la notion de chose* » (*ibidem*, page 124). Un des trois enseignements fondamentaux de la mécanique quantique est que, pour un *quantum*, « exister » ne veut pas dire avoir une nature indépendante et objective mais au contraire ne se manifester comme existant que lors d'une interaction, que dans une relation avec d'autres *quanta*. L'anecdote rapportée à propos d'Heisenberg et des lampadaires est sur ce point très caractéristique. Tel un passant nocturne microscopique dont la trajectoire cesserait d'exister entre les zones de visibilité découpées par la lumière des lampadaires et qui ne se manifesterait que dans la frange de lumière, le *quantum* n'existe que par et dans l'interaction avec d'autres *quanta*, il devient soudain une entité discrète et localisable par le *fait même d'interagir*. Son existence n'est donc pas un « être-posé-individuellement » mais un rapport, une relation qui fait surgir à l'existence ce qu'elle relie. Il montre par ailleurs que les *quanta* sont la seule réalité fondamentale, qu'ils n'existent dans aucun contenant, dans aucun milieu qui serait l'espace. Au contraire, ces *quanta* en relation dynamique les uns avec les autres sont tout ce qui existe. Dire qu'un *quantum* d'espace « existe » individuellement sans tous les autres, sans le « système interagissant » dont il est un aspect n'aurait en effet aucun sens. Exister, c'est être-pour, la relation est la seule essence de l'exister. Un champ existe pour un autre champ, un champ n'existe pas en soi. Reprenons à présent les deux options qui s'offrent à nous pour comprendre la nature du multiple. Soit comme Démocrite, nous disons qu'il existe de multiples grains de matière : c'est un multiple d'extériorité, d'extension. Mais alors il faut présupposer l'existence de l'espace, d'un contenant pour ces étants. Soit, nous affirmons que les grains n'existent qu'à l'intérieur d'une relation, qu'ils n'existent que l'un par rapport à l'autre, comme le suggère la mécanique quantique, et dans ce cas-là, c'est un multiple interne, structurel, parce que la nature du réel est relationnelle et non substantielle. Dans ce dernier cas, les *quanta* sont tout ce qui existe, ils ne sont pas *dans un espace*. Ce dernier modèle de réalité, auquel j'adhère, est très différent du premier. Si l'on soutient jusqu'au bout l'idée de relation, alors il faut peut-être comprendre autrement la granularité. La relation contredit l'idée de substance. Si tout existe par rapport à autre chose, aucune qualité n'est propre, aucune propriété n'est substantielle, la granularité n'est pas en soi. Toute propriété, toute qualité émerge d'un rapport. Et pour penser le rapport, il faut le penser sous la catégorie de l'événement, du *se-produire*, autrement dit en introduisant un devenir, un processus. Il est manifeste que ce devenir n'est pas du tout un temps fléché successif avec un avant et un après, c'est davantage un mouvement fondamental, déchiqueté, pluriel, réversible comme celui du mouvement brownien, mais cette fois à l'échelle de Planck, avant même l'apparition du temps *t* : un « *pullulement vibratoire* » (page 121). Il s'agit d'une sorte de chaos fondamental qui est un éternel « il se produit des événements ». Ce chaos n'est pas un éther, pas un milieu porteur des interactions (ce qui serait encore supposer l'existence d'une espace newtonien vide comme toile de fonds des interactions). Il s'identifie aux champs eux-mêmes (qui sont bien la seule réalité de la Nature), considérés cette fois à une échelle de mesure non compatible avec la nôtre, donc à une échelle où pour nous, il n'y a pas d'interactions (ce qui donne à toute manifestation quantique un aspect discontinu comme l'a découvert Heisenberg). En suivant cette interprétation, l'unité discrète du *quantum* n'est alors plus une propriété intrinsèque de la matière mais une propriété qui émerge de ce chaos par l'interaction des champs. C'est donc une forme d'apparaître, et rien de plus. Un *quantum* nous apparaît de telle ou telle façon, mais cela ne veut absolument pas dire qu'il est de telle ou telle façon indépendamment de nous ou de l'interaction dans laquelle il se manifeste. La granularité est alors une manifestation relative à une échelle de représentation, elle dépend de l'unité de mesure que l'on utilise. Une expérience de penser permet de le concevoir aisément : si nous étions capables de voir 1 000 000 de fois moins vite la réalité et si la vie humaine était dilatée jusqu'à atteindre, disons, 80 millions d'années, alors la pierre qui nous apparaît aujourd'hui permanente nous semblerait aussi fluide que l'eau, comme l'avait remarquablement compris Héraclite. De même, si un *quantum* nous apparaît granulaire, ne pourrait-il pas tout aussi bien apparaître continu et fluide mesuré à un autre rythme ? Si tout est relation, alors la granularité n'est pas une propriété de l'essence de la matière ni de l'espace mais c'est la nature de l'interaction, la vitesse réciproque entre les champs qui interagissent qui produit la granularité ou la fluidité, l'impression de continu ou de discontinu à notre échelle. Le *quantum* serait alors *le plus petit événement de la Nature à notre échelle*, mais pas la plus petite partie en soi.

Finalement, la question essentielle est la suivante : que voulons-nous vraiment dire lorsque nous parlons d'un *quantum* ? Une petite bille de matière insécable, dure et impénétrable parce que pleine d'être et toujours identique à elle-même comme Démocrite le pensait (c'est à dire ce que l'on appelle en philosophie une *sub-stance*, un support matériel de l'action) ou bien une concentration énergétique, comme un tourbillon dans une rivière (ayant une forme relative mais n'existant pas comme une entité indépendante et séparée du reste du flux) ? La métaphore du tourbillon et de la rivière permet mieux de se figurer la relation entre le *quantum* et le champ. L'événement qui nous apparaît discret dans un rapport bien spécifique d'observation/d'interaction est en fait un mouvement concentré et ramassé sur lui-même qui ne serait plus un étant réidentifiable considéré depuis une autre échelle perceptive. Par ailleurs, Carlo Rovelli affirme que ce qui nous apparaît continu devient discontinu avec une meilleure résolution (par exemple une onde lumineuse laisse apparaître les photons si on la regarde de plus près). Mais ne peut-on pas aussi soutenir inversement que ce qui nous apparaît granulaire sur un temps raccourci (la matière) se manifeste comme flux dans un devenir dilaté ? Condensons la formation des Alpes en quelques secondes et la pierre nous semblera aussi liquide que l'eau. Ultimement, la Nature ressemble à un écoulement chaotique irreprésentable où les choses ne sont que des processus et des concentrations, et justement jamais des « choses » stables et permanentes. Plus on réduit l'échelle, plus l'ordre apparent semble désordre et l'état se dilue en processus. La mécanique quantique nous ramène donc bien davantage à Héraclite qu'à Démocrite.

§48.

« Du vide quantique aux *quanta* ».

Le flux seul constitue les « entités » concentrées… C'est ainsi qu'il faut comprendre la fameuse « dualité onde-corpuscule » : le corpuscule, le grain, n'est qu'un mouvement pâteux, dense, et ramassé sur lui-même qui, à l'échelle de notre représentation, nous apparait comme une « petite chose ». Partout, la discontinuité est une conséquence de la mesure du vivant et sa représentation « quantifiante ». Notre rythme vivant découpe et organise l'énergie de la Nature en centres granulaires de forces. Les *quanta* ne surgissent à l'existence qu'à travers le processus de leurs interactions et leur prise-forme résulte de la conjugaison des énergies actives qui combinent leurs intensités. Certains physiciens des particules, influencés à leur insu par une conception théologique et créationniste, ont voulu voir dans la matérialisation et la dématérialisation des particules une sorte de surgissement *ex nihilo* sur le modèle de leur Dieu créateur. Pourtant il ne faut pas prêter aux *quanta* la propriété magique d'entités dotées de

251

libre-arbitre et capables d'être causes d'elles-mêmes. Là où nous les voyons surgir, nous devons supposer un flux sous-jacent (plus fin que la trame spatio-temporelle) et dont ils ne sont que les terminaisons nerveuses et les manifestations discontinues à l'échelle de la représentation. Un mouvement subtil et indétectable relie tous les événements discrets en dessous de l'échelle spatio-temporelle. Ne se manifestent *en particules* que les apparitions compatibles avec la vitesse du système d'observation. Entre chaque apparition, l'intensité du flux est trop faible : c'est ce que nous nommons le « vide quantique », champ d'énergie trop homogène pour être visible. Les particules apparaissent et disparaissent parce qu'elles entrent ou sortent de la frange rythmique de la détection. Être ou ne pas être, c'est correspondre ou ne pas correspondre avec le système physique de l'interaction ; mais la fenêtre de l'apparaître, c'est-à-dire la zone d'inclusion à l'intérieur de laquelle les vitesses sont compossibles est très petite, ce qui nous donne l'illusion d'une discontinuité dans le temps. A notre échelle de détection, la durée de vie des particules est bien souvent une apparition disparaissante : elles clignotent à l'existence.

§49.

« Mort du temps et réalité du Mouvement »

On ne saurait plus mal comprendre les physiciens quantiques qu'en leur prêtant la thèse parménidienne et même zénonienne de l'illusion du mouvement. C'est précisément la thèse inverse qu'ils soutiennent. Les annonces spectaculaires des « bouclistes » par exemple, qui affirment haut et fort que « le temps n'existe pas »[125] sont à comprendre non pas dans le sens des thèses éternalistes les plus radicales de l'univers-bloc[126] mais bien comme les professions de foi d'un nouvel héraclitéisme radical qui dissout toutes les prétendues substances dans le flux frénétique des interactions naturelles. S'il n'y a pas de temps, ce n'est pas que tout est immobile mais précisément que rien ne l'est. Il n'y a que le devenir et aucun être qui devient. C'est par un *excès de dynamisme* que le changement est impossible – parce que rien ne peut devenir autre qu'il n'est déjà sans la constitution d'états ou de substances qui permettent la métamorphose d'un état en un autre ou d'une substance en une autre. La physique quantique nous invite à renoncer au « changement » au sens traditionnel du terme (seuls les êtres et les choses peuvent changer à proprement parler), car en dessous de la forme, l'agitation vibratoire incessante interdit jusqu'à l'existence de l'histoire. Il n'y a pas de temps parce qu'il n'y a qu'un devenir fou, dont le

---

[125] Voir par exemple l'interview de Carlo Rovelli disponible sur le site :
http://www.pileface.com/sollers/pdf/Le%20temps.pdf
[126] Ces thèses, généralement soutenues par des physiciens issus de la théorie de la relativité, tel Thibaut Damour, nient le temps en tant qu'il est écoulement, c'est-à-dire *le devenir dans le temps* (et non l'organisation des événements en séries successives, produite par les modalités thermodynamiques de la mise en mémoire).

seul être est l'activité même – activité bouillonnante qui se réduit à l'*advenir* de l'événement. La nouvelle physique se place sous le haut patronage d'Héraclite, ressuscité par la verve de Nietzsche : « *Les choses elles-mêmes à l'assurance et à la constance desquelles croit l'intelligence bornée de l'homme et de l'animal n'ont absolument aucune existence propre ; elles ne sont que les éclairs et des étincelles qui jaillissent d'épées brandies, elles sont les lueurs de la victoire dans la lutte des qualités qui s'opposent* »[127].

§50.

« Quasi-particule »

Il nous faut renoncer au concept de particule car cette unité du réel n'a de sens qu'à l'échelle de notre perception. L'habitude de la représentation ordinaire nous contraint à prolonger dans l'invisible notre sens de la vue et d'imaginer la particule sous la forme d'un objet minuscule réidentifiable doté d'une trajectoire. Mais il s'agit là d'une illusion pernicieuse car, en théorie quantique des champs, une particule n'est rien d'autre que l'état ponctuel d'excitation d'un champ sous-jacent. A chaque état d'excitation différent correspond un apparaître corpusculaire. Loin d'être une petite « chose », ce que nous nommons « particule » n'est qu'une intensité particulière dans le Mouvement découpée par la

---

[127] Nietzsche, <u>La philosophie à l'époque tragique des Grecs</u>, *in* Ecrits posthumes (1870-1873), éd. Gallimard, §5, p. 232.

pensée. Aux plus petites échelles, la notion classique d'objet qui sert de modèle à la physique classique est totalement inutilisable. Rien ne porte plus mal son nom qu'une particule. Ce n'est pas un objet miniature mais une concentration soudaine de l'énergie entière qui impacte un détecteur.

§51.

« Décohérence »

Comment s'opère le passage entre le quantique et le classique ? C'est ce que, traditionnellement, on appelle en physique « le problème de la décohérence ». Aussi longtemps qu'un *quantum* n'interagit pas (se trouve dans un état non-excité), il n'est pas une entité individuelle à proprement parler : il n'occupe pas une position déterminée dans l'espace, il est à la fois ici et ailleurs, en état virtuel dit de « superposition quantique ». Son interaction avec un objet macroscopique met soudainement fin à la superposition d'états et la particule surgit à l'apparaître. Tout se passe comme si une énergie invisible et immatérielle, omniprésente et ubiquiste, dont on ne connaissait jusqu'alors qu'une densité de présence statistique, se matérialisait soudain dans l'espace-temps de la représentation en prenant forme de particule matérielle ponctuelle. Mais que s'est-il vraiment passé ? Que cache l'expression tout aussi fameuse que fumeuse d'« effondrement du paquet d'ondes » ? Et l'observateur a-t-il réellement

255

le rôle essentiel qu'on lui donne traditionnellement[128] dans le passage du virtuel à l'actuel ? Pour rendre compte du basculement du non-local au local, du virtuel à l'existant, du continu au discret, je propose l'hypothèse suivante : pourquoi ne pas penser le passage du virtuel à l'existant selon un modèle rhéologique de *concentration* et de *densification* de l'énergie ? Selon cette lecture, la décohérence désignerait le passage du régime apeironique de la Nature, où tout tient ensemble et comme soudé au régime pérasique qui concerne l'évolution historique des formes dans l'espace et dans le temps. Curieusement, il semble que ce soit la théorie de la relativité restreinte, supposée incompatible avec la mécanique quantique, qui permette ici de cheminer vers la résolution du problème grâce au concept révolutionnaire de viscosité auquel elle a donné naissance. Lorsqu'un événement se produit (qu'il s'agisse de mesure humaine ou d'interaction avec un autre objet macroscopique ne change rien à l'affaire), un apport colossal d'énergie est introduit dans le système et le perturbe de fond en comble ; une redistribution énergétique majeure survient dans le bloc dynamique jusqu'alors relativement homogène que ce système constituait. Cette injection brutale d'énergie incidente produit un contraste et comme une *dénivellation* au sein de l'agitation chaotique qui se scinde alors en plusieurs régimes dynamiques majoritaires, chacun présentant un quotient de viscosité bien marqué. Le milieu indifférencié de départ se désolidarise de lui-

---

[128] Dans l'interprétation dite de Copenhague.

même comme sous l'effet d'une vague qui viendrait fendre brusquement en deux une étendue d'eau en nervurant le bloc liquide. En se divisant, le bloc dynamique perd son homogénéité approximative et se réorganise en régions plus fluides et en régions plus visqueuses. Emerge alors le monde de *la relation*, le plus visqueux se détachant sur fond de plus fluide, tout comme une forme se dessine lentement en sortant du brouillard dans lequel elle était noyée. Il en va ainsi chaque fois qu'une boule de densité se forme dans un milieu plus dilué. La manifestation discrète (ou *granularisation*) est toujours le produit d'un contraste qui survient lors d'un processus rythmique de déphasage. Nous nommons « particule » cette accrétion énergétique dans le cadre de la mécanique quantique et « corps matériel » lorsque ce même processus se produit à l'échelle de notre perception macroscopique. Selon l'explication traditionnelle (dite de Copenhague), avant l'interaction, le *quantum* peut être décrit comme un nuage de probabilités ; il n'occupe par conséquent aucune position déterminée et peut seulement être appréhendé mathématiquement par la statistique qui ne donne que le pourcentage d'une densité de présence. Lors de l'interaction, on a coutume de dire que « la fonction d'onde probabiliste s'effondre » et le *quantum* apparaît alors sur le détecteur sous la forme d'une particule ponctuelle et localisée. La superposition virtuelle a fait place à l'existence de la particule, qui peut être déterminée précisément dans l'espace et dans le temps. Mais derrière cette phénoménologie approximative, quel est le processus à l'œuvre ? Tout se passe comme si un Mouvement sans mobile, sorte d'agitation intrinsèque et irreprésentable, présente à la fois partout et nulle part, se *matérialisait* brusquement en un point dense et ramassé sur lui-même en heurtant le détecteur ; comme si une force invisible et non localisable qui affleure le seuil critique de l'exister entrait soudain dans l'arène spatio-temporelle. Je suppose que les états superposés représentés par la fonction d'onde avant l'impact sont la traduction mathématique d'un *trop faible contraste* physique en raison d'une trop grande dilution du flux créateur ; le contraste entre le fluide et le pâteux est insuffisant pour constituer un *quantum* spatio-temporel. La mathématique pure, qui est une physique dégraissée, permet de traquer la variation en-dessous des formes spatio-temporelles, à l'échelle des intensités imperceptibles et incroyablement diluées du régime apeironique. Dans l'état de superposition, l'on n'a pas encore affaire à *une forme particulaire évoluant dans le temps* mais à un *continuum* fluide et nébuleux dont l'aspect temporel (dynamique) et l'aspect spatial (statique) ne sont pas encore suffisamment séparés et dissociés l'un de l'autre pour nous apparaître comme deux : c'est précisément le régime apeironique ou absolu (sans relations) de la Nature. L'espace-temps est encore comme indifférencié, ou, plus exactement le paramètre de spatialité et celui de temporalité sont encore approximativement synchronisés et ne peuvent donner lieu à la manifestation qui suppose toujours un contraste entre un fond et une forme. La rencontre avec l'objet macroscopique fait brutalement changer la distribution énergétique globale du système ; l'interaction induit une séparation (*apokrisis*) entre la fluidité et la viscosité et le temps se dissocie de l'espace. A la place du champ nébuleux surgit un ensemble dimensionnalisé de formes (atomes, particules...) évoluant selon la variable *t*. Lorsque l'interaction implique un observateur humain, cette séparation fait émerger trois dimensions d'espace et une dimension de temps. Toutefois, la plupart des physiciens font justement remarquer que l'observateur humain, et encore moins la conscience, n'ont de rôle décisif dans le processus ; n'importe quelle autre interaction (entre un vivant et un objet ou même entre deux objets) aboutit également à un processus de décohérence (n'en déplaise aux gourous de la mécanique quantique qui ont voulu voir dans ce mystérieux processus la confirmation de leurs élucubrations mystiques douteuses). La mesure est en réalité *une espèce d'interaction parmi d'autres*, ou mieux, une intensité particulière donnant lieu à un certain type de déphasage dans la gamme de toutes les interactions possibles. Dans le cadre de ma métaphysique, je nomme ce processus une *démixtion* : une séparation rythmique. Le passage du quantique au classique correspond pour nous à la manifestation visible de la créativité sous la forme d'une arborescence spatiale. Jusqu'alors invisible, le mouvement créateur se fait chose. Pourtant, il ne faut pas voir dans cette venue à l'existence un enrichissement mais une amputation. Ce qui semble une naissance de formes pour les êtres finis que nous sommes est en réalité une perte gigantesque d'information au profit de la perception statistique et seulement majoritaire de nos sens trop grossiers. Le quantique est la présence panique d'une information infinie tandis que la perception spatio-temporelle est un prélèvement infirme de l'information totale et une gigantesque perte de connaissance par brisure répétée de symétries. Le passage du quasi-homogène (variations) à l'hétérogène (formes) se paie au prix de la finitude et de l'ignorance. Les êtres vivants, dont l'existence même repose sur le déséquilibre thermodynamique ne parviennent pas à percevoir dans la friture entropique un sur-ordre de dimensions infinies. Ils n'aperçoivent là que désordre et chaos. Notons que ce modèle général pour penser la décohérence peut également servir de schéma directeur à une théorie de la perception, et que ce qui est valable à l'échelle microscopique de la mécanique quantique l'est tout autant à celui de la perception macroscopique. Aux deux échelles, le processus de sculpture réciproque qui préside au surgissement des choses est toujours le même. Seulement à l'échelle macroscopique, les temps propres des objets de notre entourage sont tellement désynchronisés par rapport à notre temps propre que nous ne sommes pas ou peu sensibles au délai requis pour l'ajustement rythmique entre les deux systèmes qui agissent l'un sur l'autre. Il en résulte qu'à notre niveau, la relativité de l'espace et du temps a des effets insignifiants. En revanche, à l'échelle quantique, il n'y a pas encore d'état de la matière clairement stabilisé. Le réel a approximativement le même coefficient de viscosité que celui de la pensée représentative et le système oscille entre l'énergie non locale et la forme matérielle locale. L'injection d'énergie dans le système (lors d'une mesure) fait basculer du régime apeironique non local au régime pérasique local. C'est pour cette raison que le monde microscopique ne repose plus sur l'illusion de substances réidentifiables, mais procède plutôt par apparitions ponctuelles et clignotantes. Les *quanta* possèdent des temps propres si différents de ceux de nos systèmes d'observation que l'ajustement rythmique entre eux et nous ne peut être que discontinu. C'est pour cela que les trajectoires n'existent plus à l'échelle des *quanta*. Dans cette perspective, la décohérence est un *ajustement de rythmes*, c'est-à-dire de quotients spatio-temporels. Les particules apparaissent et disparaissent parce qu'elles entrent ou sortent de notre fenêtre rythmique. Lorsqu'elles sont plus fluides que nos moyens de détection, elles perdent leur individualité et se fondent dans le champ apeironique ; en revanche, lorsqu'elles acquièrent un coefficient de viscosité suffisant lors d'interactions significatives, leur grain devient suffisamment pâteux et concentré pour être arrêté par le filtre rythmique de la représentation dimensionnalisante.

§52.

« Réalisme relationniste »

A l'échelle des phénomènes spatio-temporels, je défends un réalisme relationniste inspiré du mobilisme héraclitéen. Rien n'existe indépendamment d'une interaction. Les choses qui s'offrent à la perception ne sont ni indépendantes de l'observateur ni une création idéaliste qui émanerait absolument de lui ; les choses co-émergent de la relation fluctuante des champs, elles sont la traduction de l'empiètement de rythmes sur d'autres rythmes. Lorsqu'une forme vient à la lumière, elle est toujours le produit d'un *contraste*, une conjugaison entre énergies actives et passives (les qualifications « d'actives » et de « passives » renvoyant ici à la fluidité et à la viscosité de la pâte spatio-temporelle). Exister (ek-sister) dans l'espace-temps et être perçu sont donc une et même chose. En mécanique quantique, la décohérence est l'effet d'un contraste rythmique. Je ne donne pas à l'observateur humain – et encore moins à la conscience – un rôle privilégié dans l'interaction. Toute matière est un champ de forces qui interagit avec d'autres champs et le sujet humain n'est qu'un champ quantique parmi d'autres dont l'efficace ne tient pas à une nature mystérieuse mais seulement à l'intensité de l'échange énergétique au cours de l'interaction. Ce que nous nommons « gravitation » est un contraste dans un champ qui donne lieu à une redistribution de l'énergie présente. Le champ gravitationnel se courbe et se contracte, une boule de densité émerge du gradient de mouvement. Tout existence qui surgit s'accompagne nécessairement d'une perception puisque l'existence est par essence relationnelle.

§53.

« Rythme inorganique et rythme vivant »

Si les interactions chimiques sont trop rapides, les variations sont si nombreuses que l'information est lessivée et perdue avant qu'une transmission des traits génétiques aux descendants ne soit possible. Dans l'inorganique, toute la puissance est dépensée immédiatement car le rythme frénétique des interactions ne permet à aucune information d'être stockée et mémorisée. La roche est sans mémoire. Le phénomène biologique n'apparaît au contraire que lorsque se constitue un gradient rythmique assez puissant pour faire émerger des contrastes importants dans les échanges énergétiques et se dessiner des directions majoritaires au sein d'un flux. Ces plus fortes amplitudes se traduisent concrètement par le passage d'une chimie homogène pauvre et répétitive à une chimie hétérogène plus innovatrice. Cette chimie complexe, présente dans les phénomènes dits de « non-équilibre » et les « structures dissipatives »[129] est l'antichambre de l'être vivant. Les fonctions biologiques principales (sensation, perception, respiration, assimilation, reproduction...) ne s'allument que lorsque les différences s'accentuent et qu'alternent au sein du courant des rythmes plus lents et des rythmes plus rapides. Le système tout entier chemine alors vers une redistribution plus hétérogène de l'énergie qui le compose et c'est cette hétérogénéité croissante qui

---

[129] Voir les travaux de Prigogine.

fait surgir les repères de formes plurielles et de temps successif sans lesquels l'être vivant ne saurait se maintenir en vie. Le gradient de vitesses dessine dans le flux turbulent des boules de densités naissantes comme autant de concentrations dynamiques qui sont les premiers bourgeons spatio-temporels à émerger du Mouvement éternel. Ces formes ancestrales sont les repères archaïques qui naissent au sein du Mouvement et c'est à partir d'eux seulement que les notions d'espace et de temps prennent sens. Il faut qu'un seuil critique d'hétérogène soit atteint dans les profondeurs du Mouvement pour qu'il se scinde et se distribue en ses deux affluents complémentaires, « l'espace » et « le temps ». Pour l'être organique, la créativité de la Nature se manifeste comme nécessairement dimensionnalisée : elle ne peut être appréhendée comme un unique bloc de Mouvement uni et le *continuum* se fragmente en une multiplicité de formes matérielles contrastées évoluant selon un temps successif. La perception vivante décompose le flux monobloc de la Vie et la *con-figure* en histoire universelle de la pluralité des étants. Dans le Mouvement absolu, il n'y a rien de tel qu'un être percevant faisant face à un monde pluriel de substances spatio-temporelles. Il est impossible de dire d'une forme qu'elle est « à côté d'une autre », ou encore qu'elle surgit « après une autre » car il n'y a pas de formes séparées mais une agitation sans mesure. Le flux est trop homogène pour que les dimensions d'espace et de temps se distinguent comme le plus visqueux du plus fluide. Seul un gradient rythmique plus puissant fait émerger simultanément le temps et la pluralité des formes spatiales. En effet, il faut déjà que l'Un-Tout soit nervuré par des rythmes suffisamment stables et contrastés pour qu'une pluralité d'unités surgissent ensemble pour faire monde. Aussi longtemps que le contraste demeure trop faible et les fluctuations créatrices trop unies, ni l'espace ni le temps ne peuvent se constituer au sein du Mouvement car aucun repère ne surnage suffisamment pour dessiner des « séparations », les dimensions spatiales et temporelle. Ce qui distingue le monde « inerte »[130] du monde vivant, c'est l'étiage du flux créateur : le contraste dans le courant est beaucoup moins prononcé (pensons par exemple à la structure répétitive et monotone d'un cristal périodique par opposition à la croissance innovante de la molécule organique)[131]. Dans l'inorganique, le gradient rythmique dans le flux et le reflux des échanges est si faible à notre échelle de mesure, les interactions si nombreuses et rapides, que les bifurcations incessantes se perdent dans un remous indistinct et une sorte de « friture » dynamique indifférenciée nommée « entropie » par les physiciens. A l'échelle anthropologique, cette agitation n'est que désordre et « friture » inaudible. Ce remous multidirectionnel

---

[130] Ce n'est qu'à notre échelle de mesure qu'un corps nous apparaît inerte. Le découpage du « vivant » et du « mort » est arbitraire et seulement anthropomorphique. Nous qualifions de mort tout ce qui vibre dans une gamme de fréquences trop éloignées des nôtres.

[131] Voir Schrödinger, <u>Qu'est-ce que la vie</u>, éd. Point sciences, §45, p.150-151.

est une arène de forces approximativement égales qui s'affrontent dans un combat frénétique sans qu'aucun vainqueur incontestable ne se dégage de la mêlée : les déflagrations créatrices se produisent tous azimuts sans parvenir à construire une direction majoritaire et unidirectionnelle dans le mouvement déchiqueté. Aucune flèche du temps unique ne peut émerger. Les bifurcations éclosent à un rythme si soutenu qu'il n'existe pas de direction dans le Mouvement, et partant, aucune succession qui rend possible l'expérience temporelle. Aucun motif identifiable n'émerge dans le courant, qui, à l'infini, fait apparaître du mouvement dans le mouvement. C'est la raison pour laquelle le « monde mort » nous donne la fausse impression d'une réversibilité presque totale. L'irréversibilité ne devient possible que lorsque le ralentissement et la hiérarchie des interactions permet la constitution de repères qui sortent lentement de la brume dynamique. Cet avant et cet après qui émergent du Mouvement rendent eux-mêmes possible à terme la constitution subjective d'une mémoire, qui est un phénomène spécifiquement organique. La mémoire est l'écho et la rémanence de l'instant passé conservé dans l'instant présent. Elle suppose une épaisseur durative minimale de chaque impulsion qui est impossible aussi longtemps que la frénésie des échanges dissout chaque action à l'instant même de sa naissance. Chez le rocher, la perception est si lente qu'elle échoue à retenir le passé dans le présent et que le torrent de la Nature ne peut être organisé en une histoire de formes successives. Rien ne subsiste d'un instant à l'autre, tout ce qui arrive est semelfactif et s'abîme dans un éternel oubli. Il en va tout autrement du rythme vivant. L'être vivant, dont la sensation est incroyablement plus rapide, peut capturer des structures dynamiques et les fixer en un temps suffisamment long pour agir sur elles et les manipuler. Il vit encapsulé dans sa bulle rythmique qui lui sert de bouclier de protection contre la furie du torrent extérieur. Pour l'être vivant et pour lui seul, il existe un dedans et un dehors, et cette compartimentation est la condition de sa survie. Vivre veut dire inventer son propre espace-temps protecteur dans le Mouvement torrentiel de la Nature et savoir entretenir ce déséquilibre régulé de façon suffisamment prolongée pour transmettre son information à ses descendants. La différence rythmique que le vivant produit et entretient avec le dehors est une thermodynamique du déséquilibre. Il faut entendre par là une espèce de forteresse spatio-temporelle grâce à laquelle le vivant continue d'interagir avec le monde extérieur tout en étant protégé de lui. Sa bulle organique est un bouclier rythmique, qui n'est ni un mur de Berlin infranchissable, ni une frontière ouverte à tous vents mais un sas de protection qui filtre le courant. Ce sas protecteur est le juste *ratio* d'espace-temps qui présente le meilleur quotient du fluide et du visqueux pour permettre l'assimilation tout en protégeant de la destruction. Le vivant présente au reste du réel une interface assez fluide pour que la pénétration des nutriments puisse avoir lieu mais en même temps sa carapace de protection (capside, vésicule, peau etc.) doit être suffisamment pâteuse pour l'isoler relativement de la force des courants et empêcher la dissolution de sa structure. La vie dure aussi longtemps que le motif rythmique du métabolisme parvient à se conserver et se restaurer *grosso modo*. Cependant les attaques répétées des tempêtes extérieures perturbent de plus en plus l'ordre précaire de la bulle vivante. Le vieillissement est le processus de re-synchronisation entre l'intérieur et l'extérieur ; petit à petit, le gradient se perd, l'entropie augmente, l'homogénéité grandit avec le milieu jusqu'à la dissolution du rythme vivant dans la Nature éternelle qui l'a engendré au carrefour de ses ruissellements. Le vieillissement érode progressivement l'ordre néguentropique qui se reconstitue de plus en plus péniblement jusqu'à la mort cellulaire. En ralentissant toujours davantage, le métabolisme du vieillard se dérègle et chaque gène joue sa musique à sa propre vitesse sans le contrôle d'un chef d'orchestre. Le corps vivant rejoint peu à peu le flux inorganique qui est désorganisation et dissolution de la structure. C'est le ralentissement de la perception qui achemine le vivant vers son terme, et, à l'inverse, l'accélération de la sensation qui permet à l'être organique de maîtriser ses échanges avec son environnement. A mesure que le vieillard se rapproche de la mort, son métabolisme plus lent ne lui permet plus d'organiser la même quantité de changement en une même unité de temps donné. Le courant des choses semble s'accélérer autour de lui parce qu'il perd la faculté d'imposer son rythme aux choses : il perd la mémoire, la forme, jadis fixe se dérobe sous ses pas, le point qu'il fixe devient fuyant. Il parvient de moins en moins à arrêter le devenir et à le solidifier en être.

Le flux extérieur envahit l'ordre intérieur et le noie dans ses remous comme les vagues d'une mer déchainée s'engouffrent dans le navire qui fait naufrage.

§54.

« Cinéma intérieur »

La multiplicité des étants est une pure illusion rythmique. La Nature est l'infini et il n'y a qu'elle. Les rythmes vivants en sont des points de vue imparfaits et incomplets qui décomposent le Mouvement éternel en formes étendues évoluant selon la flèche du temps. Mais en soi il n'y a rien de tel que la naissance et la mort de formes séparées. Toute cette représentation est le *cinéma intérieur* du vivant.

§55.

« Relativité d'échelle »

L'organisation successive des phénomènes selon le schéma de l'avant et de l'après ne peut pas exister sans le rythme vivant et son « cinéma intérieur ». L'aléa du quantique, en dessous du régime des formes, est un devenir fou, sans repères et sans direction : il est le surgissement de la différence à l'état pur sans l'épaisseur spatiale qui l'assagit et le convertit en évolution temporelle unidirectionnelle et irréversible. Sous le temps successif se cache un Mouvement illimité que ma subjectivité ne peut pas absorber dans sa totalité *tota simul* parce qu'elle est elle-même un rythme, c'est-à-dire un quotient d'espace-temps déterminé caractérisé par un coefficient de viscosité arbitraire. Tout ce qui est plus fluide qu'elle est rejeté dans l'*informe*. La perception de l'homme n'accède qu'à une partie infinitésimale de la création continue du Mouvement sans temps : c'est ce que nous appelons l'instant présent. C'est un intervalle spatio-temporel. Tous les mouvements dont les fréquences sont incompatibles avec celles de la perception de l'instant présent (visuelle, auditive, tactile etc.) tombent en dehors du Maintenant éternel et sont redéployés par la conscience selon l'ordre de l'antérieur et du postérieur. Le temps-ordre complète le temps-devenir parce que le présent n'est pas la présence pleine, parce que l'instant éphémère ne coïncide pas avec le Maintenant sans limites de l'éternelle présence. Notre étalon de mesure du Mouvement nous contraint à ne pas avoir accès simultanément à toute l'information. C'est du Mouvement infini (*Apeiron*) que surgit (non temporellement, c'est-à dire non historiquement) l'être organique (un senti en vis-à-vis d'un sentant) par contraste entre l'espace (le pâteux) et le temps (le fluide) mais aussitôt surgi de l'infini comme une vague de l'océan, l'être vivant historicise l'éternité du Mouvement par le rythme même qu'il constitue au sein de ce Mouvement : il l'interprète alors rétrospectivement comme la succession et l'évolution des événements selon la flèche d'un temps successif et irréversible. Le temps newtonien est une approximation scientifique à laquelle nous donnons spontanément créance parce que nous vivons environnés de formes spatiales ; toute la fluidité restante du Mouvement éternel de la Nature, une fois les formes données, est ramassée et concentrée dans la variable t : la croyance en un temps unique, homogène, indépendant des formes. Si, à l'échelle du vivant, une part du Mouvement ne se donnait pas sous l'aspect de formes spatiales, nous ne croirions pas au « temps ». Mais s'il n'existait pas de formes pour nous, nous ne pourrions pas vivre, faute de repères. La croyance au temps successif est donc une nécessité d'échelle. Toutefois, il ne faut pas oublier que l'existence des formes fausse complètement notre compréhension de l'être originaire, c'est-à-dire du Mouvement. En tant que vivants, nous sommes *nécessités* à importer le schème temporel dans le Mouvement éternel parce que, de notre point de vue, la créativité de la Nature ne se donne pas comme un flux indivis et sans dimensions mais comme un espace de formes qui se métamorphosent pour une subjectivité. L'aporie de l'origine repose tout entière sur la confusion du Mouvement éternel avec la succession temporelle. Le monde semble ne pas avoir d'origine parce qu'il a été engendré par un Mouvement sans temps qui est l'éternité. En vérité, nous relisons la création continue du Maintenant éternel comme une histoire universelle évolutive, parce que notre rythme de vivants implique l'existence de l'espace. Le Mouvement est alors scandé par les formes spatiales qui le fragmentent et l'organisent en une série irréversible de figures. Mais l'énigme demeure impénétrable à la plupart des mortels. La croyance au « temps » est pour l'humain une illusion tenace.

§56.

« Vivant et matière »

C'est une interprétation superficielle du vivant que de le faire naître de la matière inerte. Depuis quatre siècles environ, la science a construit une fiction matérialiste pour expliquer l'origine de la vie. Ce qui n'était au départ qu'une *hypothèse de travail* pour enquêter sur les origines de la matière est devenu un dogme non questionné chez la plupart des scientifiques d'aujourd'hui. Cette croyance est pourtant métaphysiquement très inconsistante. Sur quoi se fonde le raisonnement du matérialiste ? 1) On pose au départ l'existence en soi d'une matière morte déjà constituée avant la naissance de l'être organique, étrangement conçue sur le modèle du corps matériel individuel donné dans la perception. 2) On suppose un passage mystérieux et jusqu'à ce jour inobservé entre l'inerte et le vivant, le non sentant et le sentant. 3) on en conclut alors que la matière vivante « émerge » de la matière morte à un certain niveau de complexité chimique (encore non reproductible en laboratoire). 4) Et puisqu'il est hautement improbable qu'un tel phénomène se produise, on affirme péremptoirement comme une évidence que la vie est un accident de la mort, et que la naissance du premier être organique avait toutes les chances de ne jamais se produire ; en outre, qu'un événement aussi hasardeux ne se reproduirait certainement pas si on répétait le scénario de l'origine. Qu'y-a-t-il de contestable dans toute cette spéculation ? La première affirmation, sur laquelle repose toute la suite du raisonnement : qu'avant le vivant il y avait de la matière *sous la même forme* qu'après la naissance du vivant. C'est en réalité une gigantesque pétition de principe qui repose sur le préjugé du réalisme le plus naïf. Car sur quoi se fonde le matérialiste lorsqu'il affirme comme une évidence l'existence d'une matière telle qu'elle est perçue par un vivant avant même l'apparition de ce vivant – c'est-à-dire une matière déjà fragmentée et organisée selon la modalité de la pluralité de corps matériels réidentifiables et pourvue des qualités usuelles des corps que nous percevons dans l'expérience quotidienne telles que l'étendue, la figure, la grandeur ou même la solidité ? La matière aurait-elle encore quoi que ce soit de « matériel » sans la perception qui l'organise et la spécifie en corps dotés de propriétés déterminées ? Si elle n'a plus ni son contour ni sa texture de corps, elle perd à la fois ses qualités secondes (son odeur, sa chaleur, sa dureté) mais tout autant ses qualités premières (sa grandeur, sa figure, son impénétrabilité etc.) c'est-à-dire à la fois sa *métrique* et sa *consistance*. Tout cela n'est que le corrélat du rythme perceptif du vivant. Que reste-t-il alors de la matière sans le vivant ? Rien d'autre que de la pure énergie, irreprésentable sinon par le concept de vide. La matière s'est dissoute en Mouvement pur, intransitif, sans mobile. En disant cela, je n'affirme pas, à la manière de l'idéaliste absolu, que le corps n'est qu'une idée du sujet qui se le représente ; ce serait donner au sujet une réalité absolue qu'il n'a pas. Un sujet en soi n'existe pas plus qu'un corps en soi. Bien plutôt, la seule réalité est le processus morphogénétique lui-même qui engendre les pôles de la relation entre le sentant et le senti. Il en résulte que le vivant ne peut surgir de la matière morte car il n'y a pas de matière morte, ou plutôt, il n'existe quelque chose de tel que dans la perspective du vivant qui distingue entre plusieurs vitesses dans le mouvement et qui oppose arbitrairement les êtres animés aux êtres inanimés en se prenant lui-même comme étalon rythmique. Dès que disparaît le vivant, cessent du même coup la forme et la texture matérielles des choses. Les corps avec toutes leurs qualités s'évanouissent et se *dématérialisent* en mouvement impalpable. La pluralité des étants matériels n'existe que par et pour une perception qui scande la réalité à un rythme déterminé. Un rythme, dans certaines conditions (si le contraste entre le fluide et le pâteux est suffisant) se manifeste avec l'apparence d'un corps matériel. Mais le corps ne préexiste pas à ses fonctions ; au contraire, c'est par sa fonction que le corps, dans sa réalité spatiale de substance étendue, existe. La matière présuppose toujours la sensation. Antoine Danchin le rappelle en ces termes pudiques mais décisifs : « *la fonction capture des structures moléculaires. Une enzyme (l'ARN polymérase) lit le texte de l'ADN en un ARN messager puis l'ARN messager est lu par une nano-machine, le ribosome est transformé en un produit actif, une protéine qui se construit au fur et à mesure* »[132]. Le corps n'est que l'outil de la vie universelle,

---

[132] Je renvoie ici aux recherches d'Antoine Danchin en ligne sur son site internet, qui sont d'une remarquable richesse.

une de ses intensités possibles. Il en résulte que la sensation n'est pas devenue. Elle était déjà là à l'origine et il faut en faire une propriété ontologique originaire. Toute la Nature est sensible.

§57.

« Critique de l'identité biologique »

L'identité individuelle est, en biologie, à la fois une approximation peu rigoureuse et une convention de langage commode pour classer et inventorier toute la diversité du vivant. Depuis l'âge de la taxonomie triomphante, le concept d'espèce a peu à peu perdu ses dernières lettres de noblesse. La définition contemporaine d'une espèce s'est à la fois complexifiée et diluée au point de perdre sa pertinence. Il en existe aujourd'hui trois variants, dont aucun n'est pleinement satisfaisant.

1) Une définition morphologique : l'espèce désigne alors un ensemble d'animaux qui se ressemblent. Toutefois, beaucoup d'animaux se ressemblent sans appartenir à la même espèce, comme c'est le cas chez les lézards ou certains champignons. En outre, ce critère phénoménologique, valable seulement à l'échelle perceptive, est bien trop vague pour avoir une pertinence scientifique.

2) Une définition biologique : l'espèce désigne cette fois-ci les organismes capables de se reproduire ensemble parce qu'ils partagent

les mêmes gènes. Mais ce critère n'est pas suffisant. Il existe des vivants d'espèces différentes pouvant se reproduire, par exemple le cheval avec l'ânesse, ou vice versa, ou encore le lion avec la tigresse dont le rejeton est le tigron[133].

3) Enfin une définition évolutive : l'espèce renvoie aux descendants d'un ancêtre ou d'une population d'ancêtres donnés. Mais cette dernière définition souffre d'une très grande imprécision : les microbes par exemple évoluent beaucoup trop vite pour que l'on puisse fixer une frontière claire de la spéciation et de plus, lorsque deux souches ont 75% de gênes en commun, on les classe arbitrairement dans la même espèce. « *Pour nous* – résume le professeur Selosse dans une interview – *une espèce, aujourd'hui, c'est un devenir* ».

Un brouillage analogue interdit de déterminer strictement les frontières de l'individu. La délimitation de l'identité devient floue, fluide et arbitraire. Selon Scott Gilbert, 90% des cellules qui forment le corps d'un individu sont d'origine bactérienne ; seul un dixième des cellules de notre corps contiennent notre ADN et l'immense majorité

---

[133] Notons toutefois que les rejetons de ces accouplements, tels les mulets ou les tigrons ne peuvent pas eux-mêmes se reproduire et sont donc des impasses évolutives.

des cellules que nous appelons nôtres appartiennent en réalité aux bactéries avec lesquelles nous cohabitons. Partout, sur notre peau, dans nos tissus et nos organes, dans notre cœur et notre cerveau, nous partageons notre « être » avec celui d'hôtes vivant en symbiose avec nous. Nous sommes, à proprement parler, un écosystème bactérien, une colonie d'êtres vivants unis par des liens hiérarchiques et par conséquent un individu dissocié de sa flore bactérienne n'a plus d'être propre. Non seulement le moi est un assemblage de centaines de milliards de cellules et ces cellules cohabitent avec un très grand nombre d'espèces de bactéries dans le tube digestif, mais le multiple ne se loge pas uniquement à l'extérieur, il n'est pas seulement le collage bigarré de cellules différentes des nôtres qui cohabiteraient avec les nôtres. Le multiple est également un multiple d'intériorité car la relation existe tout autant à l'intérieur de la cellule eucaryote, qui a phagocyté il y a bien longtemps les mitochondries, ces bactéries qui existent désormais comme les hôtes obligatoires de nos cellules. L'autre s'est infiltré jusqu'au cœur du même et la différence est entrée dans l'identité. L'expression rimbaldienne « je est un autre » a un sens littéral et biologique : la *chimérisation*. Un individu, c'est toujours un monde grouillant de vivants mélangés, intégrés, redéfinis autour de centres de forces en perpétuelle évolution. Avec ce dernier exemple d'endosymbiose, le multiple ne doit plus seulement se comprendre comme une juxtaposition d'étants dans l'espace mais comme la relation en elle-même. La relation est plus archaïque que l'élément. Affirmer que le « je » est composé d'une pluralité ne suffit pas. La plus petite unité vivante est déjà une composition. Autrement dit, la relation préexiste à l'élément. Ainsi, on peut dire multiple un être vivant en trois sens différents : 1) il est composé d'une multiplicité de cellules. 2) Beaucoup de ces cellules ne sont pas les siennes mais celles de procaryotes et d'archées qui n'expriment pas son génome eucaryotique. 3) Enfin, même parmi les cellules qui sont bien les siennes (probablement pas davantage que 10%), chacune d'entre elles porte l'altérité – les mitochondries chez les animaux et les plastes chez les plantes –. Jusqu'à la plus petite échelle, l'unité est travaillée du dedans par l'altérité. Ainsi la biologie, tout comme la physique quantique et relativiste s'orientent vers un modèle relationnel radical de la réalité, dans lequel c'est de la relation qu'émergent les unités substantielles et non le contraire. La réalité se donne, à toutes les échelles de l'espace et du temps, relationnelle et fluide.

§58.

« Relativité de l'espèce et de l'individu »

Toutes les formes finies sont des intensités saillantes et des déflagrations soudaines dans le courant créateur. Toutes ensemble elles forment un immense réseau de relations dans lequel chaque étant est connecté à tous les autres. Les individus, tout comme les espèces, ne sont que des concentrations locales et des nœuds éphémères dans le devenir universel, densifications énergétiques ponctuelles comme le sont les tourbillons dans la rivière. Le flux du réel est partout inégal et le jeu constructif ou destructif des ondes constitue ça et là des accrétions dynamiques comme autant de deltas et de plis dans le courant. Les physiciens nomment ces nœuds des champs gravitationnels ; en biologie, ils s'appellent les espèces et les individus. Ce sont des motifs rythmiques qui se distinguent entre eux par leurs durées. Dans la perspective de notre temps rétréci, ces structures passent pour des formes relativement constantes et autonomes. Mais dans le temps long (temps géologique et plus encore cosmique) elles tendent à se confondre et leurs formes même deviennent fluentes. La forme d'une espèce biologique se dissout en quelques millions d'années et l'individu est une formation plus éphémère encore dont la vie se chiffre en quelques décennies, quelques mois, voire quelques jours seulement selon les espèces. Prisonniers de notre mesure du temps, nous sommes incapables, à notre échelle d'humains, d'apercevoir le mouvement sous-jacent dans la structure. Toute forme pourtant n'est qu'un delta plus languissant. Si les millions d'années devenaient heures et jours, alors l'espèce deviendrait aussi fluide que l'individu ; quant à l'individu, il deviendrait imperceptible à notre échelle et ses contours se dissoudraient en venant au monde telle une fontaine jaillissante. L'espèce est une sorte de *ralentissement* dans le flux vivant[134], une sorte de

---

[134] Dans un fragment de 1887, Nietzsche écrit : « *les notions d'individu et d'espèce, également fausses et de*

nœud dans le courant créateur, qui freine un temps l'évolution globale ; c'est une sorte de champ gravitationnel plus large mais en même temps plus dilué que l'individu. C'est la raison pour laquelle l'espèce retient moins bien le courant que l'individu : c'est une réalité idéelle et statistique et non un corps matériel plus dense. Le temps semble ralentir à son bord tandis que l'espace s'étire et s'évase. Voilà pourquoi tous les individus appartenant à une même espèce semblent se ressembler. Il est ainsi possible de rendre raison de manière relativiste, tant de la spéciation que de l'individuation. Plus le temps se ramasse et se contracte, plus la forme grandit et se structure. Une biologie relativiste doit naître. Car biologie et physique manifestent toutes deux, à des échelles différentes, l'écoulement différentiel de toutes choses.

---

pure apparence. Le mot espèce exprime seulement le fait qu'une foule d'êtres analogues surgissent en même temps et que l'allure de l'évolution et des variations est ralentie pendant longtemps : si bien que les petits développements, les petits accroissements réels ne comptent plus guère (c'est une phase de l'évolution où le développement n'apparaît plus en lumière, de telle sorte qu'un équilibre semble atteint, ce qui rend possible l'idée fausse qu'on a atteint un but — et que l'évolution a eu un but...) ». Nietzsche, La volonté de puissance, I, §135. Ainsi, le contour d'une espèce ou d'un individu n'est qu'une illusion d'échelle, une approximation statistique : une variation trop ténue et trop homogène passe inaperçue et ne permet pas de stabiliser une structure pour la perception ou pour l'intelligence.

§59.

« Sentiment de soi »

Le sentiment de soi, d'être une entité autonome et indépendante du reste de la Nature est absent chez la plupart des êtres vivants : il est un tard venu dans l'histoire des espèces. Chez les organismes inférieurs, l'unité du moi n'existe pas ou très peu, de façon embryonnaire, et cette absence d'unité subjective n'entrave en rien les fonctions organiques. Nous savons aujourd'hui[135] que l'unité de l'individu n'a pas de sens chez les espèces qui renouvellent et régénèrent en permanence leurs cellules, leurs tissus et leurs structures cérébrales sans garder de traces mnésiques (poissons, hydres, planaires). Le sentiment de soi est principalement, pour ne pas dire essentiellement, humain. C'est seulement chez les mammifères supérieurs et les hommes en particulier que la conservation du passé est possible, mais l'acquisition d'une mémoire cérébrale se paie alors au prix d'une plus faible capacité de régénération des tissus nerveux et des cellules. Le sentiment d'être soi est probablement embryonnaire chez certaines espèces animales, mais il n'est totalement présent que chez *sapiens*, chez qui se développe toute une logique de l'identité et de la substantialité égologique

---

[135] « Le soi n'est pas une essence de l'individu mais un processus continu de modifications qui forment cet « individu » » Alain Prochiantz, <u>Qu'est-ce que le vivant ?</u>, éd. Seuil, p. 152.

(le principe d'identité devient chez lui la condition de possibilité de toutes ses représentations : pensée, calcul, langage).

Se saisir comme un tout autonome et indépendant du monde extérieur n'est possible que lorsque la sensation, d'abord immergée dans l'immanence du monde, se retourne sur elle-même et prend conscience de son activité. On ne se sépare de soi que bien après s'être séparé du monde : « *d'abord naît la croyance en la persistance et à l'identité hors de nous*, note Nietzsche, *– et ce n'est qu'ultérieurement, pour nous être longuement exercés au contact de cet en-dehors-de-nous, que nous arrivons à nous concevoir nous-mêmes en tant que quelque chose de persistant et d'identique à soi-même, d'absolu. La croyance (le jugement) se serait ainsi formée ANTERIEUREMENT à la conscience de soi* »[136].

Pendant d'immenses périodes de temps, nos très lointains ancêtres ont dû confusément sentir comme un bloc plus ou moins indifférencié l'immense territoire inconnu qui émergeait lentement de la brume de la sensation. Ils n'avaient alors aucun sentiment d'eux-mêmes et la distinction entre le dedans et le dehors était incroyablement plus faible et moins bien établie qu'elle ne l'est aujourd'hui chez les organismes plus complexes. Celui qui fait partie intégrante de son environnement n'est pas spectateur d'un monde mais encore soudé au corps

---

[136] Nietzsche, FP, 5, 11 [268], p. 410.

cosmique de la Nature. Il ne se perçoit pas comme quelque chose d'indépendant ou même de différent. Au fur et à mesure que leur système nerveux se faisait plus complexe et parvenait à traiter l'information plus rapidement, les vivants ont cheminé vers un plus grand degré d'individuation parce qu'ils ont pu fragmenter davantage le bloc homogène de la réalité et y discerner un plus grand nombre de différences. Les mouvements tout autour d'eux se sont enrichis de nouvelles nuances et ont fait naître toute une variété nouvelle de qualités sensibles (la vision stéréoscopique, la perception des couleurs etc.). Le monde s'est agrandi et s'est diversifié en stimulations multiples à proportion du perfectionnement des fonctions perceptives. Cependant, il faut concevoir tout ce processus comme un parcours très lent et très progressif, qui s'est déroulé sur plusieurs centaines de millions d'années[137]. Par la vitesse croissante de son métabolisme, le vivant s'est comme émancipé peu à peu de son berceau pré-individuel. En premier lieu vient la séparation sensorielle (*apokrisis*) du moi et du non moi au moyen des sens les plus préhistoriques du toucher et de l'odorat ; la masse indistincte du monde extérieur est appréhendée seulement à partir d'impressions tactiles, de pression, de résistance ou de stimuli olfactifs mal localisés ; puis, la perception des premiers motifs rythmiques s'ébauche avec le sens de l'ouïe qui permet de regrouper entre elles les unités sonores en

---

[137] A l'horloge humaine, ce qui n'est qu'une lecture temporelle rétrospective.

sons primitifs ; plus tard encore, la perception des formes et des couleurs se précise avec l'apparition de l'œil ; enfin, la conscience réfléchie, séparation de soi avec soi prolonge et répète la séparation du soi et du monde de la perception dans une sorte d'éjection (*ekkrisis*) du moi hors du Je qui se réfléchit comme dans un miroir. Tous ces degrés de conscience, depuis la sensation brumeuse du protoplasme jusqu'à la conscience réfléchie de l'humain sont des intensités distinctes de la morphogenèse universelle, une sorte de bourgeonnement de la Nature. L'*apokrisis* est une séparation rythmique à l'ébauche, tandis que l'*ekkrisis* est une éjection rythmique, c'est-à-dire un bourgeonnement dans le bourgeonnement, tout comme l'artiste prolonge et répète par ses inventions culturelles l'œuvre du premier Poète, la Nature[138]. Aujourd'hui encore, le bébé humain récapitule au cours de son développement toutes ces conquêtes allant de la sensation tactile à la conscience réfléchie : en naissant, il est encore soudé avec la Nature pré-individuelle et le monde extérieur émerge au fur et à mesure que se forment ses organes. Tout au début, il ne fait pas encore de différence entre ce qui est lui et ce qui n'est pas lui et sa mère lui apparaît encore comme le prolongement naturel de son corps. Selon Freud, c'est l'expérience de la frustration répétée du désir qui permet à la conscience de se former et d'opérer le passage entre le corps cosmique indifférencié et le corps propre individuel. Puisqu'il ne suffit pas de désirer le sein pour le faire venir sur

---

[138] Selon la merveilleuse formule de Marcel Conche.

commande, c'est donc que Maman n'est pas une simple extension de mon corps. Par conséquent, j'existe en tant que moi individuel, distinct des autres étants. En prenant conscience qu'il ne peut pas commander à l'univers, l'enfant découvre qu'il n'est pas un Dieu tout-puissant. Le sentiment de soi n'a rien d'immédiat. Il est ce qui se forme en dernier. Ce serait folie pour le philosophe, qui est l'intrépide explorateur des origines, de trop se fier à son témoignage ; *a fortiori*, de le prendre, à l'instar de Descartes, pour la première vérité.

§60.

« Naissance du nombre en psychologie cognitive »

Comment le cerveau parvient-il à extraire la propriété de nombre d'un ensemble d'objets du monde extérieur ? Comment le sens du nombre apparaît-il chez les humains ? Existe-t-il déjà chez les bébés ? En outre, est-il seulement l'apanage de notre espèce ou bien d'autres espèces animales ont-elles, tout comme nous, une perception spontanée de la numérosité ?

A ces questions, la psychologie cognitive contemporaine a des réponses de plus en plus rigoureuses qu'il revient au philosophe d'interpréter. Dans son cours au collège de France de 2007/2008, intitulé « <u>Fondements cognitifs de l'arithmétique élémentaire</u> », Stanislas Dehaene soutient que les nombres et les opérations de l'arithmétique élémentaire n'existent pas uniquement chez l'humain adulte, mais déjà remarquablement chez les bébés[139] avant l'apparition du langage ainsi que chez un grand nombre d'espèces animales. Depuis les travaux d'Elizabeth Brannon, c'est un fait aujourd'hui bien documenté que les lionnes associent le nombre de rugissements différents au nombre de rivales lors d'une chasse. Les fourmis, quant à elles, ne font pas une intégrale continue mais comptent leurs pas pour retrouver la fourmilière. Il est par ailleurs possible d'entraîner une perruche à rechercher de la nourriture sous le couvercle d'une tasse qui compte sept points, ce qui est la preuve expérimentale que de très nombreux animaux possèdent le sens de la numérosité. Par *numérosité* il faut entendre la quantité d'éléments (des points par exemple) présents dans un ensemble, indépendamment de toute autre considération physique, telle que la taille ou la forme des éléments.

Bien avant la croyance en l'unité du moi (que ne possèdent vraisemblablement que les mammifères supérieurs), la plupart des vivants semblent posséder une intuition du nombre[140]. Toutefois, il

---

[139] Contrairement à ce qu'affirmait Piaget pour qui l'enfant, jusqu'à 5-7 ans environ, n'aurait pas de concept stable de nombre et serait incapable de comprendre la théorie des ensembles.

[140] Pour le moment, les expériences manquent encore pour déterminer si des organismes plus primitifs telles les planaires, ou, mieux encore, les protistes ou même les bactéries possèdent ou non cette compétence. Des animaux dénués de cerveau ont-ils aussi une représentation du nombre ? C'est évidemment une

convient de distinguer au moins trois processus d'énumération bien distincts permettant d'appréhender la numérosité : la subitisation, l'estimation, et le comptage. La *subitisation* est l'appréhension précise des plus petites quantités (un, deux ou trois objets) ; l'estimation est la capacité d'évaluer de manière approximative la numérosité d'un ensemble de plus grande taille sans accès au calcul exact (un nuage de points par exemple) ; enfin le comptage est la capacité d'établir une correspondance terme à terme entre un nombre et un objet qui lui est associé. Il est à noter que ces trois procédés d'énumération obéissent à des capacités cognitives différentes. Alors que le comptage semble davantage relever de la maîtrise du langage et que la performance de l'estimation dépend largement de la concentration du sujet sur la tâche demandée, la subitisation est un processus automatique, très rapide, indépendant de l'attention

---

question délicate. J'incline néanmoins à penser qu'il est fort vraisemblable que la numérosité soit une propriété du vivant *en général*. Comment, en effet, identifier une proie ou un prédateur, se repérer dans un labyrinthe, assimiler de la nourriture ou se reproduire sans la capacité de fragmenter le réel en une multiplicité de repères réidentifiables ? Il est probable que le langage a seulement accentué, purifié, systématisé le principe d'identité sans en être l'unique source. Car le langage ne fait que prolonger une perception *déjà* assujettie au schème de l'espace. Il radicalise et formalise le processus de fragmentation du réel déjà présent au niveau de la perception.

et présente chez l'espèce humaine dès la première année de vie. Ce sens spontané de la numérosité se retrouve également chez de nombreuses espèces animales (pigeons, rats, lions, singes, dauphins etc.,) et il semble permettre un accès direct à la quantité numérique *en tant que telle*, indépendamment d'autres paramètres comme la forme ou la taille des objets. Dans son cours, Dehaene qualifie de « mystérieuse » cette intuition numérique car l'on ne sait pas bien comment elle fonctionne. Ainsi, certains malades qui souffrent d'acalculie et qui ne savent plus faire les opérations arithmétiques les plus élémentaires ont encore une capacité de subitisation.

Or, tous les tests réalisés jusqu'à aujourd'hui, aussi bien chez les adultes que chez les jeunes enfants ou même les animaux, confirment que le calcul *approximatif* est plus archaïque que le calcul exact. Alors même que l'éducation nous a habitués au maniement des symboles numériques tels les nombres écrits en base 10 à l'aide des chiffres arabes (qui ont recouvert les quantités numériques elles-mêmes), notre sens des nombres continue à se rattacher à cette estimation approximative et la représentation symbolique la plus raffinée ne nous en libère pas. Nous continuons à utiliser des circuits analogiques et approximatifs pour compter. Stanislas Dehaene résume ainsi la situation : « *De nombreuses expériences suggèrent que, dès qu'un adulte éduqué perçoit un nom de nombre ou un nombre en notation arabe, cette entrée symbolique est rapidement et automatiquement traduite mentalement en une quantité approximative dont la manipulation interne obéit aux mêmes lois que celles de la manipulation des numérosités perçues sous forme d'ensembles d'objets. Ainsi, l'expérience fondatrice de Moyer et Landauer (1967) a montré que, lorsque nous décidons lequel de deux chiffres est le plus grand, notre temps de réponse varie en fonction inverse de la distance numérique qui les sépare. La taille des nombres influe également sur le jugement comparatif des nombres présentés sous forme symbolique, et la loi de Weber rend bien compte de l'ensemble de ces données. Plus surprenant encore, tel est également le cas lorsque nous jugeons si deux nombres sont pareils ou différents – la réponse « différent » est plus lente pour 8 contre 7 que pour 8 contre 1. La vérification des opérations symboliques démontre également un effet de distance numérique : lorsqu'une opération évidemment fausse nous est proposée, la grande distance qui sépare le résultat proposé du résultat correct nous permet de le rejeter sans faire le calcul exact (Ashcraft & Stazyk, 1981). Enfin, une lésion cérébrale peut faire perdre toute capacité de calcul exact, tout en laissant intacte cette compétence basique pour l'approximation (Dehaene & Cohen, 1991) »*[141]. D'une manière analogue, on suppose que chez les jeunes enfants, la capacité à discriminer deux quantités numériques dépend largement de la distance qui les sépare : ainsi un enfant de six mois

---

[141] Stanislas Dehaene, « le concept de nombre » https://www.college-de-france.fr/site/stanislas-dehaene/course-2008-02-12-09h30.htm.

sait très bien faire la différence entre huit et seize objets mais il ne parvient pas à en différencier huit de douze. Là encore, la compréhension de la quantité approximative est possible sans faire le calcul exact. Pourquoi en est-il ainsi ? Comment interpréter ces résultats ? Voici ce que je pense. Avant que l'éducation ne permette l'acquisition d'un langage symbolique, le bébé, qui ne sait pas encore manipuler les grands nombres, estime approximativement la numérosité d'un ensemble à partir du contraste intensif que ses faibles sens sont capables de discerner dans un espace donné : se fiant à la variation des intensités lumineuses à partir de ce qu'il connaît déjà, il approxime le nombre de points qui constituent le nuage en se fiant à la noirceur relative de la protubérance et il obtient ainsi une densité moyenne vraisemblable. Il ne s'agit pas ici d'une opération arithmétique qui consisterait dans le dénombrement d'unités discrètes, mais plutôt d'une évaluation qui s'apparente davantage à une appréciation subjective relativement à des expériences passées et mémorisées. Or, le gradient d'intensité lumineuse est plus important lorsque les deux nombres sont plus espacés : entre huit points et douze, le gradient de noirceur de la tâche est plus faible qu'entre huit et seize points. Le contraste le plus vif est aussi le plus évident pour l'œil du bébé qui ne dispose pas encore d'une résolution optique optimale. Au fur et à mesure que ses sens se font plus alertes, l'enfant fragmente le Mouvement indifférencié de la Nature dans lequel il se trouvait jusqu'alors enveloppé et son monde s'enrichit de nouvelles qualités. Mais cet éveil au monde est une conquête qui prend du temps. Bien avant d'être capables d'isoler des choses individuelles et de constituer avec elles des ensembles numériques manipulables, nous avons longtemps découpé de manière embryonnaire et maladroite des boules de densités dans le flux du réel. Avant qu'elles ne deviennent les qualités fixes et les choses fermes que nous connaissons, nos plus lointains ancêtres ont dû se contenter longtemps de ces masses floues et indistinctes, bien moins démixtiées que les choses individuelles de la perception de l'homme contemporain. La tache avec ses bords flous est l'ancêtre de la chose et de ses contours précis. L'*ob-jet* (qui, étymologiquement, est le flux placé devant mes sens) est tardivement devenu une chose, une *res* permanente existant par elle-même. Dans le développement psychomoteur des jeunes enfants, nous revoyons en accéléré les conquêtes héritées de l'évolution de tous leurs ancêtres. Le bébé ne parvient à discriminer les contours des choses que très progressivement ; ses yeux presque aveugles ne discernent au début que des masses indistinctes. Une appréhension brumeuse de la *tache* a dû précéder la précision métrique du point. Les boules de mouvement approximatives que la sensation imparfaite prélève sont les ancêtres de la multiplicité des étants. Est-ce d'ailleurs seulement une coïncidence si la perception soudaine et subite du nombre (nommée subitisation en psychologie cognitive) ne fonctionne que jusqu'à trois unités seulement ? Pourquoi pas quatre ou huit ? On constate qu'à partir d'un ensemble composé de quatre éléments, la rapidité de la discrimination diminue et la marge d'erreur augmente drastiquement chez les jeunes enfants. Peut-être cette imprécision dans l'énumération lorsque l'on passe de la subitisation à l'estimation résulte-t-elle ultimement d'une impuissance préhistorique à discerner par la perception plus de trois éléments à la fois ? Des quatre éléments (air, eau, terre, feu), seul l'air nous est invisible. La terre, l'eau et le feu sont pour nous des substances existantes et palpables. L'habitude jamais démentie de percevoir dans notre environnement trois types de substances et non quatre a probablement joué un rôle prépondérant dans la construction de nos réflexes mentaux archaïques. C'est peut-être là qu'il faut chercher la raison de l'extraordinaire précocité des nourrissons à détecter les opérations arithmétiques impossibles. Même âgé de quatre mois et demi, alors qu'il est encore incapable d'estimer une quantité de points, un nourrisson est déjà en mesure de s'étonner que 1+1 ne fassent pas 1 et de remarquer la violation des règles d'addition et de soustraction élémentaires (pour autant que les nombres utilisés soient seulement le un, le deux et le trois[142]. Les proto-mathématiques semblent appartenir aux structures cérébrales du vivant depuis la plus haute antiquité.

---

[142] Ces expériences ont été menées sur des nourrissons de quatre mois et demi par Karen Wynn.

§61.

« Degrés de temps »

La perception du temps a dû émerger très lentement à partir du Mouvement éternel, à mesure que le senti et le sentant se sont progressivement dissociés du sensible. Sans les organismes vivants primitifs, il ne saurait y avoir de temps. Car c'est la forme qui donne la mesure au Mouvement et la transforme en succession d'états ou de choses. Plus le pâteux s'est séparé du fluide, plus le rythme temporel s'est dessiné et s'est accéléré : d'abord le senti encore prisonnier du sentant et quasi soudé à lui, puis l'objet perçu s'éjectant du percevant dans un espace externe, enfin l'essence transcendante qui se tient en face de la pensée… Le temps est une *dérivée* du Mouvement, il ne surgit de lui que lorsque que le motif hétérogène atteint un seuil de densité critique et permet la constitution d'un étalon de mesure.

§62.

« Vivant et irréversibilité »

L'irréversibilité est l'essence même du temps : ce qui est fait est fait et je ne peux inverser le cours des choses et faire que ce qui a eu lieu n'ait pas eu lieu. Il m'est impossible de changer la direction entre le passé et l'avenir et de revenir en arrière : le verre que j'ai laissé tomber et qui s'est brisé en mille morceaux sur le sol ne se reformera pas tout seul dans ma main. Quoi que je fasse, la succession des événements est unidirectionnelle et immodifiable. Mais pourquoi en va-t-il ainsi ? L'irréversible est-il une propriété globale et universelle de la Nature qui précède l'apparition du vivant ou bien est-ce le biologique qui introduit dans la réalité l'ordre de l'avant et de l'après ? Peut-il y avoir un temps successif objectif avant une perception et une conscience ou bien l'ordre du temps est-il l'effet du perspectivisme vivant, l'interprétation du Mouvement éternel à travers le prisme de l'être organique et son besoin impérieux de repères pour vivre et connaître ? Or, voici ce que je pense. Les formes ne sont pas indépendamment des êtres vivants qui se les représentent. Elles n'apparaissent qu'à travers le rythme perceptif contrasté du vivant : l'existence de formes matérielles est la résultante du déséquilibre thermodynamique qui se manifeste, entre autres, par le gradient rythmique entre le senti et le sentant. La perception vivante abrège, condense et cristallise l'agitation éternelle de la Nature en une multiplicité de concentrations dynamiques, et ces boules de densité dans le flux créateur sont les corps matériels avec lesquels l'être vivant interagit. Or, ce sont précisément ces « boules de mouvements » apparues dans le courant qui scandent le Mouvement intransitif et font de lui le temps irréversible du vivant. Le Mouvement originaire sans mobile devient l'histoire temporelle des formes à travers le regard du vivant. La Nature ne nous apparait comme l'histoire universelle de l'évolution des formes qu'une fois que le vivant s'y trouve et qu'il réinterprète de façon temporelle le Mouvement éternel qui l'a enfanté.

§63.

« Les âges de la vie »

Ce qui caractérise le jeune individu : la perception rapide, le mouvement décomposé, atomisé et réorganisé, la mémoire, l'irréversibilité. Le métabolisme de l'enfant et de l'adolescent jouit d'une perception vive et active qui lui permet de vivre dans un monde de formes plus riche et mieux stabilisé. La vieillesse est un relâchement rythmique, une perception moins scandée, mais plus ample, qui se laisse pénétrer par plus de devenir – devenir qu'elle ne parvient plus à fixer ni à organiser. Le ralentissement de tout le métabolisme conduit à une plus grande passivité et le collapse du souvenir : le courant d'information passe à travers le vieillard sans pouvoir être retenu par la mémoire qui décline.

§64.

« Vieillissement et cacophonie »

Jusqu'à la maturité sexuelle, il existe des gènes régulateurs qui, tels de virtuoses chefs d'orchestre, synchronisent la vitesse des actions de tous les autres gènes. Mais après l'âge limite de 18 ou 20 ans, chaque musicien joue de son instrument selon son propre rythme sans se soucier de celui des autres. Le vieillissement est l'anarchie des rythmes qui ne parviennent plus à concourir. Tous les gènes se désynchronisent et l'harmonie hiérarchique se dissout dans la cacophonie. Il n'y a plus de chef au-dessus de la mêlée pour fixer le début, la fin et la durée de la prestation musicale. Chaque gène s'exprime sans se préoccuper des interactions avec tous ses voisins. Tout comme des vagues désynchronisées perdent leur amplitude et ne parviennent plus à produire des figures d'interférences constructives en s'auto-détruisant dans une agitation désordonnée, de même le corps tout entier chemine vers l'équilibre thermodynamique qui est la mort.

§65.

« Rythme du vieillard »

En fin de vie, Einstein écrit : « *en vieillissant, l'identification avec l'ici et le maintenant s'opère lentement. On se sent dissous et fondu dans la nature. Cela me rend heureux. La plus grande expérience que l'on puisse faire, c'est celle du mystérieux* ».

Que signifie l'« *identification avec l'ici et le maintenant* » ? Cette expression remarquable renvoie à *l'expérience de la mort*. Mais comment l'état mort, que nous assimilons communément à l'immobilité et même au néant, pourrait-il être une expérience, qui, dans le sens ordinaire, désigne un vécu subjectif ? Par « expérience », il ne faut pas entendre ici un vécu subjectif de la conscience ordinaire (comme la douleur, le jaune ou le salé) mais la sensation originaire de la Nature. L'état inorganique n'est pas une absence de sensibilité (une telle privation de sensation est au contraire une conséquence contradictoire du matérialisme qui pose la matière morte en premier) ; il faut davantage le concevoir comme la résorption du senti et du sentant dans un *sensible primitif* qui est une propriété intrinsèque du réel. Ce qui différencie l'état organique de l'inorganique est d'abord un *motif rythmique différent*. Dans l'organique, le déséquilibre thermodynamique entre le sentant et le senti, plus ou moins intense, se traduit par la distinction entre un « dedans » (le soi subjectif) et un « dehors » (le non moi, qui, à partir d'un seuil d'objectivation suffisant, est perçu comme un monde objectif)[143]. Les concepts d'intérieur et d'extérieur sont des produits tardifs de la représentation et la représentation est elle-même l'expression d'un rythme naturel contrasté. La forme vivante n'existe et ne se maintient que dans ce contraste rythmique qu'elle creuse et entretient avec l'extérieur. La mort survient lorsque la différence entre le milieu intérieur et le milieu extérieur disparaît. Dans l'inorganique, tous les contrastes sont abrasés, l'amplitude des échanges énergétiques diminue jusqu'à son plus bas étiage et le flux créateur chemine vers le nivellement et l'équilibre thermodynamique[144]. Que représente,

---

[143] Dans ses travaux de psychologie, Joëlle Proust a ainsi distingué trois niveaux de représentation : représentation intensive (celle du lièvre de mer par exemple), représentation catégorielle (celle de l'araignée), représentation objectivante (celle des mammifères supérieurs).

[144] Cf Schrödinger, Qu'est-ce que la vie ?

dans ces conditions, le vieillissement ? Il est un rapprochement rythmique avec l'inerte, une synchronisation entre les horloges du « dedans » et celles du « dehors », le passage de l'hétérogène qui a forme de monde à l'homogène qui est le sentir sans origine et sans forme. Mais comment s'opère ce rapprochement ?

Le métabolisme tend à ralentir avec l'âge. Le vieillissement se manifeste par un relâchement global de l'organisme : l'imagination est moins prompte, la pensée moins alerte, la sensation plus pâteuse ; c'est toute la vie mentale qui ralentit. Conjointement, l'intervalle de durée entre deux sensations augmente et de plus en plus d'événements s'intercalent dans une seule mesure rythmique. Or, recevoir un plus grand nombre d'informations dans chaque sensation équivaut à percevoir le monde en accéléré[145]. Pour le vieillard, la réalité perçue semble accélérer et se fluidifier en même temps que sa mesure subjective du temps s'épaissit et se fait plus pâteuse comme un sang trop lourd qui coagule. Le métabolisme se grippe, perd ses réflexes et son élasticité pour s'aligner peu à peu sur le mouvement des choses. Le ralentissement de toutes les fonctions ne permet plus à l'organisme vieillissant de scander le réel avec la belle assurance et la fougue de la jeunesse qui imposait à toutes choses sa cadence biologique organisatrice. Le gradient de vitesses entre l'intérieur et l'extérieur était pourtant la condition de la représentation d'un

---

[145] Exactement comme au cinéma, plus la vitesse de la prise de vue diminue, plus la vitesse du sujet filmé augmente.

monde objectif qui apparaissait comme indépendant et transcendant à la conscience. L'homogénéisation croissante entre le dedans et le dehors signifie donc la perte du monde (*cosmos*), c'est-à-dire de l'agencement de toutes les formes en un tout harmonieux. Cette perte du monde qui se rapproche peut être vécue comme un drame irrémédiable si l'individu tente en vain de s'agripper à son *ego* mortel et illusoire, mais, chez les plus sages des hommes, elle est vécue avec sérénité et humilité comme une initiation au mystère métaphysique. C'est le cas d'Einstein sur le seuil du sentir océanique : « *on se sent dissous et fondu dans la nature* ». Une sensation trop lente qui tend à se perdre dans la danse frénétique du chaos ne permet plus une représentation, c'est-à-dire une *objectivation* du réel. Il n'y a plus assez de contraste dans le flux pour que des formes se détachent d'un fond ; l'objectif et le subjectif hybrident leurs frontières labiles, se confondent et fusionnent en une sorte de *pathos* intransitif et pré-individuel qui est l'affect primitif de la Nature sans vivant. Matériellement, ce passage de la forme à l'informe se traduit par la perte des liaisons chimiques et la dissolution des structures. La mort est expérience de la *synchronisation* entre le vivant et le reste de la Nature. Ce qui est modifié est l'allure de la perception, qui retourne dans un état sensoriel plus archaïque en fluidifiant son objet. Avec les formes disparaissent tous les repères dans le Mouvement plus homogène de la nature inorganique. La mort est d'abord l'expérience de l'Infini et de la *désorientation radicale*. Les formes perçues par le vivant sont des *directions majoritaires* dans le

Mouvement qui jouent le rôle de repères spatiaux et temporels (une forme permet de déterminer le devant et le derrière mais aussi l'avant et l'après). Aussi longtemps que se maintient le régime du déséquilibre (le rythme vivant), le Mouvement se manifeste à l'être organique sous la forme d'un espace et d'un temps séparés : autrement dit, sous l'aspect d'une structure hiérarchique très différenciée qui permet la manipulation du monde extérieur (ce pouvoir sur le réel est l'essence même du vivant). Mais avec la mort, l'allure de la sensation change brusquement et le Mouvement retrouve un régime plus équilibré (c'est-à-dire plus homogène). Les contrastes sont émoussés et comme affadis jusqu'à ce que l'espace et le temps perdent leur grain différent pour redevenir le même fluide impalpable qui est leur source commune. Mais dans un réel où les formes se sont évanouies, il ne saurait être question d'errance puisqu'ici et ailleurs coïncident exactement tout comme hier, aujourd'hui et demain. La désorientation dans l'infini n'est pas une errance mais une présence. L'ici n'est pas à comprendre comme le lieu indexé à l'existence locale du sujet, qui s'opposerait à un « là » qui serait ailleurs ; de même que le maintenant n'est pas cet instant du temps que j'occupe à l'exclusion de celui que j'occupais dans le passé, ou que j'occuperai dans le futur. Ici est partout et maintenant est toujours puisque, en l'absence de formes, aucun espace ne sépare l'ici du là, ni aucun instant ne s'intercale entre hier et aujourd'hui. La mort est ouverture sur l'ubiquité et l'omniprésence. L'absolu est toujours là, même durant le temps de l'aventure vivante. Mais la *perspective* dans laquelle est enfermé chaque sujet (dans son espace et dans son temps de vivant) l'empêche d'apercevoir la présence inextinguible derrière la position indexicale. C'est là l'aveuglement de l'organique enfermé dans les étroites frontières de la spatio-temporalité. Là où cessent pour lui les formes cesse aussi le monde. Le mystère de la mort, que je nommerais pour ma part davantage une *énigme* (car c'est une perplexité seulement dimensionnelle) est la dissolution des frontières étroites de la spatio-temporalité dans le Mouvement intransitif, qui ne connaît ni dimensions ni frontières. Alors l'identification avec la présence éternelle peut pleinement s'effectuer. L'inorganique est expérience du régime apeironique de la Nature où tous les espaces et tous les temps convergent.

§66.

« Esquisse d'une théorie relativiste de la perception »

Comment se forme la mesure du temps chez un être vivant ? Dans son cours consacré aux Philosophes pré-platoniciens[146] Nietzsche cite un scientifique de Saint Petersburg, Karl Von Bär, qui avait présenté à l'académie russe une communication intitulée « *quelle conception du monde vivant est la meilleure ?* ». Il y défendait

---

[146] Nietzsche, Les philosophes pré-platoniciens, éd. l'éclat, *Héraclite*, p.147-149.

notamment l'idée originale que la vitesse de la perception, chez un être vivant, est approximativement proportionnelle à son rythme cardiaque. Dans le même intervalle de temps astronomique mesuré par la révolution de la Terre autour du soleil, chaque vivant scande le flux des événements selon un rythme propre, ce qui lui offre une expérience de réalité singulière. Selon cette conception, il y a donc autant de manières de percevoir la réalité qu'il y a de vivants, chacun ayant une vitesse de perception différente. Généralement, plus le pouls est rapide, plus la perception l'est aussi. Ainsi, le lapin, dont le rythme cardiaque est quatre fois plus rapide que celui du bœuf peut dans le même intervalle de temps ressentir, vouloir et enfin vivre quatre fois plus que le bœuf. Il se produit donc un *ajustement rythmique* entre l'organisme vivant et le mouvement de la planète qu'il habite. Plus la fréquence de la perception est élevée, plus grand est l'écart entre le rythme intérieur du vivant et le reste de la nature, et plus grand est donc le *pouvoir d'action* du vivant sur son monde. En effet, une perception rapide décompose le flux incident d'informations en un plus grand nombre de séquences, ce qui permet au vivant d'une part d'appréhender une plus grande richesse de détail dans le mouvement, et, d'autre part d'immobiliser le devenir en images stabilisées ; par conséquent un être vivant qui perçoit vite manipule davantage son environnement et a une plus grande maîtrise du monde extérieur. C'est ainsi qu'une mouche, qui décompose le flux des événements environ six fois plus rapidement que l'homme échappe facilement à la main qui veut l'attraper, car pendant que l'humain n'a qu'une seule perception, la mouche en compte six dans son temps propre, ce qui lui permet d'échapper facilement à son prédateur trop lent. Son monde est plus hétérogène et plus riche que celui du bœuf, car elle aperçoit des formes et des mouvements, là où, pour le bœuf, rien d'étant ne se détache du flot indifférencié et trop rapide d'informations. A l'inverse, plus la perception est lente et pâteuse, moins elle est capable d'arrêter et d'organiser le flux du devenir qui l'envahit et la submerge comme un torrent impétueux. Trop d'informations différentes inondent et saturent la perception en un temps trop court pour être retenues et exploitées par elle. La tortue luth par exemple, dont la vitesse perceptive est approximativement quatre fois plus lente que celle de l'homme, voit le monde extérieur défiler devant elle à toute vitesse[147] ; son monde est à la fois plus évanescent et plus homogène que celui de l'homme puisque les séquences événementielles que ce dernier parvient à discerner ne sont dans sa perspective de tortue qu'un flot indistinct et confus que sa perception trop paresseuse ne parvient pas à analyser en données séparées.

Cette audacieuse hypothèse du biologiste russe conduit à l'idée que la vitesse de la perception est *l'opérateur ontologique* des innombrables mondes vivants. L'accélération et le ralentissement transforment une suite d'événements discontinus en un flot continu ou, à l'inverse, décomposent un flux

---

[147] C'est sans doute aussi le cas pour les escargots.

homogène et continu en une multiplicité de séquences discrètes. La différence philosophique entre le continu et le discontinu, le mouvement et la chose, le devenir et l'être sont ramenés ici à de pures différences de *rythmes*. Mais cette thèse devient vraiment fascinante si nous la rapprochons de la théorie de la relativité et que nous concevons une *théorie relativiste de la perception*. Depuis Einstein, nous ne pouvons plus penser le temps et l'espace en les dissociant conceptuellement : ils sont en réalité une seule entité hybride et plastique dont nous nommons « temps » l'aspect le plus fluide (la durée impalpable) et « espace » l'aspect le plus pâteux (les formes matérielles étendues). Dès lors, le concept de rythme doit être réformé parce qu'il ne désigne plus seulement une durée temporelle mais tout autant une étendue spatiale. Il est quelque chose des deux à la fois, ou, plus exactement, un quotient d'espace-temps, un *coefficient de viscosité*. Par conséquent, on ne se contente plus d'affirmer comme Von Bär que chaque vivant vit dans un temps différent (ce qui est déjà contraire au sens commun et à son intuition d'un temps universel unique) mais que chaque vivant vit dans un *espace-temps différent*. Or dire cela, c'est renoncer tout autant à l'idée d'une durée unique qu'à l'idée d'un espace unique. En injectant du temps dans l'espace, l'espace perd sa rigidité inextensible et devient élastique et malléable comme une pâte que l'on peut déformer, étirer ou contracter dans tous les sens. Le temps importé dans l'espace le rend plastique et ductile comme une sorte de pâte à modeler à géométrie variable, allant de la fluidité invisible jusqu'à la matérialité impénétrable et indéformable. Le rythme permet de penser une *réalité intermédiaire* entre le temps et l'espace, un espace liquéfié et un temps épaissi sur le modèle des montres molles de Dali. On passe alors d'une *métrique* spatiale rigide à une *texture* spatio-temporelle déformable. Appliquons maintenant ce nouveau concept de rythme spatio-temporel à la perception vivante. Chaque être vivant est une combinaison originale de fluide et de pâteux, de sensation et de matière, ou, si l'on préfère, de temps et d'espace. Un être vivant est donc un rythme. Mais c'est un rythme bien particulier parmi tous les quotients spatio-temporels qui se distingue par la grande *hétérogénéité* de son motif (que les physiciens baptisent le « déséquilibre thermodynamique »). C'est une sorte de chorégraphie rythmique qui écartèle l'espace et le temps en une distorsion maximale : un vivant est une subjectivité sentante immatérielle vis-à-vis de laquelle surgit un monde matériel (*cosmos*) c'est-à-dire un ensemble ordonné de formes et de repères qui, à des degrés divers, permettent action et manipulation d'une partie du réel (assimilation, adaptation, reproduction, etc.)[148]. *Un-senti-pour-un-sentant*, tel est le motif biologique fondamental. La signature du biologique est la relationnalité, mais la relationnalité est la nature de l'espace-temps lui-

---

[148] Il résulte de cette définition que nous ne qualifions pas de « vivants » les rythmes qui nous paraissent trop homogènes mais cela veut simplement dire que nous refusons d'accorder la vie à ce qui dissemble trop de nous. Notre appréciation du vivant et de l'inerte est anthroporythmique et arbitraire.

même, de sorte que la séparation du temps et de l'espace est le motif rythmique du vivant et qu'elle peut lui servir de définition. Chaque monde vivant est une bulle spatio-temporelle qui présente une texture spécifique. Il y a toutes sortes de mondes vivants, des mondes mous et des mondes durs, des mondes chauds et des mondes froids, des mondes transparents et d'autres opaques, chacun selon la proportion de temps et d'espace qui le constitue. Le réel est constitué par une infinité de ces bulles spatio-temporelles en quatre dimensions toutes différentes par leur élasticité et leur degré de pénétrabilité. En faisant irruption dans la métrique, le « temps » la distord, la déforme, l'étire ou la comprime en tous sens. Autrement dit, c'est la vitesse de la perception qui commande à la fois la métrique et la texture de la réalité. Elle est l'artisan de tous les mondes qui sont les grains de réel au sens où l'on parle du grain d'un papier, lisse ou rugueux – chaque pâte spatio-temporelle présentant une viscosité unique. C'est d'ailleurs l'extraordinaire diversité de ces textures qui permet le jeu sempiternel de l'adaptation biologique et la régulation interspécifique entre les prédateurs et les proies. L'adaptation des espèces (tant aux autres espèces qu'elles régulent qu'à l'environnement qui les sélectionne) est en réalité une *sculpture de la pâte spatio-temporelle qui* s'étire et se contracte en cadence. Les vivants fabriquent des armes et des boucliers spatio-temporels qui les isolent ou les exposent les uns aux autres selon les propriétés d'étanchéité ou de pénétrabilité de la pâte spatio-temporelle dont ils sont faits ; ils doivent leur survie tantôt à la fluidité de leur action (les lièvres esquivent les renards par leurs réflexes incroyablement vifs) ou à la rigidité de leurs défenses corporelles (face à un prédateur, la tortue se recroqueville dans sa carapace et le coléoptère dissimule ses ailes sous ses élytres). Tout cela n'est possible que parce que chaque vivant vit, à des degrés divers, dans une bulle spatio-temporelle légèrement désynchronisée par rapport à celle des autres vivants qui l'entourent. Les mondes s'interpénètrent en partie, se chevauchent ou s'excluent selon le rythme perceptif de chacun qui permet ou interdit l'échange. Certaines fréquences empiètent sur celles d'autres mondes vivants, ce qui permet à un criquet de m'apercevoir tout comme je l'aperçois moi-même. Mais je ne vois pas *tout* ce que le criquet perçoit, pas davantage qu'il ne peut percevoir lui non plus tout ce qui prend sens dans mon monde. Car, ce qui du réel se donne à lui comme forme spatiale (que parviennent à décomposer et à analyser ses yeux à facettes) n'est pour moi que temps invisible hors de toute manipulation. C'est la raison pour laquelle il existe une part de son monde que le vivant ne partage pas avec les autres vivants, ni avec ceux d'une espèce différente (cette frange de fréquence est la plus large), ni même avec les membres de sa propre espèce (cette frange de fréquences est la plus étroite). Cet incommunicable est ce que l'on nomme le for intérieur : c'est la forteresse de la subjectivité.

Ainsi, s'il n'existe bien qu'une unique réalité, le Mouvement, dont l'espace et le temps sont les affluents dissociés par le rythme vivant, cette réalité unique présente d'innombrables visages, qui, tous, sont des mondes vivants : tous les degrés d'élasticité entre le « temps » et l' « espace » se réalisent dans ces relations.

§67.

« Logique des atomes et numérisation du monde »

La volonté forcenée de notre époque de transformer le réel en algorithmes d'information est l'étape ultime de la mathématisation du monde, inaugurée au XVIIème siècle par Galilée et Descartes. L'essence de cette révolution consiste à fragmenter le réel en une multiplicité d'étants finis pour le rendre disponible à l'action humaine qui n'a prise que sur le discret et le calculable. La maîtrise du monde passe par la réduction de la qualité à la quantité, de la diversité à l'unité, du devenir à l'être. L'étant fini qu'est l'homme affirme sa démesure en prétendant réduire l'infini à sa courte mesure pour se l'assimiler, se l'incorporer et le dominer. Mais cette mathématisation déchaînée du monde, dont le XXème siècle marque à la fois l'apogée et la limite, dissimule bien davantage qu'une révolution épistémologique. Elle est en fait la réalisation du phénomène vivant dans sa quintessence et sa radicalité. En effet, ce qui distingue le phénomène biologique de la nature inorganique est d'abord un régime différent de créativité, une amplitude et un contraste supérieurs dans le flux. Alors que l'inorganique est un régime fluvial de très faible amplitude qui présente une grande homogénéité dans ses manifestations, le phénomène biologique

308

est le régime du déséquilibre, du contraste et de la crue fluviale[149]. Le réductionnisme scientifique ne déroge pas à la plus ancienne caractéristique du vivant, il en est en quelque sorte le prolongement et l'expression la plus fidèle : car n'est-ce pas par la même volonté de maîtrise que les yeux à facette de la libellule décomposent le mouvement de son environnement en d'innombrables clichés immobiles pour capturer ses proies et que le savant analyse les phénomènes, découpe des séquences complexes d'événements pour les réduire à des données plus simples, et recombine enfin toutes ces données pour se donner l'image fictive d'un monde soumis à sa mesure ? La réduction du réel à la mathématique, puis la réduction de la mathématique à la logique est le plus ancestral de tous les atavismes du vivant : il remonte à la naissance des êtres organiques et la révolution galiléenne n'est que le prolongement et couronnement en quelque sorte de « l'erreur du même » dont Nietzsche affirme qu'elle est la mère de tous les vivants. Juger comme « même » ce qui est simplement analogue, réduire le différent à l'identique est le processus même de l'incorporation et de l'assimilation organique. Aujourd'hui toutefois, la numérisation du monde franchit une nouvelle étape qui était encore inaccessible à la science du temps de Descartes et de Galilée. La mathématique se désolidarise de la physique pour poursuivre seule l'aventure de la réduction de L'être à l'étant. Nous

---

[149] C'est le sens même du déséquilibre thermodynamique qui a fait dire à certains physiciens et biologistes que le vivant est néguentropique.

réalisons le programme de Démocrite encore plus que celui d'Épicure. Pour Épicure, les atomes étaient des entités physiques insécables et dernières, alors que l'atome de Démocrite est un nombre sans épaisseur spatio-temporelle, c'est-à-dire un pur être mathématique. La théorie de l'information réalise jusqu'à son terme le programme démocritéen en réduisant l'atome physique au bit d'information dématérialisé. C'est l'ultime étape de la granularisation du monde : discrétiser le réel non plus au niveau du perçu mais aussi du pensable.

§68.

« Retrait du divin »

A mesure que la technologie nous donne accès à des durées de plus en plus courtes, auxquelles l'humanité d'autrefois n'était pas confrontée, surgissent de nouveaux problèmes temporels de synchronisation des rythmes, fort semblables à ceux qui se posaient au début du XXème siècle dans le secteur des chemins de fer alors en plein essor : il s'agissait alors de synchroniser les horloges entre la gare de départ et la gare d'arrivée pour éviter les accidents ferroviaires. Une situation analogue se présente aujourd'hui aux informaticiens. Dans le cadre de la technologie numérique, le temps de calcul de la machine doit être en théorie infiniment court conceptuellement pour éviter une interférence avec le temps propre du phénomène que l'on programme. Dans l'idéal, il faudrait pouvoir négliger le temps du calcul. Le « bug » informatique est le mélange de ces deux temps qui interfèrent et se télescopent, temps de la machine et temps du phénomène. La volonté hybristique d'extorquer de l'étant à l'indifférencié pousse l'humain toujours plus loin dans les entrailles de la Nature pour y découper dans la chair de l'éternité des séquences temporelles et manipulables. Plus la mesure s'affine, plus le domaine de la présence recule, remplacé par celui de la succession. Le divin se recroqueville dans le régime soudé qui rétrécit comme une peau de chagrin. La relation grignote le territoire de l'absolu.

§69.

« Un monde plus grand »

Les états de consciences modifiés (psychotropes, transe chamanique, méditation et NDE) nous font quitter les rythmes de la perception ordinaire. Ils sont en quelque sorte la *transition* entre ce que nous appelons l'état vivant et l'état mort. La pâte spatio-temporelle subit des déformations relativistes mais ces déformations ne sont pas assez radicales pour résorber la pluralité des étants dans l'autopathie archaïque. L'espace-temps est distordu, la porte de l'au-delà est entr'ouverte mais le Mouvement demeure encore dimensionnalisé en espace et en temps. La mort est une espèce de conscience tellement modifiée qu'elle annule la transcendance du monde dans un sentir pré-individuel. Elle ne s'apparente ni à l'objectivité (des *quanta*) ni à la subjectivité (des *qualia*) que nous expérimentons dans l'état vivant ; elle est plutôt le fleuve commun dont le sujet et le monde sont les affluents tardifs.

§70.

« États de conscience modifiés »

Seul le rythme de la perception ordinaire nous sépare du Mouvement de la Nature qui est la source éternelle de la Vie. La plupart du temps, cette réalité nous reste dissimulée par le mur spatio-temporel rigide de la perception commune. Mais certains aventuriers de l'infini disséminés au fil des siècles (Aldous Huxley fut un de ces hommes intrépides), entrouvrent quelques instants les portes carcérales de la conscience et nous font pénétrer dans un monde inconnu. Le botaniste Gordon Wasson, la chamane mexicaine Maria Sabina et le chimiste Albert Hoffmann ont été des pionniers dans la connaissance des champignons hallucinogènes. Il est avéré que certaines substances (psilocybine, LSD, ayahuasca, peyotl, etc.) provoquent chez les humains, à des degrés divers, des états modifiés de conscience en déformant le rythme de leurs perceptions. Outre les hallucinations et les désagréments physiques qui accompagnent ordinairement l'absorption de ces substances (vomissements, diarrhées, spasmes, contractions...), l'effet le plus remarquable est l'altération psychologique et cognitive qu'elles provoquent chez le sujet. Le « dérèglement raisonné de tous les sens » que beaucoup d'artistes ont méthodiquement cultivé pour décupler leur créativité est d'abord une *ouverture* des sens sur une réalité élargie avec laquelle ils sont d'ordinaire désynchronisés. En ce sens « dérégler » ses sens signifie en fait opérer un nouveau réglage qui permet d'enrichir son expérience du réel[150]. Dans l'état modifié de conscience, l'individu se sent plus « relié » à l'ensemble des êtres et il dispose d'un plus grand nombre d'informations sur tout ce qui l'entoure. Sa perception est comme augmentée. C'est comme si les portes de la perception s'ouvraient sur un monde plus grand. Même si les récits diffèrent en raison de la diversité des substances et des quantités absorbées, tous les témoignages se recoupent sur un point essentiel : l'espace et le temps subissent des déformations et des distorsions très proches des phénomènes de dilatation du temps et de rétraction de l'espace bien connus des physiciens relativistes. L'expérience psychédélique est une *modification de la rythmique et de la métrique* perceptives qui permet une exploration plus étendue du réel. Elle produit un bouleversement dans notre manière de fragmenter la réalité en unités signifiantes et d'appréhender la consistance ontologique des choses. Le réel est un Mouvement irreprésentable composé d'innombrables rythmes, autrement dit d'innombrables quotients spatio-temporels dont chacun se distingue par un coefficient de viscosité unique. Chacun de ces rythmes est un monde avec sa *durée* et sa *texture* singulière. Changer le rythme

---

[150] Le « réglage » ordinaire qui nous permet de percevoir le monde qui nous entoure est en réalité une désynchronisation avec la plus grande partie du réel !

de sa perception permet de passer de l'un à l'autre, d'explorer ces nouvelles dimensions et d'expérimenter un vaste spectre de fréquences du réel qu'il est impossible d'entrevoir dans la vie consciente. Dans la conscience ordinaire, relativement lente et pâteuse, nous ne parvenons à stabiliser que le monde matériel ordinaire que nous croyons être le seul. Il y a « moins de temps » et « plus d'espace » pour parler comme les physiciens de la relativité. Toutes les textures trop fluides pour être perçues restent des superpositions quantiques virtuelles que nous nommons des « mondes imaginaires ». Mais dès lors que la perception s'accélère sous l'effet des psychotropes, le ratio spatio-temporel de la perception ordinaire s'inverse : il y a « plus de temps » et « moins d'espace ». Les mondes invisibles trop fluides pour la perception ordinaire prennent forme, consistance et se *solidifient* pour ainsi dire à nos sens plus rapides qui découpent le mouvement en plus d'unités de mesure et parviennent ainsi à les fixer et les matérialiser. Les consommateurs de psychotropes sont unanimes pour affirmer que dans l'expérience psychédélique, le rêve devient aussi vivant et tangible que le monde matériel de la perception commune. Dans la transe chamanique par exemple, la *proportion réciproque de temps et d'espace dans la perception* est modifiée. Le temps se dilate et donne au chamane des capacités physiques décuplées sur le monde matériel (il peut porter des heures son tambour de 6 à 8 kg sans fatigue, se blesser sans ressentir de la douleur, etc.) ; en outre, cette distorsion spatio-temporelle permet la manifestation de l'invisible et la rencontre avec les « esprits », êtres plus subtils et fluides que les étants matériels. Le changement de rythme que le battement du tambour produit sur toute la sensibilité de l'individu lui fait quitter la mesure étriquée de sa vie vouée à l'étant tangible et lui ouvre les portes de mondes insoupçonnés et de dimensions innombrables, mondes oniriques et flottants, plus ou moins temporels ou spatiaux selon leur degré de fluidité – mondes qui sont autant de *textures* de réel masquées par la conscience ordinaire. Un résultat semblable est obtenu par la consommation d'ayahuasca, « la liane des esprits ». Cette substance très amère, qui fait partie de la culture populaire en Amazonie et au Mexique est utilisée en décoction avec le chakruna dans des breuvages. Sous l'effet de la diméthyltryptamine (DMT) les fonctions cardiaque et respiratoire de l'individu s'accélèrent ; sa mesure du temps se dilate et sa perception s'anime ; le sujet peut alors vivre un plus grand nombre d'événements en un intervalle de temps donné, parce que son cerveau décompose le monde ambiant à un rythme plus soutenu. *Il donne forme à l'informe*. Ce qui lui apparaissait jadis immobile, pauvre et homogène s'enrichit de mille détails nouveaux, mobiles et éblouissants. Ce qui n'avait que la légèreté du rêve s'alourdit du poids de l'existence. Certains consommateurs d'ayahuasca évoquent la traversée de forêts de lianes noires, des voyages incroyables dans des mondes colorés, ou encore des chutes interminables dans des gouffres sans fond. Dans tous les cas, ce qui est vécu par l'initié se manifeste avec la vivacité et le sérieux de l'existence et non la légèreté de l'imaginaire (ce qui peut s'avérer traumatisant si l'on expérimente sa propre agonie). Les émotions (peurs, joies, colères...) sont accrues dans leur diversité et leur intensité, et la Nature tout entière manifeste la Vie inextinguible. C'est comme si l'individu découvrait soudain sous l'écorce statique des choses une vitalité grouillante et secrète qui lui apparait amplifiée et multipliée. Le monde devient plus grand, ou plutôt, il s'enrichit d'autres mondes. Les mondes imaginaires se stabilisent et deviennent autant de mondes réels sous l'effet de sa perception accélérée. Ces plantes qui lui apparaissaient autrefois immobiles et presque mortes s'animent de tous côtés, le mouvement de leur croissance s'accélère et devient magiquement perceptible : elles se mettent à parler et même à chanter. Les rochers eux-mêmes prennent vie et deviennent les frères vénérables des vivants dépositaires d'une antique sagesse. Tout sympathise et tout communique. Cette perception amplifiée dont le consommateur d'ayahuasca se trouve soudainement doué nous est interdite dans l'état de conscience ordinaire car notre perception des choses est trop lente et trop étriquée. C'est la raison pour laquelle, prisonniers de nos préjugés, nous croyons que l'inorganique est un monde « mort ». Là où la conscience n'enregistre que 16 bits d'informations par seconde, le corps parvient à en capter 10 millions et le cerveau environ 10 milliards[151]. C'est dire l'extrême pauvreté de la perception consciente si on la compare à la foisonnante richesse de la réalité

---

[151] Ces chiffres sont donnés par Corine Sombrun dans sa conférence « chamanisme et neuroscience ».

invisible, réglée sur des fréquences différentes, qui la cerne de toutes parts. Le cerveau n'est qu'un mauvais filtre qui, d'habitude, nous cache tout ce qui, dans le réel, est plus fluide que lui : il ne retient que les textures les plus pâteuses et les plus grossières. Les mouvements les plus rapides et subtils passent au travers de la mesure de son tamis. Mais dans l'état de conscience modifiée, le cerveau ne protège plus autant des sons et le thalamus laisse pénétrer davantage de stimuli extérieurs. C'est la raison pour laquelle une substance comme la psilocybine améliore la mémoire du consommateur à faible dose en enrichissant son monde mais la noie à plus forte dose lorsque l'irruption pléthorique de données excède la capacité de son cerveau à les traiter. La DMT joue ici le rôle d'un neurotransmetteur proche de la sérotonine et le changement de rythme perceptif se traduit d'un point de vue neurologique par un ensemble de réactions chimiques. Mais le plus remarquable est que de telles expériences (dont les plus intenses s'apparentent énormément à des expériences de mort imminente) acheminent le sujet vers *l'expérience de l'éternité* en l'arrachant à l'espace et au temps finis de la représentation. L'*ego* se fluidifie et tisse autour de lui un réseau de liens organiques, ce qui permet au consommateur d'ayahuasca de ressentir comme *en lui* la totalité des êtres et des choses. Il reçoit l'enseignement des plantes. On parle de substance enthéogène parce que le psychotrope permet de sentir le divin *à l'intérieur de soi*. Comment comprendre cela ? Ce qui sépare la perception ordinaire de l'expérience mystique est seulement l'étendue du réel qui est découverte à travers deux rythmes différents. Deux rythmes différents, c'est-à-dire deux « manières de fluer » différentes. Dit autrement, notre découpage de la réalité peut-être plus « atomisé » ou « relié », discontinu ou continu selon la vitesse à laquelle nous l'appréhendons. Dans la conscience ordinaire, la vitesse de la perception est relativement lente et les étants nous apparaissent par conséquent séparés les uns des autres ; mais lors d'une expérience de conscience modifiée, toute la cadence métabolique est accélérée et fusionne les séquences de mouvement artificiellement séparées dans la perception ordinaire. Le moi se dilate alors jusqu'à devenir le soi impersonnel de toutes choses. Le moi individuel et fini se dissout dans le soi cosmique éternel dont Archiloque a immortalisé la présence dans ses poèmes lyriques[152]. La frontière entre le moi et les choses se liquéfie et s'irréalise. Le voyage psychédélique est aussi une enquête métaphysique sur le processus qui unit l'individu et le pré-individuel, le passage du Mouvement éternel aux formes finies et fragmentées des étants. C'est comme si, l'espace d'un moment, le *principium individuationis* était aboli. Dans l'expérience de conscience modifiée, la fluidification du réel met en péril notre découpage artificiel entre l'être et le non-être, comme si la barrière rythmique que le vivant érige pour se protéger du reste de la Nature se dissolvait tout à coup. L'infini est derrière la porte de la conscience : l'impénétrabilité des choses est supprimée en même temps que la perception

---

[152] Voir Nietzsche, <u>Naissance de la tragédie</u>.

commune d'un temps successif, et passé et futur sont comme étalés ensemble dans un tableau vivant. La perception des étants multiples se transforme en sensation océanique du *continuum* indivis et vibrant. Dit autrement, on entrevoit un instant la nature de l'éternel, c'est-à-dire un pur Mouvement plus originaire que sa séparation en temps et en espace, en sentant et en senti. La vision étriquée attachée à la condition vivante se déchire l'espace d'un instant et laisse entrevoir la réalité de « l'autre côté » du mur spatio-temporel. Le psychotrope n'a pas le pouvoir d'abattre le mur mais il a le pouvoir de le déformer, de le fragiliser, de le fluidifier au point de le rendre traversable par les esprits les plus audacieux. C'est une sorte d'*effet tunnel psychologique*. Il est probable que de semblables substances étaient déjà utilisées dans la Grèce Antique lors des mystères d'Eleusis. Les expériences de conscience modifiée sont le nom contemporain de l'antique mystère du *dionysiaque*.

§71.

« Sensation du sacré »

Le sentiment du sacré est l'intuition que les frontières de notre monde ne sont pas celles de la réalité. Chez certains, cette intuition est presque inexistante, chez d'autres elle est confuse, chez d'autres encore elle est tout à fait claire. Les premiers sont les matérialistes, les seconds les croyants, les derniers, qui sont aussi les plus rares, sont les mystiques.

§72.

« Intuition animale »

Dans de nombreuses cultures traditionnelles d'étranges pouvoirs sont prêtés aux animaux : le monde animal, végétal et parfois même minéral serait capable de « communication intuitive », voire télépathique avec les humains. Les exemples ne manquent pas : le chien qui saurait à l'avance que son maître va rentrer et qui semblerait l' « entendre » alors que ce dernier se trouve à des kilomètres de distance et hors de toute portée sensorielle, les lapins et les serpents qui semblent pressentir les séismes ou les tsunamis et qui fuiraient le danger avant même que les sismographes humains les plus subtils ne détectent l'imminence de la catastrophe, ou encore les chevaux qui communiqueraient avec les hommes sous formes de visions et de sensations diverses. Il existe même toute une littérature de ces témoignages[153], hélas jamais confirmés à ce jour par aucune étude scientifique sérieuse, ce qui nourrit un scepticisme légitime à l'égard de toutes ces pratiques qui flirtent avec l'irrationnel. Ne pourrait-on pas émettre l'hypothèse que le fameux « sixième sens » que

---

[153] Voir les témoignages et conférences de Laila del Monte par exemple.

320

l'opinion commune a, de tout temps, et dans des cultures très variées, accordé aux animaux, n'a rien de mystérieux ni de paranormal et leur vient précisément de leur capacité à émettre et recevoir dans une gamme de fréquences légèrement décalées et désynchronisées par rapport aux nôtres ? La physique relativiste est clairement compatible avec cette hypothèse. Si d'innombrables rythmes forment tous ensemble ce que nous appelons « la réalité », alors toutes les textures de la pâte spatio-temporelle existent. Il s'ensuit que chaque espèce, et, dans une moindre mesure, chaque individu appartenant à une espèce donnée communique selon un spectre de fréquences unique. Les humains que nous appelons les « intuitifs » sont probablement ceux que la nature a dotés d'un « réglage » légèrement désynchronisé par rapport à celui de leurs semblables, ce qui leur offre des possibilités accrues de connexion et de communication interspécifiques à la marge. De sorte qu'ils seraient capables, pour certains d'entre eux du moins, de donner forme à l'informe et corps à ce qui n'est pour la plupart qu'immatériel et inexistant. Bien des énigmes à propos du monde animal seraient résolues si cette hypothèse s'avérait exacte !

§73.

« Premiers pas dans l'état mort »

Si c'est de la sensation qu'il faut partir pour poser l'existence de formes matérielles et non le contraire, alors il faut concevoir l'état mort comme une *espèce particulière de sensation*. Ce n'est pas la sensation qui est un produit du devenir, mais son développement rythmique et son objectivation en corps matériel. Le *pathos* fait partie de l'être le plus archaïque de la Nature et il faut donc l'accorder à l'inorganique que nous nommons à tort le « monde mort ». En quoi cette sensation archaïque diffère-t-elle de celle du vivant ? D'abord par son allure, par le rythme de sa donation. Dans l'état inorganique, les variations dans le flux créateur forment une sorte de bloc ininterrompu et grouillant, et aucun motif rythmique contrasté ne fait saillie dans le courant. De l'inorganique ne s'élève qu'un murmure innombrable et anonyme qui préfigure l'individualité du vivant. Ce *pathos* ne connaît ni le dédoublement de soi ni la pluralité des êtres. La mort, déclarait Schopenhauer avec justesse, est un rêve où l'individualité s'oublie. On pourrait qualifier cette sensation océanique d'*autopathie*, à condition de ne pas confondre le soi cosmique avec l'*ego* individuel. Autopathie mais pas egopathie, car il n'y a rien de tel qu'un *ego* qui serait distinct d'autres *egos*. On pourrait affirmer que l'expérience d'être mort signifie se sentir soi-même. Mais l'expression « se sentir soi-même » est trompeuse, car, elle renvoie naturellement pour tous les êtres vivants à l'expérience déjà connue de la subjectivité ordinaire : en tant que vivant, lorsque l'on affirme que l'on se sent soi-même, on veut simplement dire que l'on sent son propre corps ou bien ses affections internes individuelles (joie, douleur, colère etc.), à l'exception de celles ressenties par les autres dans la forteresse de leur for intérieur et qui nous sont inaccessibles. On parle aussi dans ce sens de

« proprioception ». Pour les vivants, la sensation intime de soi correspond à ce qui peut faire l'objet d'une expérience intime à l'intérieur des étroites frontières de l'*ego*. Or, l'autopathie de l'inorganique ne peut désigner une intimité singulière sur le modèle de celle du vivant circonscrite par les limites de l'individu. Car la mort dissout irrémédiablement toute forme et, avec elle, la sensation d'un moi délimité par le monde extérieur et distinct de celui des autres. L'autopathie est en réalité une *panpathie*, qui inclut tout altérité comme *en soi*, car la relation et les pôles qu'elle réunit n'existent pas encore dans un régime fluvial du réel trop homogène. Affirmer que l'on ressent tout le reste du réel « au-dedans de soi » n'est donc qu'une image. Car *stricto sensu* il n'y a ni dedans ni dehors, si l'interface n'est pas formée. Dans le *continuum*, toute affection est ressentie sur place et instantanément car il n'existe rien de semblable à de la distance ou à de la succession (qui n'émerge que lorsque le gradient rythmique est suffisamment puissant). L'autre et moi sont encore noyés dans l'Un originaire.

§74.

« Séjour naturel des idées »

Les idées diffèrent d'abord des objets physiques par leur consistance : la pâte spatio-temporelle dont elles sont faites est plus fluide, moins dense, plus aérienne. Les idées sont les parentes naturelles de l'altitude : là où le temps s'écoule avec plus de rapidité, loin du champ gravitationnel se trouve le repaire des idées. C'est dans les hautes montagnes de Sils Maria, « *à six mille pieds au-dessus des choses humaines* » que Nietzsche a eu la plus grande intuition de toute sa vie, celle du Retour Eternel. Il y a dans cette circonstance bien davantage qu'une coïncidence ou qu'une simple image poétique. L'idée est une réalité plus légère que le corps. Elle a son séjour là où le champ gravitationnel est le plus dilué et raréfié. Au sommet des montagnes, la pâte spatio-temporelle est plus fluide qu'au niveau de la mer. L'inspiration coule avec plus d'aisance en haut, là où il y a plus de temps.

§75.

« De la possibilité de la connaissance »

Comment se fait-il que quelque chose comme la connaissance soit possible ? Pourquoi la sphère du sujet et celle de l'objet peuvent-elles entrer en contact et coïncider suffisamment pour produire un savoir vrai ? On sait que cette question a été, au cours de l'histoire, la croix des philosophes. Il n'a fallu rien de moins à Descartes que l'hypothèse d'un Dieu vérace, à Leibniz la doctrine de l'harmonie préétablie et à Kant sa laborieuse déduction transcendantale pour résoudre ce casse-tête métaphysique : car rien n'interdit en soi de concevoir un sujet et un monde radicalement hétérogènes et absolument impénétrables l'un à l'autre où tout savoir objectif serait impossible. Pourquoi n'est-ce tout simplement pas le cas ? Pour résoudre l'énigme de la connaissance, nul n'est besoin de convoquer un

Dieu créateur dont la bonté garantit la véracité de ma représentation et la conformité de l'idée avec le réel (*adequatio rei et intellectus*) ; pas plus qu'il n'est besoin de faire de la connaissance objective l'œuvre d'un sujet connaissant qui légifère *a priori* sur les conditions de l'expérience au moyen des catégories de son entendement[154]. Une étape est franchie dans la résolution de l'énigme dès lors que nous acceptons l'idée que le sentant et le senti sont des entités *dérivées* qui proviennent d'une matrice dynamique pré-individuelle dont elles se sont séparées par un processus d'hétérogénéisation croissant. Gilbert Simondon est un des rares pionniers à avoir pressenti la présence d'une réalité pré-individuelle derrière l'apparente séparation du sujet et de l'objet : « *si la connaissance retrouve les lignes qui permettent d'interpréter le monde selon des lois stables,* écrit-il, *ce n'est pas parce qu'il existe dans le sujet des formes a priori de la sensibilité dont la cohérence avec les données brutes venant du monde par la sensation serait inexplicable ; c'est parce que l'être comme sujet et l'être comme objet proviennent de la même réalité primitive, et que la pensée qui maintenant paraît instituer une inexplicable relation entre l'objet et le sujet prolonge en fait seulement cette individuation initiale* »[155]. Quelle est cette « réalité primitive » dont l'objet et le sujet sont

---

[154] On connaît l'effort que cela a coûté à Kant de réécrire la déduction transcendantale dans sa deuxième édition de la <u>Critique de la Raison Pure</u>.
[155] Gilbert Simondon, <u>L'individuation psychique et collective</u>, éd. Aubier, p. 127

issus ? Et en quoi la pensée en est-elle en quelque sorte le « prolongement » ? On pourrait affirmer que cette réalité primitive est la Vie[156]. Par *Vie*, j'entends le principe créateur universel, réalité Unique, immanente et infinie dont tous les étants sont les respirations (*pneuma*) innombrables. Appréhendée à partir de son essence dynamique qui enfante éternellement de la différence, la Vie peut être qualifiée de Mouvement sans mobile et de puissance invieillissable de fécondité et d'éclosion : les Anciens Grecs s'y référaient en la nommant la Nature (*Physis*). Si nous insistons sur son caractère incréé, inaltérable et éternel, nous pouvons la nommer « présence ». De cette réalité primitive et sensible co-surgissent par différenciation rythmique (*démixtion*) le sentant et le senti (par un processus de séparation ou *apokrisis*) puis, plus tardivement, la pensée et le monde, autrement dit la sphère du subjectif et de l'objectif (par un processus d'éjection ou *ekkrisis*)[157]. Etant essentiellement une puissance créatrice, la Vie ne cesse de produire des bifurcations dynamiques dont les variations sont respectivement les *fluctuations* quantiques (variations les plus infimes), les *intensités* polarisées des sensations, les *formes* découpées par la perception et la pensée. Fondamentalement, le sentant ne diffère du senti

---

[156] A bien distinguer du vivant : se reporter à la section « abrégé de métaphysique ».

[157] J'emprunte à Anaximandre les concepts clés d'*apokrisis* et d'*ekkrisis*. Celui de *démixtion*, qui les comprend tous deux comme des degrés d'intensité de la séparation rythmique, m'est propre.

que par son allure, et la séparation entre l'objectif et le subjectif est le produit d'un gradient rythmique dans le flux créateur. Il n'y a qu'une différence dimensionnelle (mais non ontologique) entre le régime soudé de la présence (qui est l'absolu indifférencié du vide quantique) et le régime spatio-temporel de la *relation* (qui, *stricto sensu*, est le seuil de créativité de la Nature à partir duquel une entité émergente se détachant du bloc de Mouvement peut être dite « vivante »). Autrement dit, sentant et senti, séparés comme deux dimensions (celle de l'intériorité et celle de l'extériorité) ont pour berceau commun la Vie universelle (on peut formuler cette même idée en affirmant que le temps et l'espace sont des réalités émergentes dérivées d'un Mouvement originaire commun). Par conséquent, le lien entre le sentant et le senti n'a pas à être introduit du dehors et artificiellement par l'hypothèse coûteuse d'un Créateur commun ou un sujet idéaliste qui imposerait mystérieusement à la réalité son ordre catégorial. Sujet et objet n'existent (c'est-à-dire ne surgissent à l'apparaître) qu'en raison d'un excès local de créativité et d'une intensification du contraste au sein du courant de la Vie, comme une crue dans une rivière ou une tempête en mer font changer la rivière et la mer de régime sans en modifier la nature. Même une fois apparus, les êtres vivants ne sont que des processus inaboutis, toujours en chemin vers l'individuation sans jamais devenir des individus disparates coupés de la Source commune. L'absolu (c'est-à-dire l'aspect non individué qui se trouve encore en eux) luit encore en chacun d'eux comme une parenté à la fois oubliée et pourtant évidente, tout comme le Mouvement originaire peut toujours être deviné par le regard perçant du philosophe sous la trame élastique de l'étendue et de la durée. Tous les étants émanent du même ancêtre originaire ineffable (qui, n'étant ni spatial, ni temporel, mais éternel, ne relève pas de l'enquête généalogique mais archéologique). Cet ancêtre intemporel n'est pas un être mais l'infini. Car, comment, sans supposer une « réalité primitive » commune, rendre compte de la co-sculpture parfaite de tous les étants naturels ? Sculpture tout d'abord entre le sujet et son monde, qui permet la sensation, la perception et la pensée ; sculpture ensuite entre tous les vivants, qui coopèrent et ajustent leurs talents en des symbioses virtuoses à toutes les échelles des écosystèmes comme les talentueux musiciens d'un orchestre polyphonique parfaitement synchronisé ? Sculpture enfin entre les vivants et leur environnement, qui, partout, dévoile une extraordinaire complémentarité et des épousailles si étroites qu'elles semblent les pièces parfaitement agencées d'un puzzle cosmique grandiose ?[158]

En vérité, ni les partisans du mécanisme, qui justifient péniblement l'adaptation à partir d'une sélection hasardeuse, ni les défenseurs de la finalité qui introduisent une intention anthropomorphique dans les phénomènes naturels ne parviennent à

---

[158] On peut, à cet égard, regarder avec profit les remarquables documentaires intitulés « la vie secrète des plantes » sur la chaîne Arte.

rendre raison de la connivence extraordinaire manifeste à toutes les échelles de la Nature. Les premiers parce que l'harmonie semble trop parfaite pour que le seul hasard en soit l'artisan ; les seconds parce que le recours à un Dessein Intelligent est une projection humaine qui réduit l'inventivité infinie de la Nature au schème artisanal et artificialiste de l'homme. Causalité et finalité sont en vérité des interprétations fragmentaires et mutilées qui tentent vainement de reconstruire le puzzle du réel en partant des pièces détachées. Cette fragmentation préalable de la réalité en étants multiples, chacun avec sa nature intrinsèque, est la raison profonde de leur échec : ces deux lectures partent de l'évidence perceptive[159] que la Nature n'est qu'une somme d'entités différentes et pas un unique flux de Vie. En partant du constat de la multiplicité, il revient à l'intellect la tâche titanesque de reconstruire le sens de l'ensemble soit en partant du passé (interprétation causale de type déterministe), soit en partant du futur (interprétation finaliste qui n'est qu'une fiction rétrospective). Dans les deux cas, il s'agit d'une construction imparfaite de l'entendement qui ne rend pas compte de l'unité et de la diversité du réel. La question du sens de la Nature est une fausse question puisque chercher du sens signifie toujours rechercher des liens entre entités préalablement distinguées. C'est toujours en partant d'un étant et en s'interrogeant sur la relation qui l'unit avec tous les autres, que l'on peut dire qu'il est

---

[159] Qui n'est une évidence que pour le regard grossier et pressé du citadin.

la cause ou le but d'un autre. Prise comme un Tout indivisible, la Nature n'a ni cause ni but car rien ne lui est extérieur. Sa présence créatrice éternelle est entière et sa propre justification. Aussi sa plénitude excède-t-elle nécessairement l'entendement humain et ses bricolages dérisoires. La causalité et la finalité sont des interprétations ontiques du réel qui restent prisonnières de la métrique et de la rythmique vivantes.

§76.

« Trois discours sur l'origine »

Dans l'histoire des civilisations, il existe deux manières très différentes de penser l'origine. Selon la première interprétation, l'origine est *dans le temps,* ce qui revient à dire que le temps se présuppose toujours lui-même. C'est la perspective des mythes, qui, au-delà de leur diversité, commencent toujours de la même manière : « au début, il y avait *etc.* ». Peu importe d'ailleurs ce que l'on place au début : un serpent à plumes, un œuf cosmique ou un Océan Primordial... Il y a toujours un « quelque chose » qui précède chronologiquement le moment présent. Le temps est une sorte d'absolu qui a toujours été là et il n'y a donc pas de vrai début. L'origine doit alors se comprendre de façon très contre-intuitive, davantage comme une conclusion ou un aboutissement que comme un commencement

330

[160]. Elle est l'effet qui résulte de toute une histoire antérieure. Cette première conception de l'origine se trouve dans les spiritualités et les métaphysiques qui refusent l'idée de création du Monde et y substituent une sempiternité cosmique, c'est à dire une durée infinie en direction du passé (ainsi en va-t-il dans le bouddhisme, le taoïsme, ou encore la doctrine d'Héraclite ou celle des Stoïciens). C'est une explication purement *immanente* : l'origine d'une chose fait déjà partie de cette chose. A bien y réfléchir cette réponse peut justement apparaître comme une dérobade pour celui qui veut comprendre le processus même de l'origine puisque la nouveauté de la naissance et le mystère de la venue au monde ne sont jamais éclaircis mais présupposés. La deuxième façon de penser l'origine la place *hors du temps*. L'origine d'une chose ne fait pas partie de cette chose. On a alors affaire à une explication *transcendante* qui fait surgir l'étant soit à partir d'autre chose (mais alors ce « quelque chose » doit à son tour être expliqué et ainsi de suite à l'infini) soit à partir du néant. Cette dernière perspective correspond aux trois monothéismes, et, plus généralement, à toutes les métaphysiques ou les religions de la Création qui acceptent l'idée d'un surgissement *ex nihilo*. L'origine est cette fois non pas l'aboutissement d'un processus mais le passage du néant à l'être, qui implique une naissance radicale. Mais comment penser l'impensable, le

---

[160] Voir Etienne Klein, <u>Discours sur l'origine de l'Univers</u> dont je reprends ici les deux premières interprétations de l'origine. La dernière m'est propre.

passage du « rien » au « quelque chose » ? En réalité, ces deux conceptions de l'origine sont aussi incomplètes l'une que l'autre. Examinons-en rapidement les raisons. La première semble, à première vue, la plus cohérente. Elle affirme l'existence d'une réalité incréée qui repose sur l'hypothèse d'un temps infini. Mais comment concevoir un temps infini ? Soit on s'en fait une représentation circulaire et cyclique, comme l'ont fait les Stoïciens par exemple avec leur croyance en l'éternel retour de l'identique. Mais cette idée est contradictoire car, ou bien chaque cycle est exactement le même et alors, on ne garde à chaque passage aucune mémoire du passé ; dans ce cas, chaque fois est la première fois et il ne s'agit pas d'un *re*tour ; ou bien la mémoire de chaque cycle est conservée lors de chaque passage mais alors il y a plus d'information à chaque cycle et dès lors, le retour de la Grande Année ne doit plus s'appeler retour du même mais retour du différent. Soit on considère que le temps infini est une ligne sans début ni fin où chaque instant succède à l'instant précédent, comme l'est la durée newtonienne. Mais on bute alors sur une difficulté plus grande encore : car comment la Nature, qui est depuis toujours et pour toujours, pourrait-elle se renouveler perpétuellement sans jamais se répéter ? On est alors contraint de lui prêter la propriété magique de s'accroître elle-même sans recevoir aucune augmentation du dehors puisqu'il n'y a rien à part elle. Passons à la seconde conception de l'origine et aux difficultés qu'elle soulève. L'interprétation créationniste est encore plus difficile à soutenir. Car comment ce qui n'est rien pourrait-il engendrer une chose, comment l'être pourrait-il venir du non- être ? Cela reviendrait à donner au néant radical la double qualité de l'existence et de la fécondité. Or, il est évidemment contradictoire de donner une réalité à ce qui ne peut être pensé ni être dit. Faut-il alors conclure que l'origine est un mystère qui restera, pour toujours, une aporie ? J'y vois pour ma part davantage une *énigme* qu'un mystère. Contrairement au mystère qui n'a pas de solution ici-bas (tel le mystère de l'incarnation dans le christianisme), l'énigme est une perplexité à solution humaine et la raison peut trouver par ses propres forces la sortie du labyrinthe. Mais comment s'y prendre ? On peut commencer par remarquer que nous confondons subrepticement deux questions quand nous enquêtons sur l'origine. A notre insu, nous mélangeons toujours l'interrogation sur le *commencement*, qui est *chronologique* avec celle sur le *fondement*, qui est *logique*. La première pose la question : « quand l'univers a-t-il commencé » ? Elle cherche à déterminer un moment datable sur la ligne du temps ; la seconde pose la question « pourquoi y-a-t-il un univers » ? Elle recherche une raison logique, c'est-à-dire une explication ultime. La différence entre les deux types de démarches saute aux yeux : la première exige une réponse *temporelle*, la seconde exige une réponse *éternelle*. Car la raison, contrairement au fait, ne peut être vraie un jour et fausse un autre. Le problème devient alors : comment satisfaire aux deux exigences *à la fois*, et donner une réponse au fondement des choses et à l'origine des choses ? Comment résoudre à la fois la question de l'*originaire* (de l'éternel) et celle de l'*originel* (du temps) ? Je propose de distinguer deux échelles dans la Nature, chacune correspondant à un niveau, ou mieux, un *régime* dans le Mouvement universel (au sens où l'on parle du régime d'un fleuve qui varie entre l'étiage et la crue). Le premier niveau, qui traite de l'originaire et qui répond à l'interrogation du fondement, est le plus fascinant pour la pensée humaine car il est une plongée abyssale dans l'Antique Chaos. Au-dessous d'une certaine échelle de la réalité (10^{-35} m et 10^{-44} secondes) que les physiciens baptisent le « mur de Planck » la distinction que nous faisons entre le temps et l'espace perd son sens dans les équations mathématiques. La Nature est toujours bien là, mais à son plus bas étiage (l'énergie est faible mais non nulle) ; l'espace et le temps se confondent dans une sorte *d'écume de mouvement* sans dimensions (ou de dimensions infinies, ce qui revient au même) : un Mouvement qui ne connaît ni formes ni repos mais une agitation sans mesure. Cet étiage de la Nature (que d'aucuns nomment aussi « vide quantique ») n'est plus soumis au temps successif auquel sont assujetties toutes les formes finies – de la particule à la galaxie – car il n'est pas de temps sans succession et il ne saurait y avoir de succession sans des formes qui se succèdent. Cette écume quantique qui est une pure agitation sans structures est le Mouvement primitif, sans mobile, qu'Anaximandre nommait l'*Apeiron*, le Mouvement illimité et intransitif qui ne connaît ni formes, ni temps, ni repos : un dynamisme pur, plus archaïque que l'espace-temps que nous connaissons et « *qui se tient à la source de l'être, ni temporel, car il n'est pas sujet à passer, ni intemporel, car il est source vivante* »[161]. A cette échelle de la Nature, l'espace-temps que nous expérimentons se disloque et se vaporise en une brume impalpable, sorte de vide bouillonnant agité de courants multiples. L'*Apeiron* est vide de formes mais il fourmille d'énergie ; il n'est pas l'Être immobile et mort de Parménide, puisqu'il engendre tout et pourtant il n'est pas non plus temporel car il ne devient rien d'autre que ce qu'il n'est déjà. Il est une présence bouillonnante et invieillissable, un océan infini et éternel d'énergie, source universelle de la Vie. La deuxième échelle de la Nature (qui correspond à une sorte de crue dans la créativité) permet de répondre à l'interrogation de l'originel et de la *naissance du temps*. Car il n'y a pas toujours eu le temps. Temps et formes co-naissent, émergent ensemble, le temps n'étant que l'organisation successive que les formes confèrent au Mouvement une fois qu'elles en ont émergé. Le temps ne peut exister sans mesure, il est toujours la mesure d'un changement. Mais dans l'*Apeiron* il n'y a aucune structure (qu'il s'agisse de proto-particules, d'atomes etc.) et donc aucun repère, qu'il soit spatial ou temporel. Il n'y a rien d'antérieur et rien de postérieur, aucun avant et aucun après. La frise chronologique surgit conjointement aux étants qu'elle organise. Le Big Bang est l'origine de l'histoire des formes et ce n'est qu'à partir de cette origine qu'une évolution dans le temps est possible. Alors

---

[161] Marcel Conche, <u>Anaximandre, Fragments et témoignages</u>, éd. PUF, p.57.

commence le grand calendrier cosmique et le récit des origines raconté par l'astrophysique. Dès lors il devient possible de cheminer vers une solution de l'énigme de l'origine. Le fondement des choses, c'est le Mouvement éternel qui n'est pas devenu. Il se tient (plus rigoureusement il *insiste*) hors de la détermination de l'espace-temps, ou plutôt il est leur indistinction même, leur fusion dans le *continuum* dynamique et invieillissable qui est la réserve éternelle de l'énergie de la Nature. L'origine des choses, c'est la venue à l'existence des formes finies à partir desquelles le temps se met à exister. Ainsi, le temps n'a pas toujours existé et il émerge avec l'espace d'un niveau sous-jacent d'éternité. Contre la conception mythique de l'origine, j'objecte qu'il y a bien une origine du temps. Mais l'origine du temps ne se trouve pas dans le temps mais dans l'éternité du Mouvement. Contre la conception créationniste de l'origine, j'objecte que rien ne peut naître du néant et que la création n'est jamais *ex nihilo* mais résulte d'un changement d'échelle de la réalité : l'agitation sans mobile se déploie dans la multiplicité des formes historiques. On pourrait dès lors distinguer trois conceptions possibles de l'origine : une conception immanente, une conception transcendante et une conception dimensionnelle. Dans la dernière, qui est la mienne, le niveau de l'éternité est bien transcendant par rapport à celui de l'espace-temps car entre les deux échelles de la Nature il y a bien un changement de dimensions et donc une *rupture*. Mais la discontinuité entre l'éternité et l'espace-temps se trouve encore à l'intérieur de la Nature qui est l'unique réalité. Il en résulte qu'on pourrait considérer l'origine de l'espace-temps comme une *transcendance dans l'immanence*. Tout comme le monde perçu est à la fois hors de moi en tant qu'il est en moi (dans ma conscience), de même les mondes spatio-temporels sont dans l'orbe de la Nature tout en échappant à son éternité. L'origine n'est donc pas un cercle vicieux qui serait déjà là avant d'être, elle n'est pas non plus une impensable éclosion à partir du néant mais le point de jonction entre le Mouvement incommensurable qui est éternité et les mondes spatio-temporels voués à la mort.

§77.

« Le paradoxe de l'ancestralité et sa solution »

Traditionnellement, il existe en philosophie deux conceptions antithétiques du temps. La première, réaliste et historique, est intuitive : elle soutient que le temps, tout comme l'espace, ne dépend pas de nous, et que l'univers était déjà soumis au temps bien avant que l'homme et même le vivant n'apparaissent[162] ; en outre, que la conscience n'est

---

[162] Par exemple, Comte Sponville écrit dans L'être-temps, éd. PUF, p.17 : « *les jours n'en passeraient pas moins, si nulle âme n'était là pour voir se coucher le soleil ; ils ne s'en succèderaient pas moins, si nul n'était là pour le voir se lever* ». *Ou encore :* « *Imaginons que toute vie disparaisse sur Terre. Qu'est-ce qui interdirait, intellectuellement, de se demander depuis combien de jours plus personne n'a vu se lever le soleil ?* ».

que le produit tardif d'un univers lui-même temporel. D'Héraclite à Marcel Conche, de Darwin à Prigogine, nombreux sont les philosophes et les savants qui ont défendu la thèse d'un Temps du Monde, objectif et indépendant du sujet humain qui poursuit son cours inexorablement, depuis toujours et pour toujours. La seconde conception, moins intuitive, est la conception idéaliste du temps. Elle défend (avec des variantes) la thèse que ce n'est pas le temps en lui-même qui s'écoule mais que nous en sommes en quelque sorte le moteur secret : il n'existe de temps que *par* et *pour* un sujet conscient qui se représente le monde. Cette interprétation, inaugurée par Kant et reprise par la tradition postkantienne se retrouve aujourd'hui chez certains physiciens spécialistes de la théorie de la relativité, tels Thibaut Damour ou Marc Lachièze-Rey sous le nom de « théorie de l'univers-bloc ». L'impression de l'écoulement du temps n'est pour ces auteurs qu'une illusion tenace de notre subjectivité ou encore le simple effet de notre propre mouvement d'observateur dans l'univers quadridimensionnel immobile. Tout comme, à l'intérieur d'un train en marche, nous pouvons croire que c'est le paysage qui défile alors que, en réalité, c'est le train qui avance. Ainsi, selon la conception idéaliste, « *le temps n'aurait pas de réalité objective, il serait nécessairement subordonné au sujet et ne pourrait donc exister sans lui*[163] ».

---

[163] Etienne Klein, <u>Le facteur temps ne sonne jamais deux fois</u>, éd. Flammarion, coll. Champs sciences, p.78.

Or, la science, spontanément réaliste par sa tradition matérialiste millénaire, a ajouté de nouveaux éléments dans le débat depuis la seconde moitié du XXème siècle. Les nouvelles techniques de datation sophistiquées (carbone 14, uranium 235, techniques avancées de thermoluminescence *etc.*) ont permis de mettre à jour des structures biologiques et même cosmiques renvoyant à un temps où l'homme et le vivant même n'étaient pas : *« des objets plus anciens que toutes formes de vie sur Terre ont bel et bien existé dans le passé de l'univers ; (...) des événements innombrables se sont enchainés dont aucune conscience n'a pu être le témoin ; (...) l'humanité, espèce en définitive toute récente et même toute neuve en comparaison des autres espèces vivantes, n'a pas été contemporaine de tout ce que l'univers a connu ou traversé. (...) Il s'en faut de beaucoup : deux millions d'années contre quatorze milliards, soit un rapport de 1 à 7 000 »*[164]. La mise à jour par la science *d'événements ancestraux*, c'est-à-dire d'événements antérieurs à l'apparition de la conscience, voire de la vie, est un vrai défi pour toute pensée idéaliste. Car si le temps ne peut exister sans la conscience, comment parler d'un temps antérieur à son apparition ? Il revient à Quentin Meillassoux d'avoir formulé dans toute sa rigueur ce problème dans son ouvrage <u>Après la finitude</u> sous le nom de *« paradoxe de l'ancestralité »*. Il pourrait être exprimé ainsi : comment la conscience a-t-elle pu émerger au cours du temps si le temps a lui-même besoin de la

---

[164] Klein, *ibidem*, p.77

conscience pour passer ? Etienne Klein, qui expose le paradoxe avec la clarté dont il est coutumier dans son ouvrage <u>Le facteur temps ne sonne jamais deux fois</u> commente : « *comment expliquer que l'univers ait pu durer et se déployer temporellement pendant 14 milliards d'années à une époque où nous n'étions pas encore là ? (…) Existait-t-il ou non – s'écoulait-il ou non – avant que nous en devenions les contemporains ?* » [165]. On mesure ici à quel point le paradoxe de l'ancestralité est une *énigme et une limite* pour la pensée : car comment penser le temps *à la fois* comme une donnée de la subjectivité (humaine voire vivante) et une donnée du monde objectif ancestral auquel la science a accès ? Selon Meillassoux, les philosophes n'ont pas assez pris au sérieux les énoncés ancestraux que la science énonce, tels que « l'univers a émergé il y a 13,7 milliards d'années » ou encore « la Terre s'est formée il y a 4,55 milliards d'années » et « la vie a apparu à sa surface il y a 3,8 milliards d'années ». De tels énoncés sont absurdes pour un idéaliste puisqu'aucun temps ne peut s'écouler sans un observateur. Aussi, depuis le criticisme kantien, la thèse dominante dans la philosophie continentale a été celle du *corrélationnisme*, c'est-à-dire une métaphysique de la relation : nous ne pouvons pas penser le monde en soi, mais simplement le monde pour nous et tout ce qui peut être pensé n'existe que

---

[165] Etienne Klein, *ibidem*, « <u>quel temps nous a précédés dans le temps ?</u> » p.79.

relativement au sujet qui le pose[166]. Dans la perspective postkantienne, la nature du temps n'échappe pas au « *pas de danse corrélationniste* »[167] puisqu'on le considère comme l'ordre subjectif d'organisation des phénomènes sécrété par le sujet conscient. Dans ces conditions, il est absurde de poser l'existence d'un temps avant la conscience puisqu'il n'existait aucun observateur pour le faire passer. Pourtant, la science produit des énoncés vrais et objectifs. Par conséquent, selon Meillassoux, une telle position serait intenable et contraindrait son défenseur à des acrobaties intellectuelles désespérées (comme celle de soutenir le non-sens d'un énoncé vrai qui décrirait comme réel un événement impossible : « *l'énoncé ancestral est un énoncé vrai, en ce sens objectif, mais dont il est impossible que le référent ait pu effectivement*

---

[166] L'énigme du corrélationnisme trouve probablement sa meilleure formulation dans un article de Francis Wolff intitulé « <u>Un concept hybride du temps</u> » : « *Le temps est-il dépendant de la pensée ? Question aussi vieille que la pensée du temps mais aussi aporétique que celle de la* « *chose en soi* ». *Toute tentative de penser la chose hors de la pensée se heurte au fait que nous la pensons. Va voir là-bas si j'y suis répond la chose – et toujours elle est pour nous, jamais en soi. Autant s'imaginer mort : si je m'imagine mort, je me vois voyant le monde sans moi, mais le fait que je le vois contredit le fait que je me suppose ne plus y être ; le voir c'est y être, y être c'est pouvoir le voir. Va voir là-bas si j'y suis, répond le monde – et il y est si nous y sommes* » *in* <u>Revue de métaphysique et de morale</u> (n°72), p.487-512

[167] L'expression est de Quentin Meillassoux.

exister tel que cette vérité le décrit… »[168]).
Meillassoux propose alors de sortir de l'ornière
idéaliste, dans laquelle la philosophie française s'est
embourbée depuis trois siècles et d'inventer un
nouveau réalisme de type mathématique qui remet
à l'honneur les qualités premières pour que la
philosophie redevienne compatible avec
l'objectivisme matérialiste défendu par l'ensemble
des sciences de la nature. Outre que la thèse
proposée – dont l'originalité est probablement
surestimée – n'est qu'un retour à une forme de
cartésianisme rénové, le paradoxe de l'ancestralité
n'est jamais résolu et même présenté de façon telle
à ce qu'il demeure insoluble. Car, de deux choses
l'une : ou bien il faut renoncer aux énoncés
chronologiques objectifs de la science (thèse
idéaliste) ou bien il faut renoncer au rôle de la
subjectivité dans la constitution d'un temps objectif
(thèse réaliste). L'idéalisme abolit l'histoire en
présupposant un sujet intemporel, le réalisme
présuppose *un temps avant le temps* puisqu'il a bien
fallu que la conscience qui sécrète la temporalité soit
elle-même apparue dans un temps qui l'englobe et
sur lequel elle n'a pas de prise. Telle est l'aporie
apparemment indépassable du temps.

Existe-t-il une solution métaphysique à ce
paradoxe ? Il faut entrer résolument *dans* l'aporie qui
contient en son cœur le chemin vers son
dénouement. Repartons donc de l'étrange état des
lieux qui vient d'être fait : comment la notion de
temps pourrait-elle renvoyer à la fois à *deux*

---

[168] Klein, *ibidem*, p.81.

temporalités différentes ? L'une, tardive, sécrétée par la subjectivité qui tisse l'organisation successive des événements, l'autre, archaïque et plus englobante, sorte de devenir créateur universel au sein duquel le sujet temporel conscient a lui-même émergé. Pour décrire ces deux situations, qui n'ont rien de symétrique, nous utilisons un même mot, « le temps ». Mais parlons-nous vraiment de la même chose et prêtons-nous dans les deux cas au « temps » les mêmes propriétés ?

« *Ce que nous nommons « temps »*, fait justement remarquer le physicien Carlo Rovelli dans <u>L'ordre du temps</u>, *est en fait une collection complexe de structures, de couches* »[169]. Si nous voulons résoudre le paradoxe de l'ancestralité, il nous faut donc clairement dissocier deux idées très différentes que nous hybridons sans même nous en rendre compte pour former le concept de « temps » : celle de *succession* et celle de *création*. Donner à chacune la place qui lui revient permet d'y voir plus clair. Notre concept de temps est une construction intellectuelle hybride qui résulte du rapprochement et de la composition de deux idées, claires en elles-mêmes mais incompatibles si on tente de les penser en une[170] : celle d'*ordre successif* et celle de *devenir* qui est création de pure différence.

---

[169] Carlo Rovelli, <u>L'ordre du temps</u>, éd. Flammarion, p.13

[170] Sur cette incompatibilité, on écoutera avec profit la très riche conférence de Francis Wolff « <u>les deux conceptions du temps : l'ordre et le devenir</u> », ens savoirs.

Par succession temporelle, j'entends la structuration de la réalité en un flux d'événements *à la fois fragmentés* (distincts les uns des autres) et *organisés selon l'ordre irréversible de l'avant et de l'après*. Il y a à la fois *découpage* du réel en unités signifiantes formant une séquence et *agencement* de ces unités en une série qui va toujours dans le même sens, du passé vers le futur, et que je ne peux pas renverser. Ainsi, lorsque nous disons que « du temps a passé », nous comparons l'état présent du monde avec un autre état antérieur du monde et nous constatons qu'un changement a eu lieu : l'arbre, qui, au printemps était vert, est à présent jaune parce que l'automne est arrivé ; cet enfant que j'ai connu autrefois a grandi et est devenu un homme, *etc*. La *successivité* est la propriété la plus essentielle du temps de l'aveu de la très grande majorité des philosophes (Aristote, Descartes, Leibniz, Hume, Hegel etc.). On ne peut pas l'ôter au temps sans supprimer du même coup sa nature temporelle, puisque, si la succession n'existait pas, il n'y aurait pas d'expérience de l'irréversible, qui est pour nous la marque de tout changement temporel.

Cependant la succession ne suffit pas à elle seule à rendre compte de notre expérience du temps. Il y a aussi dans cette expérience quelque chose d'irréductible au simple ordre d'une série. C'est le *devenir* : entendons par là le dynamisme créateur de la Nature qui fait surgir continuellement de la nouveauté, qui engendre à l'infini de la différence. C'est un processus de *création ininterrompue*. Chaque instant présent est différent du précédent et lui est irréductible. La Nature est un inépuisable réservoir de Vie[171], et son Mouvement infini sécrète continuellement de la différence. Aussi le temps est-il *également* puissance d'engendrement, source d'aléa intrinsèque et d'imprévisibilité. D'ordinaire, lorsque nous étudions la nature du temps, nous ne parvenons pas à appréhender cette créativité à l'état pur parce que, enfermés dans notre rythme vivant soumis à l'ordre de la spatialité, nous ne dissocions pas la différence pure de la forme dans laquelle elle se donne. Nous ne pouvons voir de différence que *dans un étant substrat* et nous appelons alors cette différence un *changement*. Dans le cadre d'une métaphysique de la substance (comme celle d'Aristote par exemple) le sujet du changement est précisément ce qui ne change pas au cours du changement (je suis jeune, puis je suis vieux mais c'est toujours le même moi, dont seul l'âge change). Mais précisément en affirmant cela, nous ne parvenons jamais à penser et à dire le devenir en tant que différence pure. Car la différence pure n'est rien d'étant, elle est cette variation sans être, rebelle à la forme, qui échappe au discours. Pour nous, vivants, la différence créatrice qu'est le devenir à l'état pur se donne toujours de manière impure, hybridée à l'espace parce que notre rythme biologique dissocie le Mouvement créateur en dimensions spatiales (hauteur, largeur, longueur) et en dimension temporelle. Nous n'accédons jamais à la fluctuation pure sans le support spatial de la forme. Le mélange bâtard entre la différence et la

---

[171] Vie sans vivant, qui est le Mouvement créateur éternel qu'Anaximandre nomme « *Physis* ».

forme dans laquelle elle apparaît perpétuellement manifestée et niée à la fois s'appelle « le temps ». Aussi, prise dans sa pureté, la création pure ne peut pas prendre l'aspect d'une série successive d'événements. De même que le changement ne peut se dire que de ce qui ne change pas, de même la succession ne peut se dire que d'un état ou d'une chose, c'est-à-dire d'une immobilité relative prélevée par la perception ou la pensée sur la réalité mouvante. La différence pure ne connaît pas plus l'être que la succession parce qu'elle se situe en dessous du régime spatial de la forme. Le devenir fluctue mais ne connaît pas de flèche unidirectionnelle et irréversible. Il est donc un aspect du temps, mais un aspect seulement ; un aspect certes nécessaire, mais insuffisant, qui, pris isolément, aboutit à l'impossibilité de retenir le passé et donc de constituer la série des états qui fait exister le temps. Il esquive l'ordre du successif parce qu'il ne connaît pas la rigidité relative de la forme qui servirait de repère pour structurer l'agitation primitive en lui donnant les dimensions et les directions de la temporalité. C'est la raison pour laquelle le devenir n'existe qu'au présent : il surgit et s'évanouit à la fois comme une nouveauté irréductible et insaisissable sur le miroir de la conscience. En tant que vivants, nous ne pouvons pas saisir cette création pure dans sa nudité ; lorsque nous l'appréhendons, elle est toujours déjà habillée par son vêtement spatial (l'épaisseur des formes matérielles). Le rythme vivant auquel nous sommes assujettis nous empêche de saisir le Mouvement créateur hors des catégories dans lesquelles nous le divisons et le dimensionnalisons.

Après cet éclaircissement du concept de temps, ce concept fourre-tout « bazar de réalités hétéroclites » nous pouvons à présent proposer une réponse pour résoudre l'énigme des deux prétendues strates de temps mises à jour par le paradoxe de l'ancestralité : le dynamisme englobant de la Nature d'une part, le temps du sujet conscient qui nombre ce Mouvement de l'autre. Dès lors que nous attribuons la création éternelle à la Nature et la fragmentation et la succession au rythme vivant, l'énigme s'éclaircit. Ma réponse consiste en trois thèses.

1ère thèse : Le devenir de la Nature à l'intérieur duquel la conscience émerge n'est pas un « temps » à proprement parler, car il n'est pas une succession ordonnée et irréversible de phénomènes. C'est un Mouvement éternel, au sens d'un méta-mouvement créateur sans direction ni dimensions (propriétés qui ne surgissent qu'avec l'apparition de rythmes suffisamment hétérogènes en son sein pour ouvrir et dessiner des courants majoritaires dans les fluctuations imperceptibles). Le Mouvement éternel n'est ni successif ni même duratif au sens ordinaire, mais _fluctuant_ car il est une agitation sans formes, un régime de dynamisme en dessous de l'échelle où la séparation entre temps et espace peut s'opérer et par conséquent où les formes peuvent naître. Les structures ne peuvent surgir que si les remous qui agitent le chaos en tous sens se combinent de telle sorte qu'ils produisent une séparation suffisante[172] entre le fluide et le visqueux. Si le régime du Mouvement est trop uni et trop fluide, il n'y a ni espace ni temps mais Mouvement indifférencié (*Apeiron*), c'est-à-dire pure différence qui est la présence éternelle et invieillissable de la Nature ; vie jaillissante toujours présente à elle-même dans un Maintenant qui ne s'oppose à aucun hier et à aucun demain étant toujours présent et soudé à lui-même tel l'être parménidien. Le Mouvement éternel n'a rien d'une histoire : sans la viscosité de l'espace qui lui donne forme de temps et consistance ontologique, il est à la fois adirectionnel, adimensionnel et réversible. Il faut donc abandonner l'idée d'un « Temps objectif de la Nature », que les réalistes placent en amont de l'existence de l'homme et de tous les vivants. La puissance de création originaire n'a rien d'un temps car elle est la présence d'un devenir fluctuant et non une histoire évolutive des formes. Le devenir n'est pas une histoire universelle, et encore moins une histoire du progrès (qui n'est qu'une projection du temps humain sur l'éternité de la Nature). Il est en revanche fécond, car de lui peut surgir, si le seuil d'hétérogénéité est suffisant, le contraste dynamique à l'origine du rythme vivant,

---

[172] On retrouve cette idée de séparation (*apokrisis*) dans la pensée d'Anaximandre. Pour moi la séparation est *rythmique*, elle dissocie l'espace et le temps, c'est-à dire le fluide et le pâteux qui sont encore fondus et indifférenciés dans le Mouvement éternel. J'appelle cette séparation rythmique une *démixtion*.

c'est-à-dire la séparation de l'espace et du temps, du sentant et du senti, de l'observateur et du monde.

2ème thèse : du Mouvement éternel de la Nature jaillissent tous les rythmes vivants qui sont les innombrables valeurs suffisamment contrastées que peut prendre le quotient spatio-temporel. L'accumulation de l'hétérogène crée dans les fluctuations imperceptibles des flux majoritaires qui ouvrent des chemins plus contrastés dans le Mouvement. Le plus fluide se sépare du plus pâteux, le temps se sépare de l'espace, le sentant se détache du senti. C'est la naissance du vivant, qui est un *motif contrasté* dans le devenir créateur (la fameuse thermodynamique du vivant). Le Mouvement absolu se dimensionnalise en deux affluents de régimes différents, le temps et l'espace (le premier fluide, immatériel, invisible, le second plus pâteux, étendu, prenant l'aspect des formes matérielles). Emergent alors de l'absolu (c'est-à-dire du Mouvement indifférencié soudé à lui-même qui ne connaît aucune relation) les mondes spatio-temporels *relatifs* et *élastiques* que sont les rythmes vivants. Les rythmes vivants se caractérisent tous, à des degrés d'intensité différents, par la *relation*. L'essence du biologique est la *relation en tant que telle*. Qu'est-ce qu'une relation ? Dans sa forme la plus dépouillée, la relation est le lien qui unit deux pôles qui se sont formés par séparation d'un bloc de réalité avec lui-même. Dans le cas d'un vivant, il s'agit plus précisément d'un écart de potentiel et d'un déséquilibre au sein d'un flux qui permet la séparation d'un senti d'avec un sentant. Si le déséquilibre n'était pas essentiel dans la relation, alors les deux pôles réunis n'en feraient qu'un seul et la relation comme relation s'évanouirait. Or, je ne peux rester en vie qu'à condition d'agir sur un monde qui n'est pas moi. Vivre, c'est faire l'expérience du non-absolu. Le vivant est toujours en relation avec : avec un environnement qui le sculpte, avec des prédateurs qui le menacent et des proies qui le fuient, avec d'autres vivants avec lesquels il collabore ou entre en compétition. Ou tout simplement en relation avec lui-même, ce qui s'appelle la conscience. Il n'y a pas de vie possible sans multiplicité et la multiplicité implique nécessairement l'interaction. Le vivant signifie donc ontologiquement la scission de l'absolu d'avec lui-même, une sorte d'émancipation de la présence à soi indivise de la Nature à l'intérieur d'un intervalle d'intensités bien spécifique : un rythme. Chaque rythme est un quotient d'espace-temps qui se traduit par une certaine texture, une viscosité singulière dans la pâte de la réalité. C'est ce que l'on appelle un monde vivant. Il y a des rythmes vivants innombrables parce que tous les degrés existent entre le bloc brut du réel encore soudé à lui-même et l'objet éjecté et réfléchi dans la représentation consciente. Chaque monde a sa métrique et sa viscosité propres car il est un quotient relativiste d'espace-temps. Mais l'élastique que constitue chaque monde ne peut pas casser, car chacun appartient au réel, qui est tout et qui est sans dehors. Il n'y a d'espace que dans et pour une représentation. Le réel lui-même n'est dans rien puisqu'il est Tout.

3ème thèse : aussitôt qu'il existe (et fait exister le temps par le motif hétérogène qu'il constitue au sein de la réalité) le sujet vivant projette l'ordre temporel successif non seulement sur son histoire mais aussi sur la Nature sans lui. Il reconstruit une histoire universelle fictive et rétrospective de l'univers habillée du rythme de sa subjectivité. L'invention d'un temps newtonien, durée homogène, infinie, absolue et indépendante du sujet laisse croire à la fiction d'un temps objectif de la Nature. Il a fallu Einstein pour dénoncer le mythe d'un temps unique universel. Maintenant est seulement ici et n'a pas de sens univoque partout dans l'univers. Rigoureusement, il n'y a que des espace-temps innombrables, qui sont autant de _rythmes_, c'est-à-dire des façons multiples de scander le Mouvement infini de la Nature toujours présente. Le temps, toujours couplé à l'espace, est la mesure vivante du Mouvement universel. Il n'est donc qu'un cas, ou mieux un _régime de crue_ d'un Mouvement plus englobant qui le fonde ontologiquement sans le précéder (car il faut être dans le temps pour précéder). Le temps est le rythme subjectif du vivant. Dès qu'il y a vivant, la présence à soi du Maintenant éternel de la Nature est perdue au profit d'un redécoupage indexical passé-présent-futur qui coupe le vivant de la création pure. L'existence d'un temps successif est le prix à payer pour vivre spatialement, c'est-à-dire pour pouvoir agir sur des formes matérielles.

Pour conclure, il n'y a *paradoxe* de l'ancestralité que si les significations de création et de succession ne sont pas distinguées et hiérarchisées correctement. L'éternité (au sens d'une agitation créatrice intransitive) est la source inépuisable de tous les rythmes vivants (mondes spatio-temporels organisés selon la flèche de l'irréversibilité). Le devenir universel n'est pas historique mais éternel au sens d'un Mouvement sans temps. L'éternité ne doit être comprise ni comme une immobilité absolue (qui ne pourrait rien engendrer) ni comme une sempiternité (durée temporelle successive infinie qui ne peut être conçue que par un être lui-même temporel) mais comme une création continue atemporelle et pourtant dynamique (les Anciens Milésiens nommaient « *Physis* » cette puissance créatrice éternelle). En réalité, historiciser la Nature est une forme caractéristique d'anthroporythmie. C'est la projection du rythme humain sur l'ensemble de la réalité. Le temps, tout comme l'espace n'apparaissent comme dimensions distinctes qu'à une échelle particulière de la Nature qui s'appelle le monde vivant, ou plus exactement les mondes vivants (cette séparation connaît des degrés d'intensité différents[173]). La flèche du temps n'est pas universelle parce qu'elle n'existe pas à toutes les échelles du Mouvement. Si l'on distingue clairement l'idée de différence de celle de succession dans le concept hybride de « temps », on peut donc soutenir *à la fois* la présence d'une créativité archaïque

---

[173] Le sentant et le senti, le percevant et le perçu, le conscient et le monde.

éternelle (qui est un mouvement absolu et « objectif[174] » toujours présent, Vie universelle de la Nature qui ne connaît pas les déterminations temporelles) et la configuration de ce Mouvement indéterminé par les subjectivités vivantes qui en sont les rythmes particuliers. Rythmes plus ou moins dissociés selon la part de fluide et de pâteux dans le Mouvement, c'est-à-dire des rythmes plus au moins démixtiés qui se traduisent par des horloges plus ou moins lentes (les plantes) ou rapides (les animaux). Lorsque nous parlons du temps (comme s'il n'en existait qu'un) nous ne parlons que du temps humain ; nous ne prenons pas en compte que ce rythme particulier qui nous semble faussement universel ne nous apparaît tel que parce que nous ne considérons pas la texture de l'espace qui lui est associée dans notre représentation et lui confère une viscosité particulière. « Le temps » n'est qu'un rythme vivant parmi d'autres, mais nous lui avons donné une place privilégiée parce que c'est celui de notre espèce. Cette mesure particulière est toutefois devenue pour nous un étalon totalitaire, puisque, une fois cette organisation apparue, nous l'utilisons et la projetons de manière rétrospective sur la Nature tout entière à laquelle nous communiquons le rythme humain. Le temps, tel que nous l'entendons du moins, ne surgit qu'avec l'humain, mais nous projetons spontanément cet ordre dans l'événement ancestral (d'où le vivant est exclu) par le même processus de projection anthropomorphique qui a

---

[174] Objectif signifie ici indépendant du vivant et non ayant la forme d'objet.

poussé les hommes primitifs à prêter des sentiments de colère ou de vengeance aux forces naturelles. Nous avons habillé la réalité de notre anthroporythmie en inventant la fiction rétrospective d'une Nature intégralement historique : tels les récits de Big Bang auxquels la science elle-même, victime de la même illusion, a fini par donner créance.

§78.

« Chronologie rétrospective »

Lorsque la science établit une chronologie des événements *ancestraux,* c'est-à-dire ceux qui précèdent l'apparition de l'observateur conscient (la formation de la Terre, la naissance du Soleil, ou encore le Big-Bang), elle télescope sans s'en rendre compte plusieurs sortes de temporalités : celles de l'humain avec son cerveau actuel, celle de la Terre, celle du Soleil ou même celle de l'Univers. Or, le rythme de l'inorganique n'est pas le même que celui du vivant. A l'horloge de la Terre ou du Soleil, les millions et les milliards d'années pour nous ne sont que secondes, minutes et jours. Par conséquent, si je décompte le temps avant l'apparition de l'homme comme je le décompte après, je ne tiens pas compte de la *différence rythmique* entre le cerveau d'un être organisé et l'horloge naturelle d'un corps inorganique. Mais certains rythmes sont si lents, le contraste entre le temps et l'espace dans le motif rythmique qu'ils forment est si minime, que ces rythmes inorganiques vivent dans un présent presque illimité. Pour eux, le temps n'existe plus, précisément parce qu'il n'y a plus de formes pour scander le Mouvement. Ils font l'expérience de l'éternel. En ce sens précis, des affirmations scientifiques courantes, telles que « le système solaire a 4,6 milliards d'années », « la Terre en a 4,5 » ou encore « l'Univers en a 13,8 » doivent être relativisées, car ces mesures de temps ne sont que celles de l'homme et de son cerveau actuel projeté sur des mondes inconnus à l'horloge desquels le temps ne s'écoule pas à la même vitesse, ou, dans certains cas extrêmes, ne s'écoule même plus du tout (quand le Mouvement n'est pas assez hétérogène pour être scandé)[175]. Mon temps n'est qu'un rythme dans la Nature. Mais il existe d'innombrables rythmes comme le mien dont certains me sont aussi étrangers que les planètes les plus lointaines. En datant des processus, organiques et inorganiques, je ne fais donc que projeter mon propre temps et mon propre espace sur des rythmes qui ne disposent pas du même étalon de mesure. En réalité, le Soleil n'a ni 4,6 milliards d'années (temps humain projeté sur le Soleil), ni davantage 2 millions d'années et quelques heures (temps approximatif de la conscience humaine depuis sa probable apparition à laquelle se rajouterait le rythme propre du soleil), ni même quelques jours (rythme propre du Soleil

---

[175] Cette affirmation de ma part n'a rien d'un « négationnisme » en matière de datation. Mon but est seulement de faire remarquer que ces chiffres, incontestables, n'ont par ailleurs de sens que depuis la perspective anthroporythmique.

dans sa temporalité immanente) ; il n'a pas de temps *du tout* puisqu'il ne perçoit pas de formes qui organiserait la Nature en Univers. Tous nos chiffres ne sont que des *anthroporythmies* naïves, et des découpages temporels qui n'ont de sens que pour les humains. La datation radiométrique, qui se prétend objective et même absolue n'a fait qu'attacher partout des horloges humaines à ce qui n'est pas humain.

§79.

« Eternel retour et rythme vivant »

L'Eternel Retour du même comme hypothèse cosmologique n'est possible qu'à la condition que soient envisagés un nombre limité d'états de l'énergie. Or, *pour nous seuls il y a du fini*. De là il résulte que l'existence de l'identique n'est possible qu'à travers la représentation d'un vivant. Le réel n'est pas fini en soi. Seul un être qui sent, perçoit, et se représente le Mouvement créateur le réduit à un nombre de combinaisons finies. Sans le vivant, qui impose son rythme à la réalité, l'énergie immatérielle et homogène ne saurait prendre un *nombre* infini d'états différents. Il en va de l'Eternel Retour comme de la sempiternité. Est sempiternel ce qui dure depuis toujours et pour toujours. La sempiternité est la *représentation de l'éternité* par le rythme vivant : le Mouvement sans mesure est traduit dans le langage de la mesure et de la quantité qui le configure en une suite indéfinie d'états successifs. La sempiternité est ainsi l'image *temporelle* que le vivant se fait de l'éternité véritable : quelque chose qui n'a jamais commencé et qui ne s'achèvera jamais. De même, dans le cas de l'Eternel Retour, la répétition est la traduction de la variation pure à travers le prisme du rythme vivant qui lui impose son étalon de mesure. La créativité pure est configurée par l'ordre du multiple. Elle prend alors l'aspect d'une succession sans fin de formes finies qui se répètent inlassablement à l'identique. L'infini véritable, qui est incommensurable, est appréhendé par la pensée représentative comme une succession indéfinie de finis (états ou substances). De même que la sempiternité est le substitut de l'éternité véritable pour les créatures organiques, de même l'Eternel Retour est la formulation biologique de l'infini. Dans les deux cas, l'éternité de la Nature est *traduite* dans le langage du rythme vivant et habillée de la détermination spatiale.

§80.

« Astrophysique pour vivant ».

Une hypothèse séduisante et audacieuse développée par l'astrophysique contemporaine est la théorie de « l'univers en rebond », formulée par Martin Bojowald. Dans ce modèle cosmologique original, l'univers se comporte comme une balle, rebondissant indéfiniment sur lui-même dans une succession de cycles d'expansion et de rétraction d'environ 14 milliards d'années. Après une phase d'expansion durant lequel l'espace se dilate en faisant s'éloigner tous les corps matériels les uns des autres, l'univers, au-delà d'un seuil critique, se contracte à nouveau et finit par s'effondrer sur lui-même (Big Crunch) avant d'entamer un nouveau cycle identique au précédent. Selon ce scénario, il n'existe pas de commencement absolu ni de *création ex nihilo* mais une suite infinie de phases d'inflation et de déflation. L'éternité cosmique est comprise comme une *sempiternité*, c'est-à-dire une durée infinie, un état succédant à un autre sans début ni fin. Pour que l'univers puisse rebondir et alterner indéfiniment des phases d'expansions et de rétractions, il faut concevoir une limite de la rétraction de l'univers sur lui-même, c'est-à-dire un seuil d'espace-temps minimal incompressible en deçà duquel la rétraction devient impossible. Dans la théorie de Bojowald, un volume d'espace minimal de l'univers empêche l'existence des singularités[176], qui, par les grandeurs infinies qu'elles impliquent (masse, pression, température…), introduisent dans la physique des contradictions insurmontables. L'effondrement gravitationnel ne se poursuit pas à l'infini, et le Big Bang devient en réalité un goulet d'étranglement permettant à l'univers de rebondir tel un ressort vers une nouvelle expansion après le Big-Crunch. En effet, si l'espace était infiniment divisible, 1) la singularité, c'est-à-dire le point zéro,

---

[176] L'existence d'un point zéro (manière dont on se représente ordinairement le Big Bang) implique le paradoxe de la singularité : un point inétendu de densité de à chaleur infinie est *physiquement* contradictoire.

mathématique et inétendu pourrait exister, et il faudrait alors concevoir un début absolu du temps ce qui contredit l'hypothèse de départ et 2) le nombre d'états possibles de l'énergie deviendrait infini, auquel cas l'éternel retour serait un éternel retour du différent et non de l'identique. Toutefois, dès lors que nous prenons conscience que ce goulet d'étranglement est un quotient spatio-temporel, et pas seulement un volume d'espace, nous faisons de lui un *quantum de viscosité*, une limite en deçà de laquelle il n'est plus possible de se représenter l'univers de manière spatio-temporelle. Il en résulte que nous n'avons pas ici affaire à la description objective d'une réalité indépendante de l'observateur mais une forme caractérisée de *biologisation de la cosmologie.* Ce que nous appelons Big Bang est en réalité la limite de la représentation : comprenons par là le coefficient de viscosité minimal qui permet à un être humain de penser la distinction du temps et de l'espace ; en-deçà de ce quotient, temps et espace se confondent dans un écoulement homogène inaccessible aux équations de nature quantitative. Il est donc illégitime d'affirmer, que, indépendamment de l'anthroporythmie, l'univers possèderait *par lui-même* une durée infinie s'exprimant sous la forme d'une succession d'états. En effet, l'ordre répétitif impliqué par la sempiternité (un état, puis un autre, puis un autre encore etc.) suppose une mesure que seul le vivant donne à l'univers. Elle est la forme rythmique que l'intellect humain impose au Tout afin de pouvoir se le représenter. A travers la mesure vivante, et plus précisément ici la mesure de l'homme (anthroporythmie) l'incommensurabilité est exprimée dans les termes catégoriaux de la répétition indéfinie d'une unité. L'éternité véritable, qui est Mouvement sans mesure, est transcrite par la pensée représentative de l'homme dans les termes d'une succession indéfinie d'états, ce qui en est la version représentée, lue à travers le mode de la quantité. L'imaginaire de l'homme est assujetti à un certain coefficient de viscosité qui lui sert de toise pour configurer le réel en monde. Ne parvenant pas à penser une réalité plus fluide que son propre instrument de mesure ne le lui permet, il ne peut se former une *image* cohérente du Tout que si cette dernière décompose le Mouvement créateur de la *Physis* en dimensions séparées de temps et d'espace. Toute l'énergie dont le grain est trop fin et trop uni pour permettre la différence de l'espace et du temps est pour lui inexistante car non représentable. C'est la raison pour laquelle l'intellect humain prisonnier de la spatialité échoue à penser l'originaire en tant que tel. Tout ce qu'il parvient à se représenter prend nécessairement l'aspect d'une histoire des formes évoluant dans le temps et ne se donne jamais comme un Mouvement pur et informe, car le chaos est autant impensable qu'indicible si l'on demeure dans le registre de l'image. La théorie de l'univers en rebond reste ainsi à ce jour la meilleure image humanisée de l'origine, mais l'éternité qu'elle offre, la durée infinie, n'est qu'un reflet du véritable infini déformé dans le miroir du rythme vivant. Il n'est pas possible de déterminer quoi que ce soit à propos de la Nature sans préalablement se donner une unité de mesure à laquelle la rapporter. La conception de Bojowald suppose donc une structure granulaire de l'espace-temps et une combinatoire finie. L'infini véritable est représenté dans les termes de l'indéfini. La présence est *figurée* sous la forme d'une durée sans fin. En cela, cette théorie astrophysique audacieuse, est, à l'instar du retour éternel du même chez les Stoïciens, une représentation *biologique* de l'éternité de la Nature.

§81.

« Le moteur du temps »

Toute l'histoire de la métaphysique du temps est traversée par une question lancinante : le temps vient-il du monde[177] ou est-il produit par la conscience d'un être vivant ? L'expérience immédiate m'enseigne que temps m'est à la fois extérieur et intérieur ; il est à la fois un mode de la sensibilité humaine et une donnée du réel. Je suis

---

[177] Je reprends ici l'expression couramment utilisée de « temps du monde », qui, dans le cadre de ma métaphysique n'est plus pertinente. Car selon moi, il n'existe que des mondes spatio-temporels de textures différentes sécrétés par des rythmes vivants différents. En outre, puisqu'il n'y a de mondes (c'est-à-dire des ensembles constitués de structures de formes harmonieuses formant un tout fini et cohérent pour un vivant) que relativement à une perception ou à une conscience, il vaudrait mieux, pour reformuler cette alternative classique dans ma perspective, parler de temps de la conscience ou de Mouvement réel.

dans le temps mais en même temps *je* suis le temps[178]. Mais alors, si les frontières entre le dedans et le dehors se brouillent, quelle est la source du moteur du temps ? Ce moteur, est-ce moi ? Est-ce le monde extérieur ? Ou encore une secrète et mystérieuse combinaison des deux ? Qu'est-ce qui se trouve à l'origine de l'écoulement apparent du temps ? Ecoutons Etienne Klein formuler l'alternative entre temps des choses et temps de la conscience avec sa clarté pédagogique habituelle : « *qu'est-ce qui nous empêche de rester présent au même instant présent (qui n'est jamais le même tout en étant comme les autres) ? Le moteur du temps, est-ce le temps lui-même, qui contient sa propre dynamique ? L'univers en expansion, qui engendrerait une motricité ? Est-ce nous, qui créons l'impression que le temps passe ?* Dans ce dernier cas, c'est *notre déplacement dans l'espace toujours figé qui le fait défiler : s'il n'y avait pas d'observateur en déplacement il n'y aurait pas non plus de motricité du temps* »[179].

Malgré son évidente clarté, ce texte nous enferme dans une fausse alternative : en effet, ou bien le

---

[178] Qui, mieux que Borges, a formulé cette idée ? « *Le temps est un fleuve qui m'entraîne, mais je suis le fleuve. C'est un tigre qui me déchire, mais je suis le tigre ; c'est un feu qui me consume, mais je suis le feu* ».

[179] Etienne Klein, <u>Le facteur temps ne sonne jamais deux fois</u> : « il faudrait pouvoir identifier le moteur du temps : est-il physique, objectif, ou intrinsèquement lié à notre rapport au monde ? », p. 61

temps serait son propre moteur objectif, et sous son impulsion, « *le monde se constituerait en une suite d'états différents, successifs et instantanés* [180]» ; ou bien nous serions le réel moteur du temps, autrement dit, c'est notre sensibilité qui, dans son rapport aux choses, tisserait le schème temporel. *Tertium non datur*. Klein fait comme si le temps était un concept monolithique dont la source serait ou bien le monde, ou bien la conscience. Or, ce n'est tout simplement pas le cas. Le temps, concept hybride[181], brise la dichotomie spatialisante du dedans et du dehors ; il appartient aux deux à la fois, tout comme l'indique la représentation commune. Plus précisément, une de ses propriétés n'est pas liée à notre présence au monde (le devenir) tandis que l'autre (la succession) est liée à nous, à notre subjectivité, ou plus rigoureusement au rythme singulier dont nous habillons et configurons la différence. Il est donc possible de reformuler l'antique question du temps du monde et du temps de la conscience en des termes nouveaux : d'un côté il y a l'activité continue de la Nature, qui est Mouvement éternel ; de l'autre, il y a, au sein de ce Mouvement infini, un motif rythmique spécifique qui se détache du dynamisme global par un gradient significatif des flux. L'espace et le temps co-naissent en se dissociant l'un de l'autre par un processus d'éclosion différentiel. Ce que nous nommons

---

[180] *Ibidem*

[181] Francis Wolff, « <u>Le temps comme concept hybride</u> », in Revue de métaphysique et de morale, 2011/4 (n°72), p. 487-512.

« dedans » et « dehors », correspond en réalité au contraste entre l'étendue visible de la forme et le dynamisme invisible du devenir. Le moteur secret du temps, c'est le devenir réel qui sécrète à l'infini de la différence ; ce dynamisme est indépendant de nous, car il est la Vie intime de la Nature, c'est-à-dire la présence inextinguible de la réalité. Mais la subjectivité vivante, qui est un rythme contrasté de ce Mouvement, l'habille d'espace, de sorte que l'éclosion éternelle et continue de la réalité lui apparaît sous l'aspect faussé d'une histoire évolutive de formes. L'aléa du quantique est bien le « tic-tac » de l'horloge divine qui n'a pas besoin de nous pour avancer ; mais l'histoire des formes est bien de notre fait ; sans le vêtement spatial du vivant, qui n'est rien d'autre que notre relation subjective au monde, il ne reste du temps qu'un maintenant créateur, toujours présent à lui-même : ce Mouvement sans temps, c'est précisément ce que je nomme l'*éternité*.

§82.

« Parfum d'éternité »

Si plusieurs moments n'étaient pas distingués et prélevés par la perception dans le Mouvement créateur, l'impression de succession n'existerait pas. Un continuum de Mouvement, soudé à lui-même comme un bloc, serait ressenti comme une présence indivise qui ne semblerait pas s'écouler : « *en l'absence du successif et du simultané, il n'y a pour nous ni devenir ni pluralité – tout ce que nous pourrions en affirmer, c'est que ce continuum est un, immobile, immuable, n'implique ni devenir, ni temps, ni espace »*[182]. Pour autant, lorsque nous parlons de succession temporelle, il ne faut pas la concevoir comme une série constituée de sensations atomiques séparées par des intervalles vides, telles des images cinématographiques projetées trop lentement qui laisseraient entrevoir des raies noires entre chacune d'entre elles. Dans la succession des événements perçus, les instants s'interpénètrent grossièrement et empiètent les uns sur les autres autant dans la direction du passé que du futur. L'instant a toujours une certaine *épaisseur*. Il y a toujours une sorte de halo dynamique autour de l'instant, qui est sa durée, comme une tâche d'Airy dont la lumière diffuse et floue s'étale autour des contours nets de l'étoile. De même, on trouve dans chaque instant comme une rémanence du précédent et une anticipation du suivant. La succession est par conséquent une sorte de *démixtion inaboutie* qui laisse deviner l'imperfection de l'acte subjectif de temporalisation. Derrière le travail du vivant est suggérée la présence non successive de la création éternelle que le rythme vivant n'est pas parvenu à configurer tout à fait temporellement. Cet inaboutissement des fonctions vitales se mesure à ce fait qu'il y a toujours dans l'instant plus que lui-même. Le découpage inabouti du cerveau laisse entrevoir l'éternité par effraction derrière la trame grossière du schéma temporel. La présence n'est jamais tout à fait expulsée du présent,

---

[182] Nietzsche, <u>La volonté de puissance</u>, I, éd. Gallimard, trad. Bianquis, §346, p.349.

et elle l'auréole d'un discret parfum d'éternité. Ainsi, la succession que nous expérimentons dans la suite des instants n'est-elle ni une présence parfaite (si le passé et le futur tenaient dans l'instant présent, il n'y aurait plus du tout de succession), ni une séparation totale d'atomes temporels séparés par du vide (dans ce dernier cas, il n'y aurait de temps que de temps en temps). La succession que nous expérimentons dans la perception est une interpénétration du passé, du présent, et du futur, qui nous semble *grosso modo* une série. Là se révèle le travail ordinairement caché de la subjectivité qui re-déploie la présence la Nature en une unité reconstruite de moments temporels.

§83.

« Indestructibilité de la Vie »

L'essence d'un étant singulier est l'ensemble des relations dynamiques qui l'unissent à tous les autres étants. Si on retire toutes les relations à une chose, à la place de cette chose, il n'y a plus que le vide, l'autre nom du Mouvement éternel incommensurable. Mais le vide n'est pas le néant car, d'une part, le pur néant, étant absence de tout, ne peut être, et, d'autre part, ce qui est absence absolue n'a pas la fécondité et ne saurait pas engendrer l'ensemble des relations qui constituent l'existence. Il en résulte que lorsque l'existence est dissoute, la Vie est encore : étant l'unique réalité, elle ne peut être détruite ni par autre chose qu'elle, puisque rien n'est à part elle, ni par elle, puisqu'étant la Vie, son essence consiste à donner l'être à toute chose. Lorsqu'elle se retire de la relation (c'est-à-dire de l'existence spatio-temporelle) la Vie perdure dans un régime dynamique plus homogène qui est celui de la présence éternelle ; on peut dire alors qu'elle *in-siste* en tant que Mouvement sans dimensions dans le régime soudé de l'absolu comme une vibration purement intensive et non spatiale.

§84.

« Ek-sistence, dé-sistence, in-sistence »

Fixons le vocabulaire : j'appelle *ek-sistence* (du latin *ex-sistere*, « sortir hors de » ou « jaillir hors de ») le surgissement d'un étant à l'apparaître. Il est bien entendu plus commode d'orthographier ce concept de façon ordinaire (existence), à condition de ne jamais oublier son sens véritable et de ne pas l'utiliser à tout va dans un régime fluvial de la Nature où la séparation entre le temps et l'espace n'existe pas (typiquement, à l'échelle de la « mousse quantique »). Par ailleurs, la séparation du Mouvement en espace et en temps est également la définition de l'être vivant. Par conséquent l'existence est la qualité essentielle des êtres vivants. L'existence désigne le processus par lequel un monde senti surgit à l'apparaître pour un être sentant.

J'appelle *dé-sistence* (du latin *de-sistere*, « tomber du haut de ») le glissement de l'étant fini dans le non-être : la forme, qui apparaissait à l'échelle de la séparation de l'espace et du temps, se dissout dans le Mouvement sans dimensions de la Nature. Les Anciens Grecs nommaient ce processus « *phthora* » (« ruine », « dissolution »). L'étant qui a jailli à la lumière de l'existence sombre à présent dans la nuit de sa mort. C'est la fin du monde (c'est-à-dire de la relation entre un sujet vivant et le *cosmos* spatio-temporel qu'il agence en structure ordonnée). Mais la fin du monde pour un vivant n'est pas la fin des autres mondes vivants, et encore moins celle de la réalité, qui, s'identifiant à la Vie universelle, est impérissable. En effet, ce que les hommes ont nommé la « mort » n'est pas la cessation de la Vie, mais la dissolution de la forme vivante passagère dans le flux créateur où s'annulent la différence entre la distance et la durée. Pour le dire autrement, la *désistence* est un changement d'allure dans le flux créateur. Elle est la perte des catégories de la pensée prédicative et constitue pour le vivant l'énigme fondamentale du « *tout-autre* » (selon l'heureuse formule de Jankélévitch). Les religions interprètent comme un mystère de la transcendance une barrière dimensionnelle de la perception. En remplaçant le terme commun de « mort » par celui de désistence, j'entends montrer que la mort est un changement dimensionnel qui ne peut signifier ni le néant ni la survie individuelle, mais l'expérience sensible pré-individuelle.

Enfin, j'appelle *in-sistence* (du latin *in-sistere*, « séjourner », « demeurer dans ») la présence inextinguible du Mouvement créateur qui sourd en-dessous de l'histoire spatio-temporelle des formes finies. Hors du régime hétérogène du vivant qui décompose le Mouvement originaire en espace et en temps, perdure une agitation créatrice rebelle à toute forme, toute dimension, toute détermination. J'ai souvent recours à la formulation de « régime apeironique » ou encore de « régime soudé » pour désigner la créativité en sourdine dont le murmure est trop homogène pour donner lieu à une relation détectable depuis l'anthroporythme. Anaximandre nommait *Apeiron* ce régime illimité de la Nature, sorte de vibration imperceptible et inéliminable en-dessous de l'évolution temporelle des formes. Les physiciens nomment cet état « vide quantique » ou encore « fluctuations du vide » et ils le situent en dessous du « mur de Planck », à des échelles encore inatteignables à l'expérimentation physique. Contrairement aux formes, mortelles, les fluctuations du vide, qui ne connaissent ni naissance ni mort, sont à proprement parler invieillissables car elles échappent à la représentation dans l'espace et le temps. On peut les dire éternelles dans le sens où elles ne sont soumises ni à la durée ni à la succession. Ce qui in-siste, c'est le Mouvement plus primitif que l'espace-temps, un régime de la Nature invisible et non fragmenté où tout est encore indistinct. Les fluctuations du vide sont le réservoir énergétique éternel de la Vie.

§85.

« De la nature des mathématiques »

Les mathématiques ne sont ni hors de la réalité (le réel étant le Tout, rien ne lui est extérieur) ni toute la réalité (ce qui impliquerait que le monde sensible ne soit qu'une apparence). Elles décrivent un régime fluvial du réel qui se caractérise par un écoulement quasi homogène, sorte de vibration sur place et invieillissable. Nous confondons habituellement ces variations intensives avec une absence de variation, c'est-à-dire une immobilité absolue. Mais une immobilité absolue est contradictoire avec le principe même de la Vie. La Nature, source de différences, connaît tous les gradients dynamiques, du plus rapide au plus lent. Seul le repos absolu lui est interdit car il contredit son éternelle créativité. Dans la *Physis*, je distingue donc deux allures de donation différentes du Mouvement, ou, pour parler par image, deux régimes fluviaux :

-   Le régime fluvial du *relationnel* : c'est le domaine de la phénoménalité physique, caractérisée par un contraste entre l'espace et le temps, donnant lieu à l'existence de formes évoluant dans le temps. Toutes les formes sont assujetties à la naissance et à la mort et elles n'existent que relativement au vivant qui les sent, les perçoit, ou les imagine.

-   Le régime fluvial de l'*absolu* : c'est le domaine de la mathématique pure, qui est la science des invariants. Un invariant n'est pas un néant de mouvement, mais une variation si unie et rapide à notre échelle de vivant qu'elle nous apparaît immuable et comme soudée à elle-même[183]. Les vibrations sans formes sont des fluctuations sur place, qui ne connaissent ni l'avant ni l'après. Ces variations pures dont s'occupe la mathématique n'*existent* pas au sens rigoureux mais *insistent* dans l'indifférencié.

Le monde physique sort du Mouvement absolu et immatériel par émanation, c'est-à-dire de manière « spectrale »[184] lorsque le contraste entre les fluctuations s'intensifie jusqu'à se séparer en deux régimes, le fluide (le temps) et le pâteux (l'espace). Une brèche s'ouvre dans l'absolu (le sans relation, le soudé à lui-même), qui engendre la relation

---

[183] Le caractère continu de la variation correspond rigoureusement au concept de « *sunekes* », que l'on retrouve dans le fragment 8 de Parménide. Les variations infinitésimales sont soudées à elles-mêmes, ne font qu'un avec elles-mêmes parce qu'elles vibrent sur place, faisant croire à une pure immobilité (cette vibration sur place est exactement exprimée par le concept grec de l' « *atremes* », le mouvement imperceptible qui se confond avec le repos, comme le vol du faucon).

[184] C'est la raison pour laquelle j'adhère sans réserve à l'idée d'une *échappée spectrale du monde physique hors de la mathématique*, idée défendue avec brio par Alain Connes dans plusieurs de ses travaux. Je crois d'ailleurs apercevoir entre ma métaphysique et sa mathématique une parenté évidente, pour autant que mes modestes compétences en mathématique me permettent de le dire.

par intensification d'un gradient rythmique. Cette différence est l'acte de Vie et l'expression nécessaire de la créativité de la Nature : c'est ainsi que l'éternel accouche de l'espace et du temps, ou, dit autrement, que la Vie invieillissable accouche des vivants mortels, puisque les vivants ne sont rien d'autre que le processus de cette ouverture.

Les mathématiques permettent une exploration de la Nature sans le vivant à un régime de plus faible contraste. Il en résulte que leur objectivité n'est pas de nature objectale (car l'objet perçu n'existe qu'à l'échelle de la séparation de l'espace et du temps) mais de nature pré-individuelle. Les idéalités dont elle traite sont une sorte d'écoulement imperceptible qui s'identifie pour nous à l'identité pure, à l'absence de différence. Les mathématiques sont le royaume de l'homogène et de l'indifférencié. Elles ne sont donc ni la science du nombre, ni même celle des structures (car une structure a nécessairement une forme) mais la science des *fluctuations pures*, de la différence sans forme. Ces invariants sont éternels non pas parce qu'ils seraient absolument immobiles, ils sont intemporels dans le sens où ils sont invieillissables, c'est-à-dire non soumis à une succession d'états dans le temps.

Loin de la condition vivante, l'être et le devenir coïncident exactement. Ils ne diffèrent que dans la perspective du vivant. C'est en ce sens que l'on peut affirmer, indifféremment, que les mathématiques sont la science de l'identité ou de la pure différence. L'essentiel est ici de préciser qu'une différence pure (variation sans forme matérielle pour lui servir de substrat) n'est plus soumise à l'évolution historique. Elle est bien intemporelle mais en aucune façon adynamique. Les objets mathématiques n'existent pas au sens rigoureux du terme (ils ne surgissent pas hors de l'être pour devenir comme le font les formes matérielles) mais ils insistent, c'est-à-dire qu'ils vibrent éternellement comme un Mouvement presque homogène qui est le plus bas étiage de la Nature, le régime absolu de la sourdine. Seule la condition vivante nous contraint à croire à la différence entre la physique et la mathématique. En vérité, la physique est une mathématique outrée, contrastée jusqu'à la caricature, déformée par la thermodynamique du vivant : une interprétation de l'absolu, mais distordue et écartelée par le biorythme.

§86.

« Prisonniers de l'espace »

Il faut se garder de penser le Mouvement créateur éternel comme un mouvement spatial, le déplacement d'une forme dans l'espace, ou, même, une sorte de grand vent qui s'engouffre dans du vide.

Cette représentation de la Vie est encore trop spatiale, configurée par le vivant et son rythme spécifique. Ce n'est qu'une prison mentale de l'être biologique assujetti depuis près de quatre milliards d'années à l'illusion des choses, à la croyance aux « substances ». Nos habitudes de pensée les plus archaïques, les plus invétérées, celles qui sont chevillées à la pensée représentative résistent à la révolution capitale : parvenir à penser le dynamisme créateur sans l'associer à la spatialité. Il faut pour cela se débarrasser de toute référence à la forme car tout ce qui a une forme se pense nécessairement selon le schème de l'espace. Or, c'est la Vie (*dzoè*) à l'état pur qui engendre simultanément la forme et le temps. La Vie est un ruissellement pur, complètement déspatialisé, vidé de sa contamination à l'image qui n'est que l'interprétation de la Vie par un vivant, c'est-à-dire à un certain rythme qui l'habille du vêtement des formes. L'« erreur du Même », que Nietzsche désigne comme la « Mère des vivants » est finalement l'autre nom de la contrainte de l'espace de laquelle sont prisonniers à des degrés divers tous les êtres organiques, en raison de leurs conditions de survie et de leur histoire évolutive. Ils n'ont accès au Mouvement créateur qu'à l'échelle limitée de leur rythme vital qui sépare le dynamisme global en un courant fluide qui est leur temporalité et un courant visqueux, qui est leur spatialité. Mais cette séparation n'est que la *conséquence* du rythme vivant, elle s'évanouit dès que l'on quitte la sphère de l'organique.

§87.

« Einstein et le Mouvement sans vie »

La théorie de la relativité nous a contraints à renoncer à l'idée d'un espace absolu comme à celle d'un temps absolu. L'ici et le maintenant dépendent à la fois de la position de l'observateur, plus ou moins proche d'un champ gravitationnel, et de son mouvement dans l'espace. Mais en relativisant l'espace et le temps, elle a par là même absolutisé le Mouvement dont le temps et l'espace ne sont que les aspects complémentaires. Toutefois, après sa géniale découverte, Einstein a bizarrement figé le Mouvement dans la glace de la mathématique : il a fait de cet intervalle dynamique absolu plus homogène que l'espace et le temps un bloc géométrique quadridimensionnel mort. Dans la théorie de la relativité générale, le bloc d'espace-temps, pris comme un tout, ne peut ni se déplacer dans l'espace, ni évoluer dans le temps, puisque l'espace et le temps lui sont internes. En même temps que ses attributs sensibles, le principe suprême a perdu sa puissance de Vie. Mais comment la créativité ultime pourrait-elle être elle-même privée du dynamisme de la Vie ? Car c'est bien à ce gigantesque paradoxe que nous conduit la théorie de l'univers bloc. Le Tout de la réalité est ramené à une géométrie sans dynamisme. Pourtant, il est manifeste que si l'être véritable était absolument privé de mouvement, il ne pourrait rien créer, car il perdrait la fécondité. Il nous faut cheminer vers *l'énigme originaire* : comment dépouiller le

Mouvement des propriétés spatio-temporelles de déplacement, de vitesse, et de succession tout en lui conservant un dynamisme essentiel sans lequel il s'effondrerait dans le néant ?

§88.

« Une énigme vieille de quatre milliards d'années »

Est-il possible à un vivant de penser la naissance du vivant ? L'intelligence peut-elle parvenir à élucider le processus de sa propre émergence ? Lorsqu'elle pose cette question abyssale, la raison humaine est prise de vertige. Devant elle se dresse une paroi lisse et verticale totalement dépourvue des prises nécessaires à son ascension. Mais pourquoi n'y-a-t-il aucune prise visible sur ce mur apparemment infranchissable ?

L'escalade du mur (qui s'apparente à une remontée vers la source) comporte en réalité deux étapes qu'il convient de bien distinguer. A chacune de ces étapes correspond la résolution d'une énigme. La première énigme est de découvrir quel est le premier axiome du vivant sur lequel reposent toutes les autres fonctions biologiques. C'est une interrogation de type *généalogique* qui porte sur le commencement, c'est-à-dire sur le début de l'histoire du vivant. Ce que nous recherchons se situe *dans* le temps. Pour le découvrir, il faut plonger vers le passé le plus lointain de la Terre et tenter d'en ramener la première croyance qui a rendu possible la vie organique. La seconde étape de l'enquête, quant à elle, est consacrée à la résolution d'une énigme bien plus difficile encore : elle consiste à se demander comment cet axiome premier s'est *lui-même* constitué. C'est une interrogation de type *archéologique*, qui ne porte plus sur l'origine (le commencement dans le temps) mais sur le principe[185], c'est-à dire *ce à partir de quoi* le vivant a surgi. Puisque le vivant est la dimensionnalisation du Mouvement éternel en espace et en temps, c'est-à-dire ce à partir de quoi le temps et l'espace co-surgissent comme dimensions séparées, la question posée ne prend plus la forme d'une recherche historique et chronologique mais celle d'une spéculation métaphysique. Pour accomplir ce double voyage régressif qui mène du présent à l'origine, puis de l'origine au principe, je prendrai Nietzsche pour guide car il est à la fois le généalogiste et l'archéologue le plus pénétrant du vivant. Puis, dans un dernier temps, je prolongerai ses intuitions à partir de thèses qui me sont propres et qui forment le socle de ma métaphysique de la Vie.

---

[185] « *Une proposition de laquelle d'autres propositions peuvent être tirées mais qui ne peut être tirée d'elles joue le rôle de principe par rapport à ces propositions : le principe est le point de départ de leurs déductions* », Marcel Conche, <u>Le fondement de la morale</u>, PUF, Introduction, p.20.

Acte I : Généalogie

Commençons donc, avec Nietzsche, la plongée généalogique vertigineuse qui conduit dans les souterrains du vivant. Parvenir à poser son pied sur la paroi, cela voudrait dire élucider la toute première condition de possibilité de l'existence du vivant, la croyance fondatrice qui rend possible toutes les autres fonctions organiques. Ce serait découvrir le premier « jugement », la première chose *tenue-pour-vraie* par la cellule pour se maintenir en vie. Quelle est cette évidence première, ce sol commun qui a rendu possible toutes les autres conquêtes du vivant ? Il est impossible de le découvrir immédiatement, sans un minutieux travail d'enquête. Car, paradoxalement, une évidence n'est jamais visible, elle est ce dont nous ne sommes pas conscients d'emblée et ce qui se laisse voir en dernier. Etymologiquement, l'évidence signifie la clarté. Est évident ce qui saute aux yeux, ce qui s'impose à l'intelligence immédiatement et sans intermédiaire. Mais précisément parce que l'évidence donne à voir autre chose qu'elle-même, elle ne *se* laisse jamais voir. Ce qui est trop brillant éblouit trop pour être vu. Ainsi la lumière d'une étoile : elle illumine le reste du *cosmos* mais se dérobe à sa propre visibilité. Ou encore, au théâtre, lorsque nous regardons la scène et ce qui s'y déroule, nous ne prêtons pas attention à l'éclairage qui pourtant rend possible le spectacle. De la même manière, l'évidence première sur laquelle le vivant bâtit son monde se soustrait à la perspicacité de son regard, car en créant son monde, le vivant oublie naturellement le sol sur lequel il construit. Pour voir l'évidence première, il faudrait être capable de s'en distancier. Si l'œil se confond avec la chose, il cesse d'être voyant. C'est sa trop grande proximité qui rend l'évidence aveuglante. Elle est comme incrustée dans le vivant depuis sa naissance, faisant corps avec son être-au-monde et chevillée au fonctionnement même de son intelligence. Mais pourquoi l'évidence lui est-elle si proche ? Précisément parce qu'elle est très *ancienne*. L'évidence première est une sorte de croyance préhistorique indubitable, déjà présente chez les premiers vivants, et transmise ensuite de génération en génération. Si on voulait user d'une image parlante, on pourrait se la représenter comme une sorte de vitre parfaitement transparente, donc invisible, incorporée à l'œil depuis sa formation et sans laquelle on ne saurait rien voir. A cette différence près que cette condition de la représentation ne concerne pas seulement notre vue empirique mais toutes nos fonctions intellectuelles qui en sont le prolongement naturel (le cerveau n'étant que le prolongement interne de l'œil *via* le nerf optique). Prisonniers d'une croyance invisible et immergés en elle jusqu'au point de ne plus l'apercevoir, nous sommes, selon les mots de Nietzsche, « *physiologiquement faux* ». Mais quelle est-elle donc ? Si vivre, c'est assimiler, c'est-à-dire incorporer le donné extérieur pour en faire sa propre richesse, alors la fonction organique primordiale est celle de l'*assimilation*. Vivre, c'est essentiellement assimiler (de la lumière, de la nourriture, de l'information etc.). Or, l'assimilation elle-même ne saurait se faire sans une condition préalable : la croyance en des *cas identiques*. « *Sans la représentation que le protoplasme se fait d'une « chose durable », extérieure à lui-même, il n'y aurait ni d'intégration ni d'assimilation* »[186]. Plus archaïque que le plaisir et le déplaisir (qui supposent déjà la reconnaissance des contraires et, par conséquent, l'existence d'identités constituées), la croyance la plus ancestrale du vivant est donc bien celle en la *permanence* de chaque chose : la loi générale du sujet connaissant est « *la nécessité intérieure de reconnaître tout objet en soi, dans son essence propre, pour un objet identique à soi-même, donc existant par lui-même et demeurant au fond toujours pareil et immuable, bref pour une substance* »[187]. C'est elle qui permet de prononcer les premiers jugements (« *ceci et cela est ainsi* »[188]). On pourrait considérer la croyance en l'identique comme une sorte *d'interprétation*[189] en bien précisant qu'il ne faut pas entendre ici par « interprétation » une croyance subjective parmi d'autres mais la seule croyance possible qui permet la vie et la connaissance. Elle s'impose comme une évidence tyrannique qui contraint la pensée représentative en général. Il est impossible pour un

---

[186] Nietzsche, <u>Fragments posthumes</u>, éd. Galimard, 5, 11 [270], p. 411.

[187] Nietzsche, <u>Humain trop humain</u>, éd. Gallimard, § 18, p. 46.

[188] Nietzsche, <u>Volonté de puissance</u>, éd. Gallimard, trad. Bianquis, I, p.60.

[189] Selon les mots de Nietzsche, un « *tenir-pour-vrai* ».

vivant de penser *contre* la croyance en la permanence des choses et par conséquent sans le schème spatial[190] car cette croyance s'avère la condition de toutes les fonctions du métabolisme : l'assimilation, la mémoire, la perception, la reproduction, *etc*. Rechercher sa nourriture, fuir un danger, repérer une proie, chercher un partenaire pour se reproduire, et, chez les organismes supérieurs, connaître, aucun de ces processus ne serait possible sans la croyance au « même ». Dans tout ce qu'il perçoit, le vivant *croit reconnaître* des formes déjà perçues, des situations déjà rencontrées, des repères déjà connus ; les fonctions sensori-motrices les plus archaïques tout comme les fonctions les plus raffinées de l'intellect (telles la logique et les mathématiques, ainsi que la représentation symbolique) sont bâties sur la croyance en la permanence, c'est-à-dire sur la supposition de cas identiques. Le « principe conservateur » du vivant, c'est la croyance qu'il existe des *choses* ou encore des *substances*[191]. Sans

---

[190] « Nous ne réussissons pas à affirmer et à nier simultanément une même chose : c'est un principe expérimental et subjectif, qui n'exprime nullement une nécessité, mais *une simple impuissance* » Nietzsche, *ibidem*, § 115, p.50.

[191] « *La croyance aux choses est liée à notre être, de toute ancienneté* », Nietzsche, <u>Humain trop humain</u>, § 18, p.47 ; ou encore : « *la croyance à des substances absolues et à des choses identiques est également une erreur originelle, et aussi ancienne, que tout le règne organique* », Nietzsche, *ibidem*, § 18, p.46.

la croyance en la persistance des choses (et, par conséquent, en la réidentifiabilité des substances), aucun être vivant ne pourrait se maintenir dans le torrent sans cesse nouveau de la Nature. La sagacité de Nietzsche[192] achemine ainsi l'entreprise généalogique jusqu'à son ultime assise : *la croyance au même*. Mais parvenus à ce stade, nous sommes placés devant une nouvelle aporie : « *là est le mystère : comment l'organique est-il venu à juger ce qui est identique, semblable, persistant* » ?[193]

En effet, identifier l'évidence fondatrice du vivant ne suffit pas : il faut à présent se demander *comment cette croyance s'est elle-même formée*. Pouvons-nous régresser d'un pas encore pour mettre en lumière le processus d'apparition de la permanence (même sous une forme relative) dans le flux perpétuel – permanence par ailleurs indispensable au surgissement et à la conservation du vivant ?[194] La question devient alors : comment la croyance aux substances peut-elle se former à partir d'un pur devenir ? Comment la Nature, conçue

---

[192] La sagacité est la finesse du flair : « *mon génie est dans mes narines…* », Nietzsche, <u>Ecce Homo</u>, éd. Gallimard, 8, p. 333.

[193] Nietzsche, <u>Fragments posthumes</u>, éd. Gallimard V, 11, [268] p. 410.

[194] « *Pour qu'il puisse seulement y avoir un sujet, il faut qu'il existe quelque chose de persistant et de même beaucoup d'identité et de similitude. Ce qui est absolument différent dans le changement perpétuel ne serait point maintenable, ne se maintiendrait à rien et s'écoulerait comme la pluie sur les pierres* », Nietzsche, *ibidem*.

comme Mouvement originaire et flux sans mesure engendre-t-elle les catégories d'unité et de multiplicité dont nous nous servons pour penser ?

Parvenue à ce stade, la pensée généalogique semble vaciller sur ses bases et se fourvoyer sur un sentier étroit et impraticable bordé de deux précipices : la *pétition de principe* et l'*illusion*. 1) Risque de la pétition de principe tout d'abord. Celui qui cherche à comprendre comment le principe d'identité a surgi se trouve d'emblée prisonnier d'un redoutable cercle vicieux : comment rendre raison de la formation de l'identique sans avoir déjà recours à lui pour expliquer sa naissance ? Tout l'édifice de la connaissance s'est construit sur le postulat subjectif primitif que A=A. Les catégories qui sont les outils actuels de la pensée (sujet, objet, attribut, unité, totalité, *etc*.) s'appuient déjà sur ce socle ancestral, de sorte que la pensée semble définitivement prisonnière des images et de la croyance en l'existence absolue de l'espace. Nietzsche lui-même admet que nous ne pouvons pas nous défaire du fond métaphysique le plus ancien qui s'est incrusté dans la structure de la langue et a colonisé les catégories de la pensée[195]. La permanence est ainsi devenue

---

[195] Citons en intégralité ce petit fragment absolument capital : « *Notre plus vieux fonds métaphysique est celui dont nous nous débarrasserons en dernier lieu, à supposer que nous réussissions à nous en débarrasser – ce fonds qui s'est incorporé à la langue et aux catégories grammaticales et s'est rendu à ce point indispensable qu'il semble que nous devrions cesser de penser, si nous renoncions à cette métaphysique. Les philosophes sont justement ceux qui se*

pour la pensée la condition même du vrai, qui se trouve dès le départ *contaminée* par la représentation de la substance. On suppose en effet que, pour qu'un énoncé soit vrai, il faut que le contenu de l'énonciation reste identique à lui-même durant tout le temps qu'on en parle, faute de quoi affirmer et nier simultanément une même chose deviendrait possible et la pensée s'annulerait en se formulant puisque ce n'est rien dire que d'affirmer et de nier la même chose en même temps sous le même rapport. Mais si toutes nos catégories de pensée sont construites sur l'axiome du même, comment se libérer de cette circularité et penser la naissance de l'un sans utiliser la catégorie de l'unité ?[196]

2) Quant au deuxième précipice qui guette le généalogiste trop zélé, il est tout aussi redoutable : il s'agit de l'illusion vitale qui se trouve à la racine de la connaissance. En effet, Nietzsche ne se contente pas d'affirmer que la croyance est l'impensé du pouvoir de connaître, il ajoute que cette croyance est en outre une *illusion* : « *l'erreur, Mère des*

---

libèrent le plus difficilement de la croyance que les concepts fondamentaux et les catégories de la raison appartiennent par nature à l'empire des certitudes métaphysiques ; ils croient toujours à la raison comme un fragment du monde métaphysique lui-même, cette croyance arriérée reparaît toujours chez eux comme une régression toute-puissante », Nietzsche, <u>Volonté de puissance</u>, éd. Gallimard, trad. Bianquis, I, § 97, p.43.

[196] Par unité, j'entends ici l'un numérique et non l'Un pré-individuel, qui, étant indifférenciable, n'est pas une catégorie de la pensée.

vivants ! »[197]. Par « erreur » il ne faut pas entendre ici seulement une inexactitude qu'une meilleure connaissance pourrait corriger ou dissiper mais bien une *illusion inéliminable.* Plus pernicieuse que l'erreur, l'illusion[198] est une authentique tromperie qui se joue de nous, une puissance intrinsèque de fausseté qui engendre une fiction. L'erreur vitale au service de la conservation du vivant fausse *a priori* le rapport à la connaissance en faisant précéder la recherche du vrai par celle de de la conservation de soi. Les techniques de biomimétisme et de camouflage si répandues dans le monde animal sont un excellent exemple de cette puissance de dissimulation propre à l'organique qui prime sur l'instinct de vérité : par exemple, le sésie apiforme du peuplier est un papillon dont le corps jaune et noir ressemble à s'y méprendre à celui d'un dangereux frelon ; ou encore le phasme bâton-du-diable imite à la perfection une brindille morte pour échapper à ses prédateurs. Pour rester en vie, le vivant doit constamment produire des simulacres, et la connaissance, qui est un prolongement de la vie à un plus haut niveau de sophistication encore, s'est tout entière construite sur ce socle de tromperie et de travestissement. Dans ces conditions, n'est-il pas

---

[197] Nietzsche, <u>Fragments posthumes</u>, éd. Gallimard, 5, 11 [268], p. 411.

[198] Illusion vient du latin « *illudere* », qui signifie « tromper », « se jouer de ». L'illusion est une puissance de faux, elle engendre une fausse représentation. Elle est une méprise et une fausse interprétation à propos de la réalité (mirages, hallucinations acoustiques etc.)

vain de prétendre tenir un discours vrai à propos de l'être véritable ?

Acte II : Archéologie

Comment surmonter ces deux écueils, celui de la pétition de principe et celui de l'illusion ? En réalité, les apories que nous rencontrons ici sont les limites naturelles de l'entreprise généalogique. Les outils ordinaires de la pensée (les catégories) sont inopérants pour aborder la formation de la substance individuelle, parce que la pensée représentative est de nature spatio-temporelle et qu'il s'agit ici de penser non pas une chose spatio-temporelle parmi d'autres grâce à ces outils mais la structure de l'espace et du temps eux-mêmes à partir d'un processus primitif commun dont ils sont tous deux dérivés. C'est la raison pour laquelle l'enquête généalogique ne suffit plus : le domaine de validité de la généalogie s'arrête aux frontières intérieures de l'espace et du temps qui circonscrivent la pensée par image. Régresser des fonctions organiques ordinaires jusqu'à la croyance au même qui les sous-tend relève encore de sa compétence, puisque cette recherche est une *régression temporelle*. Mais penser la naissance de l'unité en tant que telle n'est plus une enquête généalogique qui appartient à l'histoire. Car les conditions de surgissement de l'identique ne sont pas à rechercher *dans* le temps : c'est au contraire à partir de la formation de l'unité numérique que le temps et l'espace se mettent à exister comme les cadres de la représentation en se dissociant l'un de l'autre à partir d'un Mouvement éternel commun. Les notions de juxtaposition spatiale et de succession temporelle ont besoin de la mesure du même pour se constituer ; autrement dit, c'est la croyance en la permanence qui convertit l'*Apeiron* en des espace-temps dimensionnalisés par la perspective des vivants. La seconde partie de l'enquête ne relève donc plus de la compétence de la généalogie, qui porte sur la recherche du commencement, mais de celle de l'*archéologie* qui porte sur la recherche du principe.

Poursuivons notre voyage cette fois-ci non plus en compagnie du généalogiste mais de l'archéologue[199]. La loi de la représentation, qui permet le surgissement du temps, ne saurait relever en toute rigueur de l'histoire. C'est une recherche archéologique. Quelle solution Nietzsche apporte-t-il aux deux problèmes que nous avons soulevés ? Le génial disciple de dionysos s'est incontestablement rapproché de la résolution de l'énigme sans parvenir à l'expliciter entièrement. Commençons par le suivre sur son chemin un moment avant de proposer un fondement métaphysique à ses intuitions.

---

[199] Les choses ne sont toutefois pas aussi claires et Nietzsche n'a pas toujours distingué avec suffisamment de clarté l'aspect temporel et l'aspect principiel de son enquête, comme en témoigne cette remarque extraite du paragraphe 18 de <u>Humain Trop Humain</u> : « *la loi générale originelle du sujet connaissant [...] a eu elle aussi une* <u>*histoire*</u> *(c'est nous qui soulignons)* ».

A) Le problème de la pétition de principe

Des esquisses de solution destinées à rendre compte de la formation du concept de substance apparaissent tôt dans son œuvre et l'intuition qui les fédère ne varie guère entre 1878 et 1881. Dès 1878, Nietzsche élabore une hypothèse de « psychologie cognitive » que l'on retrouve, reformulée et approfondie avec une remarquable constance dans ses fragments de 1881. C'est un certain *rythme vivant primitif* qui serait responsable de l'antique superstition des substances. Dans le paragraphe 18 d'<u>Humain trop humain,</u> intitulé « Questions fondamentales de la métaphysique », il propose une hypothèse très originale, et même à première vue assez extravagante, que nous pourrions qualifier de « généalogie végétale du principe d'identité » : « *Pour la plante,* note-t-il, *toutes choses sont d'ordinaire au repos, éternelles, chacune identique à soi-même. De la période des organismes inférieurs, l'homme a hérité la croyance qu'il existe des choses identiques (seule l'expérience élaborée par la science la plus poussée contredit cette proposition). La croyance première de tout le règne organique est peut-être même depuis le commencement que le reste du monde est tout entier un et immobile* »[200]. Autrement dit, la croyance en l'identique aurait une origine préhistorique : tel un fossile vivant transmis jusqu'à nous d'organisme en organisme au fil des innombrables générations comme une condition indispensable à la survie, elle serait commune à

---

[200] Nietzsche, *ibidem*, p.45.

toute l'évolution du vivant et elle prendrait sa source dans la croyance la plus reculée des organismes inférieurs pour lesquels le reste du monde était tout entier un et immobile. Nietzsche distingue alors plusieurs degrés dans cette croyance en l'identité. 1) D'abord, un « parménidisme » du végétal qui baigne dans l'indifférenciable et pour lequel tout le reste du monde est un bloc indivis sans différences, une sorte de *continuum* immobile et homogène. 2) Le « démocritéisme » de l'animal qui discerne déjà plus de mouvement dans la Nature et atomise petit à petit le « bloc » de la réalité en l'émiettant en une pluralité de substances grâce aux sensations différenciées de plaisir et de douleur qui enrichissent ses interactions et ouvrent l'organisme à la multiplicité des choses. Cette étape de la pluralisation des substances comprend à son tour plusieurs moments : a) à l'origine, à chaque substance n'est associée qu'un seul attribut. On n'a alors qu'une unilatéralité passive de la réception, « *par exemple lorsque un protoplasme ne reçoit qu'une seule excitation, provoquée par différentes forces (lumière, électricité, pression etc.,) et d'une seule excitation conclut à l'identité des causes* »[201] ou bien une unilatéralité active de la production, « *lorsqu'il n'est susceptible que d'une seule excitation éprouvant tout ce qui en diffère comme identique – et c'est sans doute ainsi que cela se passe dans l'organisme du degré le plus bas* »[202]. La sensation archaïque est

---

[201] Nietzsche, <u>Fragments posthumes</u> (<u>FP</u> pour les notes suivantes), éd. Gallimard, 5, 11 [268], p.410.
[202] Nietzsche, *ibidem*.

pour ainsi dire une bijection primitive entre la subjectivité et le monde. b) Dans un second temps, le rapport avec le réel s'enrichit et une « même substance » peut interagir de façon multiple avec la subjectivité : c'est l'invention progressive de la pluralité des attributs (une même chose peut être à la fois dure, blanche, froide etc.). Pourquoi le monde s'est-il de plus en plus enrichi et est-il devenu plus divers au fur et à mesure que le vivant devenait plus complexe ? Cela tient avant tout au *rythme* de la perception : le vivant s'est petit à petit arraché à l'indifférencié auquel il était comme soudé en accélérant la vitesse de sa sensation qui s'est alors muée en *perception* avec tous ses degrés, puis, enfin, en *conscience réfléchie*[203]. Une plus grande vitesse métabolique permet de décomposer davantage le flux des événements, et, par conséquent, de disposer d'une plus grande quantité d'informations sur son environnement. Cette accélération du traitement de l'information a permis de diviser le bloc du réel d'abord Un en plusieurs briques de mouvement : d'abord, les organismes inférieurs sourds et aveugles ne disposent que de sensations brumeuses et inchoatives et n'appréhendent leur monde que par les sens préhistoriques du toucher, de l'odorat et du goût qui n'offrent que des degrés de pression et des effluves interlopes ; la sensation primitive ne permet de saisir

---

[203] C'est précisément ce que nous appelons un organisme *complexe* : un vivant capable de traiter un plus grand nombre d'informations en un laps de temps toujours plus court.

que des *polarités* dynamiques; en accélérant sa cadence, le rythme vivant agrandit l'orbe du monde d'abord par le sens de l'ouïe, puis par celui de la vue qui découpe les premières formes en mouvement aux contours plus nets que l'œil peut différencier ; enfin les objets mentaux se forment sur le miroir de la conscience chez les organismes plus complexes qui peuvent se représenter les choses en les projetant dans un espace intérieur. La vivacité du métabolisme achemine le vivant vers un monde de plus en plus riche et différencié. Toutefois, aussi rapide soit-elle, la sensation de l'animal n'est jamais assez subtile et rapide pour détecter la différence pure de la Nature créatrice dans chaque unité découpée, la vitesse de l'influx nerveux n'étant pas infinie. Par conséquent, entre chaque mouvement distingué, il demeure pour tous les vivants, même les plus vifs et les plus complexes, une *épaisseur d'indifférencié*, un résidu homogène de la réalité que la perception ne parvient pas à analyser et à réduire totalement. Une part d'infini s'immisce dans tout être fini parce que le Mouvement sans mesure ne saurait être épuisé par le rythme vivant qui n'est qu'un de ses possibles visages. La vitesse de la fragmentation perceptive est nécessairement finie, et par conséquent le monde vivant est toujours plus étriqué que le réel dans son entièreté, ce n'est qu'un point de vue biaisé sur lui. Il résulte de cela que l'individuation par le vivant est toujours un processus inabouti et partiel : la configuration du réel en monde est toujours une création inaboutie, quelle que soit la puissance de créativité du vivant. Notre perception n'est qu'une meurtrière ouverte sur la Nature qui n'épuise pas sa richesse infinie (ce qui n'est pas qualifié en attributs perceptibles ou pensables est irreprésentable). Mais la contrepartie de la pauvreté perceptive est sa *fermeté* qui lui permet de charpenter un monde d'étants : car de cette lenteur relative de la perception provient l'illusion qu'il existe *des formes consistantes qui durent*. En effet, si la vitesse perceptive était infinie, alors, plus aucun intervalle de temps n'existerait entre chaque perception et l'épaisseur dans le changement que nous appréhendons comme la durée d'une forme s'évanouirait. Tout surgirait et disparaîtrait à la fois dans un devenir fou privé d'espace. La lenteur relative de la perception chez les vivants et l'absence de différence observable entre chaque « prise de vue » est donc la raison de la croyance en un espace extérieur indépendant. En fait, il reste toujours une part d'absolu (c'est-à-dire d'absence de relations) dans le spatio-temporel, un intervalle d'indiscernable que les sens du vivant ne parviennent pas à capter, réduire, et analyser. Cela fait de nous des êtres condamnés à croire en *l'épaisseur des choses*, en leur substantialité, et, conséquemment, à l'existence de l'espace (qui est l'ensemble des formes et la diversité de leurs textures). La configuration de la Nature en mondes par les vivants s'opère par le biais des sensations de plaisir et de déplaisir mais entre chaque sensation, il y a toujours un intervalle de repos, c'est-à-dire une privation de sensation, un milieu indifférenciable : le monde n'a plus aucun intérêt pour nous quand nous n'y percevons aucune modification. C'est donc, en dernière instance, pour chaque organisme, la lenteur ou la rapidité de sa sensation qui détermine la texture de son monde (plus ou moins soudé ou éjecté, intérieur ou extérieur). La *chose* est une sorte de *fossile*, une survivance de l'*Apeiron* dans le monde spatio-temporel du vivant. 3) Enfin, même chez les organismes complexes et tardifs tels que les humains se retrouve encore cette part archaïque d'indifférenciable : le principe d'identité, logé au cœur de notre appareil cognitif est l'ultime vestige de notre passé de plante et la réminiscence ancestrale de l'indifférenciable en nous. Nietzsche nomme cette survivance préhistorique en nous « *la loi générale, originelle du sujet connaissant* »[204] parce qu'elle est au fondement du fonctionnement de l'intellect humain.

Reste un dernier point à éclaircir. Dans tous les textes où il aborde ces questions, Nietzsche parle toujours de la « *croyance au même* ». Par exemple : « *la croyance aux choses est liée à notre être de toute ancienneté* »[205] ou encore : « *l'excitation et l'objet qui la provoque confondus dès le début ! L'égalité des excitations fut à l'origine de la croyance à des « choses identiques » : les excitations durablement identiques suscitèrent la croyance en des « choses », à des « substances »* »[206] ; « *le sujet pourrait se former à mesure que se formerait l'erreur*

---

[204] Nietzsche, <u>Humain trop Humain</u> (<u>HTH</u> pour les notes suivantes), éd. Gallimard, § 18, p.44.
[205] Nietzsche, *ibidem*, § 19, p.46-47.
[206] Nietzsche, <u>FP</u>, 5, 11 [270], p.411.

du Même »[207] *etc.* Pourquoi le permanent a-t-il chez lui le statut d'une croyance (littéralement un « tenir-pour-vrai ») et non celui d'un fait objectif, indépendant de la subjectivité ? Faut-il voir là le signe d'une faiblesse de la pensée nietzschéenne, qui, incapable de formuler une ontologie véritable de la morphogenèse, se serait contentée, faute de mieux, d'une hypothèse de « psychologie cognitive » ? Nullement. Car la « subjectivité », loin de tomber en dehors de l'être véritable, appartient à la chair même des choses. Et, symétriquement, l'identique (illusion qui provient de la confusion entre le visqueux et le permanent) ne se constitue que par un contraste rythmique : l'écart entre le courant plus fluide de la subjectivité et celui, plus visqueux de la proto-forme qui s'en détache très lentement au cours de l'évolution biologique comme une excroissance plus sombre et plus massive. L' « identique » n'est donc jamais un permanent en soi, il n'existe que comme corrélat, comme pôle dans la relation entre le senti et le sentant, le sujet et l'objet, la pensée et le monde. La croyance ne se rajoute pas après coup et elle n'est pas un supplément extrinsèque ou superflu ajouté à une permanence qui existerait indépendamment d'elle comme une réalité en soi déjà constituée. Bien au contraire, c'est *par la croyance* que la permanence se constitue comme permanence : la subjectivité la pose dans sa consistance visqueuse grâce à l'écart rythmique qui se creuse entre le pôle temporel (subjectif) et le pôle spatial (objectal) de la relation ; c'est grâce au

---

[207] Nietzsche, *ibidem*, 5, 11 [268], p.411.

contraste qui se creuse dans le flux de la Vie que le bourgeon massique se dessine avec ses contours et émerge du champ perceptif comme une montagne émerge de la brume à l'aube. Nietzsche répète inlassablement que la représentation appartient au caractère de l'*esse*[208], elle n'est pas en plus ni en dehors de lui : un objet qui n'est ni senti, ni perçu ni pensé est une absurdité, une contradiction dans les termes. Par conséquent, ce qui n'était prétendument qu'une hypothèse psychologique s'avère une véritable *ontologie* : la « croyance » appartient à part entière au processus de morphogenèse.

B) *Le problème de l'illusion*

Comment ouvrir un chemin vers l'être vrai si l'illusion est consubstantielle à la vie organique et le socle sur lequel s'édifie la connaissance ? Le chercheur de vérité est-il condamné à rester prisonnier du cercle de la représentation ?

En réalité, les choses ne sont pas aussi simples. Durant l'année 1881, qui est le point apical de sa pensée, Nietzsche ne cesse d'opposer deux types de vérités, chacune appartenant à un type d'homme bien distinct et étant l'expression de conditions vitales très différentes. A chaque individu la vérité qu'il peut supporter, plus précisément, à chacun la dose de devenir que son organisme peut incorporer sans périr, selon l'intensité de puissance créatrice qu'il irradie. 1) la vérité-erreur de la représentation

---

[208] Nietzsche, *ibidem*, 5, 11 [324], p.432 et 5, 11 [330], p. 434-435.

organique, béquille indispensable « *des hommes très communs et vertueux* ». Il s'agit d'une « vérité vitale » qui est la plus vieille illusion du vivant chevillée à son intelligence et à toutes ses habitudes de vie : la croyance en l'identique, « *ce type d'erreur sans laquelle une certaine espèce d'êtres vivants ne saurait vivre (…)* »[209]. Pour trouver le courage de vivre, la majorité des hommes a désespérément besoin des repères que leur donne cette vérité illusoire ; ils se cramponnent à la croyance au même, à la fixité des choses et à la charpente logique des catégories de la raison. 2) Par opposition, seuls quelques esprits libres et « *aéronautes de l'esprit* »[210], ce petit nombre d' « *hommes affranchis pour lesquels il n'y a plus d'interdit* »[211] peuvent incorporer sans mourir la vérité terrible du devenir pur qui est le seul être vrai, la dernière affirmation à laquelle il soit possible de remonter : « *l'être, le seul qui nous soit garanti est changeant, non-identique à lui-même* »[212]. Cette vérité absolue est la terrible vérité dionysiaque et « *il n'est pas dit que de l'incorporation en la vie d'une telle vérité ne résulte l'anéantissement de la vie humaine : jusqu'à quel degré la vérité au sujet de l'être peut-elle être incorporée […] sans tuer la vie ?* »[213]. La

---

[209] *Ibidem*, 11, 34 [253], p.235.

[210] Nietzsche, <u>Aurore</u>, éd. Gallimard, § 575, p.289.

[211] Nietzsche, <u>Volonté de puissance</u> (<u>Volonté</u>… pour les notes suivantes), éd. Gallimard, trad. Bianquis, I, § 4, p. 4.

[212] Nietzsche, <u>FP</u>, 5, 11 [330], p.434-435.

[213] Pierre Montebello, <u>Vie et maladie chez Nietzsche</u>, éd. Ellipses, p.62.

connaissance du devenir est un véritable *défi* pour le vivant et l'humanité pourrait en périr, emportée dans le chaos par cette passion déchaînée de connaissance. Selon Nietzsche, l'incorporation du devenir pur serait une nouvelle aventure de la vie, l'expérimentation la plus dangereuse, et en même temps la plus désirable car elle est l'expression de la plus haute puissance. Mais peut-on réellement concevoir que chez certains individus d'exception (Nietzsche le premier en l'occurrence, lui qui coupe en deux une histoire de deux millénaires), la vie soit assez forte, ait accumulé suffisamment de puissance pour se passer de l'identité et puisse habiter un pur devenir sans formes ? Depuis sa préhistoire de protoplasme, le vivant a toujours présupposé le permanent pour vivre et croître. Vivre et penser sans principe d'identité, c'est bien le défi que la vie comme volonté de puissance se lance à elle-même à travers l'individu Nietzsche et qui porte le nom d'éternel retour[214]. Ce n'est pas seulement un problème intellectuel, il faudra aussi vivre dans son corps cette métamorphose. En quoi notre perception du réel sera-t-elle modifiée par cette expérimentation ? Pourra-t-on continuer à voir des objets et à s'orienter dans un non-monde de flux ? L'enjeu est clairement pour Nietzsche de former un corps capable de percevoir et de penser avec de plus en plus de différences et de nuances dans le mouvement : par exemple apprendre à penser

---

[214] Voir la superbe interprétation, la meilleure à ce jour, qu'en donne Philippe Granarolo dans l'<u>Individu éternel</u>, éd. Vrin.

« Mouvement » au lieu de penser les formes dans l'espace-temps ou encore inventer une nouvelle table des catégories où l'être réel serait univoque et ne se dirait plus en plusieurs sens.

Mais par quel moyen la pensée d'un être vivant peut-elle s'incorporer le devenir pur et renoncer à l'espace ? Quel est le chemin qui mène à l'absolu ? « *Soyons plus prudents que Descartes* »[215] et doutons de la permanence du représentant tout autant que de celle du représenté. Reste l'activité de représentation elle-même, du processus qu'est le représenter, débarrassé du sujet et de l'objet. Or, « *il est clair en soi que le représenter n'est rien qui repose sur soi, rien d'immuable, d'identique à soi-même* »[216]. La seule chose dont nous pouvons être vraiment certains, c'est donc la sensation conçue comme pur mouvement sans mobile. Or, il y a toutes sortes de sensations, certaines lentes et traînantes comme des lentos ou des adagios, d'autres rapides et endiablées comme des allegros et des prestos. Toutes sont les innombrables inflexions, qui, des plus puissantes aux plus infimes se perdent dans le bourdonnement inextinguible de la Vie. Ce dynamisme à toutes les fréquences est le seul être, et il est pur Mouvement. Il en résulte que quitter la prison représentative est possible, car on peut dissoudre le grumeau en modifiant la vitesse de la sensation, en diminuant le gradient rythmique entre le sentant et le senti, jusqu'à ce que tous deux

---

[215] Nietzsche, <u>Volonté</u>..., I, § 98, p.43.
[216] Nietzsche, <u>FP</u>, 5, 11 [330], p.434-435.

s'homogénéisent dans le flux sensible de la Vie : on passe alors du régime relationnel du vivant soumis au contenu de sa représentation au régime absolu de la vitalité, état dans lequel le senti et le sentant sont encore indifférenciés et soudés en une autopathie commune[217]. Ce chemin mène à l'absolu et il permet de surmonter la prison spatiale de la pensée représentative. Le passage du relationnel à l'absolu se fait par un processus de dilution de l'espace-temps par abaissement *ad infinitum* du contraste entre le fluide et le pâteux[218]. Or, une telle modification rythmique de la représentation bouleverse la définition de la vérité. Dans les philosophies dualistes, la vérité est conçue comme une adéquation de l'intellect avec la chose selon la traditionnelle définition thomiste. *Veritas est adaequatio intellectus et rei.* Cependant, la vérité adéquation n'est qu'une formule ontique de la vérité puisqu'elle est une correspondance entre les deux

---

[217] L'*autopathie* (étymologiquement, l'auto-affectation) est une modalité de la sensation plus archaïque que la séparation du senti et du sentant. C'est l'affect de l'inorganique. Dans mon travail, je la nomme aussi panpathie car elle est l'affect lié au régime apeironique, que l'on désigne généralement par l'expression trompeuse d' « état mort ».

[218] Pierre Montebello semble avoir pressenti cette possible émancipation de la pensée de l'échelle spatio-temporelle sans toutefois parvenir à l'expliciter : « *une finesse de plus en plus grande, une subtilité de pensée de plus en plus déliée* (c'est nous qui soulignons) *pourrait donc résulter de l'expression même de la vie, de l'élévation de la vie* », Pierre Montebello, *ibidem*, p.72-73.

termes d'un corrélat : le sujet et l'objet, ou, de manière plus générale encore, la pensée et l'étant. C'est précisément ce que l'on appelle une représentation. Or, précisément parce qu'elle s'appuie sur l'existence de la représentation, cette définition de la vérité n'est pas universelle mais relative à certains rythmes perceptifs capables d'éjecter (*ekkrisis*) leurs objets dans un espace externe. Elle repose essentiellement sur la thermodynamique du déséquilibre ; l'adéquation ne peut convenir qu'à une vérité relationnelle soumise à la représentation organique et son domaine de légitimité n'excède donc pas la biologie et le motif rythmique du contraste qui la caractérise (et, encore, même pas la biologie dans son entier : qui parlerait d'une *représentation stricto sensu* chez l'amibe ?). La vérité correspondance est avant tout l'expression de l'*anthroporythmie*, du rythme perceptif de l'humain. Si nous diluons suffisamment le quotient spatio-temporel, la relation se fluidifie, se dissout dans le flux et l'adéquation se transforme en *donation du Mouvement*. Dès lors que le senti et le sentant se résorbent dans un dynamisme commun plus homogène, il ne saurait y avoir d'adéquation puisque nous n'avons plus un rapport entre deux termes mais la présence d'un *continuum* dynamique au sein duquel les deux polarités sont dissoutes. Cela n'a plus de sens d'affirmer qu'un flux est *adéquat* à lui-même. La vérité, c'est le déploiement de la Vie de l'absolu, une fois la dissolution des catégories achevée et les dimensions d'espace résorbées dans le Mouvement.

On peut en conclure que seule la vérité correspondance est une illusion au service de la conservation du vivant. C'est une perspective rythmique solidaire de la croyance aux choses et à l'espace. Ce rythme est une intensité dans la Vie, et, à ce titre, il appartient bien à l'être vrai des choses mais l'erreur des philosophies dualistes est d'en faire un étalon de mesure universel. La seule vérité absolue est d'ordre ontologique, non ontique. C'est le déploiement de la Vie universelle, une fois les catégories dissoutes. Dans un raccourci saisissant qui témoigne de son génie, Nietzsche indique la sortie de la prison représentative : « *Admettre qu'il y a des perceptions dans le monde inorganique, et des perceptions d'une* exactitude absolue *: c'est là que règne la « vérité » ! – Avec le monde organique commence l'imprécision et l'apparence* »[219]. J'interprète ici « l'exactitude absolue » du monde inorganique comme la mixtion totale du sentant et du senti dans la sensation apeironique : l'*autopathie*. Il s'agit précisément de la sensation océanique que je prête à l'inorganique, par différence avec la perception du vivant, qui, détachée d'elle-même, implique l'imprécision, le masque et la tromperie parce qu'elle est une sensation représentée.

Acte III : Métaphysique de l'Un et du multiple.

Prolongeons pour finir l'analyse de Nietzsche afin d'éclairer l'énigme originaire d'un jour nouveau. Si la

---

[219] Nietzsche, <u>Volonté</u>..., I, § 87, p.247.

réalité ultime est le Mouvement infini[220], indéterminable, parcouru par d'infimes variations d'intensité qui ne sont ni temporelles ni spatiales, mais seulement *dynamiques*, comment le Mouvement se fragmente-t-il en une multiplicité d'étants ? Comment émerge la pluralité des choses ? Comment l'Un-Tout, informe et pré-individuel donne-t-il naissance à l'unité numérique et la cohorte indéfinie des choses ? Répondre à cette interrogation difficile revient à déduire le principe d'identité à partir du Mouvement éternel, autrement dit, à mettre en lumière le passage de l'infini au fini. Cette question métaphysique est la plus importante de toutes pour une philosophie de la Nature car elle est celle qui porte sur les principes premiers. Il s'agit d'écrire la syntaxe dynamique de la réalité.

Le premier défi consiste à ne pas utiliser le principe d'identité pour rendre raison de son surgissement. La solution passe par deux étapes : a) tout d'abord, établir une distinction claire entre l'Un-Tout et l'un catégorial. Par l'Un-Tout, j'entends non pas une totalité (car la totalité est une catégorie de la pensée) mais le Mouvement éternel et indéterminé (*Apeiron*) qui, ne connaissant pas la séparation entre

---

[220] Nietzsche nomme le Mouvement « devenir » ou « flux ». Il ne faut pas entendre par là le devenir d'un être ou d'une chose, mais le devenir comme seul être, c'est-à-dire la réalité véritable, dionysiaque et terrible. Le devenir nietzschéen est un Mouvement infini et intransitif dont les « êtres » et les « choses » ne sont que des intensités passagères que délimitent et fixent la perception et le langage.

le sentant et le senti, le sujet et l'objet, la pensée et l'être, n'est pas une représentation mais l'être pré-individuel étranger à la quantification que l'on attribue aux choses ; par l'un catégorial, j'entends au contraire la forme matérielle numériquement une, c'est-à-dire la détermination individuelle de l'étant fini. b) Une fois cette distinction établie, il faut se demander comment de l'Un-Tout, qui est pur Mouvement, est engendrée la multiplicité des choses sensibles sans faire intervenir les catégories d'identité, d'unité, de quantité ou encore de totalité qui n'apparaissent qu'à l'échelle rythmique de l'espace et du temps et, conséquemment, de la structure relationnelle qu'elles imposent à la réalité. Nous entrons alors dans le cœur de la morphogenèse. Quel opérateur ontologique placer entre L'Un et le un – ou plus exactement entre l'Un et le multiple puisque le vivant n'a jamais affaire à un étant isolé mais à une multiplicité ordonnée d'étants dont l'agencement forme son monde – ? Et, symétriquement, comment les formes individuelles retournent-elles à l'Un ?

1) De l'infini au fini : la *démixtion*

J'appelle *démixtion* le processus d'*hétérogénéisation* qui va de l'infini au fini. C'est le chemin vers la forme ou morphogenèse, passage du non-étant (le Mouvement ou L'Un dynamique) à l'étant (l'existant spatio-temporel). L'*Apeiron* n'est ni une unité ni une totalité (qui sont déjà des catégories spatio-temporelles) mais une *multiplicité intensive*. Que faut-il entendre par là ? Non pas une pluralité numérique d'étants (sur le modèle des choses sensibles multiples, car la multiplicité numérique des choses n'a de sens qu'à l'échelle de l'espace et du temps) ; mais une infinité de variations si fluides et si rapides qu'elles n'occupent aucun espace (seule l'incompressibilité d'un corps, effet de sa viscosité, fait qu'il occupe un lieu qui n'est pas en même temps celui d'un autre) ni aucun temps (car seul un état, c'est-à-dire un processus suffisamment visqueux pour être délimité et figé, peut succéder à un autre état). Les fluctuations sans formes ne sont par conséquent ni temporelles ni spatiales, mais *ubiquistes* et *omniprésentes* car trop *diluées* pour présenter le seuil critique de viscosité qui permettrait de les individuer et de les réidentifier. Elles se superposent sans occuper aucune étendue ni aucune durée. Là est l'essentiel : l'Un dynamique *est* le Multiple[221] car, dès lors que la mesure du vivant disparaît, l'infiniment différent et l'homogène coïncident exactement, tout comme devenir et être cessent de s'exclure. L'*Apeiron* est une sorte de pullulement vibratoire, homogène à notre échelle de vivant, et en même temps infiniment différent car constitué d'innombrables tendances à exister immatérielles ; ne connaissant pas la fragmentation – qui ne surgit qu'à partir du seuil de contraste caractéristique qui définit l'intervalle rythmique du

---

[221] J'orthographie Multiple avec une majuscule pour distinguer l'infinité des variations/différences sans forme de la pluralité des formes multiples dans l'espace-temps.

vivant – l'Un dynamique in-siste éternellement[222] dans une sorte de superposition virtuelle qui porte en elle la promesse de tous les mondes possibles. C'est précisément ce que les physiciens nomment la superposition quantique. Le chemin vers la forme s'opère par l'intensification du contraste dans ce pullulement vibratoire, qui ne manque d'arriver dans l'infini des possibles. La séparation du plus fluide d'avec le plus visqueux qui signe la première ébauche des contraires, est une conséquence nécessaire du caractère infiniment créateur de la Nature : puissance d'éclosion infinie, la Nature est la différence dans la différence (la variation d'intensité interne au changement lui-même) : aucune variation n'est qualitativement identique (ni à une autre ni à elle-même) et la diversité infinie des fulgurations créatrices fait émerger différentes viscosités dans le Mouvement (donc l'étendue spatiale parmi elles) par le jeu éternel de concentration et de dilution des intensités qui se nouent et se dénouent au fil des rencontres. Des grumeaux dynamiques se détachent de la fluidité du courant et la Vie accouche des premiers vivants en instituant le senti et le sentant chacun dans sa nature propre et en le séparant de l'autre. C'est la naissance de la dénivellation dans le Mouvement baptisée par les physiciens la « thermodynamique du déséquilibre ». Le *continuum* engendre la relation et ses pôles par démixtion. La forme inchoative se détache de la subjectivité naissante comme une masse plus sombre découpe ses contours sur un fond brumeux et indifférencié.

---

[222] Par opposition aux formes qui ek-sistent.

En s'intensifiant davantage, le gradient des vitesses entre sentant et senti fait jaillir une myriade de nuances dans le Mouvement qui se réfléchissent dans le miroir de la perception puis de la conscience. Naissent alors des métriques et des textures qui permettent l'existence d'un monde fait de formes et de qualités relativement permanentes telles que l'expérience nous les montre. Chaque sens, selon sa capacité à analyser le Mouvement, produit une démixtion d'intensité différente : un phénomène peut apparaître à l'ouïe ou au toucher sans apparaître à la vue, dont la finesse est moindre.

2) Du fini à l'infini : la *mixtion*

A l'inverse, j'appelle *mixtion* le processus d'homogénéisation et de dissolution des formes qui va du fini (plus exactement des finis numériquement multiples) à l'infini. C'est le chemin vers l'informe, que l'on peut désigner d'après sa racine grecque comme le processus de *morphophthorèse* (du grec *phthora*, la dissolution, la perdition). Cette dissolution de l'étant individuel peut se penser sur le modèle de la *dilution d'un grumeau* en prenant la rhéologie pour guide. Le chemin vers l'homogène prend d'abord l'aspect de la *raréfaction* : l'extension d'un corps par suite de l'écartement de ses molécules, autrement dit sa dilatation dans l'espace. Ainsi, un gaz raréfié occupe un volume d'espace plus important que dans l'état comprimé. La raréfaction, « le fait de rendre rare » est une homogénéisation spatiale. Toutefois, le processus d'homogénéisation se poursuit au-delà de la raréfaction empirique jusqu'à la *dilution* de l'espace lui-même au-delà de toute acuité perceptive c'est-à-dire jusqu'à la perte du contraste qui fait exister la forme matérielle dans son individualité même. La mixtion est un processus d'homogénéisation maximale au cours duquel la différence se désépaissit de ses dimensions spatiales qui faisaient d'elle une forme volumique et se dissout en une sorte de *sourdine vibratoire* sans dimension qui est le plus bas étiage de la Vie : c'est ce que je nomme la *vitalité*. La vitalité est le royaume des fluctuations amorphes et éternelles étrangères à l'être vivant. De même que l'on peut diluer une substance chimique dans un liquide jusqu'à rendre sa présence indécelable en-dessous d'un certain seuil de concentration (lorsqu'on étend d'eau une liqueur par exemple pour atténuer sa teneur) de même on peut diluer l'espace et le temps eux-mêmes jusqu'à annuler leur distinction (c'est-à-dire leurs dimensions) dans une agitation commune qui perd toutes les qualités connues[223]. Toutes ces désignations sont correctes à condition de comprendre que c'est l'aspect *indivis*, c'est à dire non relationnel du *continuum* qui est essentiel dans la description de cet état de l'énergie.

---

[223] C'est justement ce qui se produit en-dessous de l'échelle de Planck. « Brume », « purée », « mousse » sont les métaphores habituellement utilisées pour désigner la Nature en-dessous de cette échelle. Sans même s'en douter, les physiciens du XXIème siècle ont retrouvé l'*Apeiron* anaximandrien.

L'homogénéisation maximale dissout l'espace-temps du vivant dans le Mouvement éternel de sorte que, en-deçà du quotient d'espace-temps qui nous sert d'étalon de mesure, le réel nous devient imperceptible. La dénivellation de potentiel énergétique qui permet de distinguer les dimensions spatiales de la dimension temporelle est tellement atténuée, qu'elle devient, pour nous, inexistante. Ainsi, la dé-dimensionnalisation doit se comprendre comme un processus de *dilution extrême de l'espace-temps* au-delà de nos catégories de représentation ordinaires. L'*Apeiron est le « sans mesure » parce qu'il est de l'espace-temps si dilué qu'il perd à nos yeux la différence entre l'étendue et la durée.* Ce qui vibre sur place trop rapidement n'est plus mesurable. Le processus de mixtion dissout l'apparaître en une sorte d'unique brume dynamique indifférenciée où tous les grumeaux se résorbent. L'ordre de l'existence est remplacé par celui de la présence ou *insistence* (où tout tient en un dans le soudé). Cette présence irreprésentable s'identifie au Multiple inassemblable des intensités. Mais en quoi peut-on affirmer que les processus de démixtion (par concentration) et de mixtion (par dilution) ne présupposent pas le principe d'identité et échappent de ce fait à la pétition de principe ? Dans la mesure où le passage de l'infini au fini et du fini à l'infini ne peut se décrire que par des mots et des concepts, n'est-ce pas une gageure de prétendre échapper au reproche de circularité ? Nullement. Que l'outil de description (le langage) soit assujetti au principe d'identité ne signifie pas pour autant que les processus de concentration et de dilution le soient également. Diluer, c'est délayer et dissoudre une structure jusqu'à désagréger son apparaître ; une concentration trop faible ne constitue plus une quantité observable. On peut continuer un processus de dilution au-delà de toute mesure possible, lorsque la trace s'évanouit dans l'imperceptible (si, par exemple, nous décidions de diluer un millilitre d'encre dans l'océan Atlantique). Mais s'il existe des concentrations invisibles et des dilutions indécelables, cela indique clairement que les concepts de dilution et de concentration ne doivent pas être confinés à un usage strictement empirique. Ce sont des concepts dont l'usage est double : leur usage est à la fois phénoménal, intramondain (on dilue ou on concentre une substance chimique), *et* métaphysique (l'échelle de Planck désigne un état de la Nature où l'espace-temps est si dilué qu'il en devient un Mouvement pur). Ainsi, on peut diluer la trame spatio-temporelle jusqu'à la dissoudre dans l'*Apeiron* ou, symétriquement, on peut faire surgir la structure de l'espace-temps à partir de l'*Apeiron* par un processus de concentration énergétique. Ces deux usages des concepts sont légitimes car les processus d'homogénéisation et d'hétérogénéisation se poursuivent en dessous et au-delà de nos rythmes vivants condamnés à vivre dans la prison de l'espace et du temps. L'analogie est donc possible et elle n'a pas que le statut d'une métaphore[224]. Le continuum

---

[224] Lorsque j'utilise la métaphore fluviale pour décrire ma philosophie (« métaphysique de l'Ecoulement », « régime fluvial de la relation », « régime fluvial de l'absolu », « crue » ou encore « étiage » etc.,), je n'applique pas un

dynamique originaire s'est alors différencié et émietté en un puzzle de pièces juxtaposées qui se succèdent selon l'ordre du temps : c'est précisément ce que l'on appelle un monde, *cosmos*. Il y a autant de mondes qu'il y a d'intensités dans la pâte spatio-temporelle ; toutes les consistances y sont

---

schème empirique à la pensée métaphysique. Penser l'inconditionné sur le modèle du conditionné est illégitime. Bien au contraire, c'est parce que les changements empiriques sont *déjà* l'expression d'un écoulement (rhoé) plus englobant qui concerne à la fois le régime soudé et le régime de la relation qu'il est possible de donner au concept d'écoulement un statut métaphysique légitime. Le dynamisme créateur de la Vie se retrouve à toutes les échelles de la Nature et les fleuves empiriques ne sont pas les seuls à l'exemplifier. Pour le dire en un mot : ce n'est pas la Nature dans son ensemble qui ressemble à un fleuve et à ses affluents empiriques, bien plutôt, les fleuves empiriques répètent, à l'échelle de la spatio-temporalité, le buissonnement universel de la Vie qui est variation irreprésentable. Désigner ma philosophie en termes de métaphysique de l'Ecoulement ne signifie donc pas un échec de la pensée qui n'aurait pas réussi à s'affranchir de l'emprise du phénomène mais bien plutôt ceci : tous les écoulements observables sont les *manifestations* d'un Ecoulement plus originaire qui, lui, est invisible (de même que les ruisseaux et les rivières répètent, à leurs échelles, la topologie des fleuves. Mais pour les êtres spatio-temporels que nous sommes, seules sont visibles les formes qui changent et les fleuves qui coulent. La Vie, qui est pure différence sans formes, nous est partout présente bien qu'inexistante). Nous pouvons par conséquent faire *en droit* de ces concepts opératoires un usage ontologique aussi bien qu'ontique.

possibles : mondes liquides ou solides, lisses ou rugueux, vaporeux ou nets, gélatineux, friables ou fibreux et bien davantage que les mots ne peuvent le dire. Parmi toutes ces textures innombrables, les mondes vivants sont ceux-là seuls qui présentent des coefficients de viscosité suffisamment solides pour qu'une permanence puisse s'y maintenir : autrement dit pour que les fonctions biologiques primitives comme complexes soient possibles.

§89.

« De la critique des anciennes tables au nouveau
concept d'arborescence végétative »

Les tables de catégories que les philosophes ont proposées jusqu'à présent pour cartographier le monde ou la pensée du monde (celle d'Aristote et celle de Kant notamment) souffrent de deux vices congénitaux qui limitent leur portée et compromettent leur universalité. D'une part, ni Aristote ni Kant ne parviennent à atteindre le niveau *originaire* de la réalité, chacun pour des raisons différentes. Aristote, parce qu'il fait de la substance individuelle la réalité véritable (et, pour cette raison, écrit une table *ontique* des catégories), Kant parce que sa table ne concerne pas les catégories de l'être à proprement parler, mais les concepts purs de l'entendement, c'est-à-dire les catégories de *pensée* qui permettent de penser l'être. Chez l'un comme chez l'autre, la table des catégories se résume à l'écriture d'une *grammaire relationnelle de l'étant* qui

411

structure la spatio-temporalité mais l'être véritable pré-individuel (l'*Apeiron*) n'est pas atteint ; on ne comprend pas comment l'espace-temps naît du Mouvement ni comment il s'y résout. Ce qu'il nous faut penser, ce n'est pas seulement la syntaxe entre les finis mais, en amont, découvrir la grammaire (dynamique, non structurale) de l'infini et du fini : quel opérateur ontologique commande le passage du pré-individuel à l'étant fini (le chemin vers la forme ou morphogenèse) et, inversement, le passage de l'étant au pré-individuel (le chemin vers l'informe ou morphophthorèse)[225]. D'autre part – et c'est là leur deuxième défaut – les tables des catégories traditionnelles ne produisent que des structures mortes et figées (quantité, qualité, relation, modalité etc.), comme si la Nature était privée de vie. S'il est une carte du réel, il ne faut pas la concevoir statique mais interactive. C'est en quelque sorte la radiographie de toutes les relations dynamiques qui permettent de nervurer le bloc de la réalité en voies navigables par la pensée. C'est la raison pour laquelle dans la métaphysique de la *Rhoé*, il ne saurait être question d'élaborer une « table des catégories » au sens ordinaire du terme. Car il ne s'agit pas de mettre à jour des structures déjà existantes et gravées dans le marbre de toute éternité. La dynamique du réel est un ensemble de processus. La Nature est la Vie éternelle et

---

[225] Du grec « *morphè* », la forme et « *phthora* », la ruine, la dissolution. La morphophthorèse est la dissolution de la multiplicité des formes dans le Mouvement pré-individuel infini.

universelle qui inlassablement fait advenir des différences et fait éclore l'étant. Pour cette raison, je préfère parler d'*arborescence végétative* plutôt que de « tables ». L'adjectif « végétatif » s'entend ici dans son sens vieilli du treizième siècle « qui fait pousser », sens utilisé par Brunetto Latini[226]. Il renvoie donc au sens originaire de la *Physis* qui est une puissance de croissance et d'épanouissement. Le végétal est une expression, mais non la seule, de ce mouvement de croissance et d'épanouissement du *phuein* naturel qui ne lui est pas spécifique et qui s'applique à l'ensemble de la réalité. On se souvient que Freud a fait subir des modifications à sa première topique parce que les métaphores de l'appartement et de l'iceberg étaient trop spatiales et trop statiques pour décrire les forces de l'inconscient ; il a remplacé ce modèle par la conception dynamique et historique de la seconde topique. De même, il nous faut remplacer l'ancienne cartographie statique de la pensée par une ramification dynamique en accord avec la nature processuelle de la réalité.

Définir l'arborescence créatrice de la Nature en termes de « ramifications » présente ici un quadruple avantage. 1) L'idée de ramification, qui implique pousse et croissance, est une image naturellement adaptée à une philosophie de la Vie telle que l'est ma métaphysique. 2) La ramification est, en botanique, « *la division en branches, en rameaux* [et] *le résultat de cette action* »[227]. Tout

---

[226] Auteur du <u>Livre du trésor</u>.
[227] Selon la définition donnée par le cnrtl.

comme un arbre est à la fois le processus de la pousse dans son devenir et l'objet sensible qui semble (faussement) avoir fini de pousser tel qu'il apparaît à la perception, à la fois le dynamisme invisible et sa représentation objectale par un vivant, de même, la ramification a l'avantage de renvoyer à la fois au procès de la morphogenèse et sa représentation à travers le rythme de la pensée qui l'objective en structures[228]. *Physis* renvoie à la fois au processus de réalisation et au résultat fini (ou du moins à ce qui nous apparaît fini à notre vitesse de perception car nous ne voyons pas les plantes en train de pousser). Le concept de ramification, contrairement à celui de « table », permet ainsi de penser en un le dynamisme et la structure qui en résulte. 3) Dans le processus de ramification, la partie arborescente d'une plante qui se divise en plusieurs éléments conserve toujours des liens de prolongement, d'imbrication et de coappartenance entre tous ses éléments. En chacune des

---

[228] Pierre Hadot, dans Le voile d'Isis, rappelle qu'en grec, *Physis* revêt deux significations bien distinctes : « *c'est à la fois la pousse qui pousse [le processus] et la pousse qui a fini de pousser* [le résultat] », éd. Folio essai, p.27. Plus rigoureusement, la seule réalité véritable est le processus de la pousse. Ce qui pousse ne se rajoute pas au fait de pousser. Bien plutôt, il s'agit de sa traduction pour un vivant qui ne peut se représenter quoi que ce soit sans le concevoir permanent. Ce qui nous semble un arbre achevé n'est rien d'autre que la pousse interprétée par le biorythme qui la fige et la délimite par rapport à d'autres processus qui s'écoulent à des rythmes différents.

ramifications, même les plus lointaines, il subsiste encore comme un « air de famille », une participation discrète mais bien présente à la source de vie première. Chaque tige, chaque feuille nouvelle, répète et prolonge le processus de morphogenèse tout entier dans son rythme d'éclosion propre. Le flux de vie est partout présent des racines aux ramures. La structure d'arborescence rend ainsi manifeste la continuité du processus de création à travers l'épanchement commun de la vie distribué en chacune de ses bifurcations. 4) Enfin, le concept de ramification est universel et il se retrouve explicitement observable dans à peu près tous les phénomènes naturels. Arborescente est la zébrure de l'éclair qui déchire le ciel sombre avant l'orage ; arborescentes sont les rigoles qui ravinent la terre après les pluies torrentielles et qui nervurent le sol en un réseau fluvial miniature[229] ; arborescents sont les méandres des fleuves, des deltas ou des canyons ; arborescents sont les rameaux des plantes, les frondaisons des arbres ou les racines des champignons ; arborescents sont le réseau sanguin de l'œil et la forêt vierge des neurones ; arborescente est la ramification informatique des dossiers et des fichiers numériques. Franchissant les frontières arbitraires du naturel et de l'artificiel, du vivant et du non vivant, l'arborescence se retrouve à

---

[229] L'illustration ci-dessous est une arborescence sableuse que j'ai photographiée sur la côte de l'Algarve, près de Galé, après un orage.

toutes les échelles de la Nature et elle se décline dans d'innombrables intensités.

§90.

« Arborescence végétative »

Si philosopher consiste à « *rechercher la vérité au moyen de la seule raison au sujet de la réalité dans son ensemble* »[230], il n'est pas de plus haute tâche pour le philosophe que d'écrire une syntaxe cohérente pour rendre compte de la morphogenèse universelle. La question de savoir comment la Nature crée toutes choses, comment l'on passe de l'infini au fini et du fini à l'infini est celle qui doit occuper ses jours et ses nuits, car il n'en est pas de plus importante. Eclaircir les processus à l'œuvre dans le jeu sans fin de la vie et de la mort lui apporte la grandeur et la sérénité au quotidien.

A) *Remarques préliminaires sur l'arborescence végétative. Comment il faut la lire afin d'éviter tout malentendu.*

<u>Première remarque</u>. Il y a continuité ontologique entre le régime absolu (ou apeironique) et le régime relationnel (ou spatio-temporel). La réalité se dit en un seul sens. Un unique dynamisme traverse tout le

---

[230] Marcel Conche, <u>Métaphysique</u>, PUF, p.7.

réel, et la Vie universelle est une, qu'elle se dise dans le vivant ou en dehors de lui. Les doctrines de l'analogie et de l'équivocité de l'être ont transformé des barrières dimensionnelles en barrières ontologiques ou transcendantales. Sans la situation rythmique si particulière du vivant (qui croit à l'hétérogénéité radicale de l'espace et du temps), il n'y aurait pas eu d'équivoque. Mais l'allure si particulière qui permet la conservation de nos existences nous contraint à appréhender l'être originaire de manière forcément discontinue et parcellaire. Il nous faut surmonter cette infirmité native si notre but est d'accéder à l'unité non catégoriale du réel. Contre Aristote, je soutiens la thèse de l'univocité de l'être dans ce sens précis où tous les événements[231] sont des déflagrations intensives et des gradients rythmiques de la créativité infinie. Par sa généralité même, l'idée de *variation universelle* est pertinente pour parler du réel à toutes les échelles et elle s'applique aussi bien aux formes dynamiques de la spatio-temporalité qu'aux fluctuations infinitésimales du régime de l'absolu, trop homogène pour faire saillir les deux termes d'une relation.

De l'infini au fini, le processus de morphogenèse est un chemin continu vers le plus visqueux qui procède par épaississement et agrégation. Du fini à l'infini, le processus de morphophthorèse est un chemin

---

[231] Ce que nous nommons ordinairement des « êtres » ou des « choses » ne sont rien de plus que des événements dans le Mouvement éternel.

continu de désagrégation et de fluidification. Les concepts généraux de démixtion et de mixtion qui décrivent ces deux processus opposés rendent raison de l'hétérogénéisation et de l'homogénéisation à toutes les échelles de la Nature. La démixtion est le dynamisme qui prend sa source dans les variations sans formes de l'invisible et qui prolonge son œuvre de différenciation dans le visible. L'extraordinaire diversité des métriques et des textures est la manifestation phénoménale des innombrables degrés de fluidité et de viscosité traduits dans le langage des qualités (premières comme secondes, le nouveau concept de rythme interdisant cette distinction, dans la mesure où toute propriété d'existence est relationnelle). Inversement, la mixtion part de la sphère des étants (c'est-à-dire la sphère de l'apparaître) et, par un effet de fluidification ininterrompu de leurs textures, les ramène dans l'indifférenciable où toute visibilité s'efface et où toute qualité se perd. Elle commence par produire une raréfaction à l'intérieur de tous les corps en les rendant moins denses. Mais la dispersion ne s'arrête pas dans le sensible et poursuit son chemin dissolvant vers l'homogène en-deçà de l'échelle des formes, dans le royaume invisible des intensités inétendues.

<u>Deuxième remarque.</u> Tous les mots du langage ordinaire appartiennent au monde de l'étant phénoménal et ils ont été prioritairement conçus pour rendre compte de l'expérience perceptive commune au service de la conservation du vivant et de ses besoins grossiers. Dès lors, ils sont

nécessairement assujettis au régime relationnel de la réalité. Toutefois, les utiliser dans un sens authentiquement ontologique est parfois possible eu égard à leur étymologie. En tout état de cause, les mots importent finalement moins que les processus qu'ils désignent : ce sont eux qu'il s'agit de penser. Dans son activité créatrice, le philosophe apporte toujours avec lui un nouveau langage. Parfois il doit inventer de nouveaux mots pour rendre visibles aux autres de nouveaux paysages, parfois il donne à certains mots déjà existants un sens nouveau, (comme, par exemple, lorsqu'il emploie dans un sens métaphysique inédit une notion commune jusqu'alors limitée à son usage phénoménal). Le philosophe est un nomothète. Il revient ensuite à l'histoire du mot de polir son usage et de le faire entrer dans la représentation commune au fil du temps (parfois cette normalisation prend beaucoup de temps).

C'est pourquoi le lecteur devra bien prendre garde de distinguer le sens ordinaire des notions que leur donne le sens commun ou la science et le sens proprement métaphysique qu'ils revêtent *en tant que concepts* dans le cadre de ma philosophie. Par exemple, les termes de *dilution* et de *concentration* se prêtent volontiers à un usage ontologique[232]. Chaque fois que je les utilise pour penser des processus morphogénétiques, je leur donne une signification métaphysique et je ne les emploie

---

[232] Une exposition plus détaillée de ces concepts est donnée dans la deuxième partie du fragment.

jamais dans un sens seulement intramondain et phénoménal à la manière des physiciens. En physique, la concentration désigne le rapport de la quantité d'une substance en solution au volume de cette solution, grandeur qui s'exprime en mol par litre. Quant à la dilution, elle est l'addition d'un liquide à une solution pour en diminuer la concentration et, par extension, la solution ainsi obtenue. L'utilisation ordinaire des notions de concentration et de dilution, cantonnée au domaine de la seule chimie, se limite d'ordinaire à la description des phénomènes spatio-temporels observables. Prolongeant leur domaine de validité dans l'imperceptible, je laisse de côté les significations physiques habituelles pour faire de ces notions des *concepts opératoires* dans le cadre de ma métaphysique de la *Rhoé*, en leur donnant un statut proprement ontologique, que leur étymologie légitime par ailleurs[233]. Ainsi, j'appelle *concentration* le chemin vers la forme, autrement dit le chemin convergent des variations intensives (fluctuations) en un grain spatio-temporel suffisamment différencié pour servir de mesure perceptive et donner naissance au monde fragmenté des étants ; j'appelle *dilution* (littéralement, l'action de dissoudre) le chemin vers l'informe, autrement dit le processus qui conduit à la dissolution de la mesure spatio-temporelle et des étants qui l'accompagnent dans le Mouvement pur. Définir soigneusement chaque

---

[233] Pour plus de détails, voir la section intitulée « exposition et définition des principaux concepts rhéologiques » dans ce même fragment.

concept avant de s'en servir pour penser est donc indispensable pour prévenir tout malentendu.

<u>Troisième remarque</u>. Il est plus aisé de penser le passage du fini à l'infini que celui de l'infini au fini. Celui qui philosophe à partir de l'étant perçu peut prendre appui sur le sol ferme de l'expérience pour se mettre à penser, et, par une prise de conscience de l'impermanence universelle, diluer toute chose jusqu'à rejoindre le Mouvement sans mobile ; en revanche, pour celui qui cherche à reconstruire l'expérience de la consistance du monde perçu à partir de l'infini, le sol se dérobe sous ses pas, car il manque à la pensée une terre ferme d'où s'élancer. Dans l'infini, il n'y a ni repères ni permanence. Le centre est partout et le bord nulle part. Par souci pédagogique, je commencerai donc par exposer le chemin de mixtion qui remonte des étants au Mouvement avant d'explorer le chemin de démixtion qui va du Mouvement aux étants. La compréhension en sera facilitée pour le lecteur.

<u>Quatrième remarque</u>. Les êtres vivants, assujettis par la Nature au rythme biologique, ne sauraient vivre sans la croyance en la permanence et en l'espace. L'homme ne fait pas exception à cette règle. Pour cette raison, il est naturel que nous disposions dans nos diverses langues d'un bien plus grand nombre de mots permettant d'exprimer la forme solide que la forme liquide, gazeuse, ou encore le plasma. De même, le langage inuktitut dispose de cinquante-deux termes différents pour décrire la texture de la neige et de la glace là où notre langue

ne dispose que de quelques expressions bien trop pauvres pour en décrire toutes les nuances[234]. Les conditions de vie des organismes font qu'ils ne développent un pouvoir de discrimination de leur environnement que lorsque cela s'avère absolument nécessaire à leur survie, et de manière proportionnelle à cette nécessité. Une perception et une connaissance approximatives suffisent la plupart du temps à la conservation du vivant.

<u>Cinquième remarque</u>. L'arborescence que je propose ici n'est valable que dans l'état actuel de nos capacités biologiques. Or la Nature est infiniment créatrice et il n'est par conséquent pas contradictoire de concevoir des organismes dont les capacités de différenciation seraient bien supérieures aux nôtres. Plus une sensation est rapide, plus elle nervure le réel en de nouvelles bifurcations et l'enrichit en différences inédites. Les organismes inférieurs, plus proches de l'indifférencié, ne disposent pas comme nous de la tridimensionnalité spatiale ni de la variété des qualités sensibles dont jouissent les vivants plus complexes. Le nombre des « catégories », susceptible de varier en fonction de la vitesse du métabolisme, est par conséquent potentiellement infini si nous parvenons à incorporer une plus grande quantité de devenir dans nos perceptions et nos pensées[235].

---

[234]https://www.thecanadianencyclopedia.ca/fr/article/les-mots-en-inuktitut-pour-la-neige-et-la-glace

[235] Pour approfondir ce point, voir mon fragment 88 intitulé « une énigme vieille de 4 milliards d'années ».

Sixième remarque. On pourrait, pour chacun de nos sens, déterminer une arborescence spécifique qui exprime les différents degrés de démixtion du monde que la puissance de discrimination de ce sens rend possibles. Chaque sens est un rythme naturel qui exprime l'inventivité de la morphogenèse en la scandant à son allure propre. Par exemple, la précision discriminatoire de l'ouïe et du toucher sont plus grandes chez un être humain que celle de la vue. Nous entendons et sentons par pressions tactiles plus rapidement que nous ne pouvons découper le flux des événements en images. Chaque sens dispose donc de son propre répertoire de textures et de qualités sensibles. Le sens du toucher, qui appréhende le réel sous la forme de pressions tactiles, se prête à une arborescence de la consistance : on distinguera ainsi la coagulation (processus de solidification par lequel une entité prend forme en durcissant), la conglutination (processus de soudure par lequel plusieurs entités se rassemblent entre elles au moyen d'une sorte de colle gluante comme le ciment encore frais qui réunit les pierres en s'écoulant entre elles), l'agglutination (processus par lequel toutes les entités réunies forment, ensemble, une sorte de masse compacte indistincte). Mais on pourrait tout aussi bien proposer une arborescence spécifiquement adaptée au sens de la vue. Pour décrire les différents degrés de démixtion que l'œil fait apercevoir, il faudrait alors distinguer entre plusieurs degrés d'obscurité et de clarté, allant de l'opacité à la transparence en passant par la translucidité. L'opaque (du latin *opacus*, « sombre », « ombragé ») est ce qui ne se laisse pas traverser et fait obstacle à la pénétration de la lumière. Des boules de densité locales dans le flux créateur obscurcissent le courant (ainsi, beaucoup d'objets sont trop denses pour laisser passer la lumière). Le translucide (ou diaphane) est une sorte de transparence atténuée qui laisse filtrer à travers soi les rayons lumineux tout en demeurant légèrement trouble (par exemple le fond de la mer apparaît légèrement brouillé et ondoyant mais il reste encore visible lorsque l'eau est très pure). Le transparent est ce qui n'offre aucune résistance à la pénétration des rayons lumineux, ce dont la pénétrabilité est entière. Prises dans leur acception seulement physique, ces notions décrivent bien entendu le degré de pénétrabilité de la lumière dans les divers matériaux, mais, prises dans un sens métaphysique, elles deviennent des *concepts rhéologiques* à part entière qui décrivent des textures associées à des coefficients de fluidité et de viscosité spatio-temporelles. Ainsi, la transparence, parce qu'elle est pénétrabilité de tout par tout sans nul résidu d'hétérogénéité, n'est plus, *stricto sensu*, un concept spatio-temporel mais apeironique, car à l'échelle de l'espace-temps subsiste toujours un gradient minimal entre le fluide et le visqueux qui empêche une pénétration parfaite. Or, si, dans le cas d'une dilution maximale, tout traversait tout sans résistance, l'homogénéité obtenue serait telle que l'espace, qui suppose un écartement entre des points distincts, se dissiperait dans une ubiquité sans mélange ; et faute de formes distinctes, il n'y aurait plus non plus de temps puisque le temps n'apparaît qu'avec la succession des états ou des formes dans le Mouvement et qu'il suppose, par conséquent, un seuil d'hétérogénéité minimal pour exister. La transparence totale n'est donc possible que dans le cas d'une ubiquité (non-localité) et d'une omniprésence (non-succession) qui n'existent pas à l'échelle empirique. L'opacité, la translucidité et la transparence permettent ainsi de dissoudre progressivement l'étant et l'espace-temps qui lui sert de cadre dans le Mouvement sans mesure. L'arborescence permet de traverser les « dimensions » spatiales et temporelle précisément parce que, comme nous l'avons vu, la Nature se dit dans un seul sens.

En tout état de cause, la liste des ramifications n'est donc jamais exhaustive : elle est susceptible de s'enrichir de façon potentiellement infinie de nouvelles nuances au fur et à mesure que le rythme vivant s'accélère et devient capable de nouvelles distinctions. La figer dans un état définitif serait donc arbitraire et c'est justement ce que je reproche au concept de « table ». La croyance en des tables immuables des catégories ne peut plus être pertinente dans l'hypothèse de rythmes vivants tous différents et en perpétuelle évolution.

B) Définition et analyse des principaux concepts rhéologiques

Acte I. Du fini à l'infini. Mixtion (raréfaction/dilution)

Parcourons pour commencer le chemin de la morphophthorèse[236]. Ce chemin prend naissance dans le monde fragmenté des étants finis qui s'offrent à l'expérience perceptive et il s'enfonce dans l'infini irreprésentable. On peut concevoir la mixtion comme une espèce de catabase, la descente du héros grec dans le monde souterrain, parce qu'elle est une descente dans les entrailles de la Nature ; elle part du monde de l'apparaître et chemine vers toujours davantage d'homogénéité et d'indétermination. La mixtion prend le nom de *raréfaction* (elle-même subdivisée en différents degrés d'homogène) quand elle porte sur la réalité phénoménale et *dilution* lorsque le processus d'homogénéisation se poursuit au-delà du visible, à l'échelle apeironique, dans le régime du Mouvement pur dont le grain est plus fin et plus pur (car moins contrasté) que celui de la spatio-temporalité.

---

[236] Commencer par exposer la mixtion pour en venir à la démixtion dans un second temps est une décision méthodologique à but pédagogique. Il n'y a, dans la Nature aucune priorité ontologique de la mixtion sur la démixtion. Toutefois, il est plus facile de partir de l'espace visible et de le dissoudre petit à petit par dilutions successives plutôt que de concevoir comment il émerge à partir de l'infini qui ne se prête à aucune représentation. Autant qu'elle le peut, la pensée philosophique doit prendre son essor sur le sol de l'expérience, même si elle a besoin de s'en affranchir par la suite.

Mixtion

J'appelle mixtion le chemin de la forme à l'informe qui engendre toujours plus d'indétermination. C'est un processus de fluidification qui conduit tout étant spatiotemporel à sa dissolution dans le Mouvement éternel. Tout comme la démixtion, dont elle est le processus symétriquement inverse (la morphophthorèse est l'opposé de la morphogenèse), la mixtion est un concept hybride, intramondain pour une part, ontologique de l'autre. Si on voulait exprimer par une image le caractère trans-dimensionnel et univoque de la mixtion, on pourrait dire que sa racine plonge dans le régime apeironique de la Nature et que sa tige croît et s'épanouit dans le régime spatio-temporel[237]. En fluidifiant la consistance des choses, on remonte insensiblement des textures les plus pâteuses jusqu'aux plus fluides, puis on en vient à diluer l'espace-temps lui-même jusqu'à ce que la différence entre la durée et l'étendue se perde dans un pullulement dynamique indistinct. La mixtion s'applique ainsi à la fois aux phénomènes et au Mouvement. J'appelle *raréfaction* la mixtion des objets dans l'espace-temps. J'appelle *dilution* la mixtion de l'espace-temps lui-même qui se dissout dans le Mouvement.

---

[237] Tout comme un arbre comporte à la fois une partie racinaire souterraine et une partie aérienne visible.

Mixtion entre la terre et la mer (Cyclades).

Raréfaction

La raréfaction (mot à mot l'action de « faire rare ») est l'opération par laquelle on augmente le volume d'un corps sans en augmenter la matière ni le poids. Ainsi, lorsqu'on raréfie un gaz, il occupe, une fois raréfié, un volume d'espace plus important que lorsqu'il était comprimé : il est devenu moins dense. Puisqu'elle implique dans sa définition la notion de volume, la raréfaction est un concept *spatial*. Elle est un chemin d'homogénéisation dans la sphère du phénomène. Le domaine d'application de ce concept se limite donc à l'apparaître spatio-temporel (en physique, on raréfie un corps à l'intérieur du cadre de l'espace et du temps jusqu'à le transformer en gaz par exemple). Cette signification intramondaine du concept de raréfaction est particulièrement manifeste dans son sens vieilli de dilatation spatiale : « l'*extension* d'un corps par suite de l'écartement de ses molécules »[238]. La raréfaction est par conséquent un concept d'origine ontique qui suppose toujours la diminution d'un nombre ou d'une quantité mesurable. Elle nous permet d'accomplir une régression vers l'indéterminé mais seulement dans la sphère du phénomène. Sa définition, qui implique l'idée de quantité, repose sur l'existence de la multiplicité numérique et par conséquent de la temporalité qui est sa compagne naturelle (dès qu'il y a substance ou état, la notion de succession temporelle émerge comme sœur jumelle de la forme). La raréfaction est ainsi la façon dont la fluidification du réel se manifeste une fois traduite dans le langage de l'espace : tout s'écarte de tout. L'expansion de l'Univers est une forme de l'homogénéisation universelle. On pourrait dire de la raréfaction qu'elle est la phénoménalisation de la dilution, son aspect manifeste qui entre dans la représentation[239].

---

[238] Selon la définition du CNRTL. C'est nous qui soulignons le mot « extension ».

[239] De même que la condensation est l'expression spatiale de la concentration, voir section II « De L'infini au fini ». Dans le cas de la condensation, le mouvement est centrifuge et non pas centripète : tout s'approche de tout

La dynamique de raréfaction comprend, à notre échelle de mesure humaine, quatre transformations qui font apparaître une homogénéité croissante dans le monde. Ces transformations correspondent aux quatre états de la matière que les physiciens distinguent traditionnellement : l'état solide, l'état liquide, l'état gazeux, le plasma. Classés dans l'ordre d'une « dématérialisation » progressive du monde de l'apparaître, qui chemine d'un état plus déterminé vers un état moins déterminé, on trouve les processus suivants : la *dispersion*, la *fusion*, la *vaporisation*, l'*ionisation*.

Par *dispersion* j'entends la désagrégation et la dissémination de l'agrégat solide en ses multiples constituants. Le premier palier du chemin vers l'informe est l'éparpillement du bloc de matière visible (l'objet sensible), qui jusqu'alors formait un tout ordonné, en une multiplicité de fragments disparates (parties, molécules, atomes). La masse compacte est émiettée en « morceaux », la totalité est ramenée aux unités qui la constituent. En s'infiltrant entre les jointures du composé solide, l'irrépressible courant de la vie brise l'ordre précaire de la structure. Lorsqu'un changement rythmique suffisamment significatif survient, la forme matérielle se fissure et se désagrège en ses constituants qui se répandent à travers l'espace. Cette dissémination des éléments qui formaient

---

et la matière semble « attirer » la matière. La condensation se caractérise par l'*épaississement* du champ et l'*enkystement* du temps.

jusqu'alors un corps physique composé est ce que nous appelons couramment « la mort » : un éparpillement des molécules et des atomes jusqu'alors réunis qui se dispersent. Ce phénomène se produit lorsqu'un changement rythmique à la fois soudain et suffisamment puissant altère la structure du corps dans son entier en cassant les liaisons chimiques qui maintenaient ensemble les éléments. Les unités dispersées commencent alors à leur tour à perdre leur solidité. La voie vers l'indétermination se poursuit avec la fusion.

Par *fusion*, j'entends le processus de fonte par lequel une entité solide se liquéfie sous l'effet de la chaleur. Sa texture spatio-temporelle se transforme : de solide, elle devient pâteuse, puis visqueuse, enfin liquide. Par exemple, la fusion d'un métal à haute température ; ou encore la putréfaction d'un cadavre : sous l'effet de la fermentation, la chair perd sa fermeté, se liquéfie et les humeurs se mélangent à la terre. Les corps qui fusionnent perdent leur solidité et leur rigidité. Si le processus de fluidification se poursuit encore, on parle alors de vaporisation.

Par *vaporisation*, j'entends le passage de l'état liquide à l'état gazeux sous l'effet de la chaleur. Le gaz est plus fin que le solide, plus subtil que le liquide et il réalise, dans le sensible, une plus grande homogénéité des textures. D'ailleurs, alors que l'état liquide est encore visible à notre échelle, l'état gazeux ne l'est plus car le tamis spatio-temporel de la perception qui sert de toise pour déterminer l'existence et l'inexistence des choses ne permet pas de retenir dans ses filets les trop fines et vaporeuses molécules de gaz. Toutefois, avec la vaporisation, nous ne quittons pas encore le domaine du « matériel », du moins dans le sens élargi que la science en donne, ainsi que le régime spatio-temporel qui lui sert de cadre. La vaporisation dissipe seulement les qualités sensibles les plus lourdes et les plus visqueuses, le « *coarse-graining* » de la perception naturelle. Les sens technicisés (tels les microscopes à haute résolution) permettent de prolonger la perception ordinaire dans le domaine de l'invisible et de percevoir la structure des gaz. Le gaz, bien qu'invisible à la perception naturelle immédiate, appartient donc encore à la sphère du représentable. Ce n'est que si nous poursuivons plus loin la catabase, à la limite du pouvoir de résolution de la technique, que le formalisme mathématique prend le relais des sens pour nous parler d'un réel désormais sensoriellement inaccessible. A la frontière du régime spatio-temporel et du régime apeironique, on trouve un ultime état de fluidification de la matière : c'est le plasma.

L'*ionisation* désigne le processus de transformation du gaz en plasma. Alors que dans l'état solide, liquide ou gazeux, les électrons sont en interaction étroite avec le noyau des atomes, dans l'état nommé *plasma*, les électrons, sous l'effet de l'extrême chaleur, se désolidarisent des noyaux et deviennent des « électrons libres ». Habituellement désigné comme un quatrième état de la matière, le plasma est une sorte de soupe électronique extrêmement fluide et active dans laquelle baignent à la fois des noyaux d'atomes et les électrons libres qui ont été dissociés de ces noyaux. Très commun dans l'univers observable, dont il constitue environ 99% de la matière, le plasma est présent dans les éclairs, les aurores boréales et au cœur des étoiles. Il existe une très grande diversité de plasmas, froids ou chauds, mais les plus fins constituent probablement, pour autant que nous puissions les appréhender avec nos moyens technologiques, la transition entre le régime spatio-temporel et le régime apeironique de la Nature. Le physicien David Bohm a ainsi pu établir que les plasmas présentaient un étrange comportement à la fois individuel et collectif. Lorsqu'ils circulent librement dans le plasma, les électrons cessent de se comporter comme des entités individuelles et il se mettent à interagir comme les éléments interconnectés d'un ensemble plus vaste. Bohm voyait dans ce comportement étrange une sorte d'intelligence collective à l'œuvre, très proche de celle que manifestent les êtres vivants et même conscients[240]. Plus précisément, tout se passe comme si, dans l'état

---

[240] Les remarquables travaux de David Bohm sur les plasmas, commencés au Lawence Radiation Laboratory et poursuivis à l'Université de Princeton en 1947 où Bohm avait un poste de professeur assistant, ont ouvert la voie à une compréhension nouvelle du comportement des gaz ionisés et leur « intelligence collective ». Sur la question des plasmas, on consultera avec profit le petit ouvrage clair et instructif de Massimo Teodorani, <u>David Bohm</u>, <u>La physique de l'infini</u>, Macro éditions, p. 13-15.

ionisé, coexistaient à la fois un régime local d'interactions de proximité et un régime non local d'interactions de « longue distance ». Observés individuellement, les électrons semblent mus d'un mouvement aléatoire, mais tous ensemble ils présentent une curieuse et inexplicable cohérence. Je suppose que le plasma est une sorte d'état « hybride » intermédiaire entre le régime spatio-temporel local et le régime apeironique non local. Le plasma atteint le seuil de dilution critique où la relation s'irréalise et tend à se perdre dans l'absolu. En devenant de plus en plus indifférencié, le fluide gazeux à très haute température se comporte à la fois comme un objet spatio-temporel classique qui interagit comme un étant matériel et comme un mouvement quantique global non local trop homogène pour être assujetti à l'ordre de l'étendue et de la succession. Le plasma est en quelque sorte la dernière « frontière » du pays de la relation et la porte d'entrée vers le régime soudé de la Nature. Dans le plasma, la spatio-temporalité et son ordre de juxtaposition et de succession pâlissent comme une aquarelle et laissent apercevoir en filigrane un ordre sur-dimensionnel d'ubiquité et d'omniprésence. De la même façon, lorsque la mer est très pure, on peut, tout en continuant à voir la surface, discerner en même temps le fond translucide, qui ondule comme une image tremblotante et un peu brouillée. Le plasma réalise l'équilibre entre les deux échelles de la Nature. Si l'on poursuit la mixtion au-delà, les propriétés locales s'effacent et la réalité devient un *continuum* vibratoire où se résorbe la pluralité des étants. On passe alors de la localité et de la succession des formes à l'ubiquité et à l'omniprésence du Mouvement intransitif, qui est la Vie à l'état le plus pur (la vitalité). L'absolu n'est pas une autre réalité que la réalité perçue, mais un régime de variation dans lequel les contrastes sont trop ténus et imperceptibles pour engendrer un monde de formes soumises à l'évolution historique. La quantité d'hétérogène y est insuffisante à notre échelle de mesure pour qu'un monde nous apparaisse. En illustrant la transition entre le relationnel et l'absolu, le processus d'ionisation nous achemine aux dernières limites de la mondanéité, tout comme les colonnes d'Hercule symbolisent, pour les Romains, les ultimes frontières du monde civilisé : après le « Mare Nostrum » s'étend l'Océan inconnu de tous les dangers. En-dessous du régime pérasique vibre le régime apeironique.

Pour poursuivre le chemin vers l'homogène en deçà des limites où le temps et l'espace se rejoignent dans le Mouvement originaire, la raréfaction ne suffit plus : il faut la remplacer par la dilution.

Dilution

Si nous voulons poursuivre le processus d'homogénéisation en dessous du seuil de l'apparaître, c'est vers le concept de dilution que nous devons nous tourner. Dilution vient du latin *di-luere* : détremper, laver complètement à grande eau, et, par extension, délayer, dissoudre. Au sens physique ordinaire, la dilution s'applique aux phénomènes de l'espace-temps : par exemple, diluer une liqueur, c'est l'étendre d'eau en la délayant dans un litre de liquide, puis, en prenant le mélange formé, répéter l'opération de délayage dans un nouveau litre d'eau, et ainsi de suite, jusqu'à atteindre le niveau de dilution souhaité[241]. Un médicament peut être dilué de la même façon lorsque l'on diminue progressivement son dosage pour atténuer sa dangerosité. Toutefois, pour prendre pleinement la mesure du rôle que je lui fais jouer dans mon arborescence végétative, il faut faire une sorte de *bond dimensionnel* – bond par ailleurs explicitement autorisé par le sens figuré du concept –. Ainsi Malègue écrit : la dilution est « *l'effacement, la disparition progressive des formes, des couleurs d'une sensation : une grandissante dilution de la nuit tend au noir-gris, au gris de brune, au gris de l'aube* »[242]. Encore plus explicite cette notation de Huygues, dans son <u>Dialogue avec visible</u> : « *on assistera, comme par une expérience in vitro, à la dissolution des repères de forme, de volume, de consistance* »[243]. Il s'agit véritablement d'un effacement de toutes les qualités sensibles. En devenant de plus en plus pâle, l'étant fini se dissout et sombre dans l'infini ; la détermination s'évanouit dans l'indéterminé. Ainsi, la dilution permet de poursuivre le chemin d'homogénéisation (ou de

---

[241] Dans le cas d'une liqueur, il est d'usage de l'étendre d'eau jusqu'à la trentième dilution.

[242] Malègue, <u>Augustin</u>, t. 2, p. 213, cnrtl.

[243] Huygues, <u>Dialogue avec visible</u>, p. 158. C'est nous qui soulignons.

mixtion) du réel au-delà de l'apparaître en résorbant la forme individuelle de l'étant fini dans le Mouvement pré-individuel invisible. Dans ces conditions, la dilution est l'opérateur ontologique ou métaphysique par excellence. Il permet de mener à terme le processus de mixtion, par lequel le cadre apparemment séparé de l'espace et du temps ainsi que les étants qui le peuplent s'évanouissent de l'apparaître et se résorbent dans l'*Apeiron* dénué de toute dimension (ou de dimensions infinies, ce qui est équivalent). La dilution est donc bien *l'opérateur de dissolution* du principe d'identité dans la Nature ; elle est le véhicule de l'absolu qui perce la prison spatio-temporelle de la finitude et permet de s'aventurer dans l'en-deçà, dans le « monde mort », interdit au vivant. Kant posait entre le phénomène et la chose en soi un mur infranchissable. Mais il s'avère que les murs de la prison représentative sont *traversables*[244] : l'espace-temps n'est pas une barrière rigide mais une pâte déformable. En la diluant à l'extrême, il devient possible de passer au travers[245]. La dilution, en atténuant le gradient entre

---

[244] L'effet tunnel, en mécanique quantique, est une bonne illustration de cette pénétrabilité de la pâte spatio-temporelle.

[245] Si on sait en tirer toutes les conséquences, la révolution einsteinienne dévoile le talon d'Achille du corrélationnisme. Car si l'espace et le temps ne sont plus des entités séparées et rigides mais une unique pâte déformable, il devient possible de déformer les barreaux de la prison spatio-temporelle de la représentation en

le temps et l'espace jusqu'à le faire disparaître, fait *fondre* en même temps tous les caillots de l'étant substantiel (qualités premières et secondes) et libère la voie vers l'absolu.

Avec le concept de dilution, une *archéologie* du principe d'identité devient possible. Il n'est plus une réalité ultime, de même que son corolaire gnoséologique, le principe de non-contradiction n'est plus la vérité ultime en-dessous de laquelle on ne peut pas remonter. Le principe d'identité est seulement l'unité de mesure de la représentation, un certain quotient spatio-temporel ; il se caractérise par un certain degré de viscosité que la dilution peut modifier ou même dissoudre. La dilution devient donc le *véhicule* qui conduit à l'absolu. Dans cette perspective, le principe d'identité n'est plus premier : il est déductible d'une dynamique de la Nature plus originaire et plus fluide que lui, qui ne présente plus un contraste assez marqué pour qu'il soit encore possible de distinguer en elle l'aspect spatial de l'aspect temporel. Le principe d'identité, qui permet la représentation vivante et la constitution d'un monde spatio-temporel signifiant, n'est finalement qu'un grain spatio-temporel *de viscosité quelconque* dans la Nature ; ce n'est que pour *nous* qu'il revêt autant d'importance car il est quotient du fluide et du visqueux à partir duquel le « rien » devient quelque chose. Il est le coefficient de viscosité qui donne naissance à un monde représentable. Dilué au-delà

---

modifiant le rapport du fluide (temps) et du pâteux (espace) qui la constitue.

d'un certain seuil caractéristique (la mesure anthroporythmique), il s'évanouit et cette disparition met fin au régime relationnel de l'étant dont il était la mesure et le garant. A la place de l'espace-temps, les bornes du monde s'écoulent et il n'y a plus que l'*Apeiron*, le Mouvement pur.

Acte II. De l'infini au fini : Démixtion (concentration/condensation)

Parcourons à présent le chemin inverse, celui de la morphogenèse. C'est le processus qui mène de l'infini au fini, de l'indéterminé à la détermination. Ce chemin est moins facile à concevoir que celui de la mixtion car il va de l'invisible au visible et on ne peut par conséquent pas prendre appui sur le schème spatial pour le parcourir. J'appelle *démixtion* ce processus d'anabase qui engendre toujours davantage d'hétérogénéité et de détermination. Il est le processus ascendant de la Vie qui chemine de la vitalité au vivant et fait naître les mondes : dans sa fécondité sans mesure, la Nature accouche de tous les quotients spatio-temporels possibles, des vibrations les plus unies, où le temps et l'espace sont encore indifférenciables jusqu'aux rythmes vivants les plus contrastés qui donnent le jour à des mondes incroyablement variés par leurs formes, leurs textures ou leurs coloris : le Mouvement est le réservoir d'une infinité d'intensités différentes.

Démixtion

La démixtion est une notion couramment utilisée par les physiciens. En mécanique des fluides, il existe deux définitions de la démixtion, assez proches en apparence, et utilisées sans préférence par les scientifiques. Toutefois, dans le cadre de ma métaphysique, elles ne sont pas du tout équivalentes. Selon la première une démixtion est le *« phénomène par lequel le mélange de deux substances miscibles (souvent deux liquides) perd, dans certaines conditions, son homogénéité »*[246]. Cette description est évidemment rigoureuse et légitime dans le cadre de la chimie qui manipule des substances déjà constituées[247].

---

[246] Selon le Centre National de Ressources Textuelles et Lexicales.

[247] Concrètement, on peut trouver une très bonne illustration de cette première définition de la démixtion avec l'exemple du fleuve Amazone. Par quel processus émergent dans son flux des régions plus sombres ou plus claires ? Le magnifique contraste chromatique que le fleuve offre au regard est l'expression d'un spectaculaire gradient rythmique dans le courant. Dans le delta de l'Amazone, les couleurs différentes des eaux correspondent à des concentrations différentes, elles-mêmes produites par les variations de fluidité et de viscosité de ses affluents. En fonction de la différence de densité des courants, des interfaces liquides se dessinent et ébauchent leurs frontières au sein du flux. La démixtion est un chemin d'individuation de la forme. L'interface est le résultat de gradients électroosmotiques extrêmement puissants provenant de l'érosion. Ainsi, les eaux boueuses

Toutefois, la pertinence de cette définition est limitée à la sphère phénoménale, puisqu'elle suppose la fragmentation des substances et des qualités : on se donne d'emblée deux substances existant d'abord par elles-mêmes et qui ne se mélangent qu'ensuite, dans un deuxième temps, pour constituer ensemble un tout plus homogène. Autrement dit, cette définition courante de la démixtion s'appuie sur le concept d'une multiplicité numérique *déjà constituée* alors que la démixtion est précisément le processus censé en rendre compte. Elle est donc inutilisable en métaphysique où elle ne saurait être importée. Son défaut est de présupposer le découpage perceptif ainsi que l'existence des étants qui lui est corrélatif ; elle ne permet pas d'expliquer par quel processus le monde des formes naît à partir du Mouvement. Bien meilleure est par conséquent cette seconde définition que donne le dictionnaire <u>Larousse</u>, dont l'usage et la portée sont implicitement ontologiques : « *séparation spontanée d'un mélange homogène de liquides en plusieurs phases liquides non miscibles* ». Cette fois-ci, on ne part plus d'une multiplicité de substances/qualités déjà distinguées mais d'un

---

du Rio Solimões s'écoulent sur des dizaines de kilomètres sans se mélanger aux eaux noirâtres et plus paresseuses du Rio Negro, comme si deux fleuves s'écoulaient côte à côte dans le même lit. Le mélange se produit finalement lorsque les eaux du Rio Solimões, plus profond et trois fois plus rapide que le Rio Negro, - le débit du rio Solimões est de 103 000 m³/s contre 29 300 m³/s pour le Rio Negro - passent sous les eaux noires de ce dernier et finissent par les absorber.

milieu indifférencié (certes encore empirique) dont la séparation d'avec lui-même grâce au jeu des intensités qui l'habitent produit une pluralité de polarités qui prennent progressivement la forme d'entités indépendantes[248]. Dans la mesure où cette seconde définition permet de rendre compte du surgissement de deux substances distinctes à partir d'un milieu indifférencié où elles étaient encore confondues, il devient par conséquent légitime de l'importer de la sphère phénoménale jusqu'au régime du pré-individuel où tout est encore confondu (de manière bien plus parfaite encore car l'*Apeiron* est précisément bien plus dilué que l'espace-temps). Dès lors, il devient possible de rendre compte, par *analogie*, de la naissance de la multiplicité des étants

---

[248] Notons que cette différence entre les deux définitions de la démixtion correspond exactement à la distinction entre le *migma* d'Anaxagore et d'Empédocle d'un côté, et l'*apokrisis* d'Anaximandre de l'autre. Un mélange peut s'obtenir en effet de deux façons. Soit en réunissant deux substances préalablement séparées qui se confondent et n'en forment plus qu'une grâce au dit mélange, soit en séparant un bloc continu et au départ indifférencié en plusieurs régions qui émergent l'une relativement à l'autre par contraste intensif : « *le migma d'Empédocle et d'Anaxagore désigne un mélange de réalités actuelles [...] qu'il s'agisse, pour Empédocle, d'un mélange des « quatre racines de toute chose (du « mélange d'un certain déterminé d'éléments non transformables les uns dans les autres, Tannery, p. 292), ou, pour Anaxagore, d'un mélange d'innombrables semences divisées en particules infiniment petites* », Marcel Conche, <u>Anaximandre, Fragments et témoignages</u>, PUF, p.96.

à partir du Mouvement créateur indifférencié en ayant recours au même schéma rhéologique à toutes les échelles de la Nature. A cette occasion, la *notion* physique de démixtion change de statut et devient un *concept* proprement philosophique[249]. C'est *naturellement* que le concept de démixtion revêt une signification métaphysique puisqu'il régit la sphère ontologique de façon *analogue* à la sphère phénoménale. Le monde des phénomènes prolonge et manifeste à sa façon le chemin vers l'hétérogène par le truchement de l'immense variété des textures empiriques. Un même processus d'hétérogénéisation s'applique à l'*Apeiron* et à l'espace-temps et conduit de l'un à l'autre, c'est-à-dire de l'Un au multiple, garantissant par là-même l'univocité du réel.

Ainsi, la démixtion, considérée comme un concept *hybride*, à la fois apeironique et spatio-temporel permet de proposer une description unifiée des deux échelles de la réalité : à l'échelle de l'apeironique, elle s'exprime à travers le processus de *concentration* ; à l'échelle spatio-temporelle, elle s'exprime à travers le processus de *condensation* (et ses différentes intensités phénoménales).

---

[249] Fabien Nivière, <u>Le rythme vivant</u>, p. 12-14.

Démixtion dans le fleuve Amazone.

1) *Concentration.*

Etymologiquement, la notion de concentration s'est construite à partir du préfixe latin « *cum* » (particule de l'accompagnement) et du substantif grec « *kentron* » qui signifie le point central, le centre. Qu'est-ce qu'un centre ? « *Kentron* » désigne en grec l'aiguillon ou la pointe du compas. a) C'est la plus petite unité spatio-temporelle, le point monobloc indécomposable par la perception en des termes plus primitifs. b) Ce point n'est pas pris au hasard, c'est le point *central* d'un cercle dont tous les rayons sont équidistants. Le centre est donc le foyer de l'intensité, la perspective à partir de laquelle surgit le contraste intensif. C'est le point-source de la démixtion, le lieu où elle s'origine. Or, ce point central n'est ni seulement spatial ni seulement temporel mais un mixte des deux. C'est un quotient de viscosité dans le Mouvement. A partir de cette mesure du fluide et du visqueux (différente pour chaque vivant), l'être organique agence le réel et l'organise en monde rayonnant (Umwelt) autour de ce centre. Ce qui distingue le monde vivant du réel hors de l'être vivant est son agencement, son ordonnancement : alors que le réel sans le vivant est une créativité irreprésentable car non spatiale, le monde scandé par le rythme organique est de nature spatio-temporelle : composé de repères stables, relativement permanents, avec lesquels l'être vivant peut interagir le temps de son existence. On doit par conséquent concevoir ce « point central » comme une sorte de grain spatio-temporel dont la fonction est celle d'un rythme-filtre. Issu du Mouvement, dont il est une mesure spécifique, il filtre le Mouvement en le faisant passer au travers de son tamis pour en faire un monde. Mesurant tout le donné à l'aune de cet étalon perspectiviste, le vivant discrimine l'existant et le non-existant. Il accorde l'existence à ce qui est suffisamment pâteux pour se prendre dans son filet sensoriel et perceptif et y demeurer un certain temps et il la refuse à ce qui est trop fluide et qui passe à travers les mailles de son filet organique sans s'y accrocher. C'est la *viscosité* du donné rapportée à la viscosité de notre mesure de vivant qui est le critère de l'existence et de l'inexistence. Sans cet étalon de mesure, il n'y aurait que de l'homogène et aucun monde de substances plurielles ni d'états réidentifiables ne pourrait se maintenir. Ce qu'il faut maintenant comprendre, c'est comment ce grain spatio-temporel, qui est un rapport défini de fluide et de pâteux, parvient à se former dans le Mouvement infini.

Dans sa signification la plus ordinaire, la concentration est l'action de réunir en un point central ce qui était primitivement dispersé et qui, grâce à ce processus de convergence, se trouve alors rassemblé. Cet usage est d'abord empirique. Par exemple, lorsqu'une foule se concentre autour d'un monument pour commémorer un événement historique, les individus affluent de toutes parts et convergent tous ensemble autour du monument pour s'y recueillir. On dit alors qu'ils se concentrent autour dudit monument. Or, il n'y a pas d'affluence sans multiplicité. Pour se concentrer, il faut nécessairement être plusieurs. Toutefois, dans ce cas, la multiplicité est quantitative, c'est une multiplicité de *choses*. Or, le point tracé par le compas étant la plus petite surface visible, comment concevoir qu'il soit déjà le produit d'une multiplicité numérique ? Si nous voulons former un concept authentiquement ontologique de la concentration, il n'est pas possible de penser cette dernière en termes d'agrégation et d'addition de substances déjà existantes. Car ces deux idées supposent déjà l'existence de la pluralité : elles renvoient à une multiplicité d'unités, qui, une fois ajoutées les unes aux autres, forment une totalité. Or, il est impossible à la pensée catégoriale d'utiliser sa propre syntaxe pour penser son émergence, ce qui reviendrait à s'enfermer dans le cercle vicieux de la pétition de principe. Les concepts d'unité et de totalité n'ont aucune pertinence avant la constitution d'une mesure ; en outre, il n'est pas légitime d'importer cette mesure là où elle n'existe pas encore. Les catégories ordinaires de la pensée représentative n'ont plus cours dans le pré-individuel. Ce n'est donc pas de multiplicité quantitative qu'il s'agit lorsque l'on affirme que le point spatio-temporel est le produit d'une concentration. Mais comment penser un multiple non spatial qui ne soit pas une multiplicité de choses ? La chimie, qui est la terre natale de la notion de « concentration », peut ici nous servir de guide. En chimie, la concentration d'une substance est l'opération consistant à réduire le volume d'une solution en éliminant l'eau de telle sorte que sa richesse et sa teneur augmentent grâce à cette réduction. Ce qui était au départ tellement dilué qu'il en était invisible se rassemble en un seul point quintessencié sous l'effet de la disparition de l'eau. Le point devient visible par le contraste qu'il entretient avec son milieu. Par exemple, cette concentration s'observe dans les marais salants, lorsque, sous l'effet de la morsure du soleil, l'eau s'évapore et que le sel se concentre en cristaux. Aussi longtemps que le contraste entre le concentré et le milieu est trop faible, il ne nous apparaît pas. Pourquoi ? Parce que sa viscosité est inférieure à celle de notre perception (naturelle ou amplifiée par la technique) qui permet sa détection. Le trop peu concentré passe au travers du tamis perceptif comme un courant immatériel et invisible. Or, ce qui n'apparaît pas pour nous ne se manifeste pas et n'a donc pas le statut d'*ek-sistant* dans l'espace et dans le temps. La trop faible concentration nous achemine en deçà des frontières des formes et des structures dans le Mouvement sans mesure. Elle nous fait perdre le repère spatial. Mais qu'y-a-t-il dans l'imperceptible ? Même s'il nous est impossible d'attester empiriquement leur présence, il nous faut encore y concevoir des différences, même imperceptibles, car sans l'hypothèse d'une multiplicité pré-individuelle aucun devenir n'adviendrait jamais et la Nature s'arrêterait de faire croître et s'épanouir toute chose. Ces différences sont des variations d'intensité dans le flux créateur. En plus de la multiplicité numérique visible, il nous faut postuler une multiplicité *intensive* : des différences pures, sans choses qui diffèrent, parce que le pullulement vibratoire est si rapide et si uni qu'il ne permet pas la séparation du senti et du sentant qui ouvre un monde. Dans l'extrême dilution du régime apeironique, une infinité de différences (variations) *insistent* ; contrairement à tout ce qui *ek-siste*, elles n'occupent aucun lieu ni aucun temps déterminé mais demeurent dans une dynamique virtuelle, plus pâles que des ombres. En-dessous de l'unité de mesure du vivant, l'indéterminé grouille d'innombrables *virtualités* ou tendances à exister. Ce sont des existentiables, mais ces vibrations n'ont pas l'énergie suffisante pour s'actualiser. Seul un gradient supérieur dans le courant creuserait la dénivellation énergétique suffisante à faire co-surgir le fond et la forme en traduisant le Mouvement indivis en contraste spatial pour une subjectivité naissante. Mais sans ce contraste nécessaire à leur existence, les virtualités n'ont pas la forme d'étants séparés et elles se présentent à la pensée comme un champ intensif pré-individuel. Elles constituent une espèce de sourdine confuse et indistincte, une danse vibratoire frénétique trop rapide pour permettre un écartement spatio-temporel entre chaque impulsion créatrice. Ces déflagrations intensives ne sont pas des formes qui, restant ce qu'elles sont suffisamment longtemps, passeraient d'un état à un autre ; elles sont plutôt des tendances ou *tensions* qui jaillissent et s'évanouissent dans la simultanéité du naître et du mourir, des « propensions » au sens poppérien du terme. Le champ apeironique ne connaît pas encore de différence entre le « temps » et l « espace », c'est-à-dire entre le fluide et le pâteux parce que le contraste de sa dynamique est trop faible pour produire cette distinction. Les variations ne sont plus agencées spatialement comme elles le sont dans les choses – selon l'ordre de la juxtaposition – mais selon celui de la superposition ; car la juxtaposition signifie qu'il y a des formes, que ces formes sont faites chacune de points distants, et que ces points présentent un caractère suffisamment hétérogène pour se différencier du fond qui leur sert de contenant. Si tout gradient de viscosité disparaissait, la différence entre fond et forme s'évanouirait et il n'y aurait ni d'écartement entre les points ni incompressibilité des textures. Une trop grande homogénéité dans la dynamique reviendrait donc à supprimer l'espace. En outre, les virtualités ne sont pas non plus temporelles, car pour qu'il y ait temps, il faut nécessairement nombrer une succession d'états. Or, les virtualités, ne possédant pas de gradient dynamique suffisant, ne peuvent pas non plus se produire l'une après l'autre, car pour pouvoir distinguer l'avant de l'après, il faut supposer un quelque chose qui dure suffisamment pour s'appeler un état. Le quotient spatio-temporel relationnel s'est dissout en un régime si pur et si fluide que plus rien n'occupe d'étendue ni de durée[250]. Dans le régime de l'absolu, tout tient encore soudé en un (*sunekes*) parce que tout vibre sur place (*atremes*) et tout vibre sur place parce que tout est si dilué et quasi homogène qu'il n'y a plus une forme *à côté* d'une autre, ni par conséquent un instant *après* l'autre puisque la succession est le mouvement de la pensée qui passe d'un état à l'autre ou d'une forme à l'autre. *Insister*, par opposition à *ek-sister*, c'est faire l'expérience de l'ubiquité et de l'omniprésence : le champ immatériel vibrant de virtualités s'identifie par conséquent à la présence pleine, l'Ici et le Toujours. Les virtualités sont éternelles au sens d'une « invieillissabilité » dynamique qui ne connaît ni l'ek-sistence (le surgissement à l'apparaître), ni la dé-sistence (la dissolution dans la mort) car pour naître ou mourir il faut gagner ou perdre suffisamment d'énergie, c'est-à-dire qu'il faut que se constitue un contraste intensif suffisant dans le Mouvement. Et ce contraste ne peut se constituer

---

[250] Il en résulte que l'expérience de la mort est celle de l'extrême dilution. C'est une sortie de l'espace-temps et l'entrée dans un autre régime fluvial de la Nature, celui de l'apeironique et du quasi-homogène comme la suite de mes travaux l'établira.

sans la différence entre un senti et un sentant, c'est-à-dire sans la présence d'un vivant. Le grain dont sont faites les virtualités est trop fin pour connaître les déterminations de la vie et de la mort : elles se situent au-delà de leur opposition, dans la vitalité invieillissable de l'éternité, à l'instar du chat de Schrödinger (qui ne peut être qu'un champ de virtualités et non un animal macroscopique !)[251]. Plus exactement, les virtualités ont bien une vitalité puisqu'elles sont des tendances à exister, mais elles ne sont pas vivantes pour autant car leur intensité est trop faible pour passer de la mort à la vie et de la vie à la mort.

Toutefois, dans le jeu infini des intensités naturelles se produisent nécessairement des contrastes qui expulsent les virtualités du régime insistant et éternel de l'absolu (superposition d'états quantiques) ; le gain d'énergie qu'elles acquièrent alors les précipite à l'existence en raison du déséquilibre qui s'introduit dans le système. Les physiciens nomment « décohérence » ce passage à

---

[251] Les variations que j'évoque ici sont précisément les fluctuations de la mécanique quantique, qui ne sont plus des choses empiriques, mais des tendances à exister arrachées au champ et décrites par un formalisme mathématique complexe. Cela veut dire que les fluctuations ne présentent plus aucune consistance spatio-temporelle, autrement dit, qu'elles n'occupent aucun écartement spatial ni aucun intervalle temporel : elles sont tellement fluides qu'il est possible de faire tenir une infinité de variations intensives *sous l'unité de la mesure* (la toise pour chaque vivant du fluide et du pâteux).

l'existence, et il faut entendre par là un processus de déphasage qui permet au temps et à l'espace de se constituer de façon indépendante en se séparant l'un de l'autre. Lorsque les multiplicités intensives atteignent un seuil de viscosité critique, elles se détachent du champ : le Mouvement éternel se fend alors en espace et en temps. C'est l'arborescence primitive, le modèle de toutes celles qui vont suivre. A la place du champ invisible, qui était pur Mouvement immatériel, il y a à présent des *formes en relation* les unes avec les autres. La différence d'intensité entre ces formes naissantes est la séparation la plus embryonnaire entre la subjectivité et l'objectivité. Le régime de la relation est né. Le flux créateur a perdu sa transparence, il s'est opacifié. Le point noir est né conjointement à la feuille blanche avec laquelle il contraste. Désormais, le processus de démixtion entamé dans l'invisible va pouvoir se poursuivre dans le régime spatio-temporel. On passe alors de la concentration à la condensation.

Condensation.

La démixtion commence son voyage dans l'invisible et le poursuit dans le visible : l'épaississement continu du flux créateur s'exprime dans la texture et la métrique des formes ainsi qu'à travers toutes les qualités sensibles qui leur sont associées. La condensation est, à proprement parler, l'acte de rendre plus dense. « Plus dense » signifie plus compact, plus épais ou plus serré. Par cet épaississement spatio-temporel le flux s'opacifie et acquiert véritablement le statut de *matière*. Selon la vitesse de la perception du vivant qui la découpe et l'organise en monde, la consistance de l'espace-temps se présente ou bien sous l'apparence visqueuse d'une pâte indivise qui s'écoule avec lenteur et difficulté ou bien comme un agrégat disparate composé d'unités discrètes de matière agglutinées (atomes, molécules, parties d'un solide etc.). Dans ce dernier cas, la condensation exprime le fait que plusieurs éléments se combinent pour former un tout plus consistant que chacun des éléments de départ pris séparément. Par exemple, en chimie, l'élimination d'eau permet à deux ou plusieurs molécules de former une masse plus importante en un plus petit volume d'espace parce qu'elles se resserrent et se réunissent de façon plus ramassée ; ou alors, en psychanalyse, la condensation désigne la combinaison et l'assemblage de plusieurs événements psychiques, souvenirs ou phantasmes, en une seule formation consciente. Il s'agit dans tous les cas de conglomérer des éléments qui étaient préalablement séparés de sorte que plus de matière occupe le même espace topographique. Quoiqu'il en soit, dans son acception continue ou discrète, la condensation est un processus local d'hétérogénéisation de nature spatiale : passage de l'état liquide à l'état solide, augmentation d'une charge électrique, polymérisation en chimie etc. La matière, en convergeant et en se rapprochant de la matière, se fait plus abondante et plus serrée. La courbure gravitationnelle augmente, le temps s'écoule de plus en plus paresseusement en se rapprochant du centre gravitationnel dont l'horizon dernier est la singularité.

Dans le chemin du plus homogène au plus hétérogène, on peut distinguer plusieurs degrés qui correspondent à la consistance grandissante de la texture spatio-temporelle. Je désigne habituellement ce processus sous le nom d'épaississement *rhéique* (mot à mot : la densification de l'écoulement) : le Mouvement perd sa transparence, son éternité et sa non localité pour devenir un écoulement opaque obéissant aux lois de l'existence spatio-temporelle : juxtaposition, succession, localité.

Désionisation

La transition entre le régime absolu et le régime relationnel se réalise dans un curieux état de la matière nommé « plasma ». Cet état hybride est particulièrement pertinent pour éclairer la différence entre le pérasique et l'apeironique. Dans un plasma, on trouve à la fois un ordre local de type spatio-temporel classique, où les électrons interagissent individuellement à courte portée avec les particules qui les heurtent ; et un ordre collectif d'arrière-plan, plus subtil mais bien présent, où ils se comportent comme un tout vivant et intelligent indépendamment des chocs de proximité qu'ils subissent individuellement. Dès le début de sa carrière scientifique, le physicien David Bohm a été fasciné par cette oscillation cohérente du flux d'électrons qui semble conserver, dans les plasmas, comme dans les métaux, la trace diluée d'un ordre non-local subtil transcendant les lois du choc de la physique classique[252]. On pourrait ainsi comparer l'état de plasma à une sorte de palimpseste naturel qui ferait co-exister le local et le non-local en superposant un double régime d'écoulement présentant à la fois les propriétés classiques de la spatio-temporalité et les propriétés holistiques (quantiques) du régime apeironique. Dans le plasma, tout se passe comme si le mouvement individuel apparemment aléatoire des particules laissait deviner en filigrane un mouvement collectif parfaitement organisé, tout comme, dans un palimpseste, on parvient à deviner par transparence un texte plus ancien à moitié effacé sous le texte le plus récent. Les strates d'écriture sont superposées et la plus foncée, qui est aussi la plus récente, laisse malgré tout deviner en surimpression la plus pâle qui se cache derrière. De même, dans le plasma, les électrons se comportent individuellement comme des éléments séparés et pourtant, dans une moindre mesure, ils participent aussi collectivement à une sorte de danse indivise obéissant à une dynamique cohérente. Mais le plasma est instable et il suffit d'un apport d'énergie pour mettre fin à cet état de superposition entre la temporalité et l'éternité. La désionisation, que l'on peut décrire classiquement comme le passage de l'état de plasma à celui de gaz, met fin à ce régime hybride (à la fois spatio-temporel et apeironique) et fait franchement basculer le

---

[252] Voir en particulier l'article « David Bohm and collective movement, Historical studies in the Physical and Biological Sciences », septembre 2002.

système « du côté » du spatio-temporel. L'absolu s'efface lentement au fur et à mesure que l'hétérogène fait apparaître les repères spatiaux et temporels de la mécanique classique des gaz. Les relations de proximité priment désormais sur les relations de longue distance, la localité remplace la non-localité. Ce passage de l'apeironique au pérasique peut aussi être décrit comme la perte de certaines symétries. Plus une solution est homogène, plus grand est son nombre de symétries. Mais lorsque la température s'abaisse, des boules de densités se forment, entrainant les premières brisures de symétrie. Le Mouvement, qui était jusqu'alors une sorte de purée presqu'homogène sillonnée par d'innombrables et imperceptibles intensités se mue en une arborescence beaucoup plus contrastée, réduite aux bifurcations les plus saillantes ; certaines voies navigables se creusent et deviennent visibles, tandis que toutes les autres s'estompent et s'enfoncent dans l'invisible. On perd l'ordre infini de l'apeironique et on tombe brutalement dans la détermination plus pauvre du spatio-temporel. Une excellente illustration de ce basculement se trouve dans le génial roman d'Alain Connes, Le théâtre quantique, dans lequel l'héroïne Charlotte, en revenant à la vie, perd l'information totale. « *La vision globale de la scène quantique s'est estompée et seuls les acteurs qui respectaient certaines symétries sont restés visibles* » (éd. Odile Jacob, p. 178). Par « certaines symétries », il faut entendre ici les variations les plus intenses, celles de plus haute amplitude qui dessinent les limites de la prison spatio-temporelle visible. Devenir vivant, c'est perdre la sensation océanique qui donnait accès à l'information totale pour entrer dans le régime handicapé de la relation et de ses nécessaires limitations ; l'entrée dans l'existence doit se comprendre comme un appauvrissement considérable, si l'on compare l'état vivant au régime de l'absolu : le quantique est incroyablement plus riche que le classique[253].

---

[253] Ce qui nous apparaît peu déterminé à l'échelle de l'anthroporythmie n'est probablement pas indéterminé en soi, mais seulement indéterminable pour nous. J'incline à penser, tout comme Alain Connes le suggère dans son roman, que l'ordre quantique n'est pas un chaos en soi mais un ordre de dimensions infinies bien trop riche pour être exploité par les faibles capacités des vivants et la vitesse finie de leur perception. La notion d'ordre est complètement tributaire de la perspective limitée de l'organique. Nous disons qu'un ordre existe lorsque quelques repères, signifiants pour nous, surnagent de la friture entropique. Au contraire, nous nommons chaotique une trop grande complexité de détails, c'est-à-dire un ordre dimensionnellement supérieur. Le royaume des intensités n'apparaît indéterminé qu'à la faible vitesse de notre perception. Nous ne parvenons pas à faire de ces informations des formes réidentifiables et par conséquent utilisables par nous, et c'est la raison pour laquelle nous les dévalorisons. Il en résulte que l'*Apeiron* est certainement bien plus riche que le monde des formes, tout comme ce que nous nommons maladroitement « l'état mort » est plus riche de détails bien que moins contrasté que l'état vivant. Un rythme de très faible amplitude et d'une

Liquéfaction.

Poursuivons le chemin de la condensation. Après la transformation du plasma en gaz, vient la transformation du gaz en liquide. Dans le gaz, qui n'a ni volume ni forme, les molécules et les atomes se déplacent librement ; dans le liquide en revanche, qui a bien un volume, mais pas encore une forme à l'instar d'un solide, les molécules se trouvent déjà plus rapprochées et davantage contraintes dans leur mouvement. Au sens littéral du terme, la « liquescence » décrit l'état de ce qui fond. La liquéfaction est le passage de l'état gazeux à l'état liquide. Lorsque la température baisse et que les pressions sont suffisantes, tous les gaz se liquéfient. Par exemple, la vapeur d'eau présente dans l'atmosphère devient de la rosée en se liquéfiant. La liquéfaction est une forme d'épaississement rhéique dans la mesure où le liquide est plus dense que le gaz. Elle est la frontière du *visible* à notre échelle de perception (le plasma et le gaz sont encore des entités susceptibles d'une représentation spatio-temporelle et non un champ apeironique pur tel le vide quantique mais ils ne sont déjà plus visibles par nos sens naturels trop grossiers). La dénomination de « liquéfaction » reste toutefois très générale et

---

fréquence extraordinairement élevée ressemble à un bijou précieux, qui, pour les yeux avertis de l'expert, regorge d'une infinie richesse.

comporte une multitude de degrés différents : quoi de commun, par exemple, mise à part leur nature liquide, entre la très forte densité du silicate de sodium et la très faible densité de l'alcool ?

Solidification.

La solidification est le passage de l'état liquide à l'état solide. Ce changement de phase, (inverse de celui de la fusion), consiste à devenir plus ferme, plus dur, plus consistant, tant au sens littéral que figuré. Autour de zéro degré Celsius, l'eau liquide se solidifie et devient de la glace. Au sens figuré, une renommée peut aussi se solidifier, c'est-à-dire se consolider, tout comme la lave en refroidissant se transforme en pierre de roche et devient plus résistante. Le processus de solidification peut s'effectuer de diverses manières, par cristallisation, refroidissement, catalyse, augmentation de pression etc. Mais le plus remarquable avec la solidification, c'est qu'elle est *à la fois un processus de figement et de fragmentation*. En effet, le tableau du monde qui se condense en s'épaississant ne se donne pas comme un bloc indivis et impénétrable de matière dure qui serait tout entière d'un seul tenant, mais comme une réalité morcelée en une multiplicité de formes distinctes : je ne vois pas une masse sombre indifférenciée mais des champs, des animaux, des montagnes, des maisons etc. Pourquoi le multiple plutôt que le Un et pourquoi cette fragmentation survient-elle à ce moment-là du processus de démixtion et pas à un autre ? A l'intérieur d'un liquide, les variations n'apparaissent pas encore comme des formes mais plutôt comme les nuances qualitatives à peine ébauchées d'une même substance. Dans la rivière, je parviens à distinguer des interfaces, des régions où le courant est plus vif et les masses liquides plus fluides et des régions plus visqueuses où le courant semble s'endormir, mais en dépit de ces différences de texture, il s'agit toujours des caprices de ce que j'identifie comme une unique substance, l'eau. Les démixtions fluviales ne se donnent pas à ma perception sous l'aspect de parties ou de morceaux véritablement séparés. En revanche, dans le monde solide, nous avons d'emblée affaire à des parties hétérogènes et discontinues, une somme hétéroclite d'éléments de nature apparemment différente et séparés les uns des autres : des arbres, des cailloux, des montagnes, des nuages etc. Pourquoi et comment passe-t-on de la relative continuité du liquide, dans lequel les différences se trouvent à peine ébauchées comme des nuances qualitatives à la multiplicité numérique des solides chez lesquels les différences se traduisent comme des formes séparées ? Les formes solides ne sont en fait rien de plus que les démixtions liquides mais exprimées à une autre allure, figées comme des formes désertées par le Mouvement créateur. Les formes sont des variations plus intenses, radicalisées, caricaturées au point d'apparaître détachées du milieu qui les porte et séparées entre elles par un espace vide : là il y a le papillon, disons-nous, là il y a la fleur, là il y a le ciel *etc*, et chacun est lui-même et non un autre ou tous les autres. Mais en vérité tout ce découpage du réel en étants multiples n'est que le fait de notre perception. Le monde que chaque vivant perçoit est à chaque instant un rapport entre sa propre vitesse perceptive et celle de ce qui s'offre à son regard. Or, plus la vitesse de la perception est élevée, plus le flux incident est arrêté (figé) et découpé (fragmenté) en un plus grand nombre d'unités perceptives. Lorsque le perçu est incroyablement plus lent que le percevant, la nouveauté qui sans cesse advient ne prend plus l'aspect d'une altération qualitative (variation) mais d'une altérité substantielle (forme). Car on peut percevoir un grand nombre de fois « la même forme » sans y discerner un changement apparent suffisamment intense pour dissoudre son essence. Face à l'éclosion d'une nouveauté plus fugace et labile, nous ne parlons plus de « substance », mais d'une qualité plus ou moins éphémère. On comprend ainsi que c'est ultimement la vitesse de la perception qui est responsable de la différence que nous faisons entre des qualités variables à l'intérieur d'une « même substance » (l'eau par exemple et ses multiples régimes d'écoulement) et les différences entre les « substances » elles-mêmes (la pierre, l'arbre, l'abeille etc.). En réalité, les différences entre formes sont l'effet illusoire d'une perception donnée soumise à un rythme singulier. C'est bien la perception qui découpe le flux indivis du réel en formes différentes et en qualités différentes attribuées à ces formes. Les « niveaux » de réalité que nous discernons (la substance, les qualités essentielles, les qualités accidentelles) sont le produit de motifs rythmiques. La différence substantielle que nous croyons apercevoir entre l'éboulis de pierres constitué d'une multiplicité discrète et le gradient dans l'écoulement continu des eaux de la rivière n'est qu'une illusion de l'anthroporythmie enfermée dans sa mesure de la rapidité et de la lenteur. Si, grâce à une expérience de pensée, l'on parvenait à ralentir notre perception de plusieurs ordres de grandeur, nous renoncerions à voir dans l'éboulis une collection discrète d'entités différentes et tous les cailloux deviendraient de simples intensités dans le courant comme le sont à présent pour nous les courants enlacés de la rivière. La croyance en la multiplicité des choses émerge avec le processus de solidification ; avec lui commence la maîtrise du monde sur des étants disséminés, soumis à la préhension du vivant. La solidification du flux créateur en choses est responsable de la perte de l'unité philosophique du réel, abandonné à la *doxa* utilitariste qui se substitue à la pensée véritable. La contemplation est laissée de côté au profit de la manipulation.

Agrégation.

La perception vivante ne se borne toutefois pas à offrir le spectacle d'un tableau figé de corps solides disséminés dans l'espace. Une dynamique anime l'ensemble des corps dans la direction d'une condensation croissante : partout, la matière se rapproche de la matière et les masses s'agglutinent les unes aux autres en formant des conglomérats matériels toujours plus importants. L'agrégation est le processus de rassemblement et d'agglomération d'éléments distincts (multiplicité de parties séparées ou de morceaux épars) en une masse plus compacte. Les multiples unités se regroupent en un tout cohérent et l'éparpillement des parties prend fin par la constitution d'une totalité. Le processus d'agrégation, visible par nous seulement lorsqu'il concerne des objets de dimensions macroscopiques, est déjà présent à l'échelle des gaz qui se compriment en architectures atomiques et en mondes moléculaires complexes et il se poursuit dans le monde macroscopique. Les planètes, les astéroïdes ainsi que tous les corps célestes se regroupent pour former des corps plus gros, et on estime aujourd'hui que la plupart des planètes de notre système solaire sont le résultat de la collision et de l'agrégation de plusieurs proto-planètes qui erraient dans le jeune système solaire instable. Partout la matière se rassemble pour constituer des conglomérats de plus en plus denses. C'est ce que l'on nomme la gravitation. Du temps de Newton, on décrivait cette tendance universelle à l'unification comme une mystérieuse *force d'attraction*, par ailleurs inexplicable en termes rationnels[254]. Depuis,

---

[254] Newton lui-même notait, dans ses <u>Lettres à Bentley</u>, le caractère irrationnel et même absurde de la gravitation : comment deux corps pourraient-ils s'influencer à distance à travers le vide sans même se toucher ? La gravité, qui est une loi universelle dans la nature n'en est pas moins, aux dires mêmes de son auteur, « une absurdité (…) dont aucun homme, ayant la faculté de raisonner de façon compétente dans les matières philosophiques, puisse jamais se rendre coupable ».

la théorie de la relativité a démystifié la gravitation en remplaçant la prétendue action à distance (ou attirance inexplicable de la matière par la matière) par la géométrie de la courbure de l'espace-temps. La gravitation n'est plus considérée aujourd'hui par personne comme une force mystérieuse qui attirerait les corps à travers l'espace, mais comme la géométrie courbe de l'univers. La courbure est proportionnelle à la densité. Toutefois, l'énigme de la gravitation est davantage déplacée que résolue. En effet, la logique de la condensation, poussée à l'extrême, aboutit à la formation des trous noirs. La dynamique de la condensation n'est pas d'obtenir le plus grand volume de matière possible mais la plus grande densité de matière dans le plus petit volume d'espace possible. La géométrie infiniment courbe débouche sur l'énigme du point – la singularité – ou centre du trou noir où l'espace et le temps inversent mystérieusement leurs déterminations. Vu de l'extérieur, le temps dans le trou noir semble s'arrêter, tandis que l'espace accélère de manière vertigineuse. La différence entre temps et espace s'annule. Faut-il en conclure qu'une hétérogénéité infinie équivaut à une pure homogénéité ? Il n'est pas interdit de penser que le point culminant de la démixtion coïncide exactement avec la mixtion. Une courbure gravitationnelle infinie signifie le retour à la variation pure, sans l'épaisseur des formes. L'*Apeiron* s'obtient aussi bien en concentrant la forme à l'infini qu'en la diluant à l'infini. En ce sens, la croyance de certains physiciens que les trous noirs trouvent leur « renversé temporel » dans les trous blancs est probablement une croyance rationnelle légitime[255].

Jusqu'à présent, tous ceux qui ont voulu penser et dire l'univocité du réel se sont heurtés au mur du silence. La Nature, affirme-t-on volontiers depuis Heidegger, est alogale, y compris en l'homme. Le vers se substitue au concept et le philosophe s'efface devant le mystique. Pourtant, la discontinuité dimensionnelle du réel telle qu'elle apparaît au vivant ne doit pas conduire à poser l'ineffable comme une fatalité indépassable. L'*Apeiron* est bien pensable et dicible à condition d'avoir recours à un modèle *rhéologique* et *quantique* et non plus pérasique et classique. Ce qui permet cette remontée archéologique vers l'absolu est le fait que le Mouvement est la réalité commune qui s'impose à toutes les échelles de la Nature. L'apeironique et le spatio-temporel sont des expressions d'intensités différentes d'une unique créativité ou, pour parler le langage de Kant, la différence entre le phénomène et la chose en soi n'est qu'une différence dimensionnelle mais non ontologique : seul un contraste rythmique les sépare, comme le plus foncé du plus clair, le plus visqueux du plus fluide. Il en résulte que la pensée peut, par un processus patient

---

[255] Voir par exemple, Aurélien Barrau, https://blogs.futura-sciences.com/barrau/2018/05/23/trous-noirs-trous-blancs-quelques-nouvelles/

de *dilution* des images[256], percer le mur de la spatio-temporalité empirique et faire retour au fondement. Ce fondement commun de la pensée et de l'être, du sentant et du senti, du sujet et de l'objet est aussi la source de la Vie, source inaltérable et éternelle dont tous les vivants sont les expressions rythmiques mortelles. Penser l'arborescence de la Nature en arpentant le chemin de la forme à l'informe et de l'informe à la forme revient à dévoiler la grammaire dynamique de la réalité et la porter à la parole. Une telle tâche, difficile, est pourtant possible si nous ne nous laissons pas enfermer dans un usage seulement spatialisant des mots. L'espace est un produit rythmique du Mouvement et il ne surgit qu'à un degré d'hétérogénéité déterminé par la sensation. Tous les mots dont l'usage est apparemment spatial renvoient donc ultimement aux processus dynamiques qui les ont engendrés. Il revient au philosophe de se mettre à l'écoute de la Nature pour ne pas laisser cette mission seulement au poète ou au mystique. Démixtion (morphogenèse) et mixtion (morphophthorèse) constituent le cycle sans fin de la Nature. Le chemin vers la forme et le chemin vers l'informe sont comme le flux et le reflux, la respiration éternelle de la *Physis*. En réalité, la Nature ne s'arrête jamais parce qu'elle est la Vie, au-delà des faux contraires de la naissance et de la mort auxquels les formes de la représentation sont

---

[256] Comme la suite de mon travail l'établira grâce à la distinction entre la pensée pérasique et la pensée méditante.

assujetties. Le philosophe a pour tâche de porter la créativité infinie à la parole.

C) *Arborescence végétative*

DEMIXTION
(chemin vers la forme)

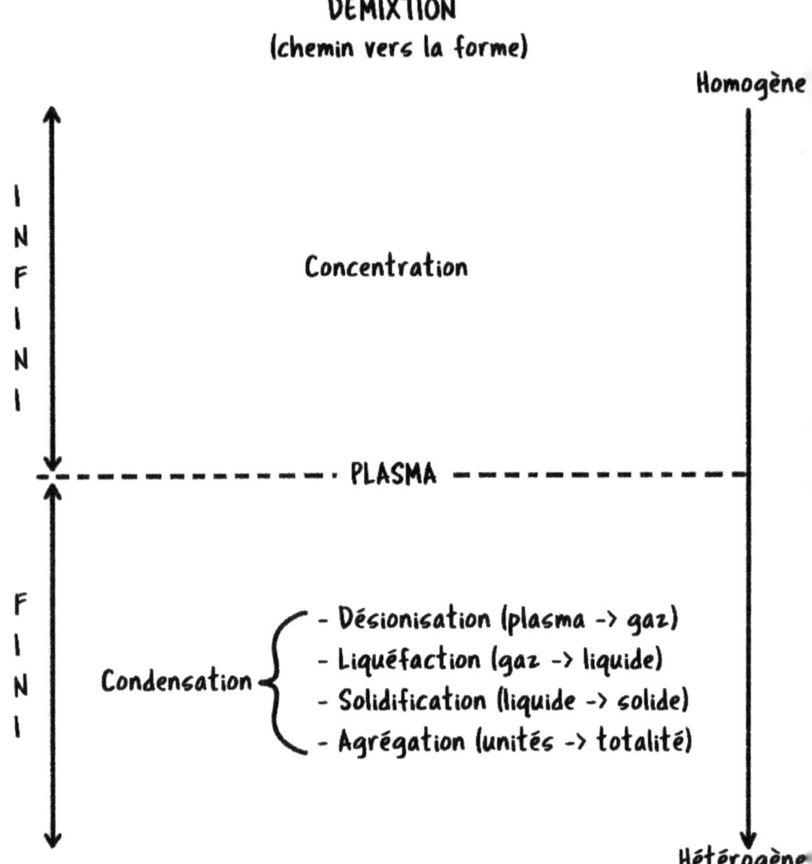

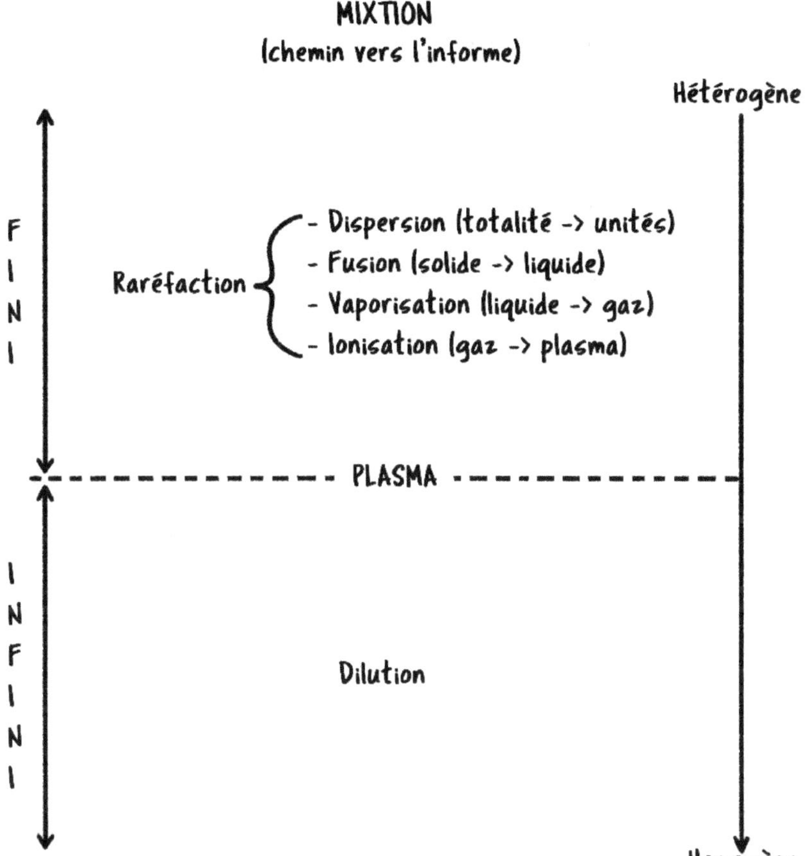

MIXTION
(chemin vers l'informe)
Hétérogène
FINI
Raréfaction
- Dispersion (totalité -> unités)
- Fusion (solide -> liquide)
- Vaporisation (liquide -> gaz)
- Ionisation (gaz -> plasma)
PLASMA
INFINI
Dilution
Homogène

Dunes arborescentes, Sao Rafael, Portugal.

III) *Appendice*

Cette conférence placée en appendice, peut être lue en complément des fragments présentés dans ce volume. J'espère qu'elle aidera le lecteur à entrer de plain-pied dans ma philosophie de la Vie et qu'elle facilitera la compréhension des principes majeurs qui sous-tendent cette métaphysique de la Nature. En outre, le chemin auquel je convie le lecteur est celui que j'ai moi-même suivi dans la marche de mes réflexions : partir du monde vivant et de son rythme propre pour s'enfoncer dans les profondeurs de la sensation inorganique.

« L'énigme du vivant »

Conférence prononcée le 07/10/2020 à Sanary-sur-Mer

Par Fabien NIVIERE

Le vivant a toujours fasciné l'être humain. C'est un objet mystérieux qui se distingue de l'inerte par d'étranges propriétés : il assimile (de la matière, de l'information), il se reproduit (par division cellulaire ou par voie sexuée), il se répare lui-même (cicatrisation, régénération etc.), il régule la température de son corps, il perçoit un monde en dehors de lui et il se construit lui-même à la fois comme un architecte et un maçon (embryogenèse). La plasticité et l'adaptation dont il fait preuve dans l'adversité émerveillent. Bref, *il fait plus de lui-même à partir de lui-même*. Pour se maintenir en vie, il doit entretenir constamment un déséquilibre énergétique à son avantage avec son milieu.

Depuis plus de deux millénaires, deux grandes réponses (avec des variantes) ont été apportées par les philosophes pour résoudre l'énigme qu'il pose à l'intelligence.

Première hypothèse, la plus ancienne : **le vitalisme**. Supposer l'existence d'une ***âme*** / d'un principe / élan vital logé au cœur de la matière et qui l'animerait comme un souffle divin.

Deuxième hypothèse, initiée au XVIIème siècle avec la révolution galiléenne, et qui a inspiré toute la biologie moléculaire du XXème siècle : **le mécanisme**. Réduire le vivant à une ***machine*** hautement sophistiquée, composée de rouages mécaniques complexes dont le seul agencement dans l'espace suffit à justifier l'animation. Avec le recul nécessaire qui est le nôtre, en 2020, nous devons humblement avouer que ces réponses ont finalement été des impasses qui manquent l'originalité irréductible de la vie[257]. Ni l'hypothèse de l'âme ni le modèle de la machine ne sont des réponses satisfaisantes pour percer à jour l'énigme du vivant. On ne peut pas expliquer le vivant à partir d'un souffle mystérieux qui le traverserait, on ne peut pas davantage le comparer à une machine hyper sophistiquée sortie des mains de Dieu (même si le modèle mécaniste a eu un mérite heuristique incontestable).

Nous voici donc ramenés au cœur du problème : ***qu'est-ce qui distingue le vivant de ce que nous avons coutume d'appeler l'inerte/l'inorganique/ou encore « le monde mort ? » Quelle place occupe le vivant au sein de la Nature ?*** C'est une question métaphysique, c'est-à-dire qui porte sur la totalité du réel. En effet, par « Nature » j'entends ici non pas une région de la réalité qui s'opposerait à d'autres régions (comme la culture, l'histoire, la technique ou encore la spiritualité) mais la réalité *dans son ensemble* – ce que les Anciens Grecs appelaient *Physis*, c'est-à-dire la puissance d'éclosion éternelle et de créativité infinie qui fait naître et mourir toute chose –. Quelle est la place de l'être vivant dans le Grand Tout ? Résoudre cette énigme est un projet à la fois ambitieux et absolument nécessaire, si nous voulons nous faire une représentation d'ensemble de la réalité, ce qui est l'objectif de toute philosophie

---

[257] La critique du vitalisme et du mécanisme ne fait pas partie de mon exposé, mais nous pourrons, si vous le désirez, en débattre tout à l'heure.

depuis Thalès. Je médite sur cette question passionnante depuis 2017 et je bâtis pierre après pierre une philosophie de la Vie dont j'aimerais vous présenter les grandes lignes ce soir.

Comment identifier la vie ? On pourrait partir d'un **indice** qui nous est donné indirectement aussi bien par les défenseurs de l'âme que par les partisans du vivant machine. Il est très étonnant de constater que les frères ennemis partagent tout de même quelque chose en commun dans leur description du vivant : tous deux ont recours à l'image du feu (interprétée différemment) pour décrire la source de l'animation. Feu psychologique chez Aristote, qui présente l'âme comme un souffle astral et divin qui s'immisce dans le cœur, feu physico-chimique chez Descartes, qui fait du cœur une chaudière mécanique. Dans les deux cas, la vie est toujours associée à un *phénomène de chaleur*. Cette idée correspond d'ailleurs très bien à l'intuition immédiate : lorsque la température grimpe au printemps, la vie explose, les bourgeons s'ouvrent, la végétation pousse, les insectes se réveillent *etc*. La vie coule et s'infiltre partout après la longue hibernation des mois d'hiver. Les Anciens Grecs baptisaient du nom de « *Dionysos* » cette fièvre de créativité qui semblait s'emparer soudain de toute la Nature. Or, en physique, la chaleur est produite par l'agitation et le mouvement accéléré des particules d'un système (par exemple un gaz s'échauffe lorsque le mouvement de ses molécules augmente et devient turbulent). Qui dit chaleur dit mouvement. Ainsi, il existe bel et bien une idée commune aux deux doctrines : l'idée de vitesse, et plus précisément, de vitesses différentes, de *gradient entre plusieurs mouvements*. Pour distinguer le vivant de l'inerte, il ne faut donc ni introduire du dehors un principe occulte qui se surajoute à la matière comme le fait le vitalisme, ni ramener la totalité de la matière à une seule étendue homogène et morte comme le fait le mécanisme. Il faut distinguer entre plusieurs « vitesses de la matière » ou, si l'on préfère une description plus qualitative, plusieurs rythmes dans la Nature. Qu'est-ce qu'un *rythme* ? Le concept est formé de deux mots grecs : *rhein*, couler, s'écouler et *thmos*, la manière, la modalité. Un rythme est donc une **certaine manière de fluer, de couler**. C'est une sorte de motif ou d'organisation dans un mouvement, comme l'est par exemple un tourbillon dans une rivière. Un rythme se présente d'ordinaire comme un mouvement scandé par une mesure. Quelque chose se répète dans le mouvement, comme une forme qui revient régulièrement. On parle ainsi du rythme des saisons (elles reviennent au bout d'un certain intervalle temporel) ou encore d'un rythme en musique (une phrase musicale qui se répète de façon régulière comme dans la 9ème symphonie de Bruckner par exemple). La physique traduit la qualité des rythmes dans le langage de la *quantité* en mesurant la période, la fréquence et l'amplitude d'un phénomène. La période est la durée entre deux phénomènes, la fréquence le nombre de motifs/phénomènes répétés par unité de temps et l'amplitude la grandeur d'un phénomène, comme la hauteur d'une vague par exemple.

Ce point de départ me semble extrêmement fécond : il ne faut plus opposer matière morte et matière vivante comme des contraires absolus (car il n'y a pas *deux* natures) mais plutôt comme des *degrés*, un peu comme des dégradés de gris ou encore des nuances en peinture : dans cette perspective, **vie et mort constituent des vitesses d'écoulement différentes au sein d'un courant unique qui s'appelle la Nature**. On peut concevoir ces deux rythmes en première approximation comme deux régimes d'écoulement (c'est-à-dire deux allures/scansions), un peu comme une respiration cosmique universelle dont l'aspect le plus contrasté serait la vie et l'aspect le plus homogène, la mort. Peut-être Lamarck a-t-il pressenti cette idée lorsqu'il a formulé cette définition si subtile de la vie : une « ***organisation particulière*** *de la matière spécifique aux êtres vivants* ».

Cette hypothèse semble d'autant plus prometteuse que de nombreux biologistes contemporains (Patrick Forterre, Marie-Christine Maurel ou Christophe Malaterre) nous confirment qu'il n'y a pas de frontière nette et définitive entre le vivant et le non-vivant. Par exemple, Christophe Malaterre écrit dans <u>De l'inerte au vivant</u> : « *Avec les travaux des virologues et d'autres microbiologistes, on est en train d'identifier tout un tas d'entités naturelles qui se situent précisément entre ce que l'on qualifie intuitivement de vivant (l'organisme unicellulaire, la bactérie, la levure) et ce que l'on qualifie intuitivement de non-vivant (du dioxyde de carbone, de l'eau, etc.). Comme je l'ai mentionné précédemment, ces entités incluent par exemple des viroïdes, des virus géants, des plasmides etc. On est en train de découvrir de nombreuses entités qui se situent dans cette zone grise entre le non vivant et le vivant.* ». On le voit bien ici, fixer une frontière entre le vivant et l'inerte est finalement ***une convention de langage***. La frontière entre la vie et la non-vie est une frontière artificielle instaurée par l'homme qui mesure toutes choses à l'aune de son rythme propre : le temps humain.

Ce n'est au fond qu'une querelle de mots, l'essentiel étant de comprendre que vie et mort ne sont pas des essences opposées mais des rythmes distingués arbitrairement dans le flux de la Nature en fonction de notre façon de découper la réalité selon nos besoins fondamentaux.

Ce qui nous empêche d'apercevoir la continuité de la Nature créatrice, c'est notre logique dualiste qui nous enferme dans des faux contraires (mouvement/repos, vrai/faux, vivant/mort, etc.). Nous avons hérité d'Aristote une logique de l'identité et du tiers exclu (une chose est bien elle-même et ne peut pas être une autre en même temps, une chose est ou bien vivante ou bien morte mais elle ne peut pas être vivante et morte à la fois). Certes ce découpage grossier est utile dans la vie quotidienne mais il n'est pas un langage philosophique et scientifique assez rigoureux pour parler de la Nature et de la vie. Aussi toutes nos classifications sont fatalement arbitraires. Même chose pour la taxinomie : à une certaine époque, un animal pouvait ne pas être tout à fait déjà un mammifère et être encore un peu un reptile (pensons aux reptiles mammaliens comme les gorgonopsiens par exemple). De la même manière, à une certaine époque un système pouvait n'être pas totalement vivant et être encore un peu « non-vivant ». Entre le zéro et le 1, toutes les valeurs sont possibles. Le logicien azerbaïdjanais Lofti Zadeh a proposé une logique floue pour remplacer la logique de l'identité. Elle permet de remplacer les contraires (vrai, faux) par des degrés (plus ou moins vrai, plus ou moins faux), un peu comme des nuances de couleurs. Cette logique s'adapte particulièrement bien à la frontière glissante qui sépare le vivant de l'inerte.

Quels sont les rythmes du vivant ? En quoi le rythme peut-il servir de signature universelle pour reconnaître la vie ? Peut-on, à partir de la notion de rythme, et en respectant les découvertes de la biologie, esquisser les grandes lignes d'un nouveau naturalisme philosophique (conception unifiée de la *Physis*) ?

<u>Plan de la conférence</u>

1) Description de quelques rythmes biologiques
2) Recherche d'une biosignature rythmique (aspect scientifique.)
3) Interprétation de la place du vivant au sein de la Nature (aspect métaphysique.)

1) *Les rythmes du vivant*

Depuis les années 2000 principalement, la science s'intéresse de plus en plus à la description des rythmes chez le vivant. En 1999, le grand paléontologue Jean Chaline publie <u>Les horloges du vivant</u>, un ouvrage qui expose l'importance du facteur temps dans l'embryogénèse. Il y mentionne en particulier la découverte des homéogènes ou gènes architectes (gènes *Hox* chez la mouche du vinaigre par exemple). Ces gènes contrôlent la chronologie du développement embryonnaire et leur découverte a révolutionné notre compréhension de l'évolution : les mêmes gènes peuvent produire des souris, des chèvres ou des hommes simplement parce qu'ils ne sont pas utilisés au même moment ni aussi longtemps. Le temps d'expression des gènes, bien plus que leur nature, est l'artisan véritable de la diversité sur Terre. Plus récemment, dans un ouvrage publié en 2010, <u>la vie oscillatoire,</u> Albert Goldbeter fait un large inventaire des rythmes du vivant. Certains nous sont familiers, car visibles à notre échelle de temps. Par exemple, les battements du cœur, la respiration, les cycles du sommeil, les cycles de reproduction, les migrations animales ou les floraisons végétales. D'autres, plus secrets mais non point importants, opèrent au niveau microscopique, au cœur des cellules, comme l'oscillation de l'ion calcium dans la cellule qui déclenche la formation de l'embryon. A tous les niveaux d'organisation, celui des systèmes, des organes, des tissus ou des cellules, le corps vivant est un emboîtement de temporalités qui interagissent, s'imbriquent et harmonisent leurs vibrations. Ces temporalités s'étalent de la milliseconde (comme l'oscillation des neurones) jusqu'à plusieurs dizaines d'années (comme c'est le cas pour la cigale périodique, aux Etats-Unis, qui a une période larvaire de 17 ans ou encore le bambou qui fleurit tous les 120 ans). Les rythmes vivants couvrent ainsi 12 ordres de grandeur.

La plupart des rythmes sont endogènes, ils persistent même si l'individu est coupé de son environnement habituel (par exemple la sensitive ou *mimosa pudica* continue de se replier au toucher, même placée dans une obscurité forcée). C'est une indication importante. Cela signifie que le vivant a un avantage sur le dehors, qu'il transforme son milieu à une allure plus soutenue qu'il n'est transformé par lui. Cela a été une grande question dans l'histoire de la biologie de savoir si c'est le vivant qui façonne son environnement ou bien plutôt si c'est l'environnement qui façonne le vivant. Les deux thèses sont vraies mais le vivant, s'il veut rester en vie, doit gagner la course avec le milieu et le changer plus vite qu'il n'est changé par lui. C'est la condition même de sa survie. Les espèces s'éteignent lorsque leur capacité (traduisons : leur *vitesse*) d'adaptation devient inférieure à la vitesse du changement du milieu. Peter Ward a montré que lors de la plus grande extinction de masse, au Permien, les Trapps de Sibérie ont rejeté des quantités phénoménales de dioxyde de soufre, gaz à effet de serre mortel sur des courtes périodes de temps. Les animaux et les végétaux n'ont pas eu le temps de s'adapter car la catastrophe ne s'est pas produite en 1 million d'années mais seulement en 10000 ans environ selon l'estimation récente de Roger Smith. Si les concentrations atmosphériques en oxygène et en dioxyde de carbone se modifient massivement à trop vive allure, le vivant n'arrive pas à évoluer assez vite pour survivre. On pourrait même mesurer l'ampleur d'une extinction en calculant le quotient entre la vitesse d'adaptation d'une espèce et celle de la modification d'un écosystème. La vitesse d'adaptation d'un organisme vivant ne peut pas excéder une certaine limite - celle de la sélection naturelle. Si tout change trop vite autour du vivant, il arrive un moment où il n'arrive plus à s'adapter à la cadence effrénée de la nature. En 1973, le biologiste hollandais Leigh Van Valen a appelé ce phénomène « l'effet de la reine rouge », en s'inspirant du roman de Lewis Caroll, <u>De l'autre côté du miroir</u>. Alice y rencontre la Reine Rouge qui court à perdre haleine et se retrouve pourtant toujours au même endroit comme si elle faisait du sur place en tentant de remonter un tapis roulant en sens inverse de la marche (« *dans mon pays il faut courir sans arrêt pour rester au même endroit* »). Cette image décrit bien l'évolution biologique : évoluer ne veut pas dire avancer tout seul pour le vivant puisque les autres vivants et le milieu avancent eux-aussi en même temps. Tout change à la fois. L'évolution est en fait une *co-évolution* de tout le système écologique, et l'adaptation constante du vivant à son environnement changeant est tout juste suffisante pour ne pas mourir. Les proies sont de plus en plus rapides mais les prédateurs de plus en plus performants, c'est un *ajustement rythmique* perpétuel, une sorte de sculpture adaptative. Et cela marche aussi pour le milieu : lorsque l'environnement évolue plus vite qu'une espèce vivante ne peut s'y adapter, cette espèce est vouée à s'éteindre. La sélection naturelle est donc l'expression d'un ajustement rythmique entre le vivant et le milieu. Pour continuer à vivre, le vivant doit toujours gagner la course. La plupart du temps (sauf catastrophes imprévisibles dans l'environnement) le vivant sort vainqueur, il transforme son milieu *plus rapidement* qu'il n'est transformé par lui, car il est un système ouvert loin de l'équilibre qui évolue grâce à ses échanges constants. C'est peut-être en raison de ce décalage rythmique entre le dedans et le dehors qu'il garde la main sur l'inerte et le manipule à son avantage. En dépit des très nombreuses catastrophes qu'il a dû affronter pendant toute l'histoire de la Terre, le vivant est parvenu jusqu'à maintenant à déjouer les pièges du hasard. La boutade des biologistes se justifie : la vie est une sorte de maladie de la matière, qui s'étend comme une épidémie et que rien ni personne ne peut arrêter ...

2) *<u>Le rythme, signature biologique universelle</u>* ?

Comment former un concept universel de la vie ? Cette question passionnante est celle que pose l'exobiologie, branche de la biologie dont l'objet est la recherche de formes de vies extraterrestres. C'est aussi une question redoutable : comment définir la vie en général sans rester prisonnier du seul exemple que nous connaissons, le vivant terrestre ? Définir, c'est comparer entre eux plusieurs exemples, laisser tomber ce qu'ils ont de différent et d'anecdotique (ce qui appartient au seul individu) et ne retenir que la structure invariante, c'est à dire le dénominateur commun des propriétés observées. C'est seulement à cette condition qu'une définition est scientifiquement valide.

Or, il semble vain à première vue de vouloir comparer entre elles plusieurs espèces de vies, dans la mesure où nous n'en connaissons pour le moment qu'une seule, la vie qui s'est développée sur Terre. On ne peut donc que la comparer à elle-même. En outre, se contenter de rechercher par analogie une vague ressemblance entre les propriétés du vivant terrestre tel que nous le connaissons et celles d'une possible vie extraterrestre est une démarche à la fois arbitraire et antiscientifique. Arbitraire, car il pourrait très bien exister une espèce de vie très différente de la nôtre, et peut-être même différente au point que nous ne l'identifierions pas comme de la vie ; antiscientifique dans la mesure où le passage du singulier à l'universel n'est pas légitime et qu'un seul exemple ne permet pas de conclure à une loi générale[258]. Quelques questions suffiront à illustrer cette difficulté. A supposer que la vie existe ailleurs, aurait-elle nécessairement les mêmes propriétés chimiques que celles que nous observons sur Terre ? Aurait-elle encore un ADN ? Cet ADN aurait-il encore un groupe phosphate, un sucre comme le ribose, les quatre bases chimiques que nous connaissons (adénine, guanine, cytosine et thymine) ou un autre nombre de bases - pourquoi pas deux ou cinq - ? La chimie d'un vivant extraterrestre serait-elle

---

[258] Aristote affirmait justement qu'il n'y a de science que de l'universel.

nécessairement celle du carbone (pourquoi pas du bore, qui, au dire des chimistes, serait aussi un bon constituant) ? Aurait-elle forcément besoin d'eau liquide pour se développer (même sur notre planète, il a été démontré que la vie peut subsister sous terre, à des kilomètres de profondeur...). Présenterait-elle la même asymétrie moléculaire appelée l'homochiralité, serait-elle, à l'instar de la vie terrestre, constituée d'acides aminés lévogyres et de sucres dextrogyres ? Bref, si nous tombions sur une forme de vie complètement différente de la nôtre, saurions-nous seulement la reconnaître ? Une vie s'étant développée dans du méthane liquide comme sur Titan, ne présenterait certainement pas les caractéristiques terrestres de la vie. Toutes les tentatives de définition du vivant à partir de la seule chimie semblent donc *a priori* vouées à l'échec et « *terramorphes*[259] », prisonnières de notre conception terrestre du vivant. De même, la recherche d'oxygène, longtemps considérée à tort comme une signature biologique et traquée sur les exoplanètes n'est même pas un marqueur suffisant pour attester de la présence de vie : l'oxygène, que l'on a longtemps associé à la présence du vivant n'est pas une biosignature fiable. On a récemment découvert sur la comète Tchouri du dioxygène (oxygène moléculaire) qui s'est sans doute formé en même temps que notre système solaire et en l'absence de vie ; mieux, même sur Terre, de récentes expériences ont démontré que les éponges sont capables de se développer aussi bien dans des milieux très pauvres en oxygène ! Preuve s'il en est

---

[259] Néologisme que nous utilisons ici par analogie avec l'anthropomorphisme.

qu'une planète pourrait tout aussi bien abriter une forme de vie n'ayant pas besoin d'oxygène pour exister.

Comment, dès lors, reconnaître à coup sûr un vivant extraterrestre qui serait constitué d'une chimie différente ? Comment s'entendre sur une définition universelle du vivant qui ne soit pas prisonnière d'une chimie particulière ? La chimie est un critère très relatif et donc insuffisant. Mais quel critère utiliser alors ? Il existe bien une voie permettant de s'élever d'une définition descriptive et seulement terrestre, forcément limitée, à une définition abstraite, théorique et scientifiquement recevable du vivant. La biosignature universelle n'est pas chimique, mais elle est *rythmique*.

Christoph Adami, professeur de microbiologie à l'université du Michigan, est à la recherche d'une telle définition. Il essaie de trouver une « signature biologique », c'est à dire n'importe quel phénomène mesurable/quantifiable qui indiquerait incontestablement la présence du biologique. Il commence par rappeler l'insuffisance de toutes les définitions traditionnelles. On ne peut pas définir la vie par la mortalité (les polypes et les méduses rajeunissent après la maturité sexuelle) ni par la croissance (les cristaux grandissent, de quelques millimètres par an mais ils ne sont pas considérés comme des êtres vivants). Toutes les définitions qui reposent sur des propriétés connues sont insuffisantes, car ce ne sont que des cas particuliers et pas des invariants universels.

En 1998, il publie un ouvrage, <u>Introduction to artificial life</u>, dans lequel il présente une idée révolutionnaire. Pour surmonter les définitions du vivant trop restrictives ou relatives à une chimie, il prend pour modèle d'étude la vie artificielle. Un exemple pertinent de vie artificielle nous est donné avec les virus informatiques. C'est un cadre idéal pour répondre à la question : la vie artificielle n'est pas relative à la chimie du carbone ou à quelque autre propriété terrienne particulière. En même temps, l'analogie avec la vie organique est pertinente, et le terme de « virus » est bien choisi : la progression de l'infection informatique se manifeste avec des pics, comme pour le virus de la grippe et l'on peut organiser les souches artificielles en arbres, tout comme l'arbre phylogénétique du vivant. En outre, ces virus mutent et évoluent, au fil de la lutte entre les concepteurs de systèmes d'exploitation et les hackers. En 1993, Adami met au point le système AVIDA avec deux étudiants. AVIDA est un système complexe composé de 10000 programmes de souches différentes appelés « avidiens ». En attribuant à chaque souche de programme une couleur différente, Adami constate que certains groupes se répliquent et se répandent plus vite que les autres, dès qu'une mutation avantageuse apparaît ; le virus dominant contrôle alors un temps le jeu des interactions et mène les autres à l'extinction. Puis, après une courte période de stase, l'équilibre des forces change encore à l'occasion d'une nouvelle mutation et une autre configuration dynamique se dégage. Ainsi le monde des avidiens « vit », se réplique, et évolue grâce à la sélection de façon très similaire à ce que nous appelons un organisme vivant.

Quelle bio-signature pourrait-on retenir pour identifier les avidiens ? Adami construit un nouveau modèle en s'appuyant sur une analogie, celle du texte. Quel critère retenir pour savoir si un texte a du sens ou pas ? Imaginons que des singes puissent taper sur un ordinateur toutes les lettres d'un alphabet pendant un temps suffisamment long. Ce texte n'aurait pas de sens parce que les singes ne savent pas lire ; moyennant quoi, les lettres ne seraient qu'une suite aléatoire. Par exemple, les z, w, ou y apparaîtraient en moyenne aussi souvent que les a, les i, ou les e. Toutes les lettres écrites par n'importe quel singe apparaîtraient approximativement à la même fréquence. En revanche, si la même chose était faite par des humains, certaines lettres (celles les plus utilisées dans la langue de celui qui écrit) apparaîtraient plus souvent que les autres : le « a » , le « e », ou le « i » par exemple pour le français. Et cela, quelle que soit la langue utilisée, et quelle que soit la nature du texte (métaphysique, science, littérature, etc.). Un texte signifiant écrit par des humains a toujours une répartition irrégulière mais cohérente de lettres spécifiques - pas forcément la même dans toutes les langues – mais **il existe toujours un *motif hétérogène* qui émerge et se répète à intervalle régulier dans la distribution alphabétique**. Cette fréquence d'occurrence des lettres est la signature du sens. On peut alors distinguer à coup sûr les textes signifiants des textes aléatoires. Adami extrapole alors sa méthode pour définir la vie. Tout comme un texte, on peut dire qu'un organisme vivant a du sens car il contient de l'information. En biologie, il ne s'agit plus de lettres alphabétiques, mais des bases chimiques, celles de l'ADN ou de l'ARN qui en sont l'équivalent. Dans la vie artificielle, également, l'information existe et se présente sous forme d'octets. Or, l'information perdure toujours plus longtemps dans un système vivant que dans un système inerte car, pour rester en vie, il doit conserver une entropie plus basse que celle de son milieu. Le vivant doit maintenir son gradient rythmique avec le dehors car c'est un système plus ordonné que le non-vivant. La distribution caractéristique de l'information indique la présence de la vie. De même qu'un texte signifiant fait apparaître plus souvent certaines lettres que d'autres, de même un organisme vivant doit utiliser certaines molécules plus que d'autres en fonction de ses besoins. Et effectivement, que l'on retienne les acides aminés ou les acides nucléiques ou encore les acides gras, la distribution n'est pas la même dans un milieu inerte et dans un milieu vivant. Dans un environnement sans vie, chaque instruction survient à peu près à la même fréquence. Les acides aminés qui forment une structure inerte ont une distribution globalement homogène, mis à part la rareté naturelle d'un élément. Mais il n'y a pas d'autre écart par rapport à l'homogène que la rareté de l'élément. En revanche, si on prend de l'eau ou de la terre qui grouille de vie, le spectre est complètement différent. Certaines bases chimiques sont plus utilisées que d'autres, et certaines ne le sont pas du tout. Peu importe ici la chimie en elle-même. ***Ce n'est pas la nature de l'élément qui compte, mais sa fréquence d'apparition***. Tout comme pour la vie artificielle, la distribution chimique en milieu vivant n'est pas homogène, et les pics traduisent l'intérêt de ces « organismes » pour les éléments ciblés qu'ils assimilent.

Or, que traduit une fréquence ? Le nombre de fois qu'un phénomène se reproduit dans un intervalle de temps donné. C'est la mesure physique d'un rythme, sa quantification. On peut ainsi dépasser la définition chimique trop étriquée du vivant en remplaçant la notion statique et relative de *propriété* par celle de *motif rythmique*, à la fois dynamique et universelle. Que la vie soit terrestre ou extra-terrestre, qu'elle soit biologique ou artificielle ne change rien : c'est toujours un processus qui se distingue du milieu dans lequel il évolue par une fréquence reconnaissable. ***Le rythme vivant se caractérise par le maintien d'un déséquilibre constant avec le milieu***. Tout ce qui est vivant suit le chemin du contraste et de la différenciation : contraste non pas ponctuel mais suffisamment durable pour être capable de s'entretenir lui-même (si le déséquilibre ne durait pas assez, le vivant n'aurait même pas le temps de se reproduire).

La vie est donc un rythme hétérogène au sein du grand Tout. Mais en quoi ce rythme est-il si différent de celui de l'inorganique et comment se constitue-t-il ?

3) *Métaphysique du vivant*

Lever le voile sur les origines du vivant est un défi majeur pour l'intelligence. Espérer reconstituer dans le détail une cascade d'enchaînements vieux de 4 milliards d'années environ relève sans doute de l'illusion. Une majorité des scientifiques pensent que nous n'arriverons jamais à reconstruire en précision toutes les étapes qui se sont effectivement déroulées sur Terre entre la chimie pré-biotique et l'apparition de la première cellule. Il existe *des* scénarii concurrents, plus ou moins vraisemblables (panspermie, sources chaudes, surfaces minérales) mais pas un seul scénario. Au-delà de l'éloignement temporel, une difficulté de principe se pose : cherchons-nous une *archive* (texte d'origine conservé tel quel pendant 3.8 milliards d'années) ou bien un *palimpseste* (texte réécrit au fil du temps, rendu indéchiffrable par toutes les retouches provoquées par l'évolution) ? Il est très probable que le jeu des mutations, le transfert horizontal de gènes qui se surimpose à l'hérédité par descendance, le tout sur des énormes périodes de temps, rendent définitivement opaque le secret de l'origine et qu'il soit perdu à tout jamais. Ce dernier point est évidemment le plus délicat et il reste aujourd'hui encore un casse-tête pour la science. Pourtant, cela ne signifie pas que nous ne pouvons rien en dire. Même si le détail chimique des réactions reste très incertain, il est possible de construire un scénario métaphysique cohérent compatible avec les données scientifiques actuelles. C'est à cet exercice périlleux que je vais me livrer maintenant en risquant une interprétation philosophique personnelle de la nature du vivant et de sa place au sein de la *Physis*.

L'énigme de la nature et de l'origine du vivant comporte deux niveaux de questionnement bien distincts : le problème *scientifique* d'une part qui consiste à restituer et décrire les étapes historiques les plus vraisemblables menant de la chimie à l'apparition de la vie. D'autre part, le problème *philosophique (métaphysique)* : le passage de

l'infini au fini, la transition de la nature inorganique aux êtres vivants qui perçoivent des qualités sensibles, qui appréhendent des formes, qui se repèrent d'après des structures, bref qui habitent un *monde spatio-temporel*. Pour le philosophe, c'est la seconde interrogation qui est de loin la plus importante. Car même si la science levait le voile sur l'origine du vivant, elle ne pourrait pas préciser le rapport qu'il existe entre le vivant et la Nature dans son ensemble qui n'est pas objet d'expérience et relève de la spéculation philosophique. Il suffira donc, pour mon propos, que l'hypothèse métaphysique que je propose soit compatible[260] avec les découvertes et les acquis de la science contemporaine.

Quelles sont les contraintes que la science impose à la métaphysique du vivant ? Il existe trois conditions biologiques indispensables pour qu'une cellule soit dite vivante.

1. *Elle doit posséder une compartimentation* (membrane, peau, micelle, vésicule etc.), bref une sorte d'enveloppe permettant de définir un dedans et un dehors. Dans une cellule procaryote, la membrane plasmique isole le milieu intérieur de l'extérieur par une double couche de glycérol (lipides). Cette couche se constitue par concentration des ions qui créent une sorte de barrière naturelle

---

[260] Les découvertes de la science exercent une contrainte sur la métaphysique : elles excluent certains scénarios métaphysiques, mais elles n'en confirment aucun car la spéculation à propos du Tout excède le territoire de la science.

par écoulement différentiel. Chez les eucaryotes se rajoutent des membranes internes repliées sur elles-mêmes (le noyau) qui protègent le génome. La plupart des animaux homéothermes ont, pour les isoler du monde extérieur, des peaux, des nids, des abris ou même des vêtements pour les humains. Les moyens sont variés mais le but est toujours le même : créer un espace confiné et protégé, mais pas isolé. La membrane n'est jamais un mur infranchissable qui supprimerait les flux, mais un *filtre* qui contrôle la vitesse des échanges entre le dedans et le dehors. En fait les membranes sont toutes poreuses, elles permettent de ralentir le courant des interactions extérieures en sélectionnant les entrées. L'intérieur diffère de l'extérieur comme le visqueux diffère du fluide. Les travaux de Alain Prochiantz ont permis de montrer que les protéines sont capables de sortir du noyau, de franchir les membranes et de communiquer par messages chimiques des informations aux autres cellules. Les membranes sont donc des « boucliers rythmiques » qui isolent la cellule de l'impétuosité du torrent extérieur et permettent des échanges contrôlés. L'information qui rentre ne peut plus ressortir, elle est comme piégée. Ainsi, la compartimentation crée une sorte de « *tempo intérieur* » (expression que je préfère à celle de « milieu intérieur » utilisée par Claude Bernard, qui renvoie à une compréhension seulement spatiale du phénomène). Ce tempo intérieur place le vivant dans la situation d'une île au milieu de la mer. Dans cette capsule protégée, un nouveau monde chimique peut naître, et évoluer à son propre rythme. Le vivant sécrète son propre temps et son propre espace, ce qui s'appelle un *monde*. La vie se prolonge aussi longtemps que dure le déséquilibre entre le dedans et le dehors. La forme vivante ne subsiste que par la différence rythmique avec son milieu. Lorsque les horloges de la cellule se dérèglent (cela s'appelle vieillir) c'est le nivellement thermodynamique, c'est-à-dire la mort. L'île et son ordre précaire sombrent dans la mer. La mort est le retour à l'homogène, la synchronisation des rythmes entre le dehors et le dedans. L'espace et le temps s'évanouissent et se résorbent dans le Mouvement intransitif de la Nature éternelle en perdant leur distinction dimensionnelle qui est la caractéristique même du vivant. Les trois dimensions d'espace et la dimension temporelle se fondent dans l'agitation éternelle de la Nature. La disparition de la membrane supprime le *peras*, la limite interfaciale. Le vivant est comme lessivé : ses formes sont dissoutes, ses contours s'effacent et la crête d'écume est rendue à l'océan.

2. *Elle doit posséder un métabolisme.* Le métabolisme (*métabolè*) est le changement perpétuel qui s'effectue dans l'organisme en interaction avec son milieu : c'est un mouvement de composition/ décomposition, de construction/destruction (Bichat). Le corps vivant assimile et rejette, construit et détruit. D'un côté, il s'incorpore la matière étrangère pour en faire sa matière : c'est l'anabolisme ; de l'autre, il rejette les déchets qui ne lui servent plus sous forme d'énergie dégradée : c'est le catabolisme. On peut exprimer cette même idée en disant qu'il crée son ordre en rejetant du désordre dans son environnement, qu'il maintient sa néguentropie en « entropisant » son milieu. L'essentiel, ici, est de retenir l'idée d'un

déséquilibre entre les recettes et les dépenses : le bilan énergétique du vivant doit toujours rester positif ; sinon, il ne peut ni croître ni même se maintenir en vie. Vivre, c'est se différencier, non seulement réparer ses fonctions vitales au fur et à mesure qu'elles s'usent mais surtout en inventer de nouvelles, créer tous azimuts. C'est ce qui a fait dire à Schrödinger que le vivant est « néguentropique » : il semble remonter à l'envers le cours de la matière puisqu'il s'organise dans un univers qui se désorganise. En fait, le vivant ne viole pas les lois de la thermodynamique. Il en constitue plutôt un *cas* bien particulier. C'est un système ouvert loin de l'équilibre susceptible de créer de l'ordre parce qu'il échange constamment avec son milieu. L'accès au monde microscopique a permis de comprendre ces dernières années que certains systèmes matériels non-vivants présentent *déjà* ces curieuses caractéristiques « néguentropiques » et peuvent eux aussi s'organiser spontanément en créant de l'ordre : ce sont les *structures dissipatives* découvertes par Prigogine. Les cellules de Bénard en sont un bon exemple : en chauffant très légèrement du palmitate de cétyle (huile de baleine) Bénard a observé, en 1901, que le gradient thermique entre les deux faces du liquide légèrement chauffé produisait une sorte de division cellulaire qui prenait la forme d'un polygone régulier. Dans ce cas, il y a donc, tout comme chez l'être vivant, production spontanée d'ordre en suivant les seules lois de la physique.

3. *Elle doit posséder des mémoires.* Le vivant est un piège à information. Son passé est encore vivant en

lui, comme récapitulé dans la forme même de son corps. Depuis plusieurs décennies la science n'a fait que confirmer cette grande intuition bergsonienne. Toute l'histoire du vivant est tapie au fond de chacune de ses cellules. Il comprime, condense le devenir de la nature extérieure et le transforme en sa propre temporalité. Par exemple, Sapiens porte encore aujourd'hui enfouies dans les circonvolutions de son cerveau des traits comportementaux de ses ancêtres reptiles et mammifères[261]. François Dagognet dans son ouvrage <u>Le vivant</u> considère que l'énigme fondamentale, est de comprendre comment la matière vivante est « capable à la fois d'absorber le temps et l'espace, de les intégrer, et, partant, de les dépasser ». Fait remarquable, il n'y a pas une seule mémoire chez le vivant mais plutôt une sorte d'empilement intégré de mémoires de différentes durées : *mémoire génétique*, tout d'abord (à long terme), véritable « conservatoire du passé » (Jacques Monod) logée dans l'ADN ou l'ARN (probablement le premier polymère d'information de la vie) qui transmet l'information de manière extrêmement stable sur des millions d'années. Mais il n'y a pas que le génome qui soit capable de mémoire. Le *corps entier* l'est tout autant. Le métabolisme garde une mémoire intégrale des interactions passées. Par exemple, l'immunologie est une mémoire objective : l'agent infectieux laisse des « traces » de son passage. Longtemps après sa disparition, le vivant reconnaît toujours l'envahisseur et peut le repousser victorieusement. Ce dernier s'est

---

[261] On peut penser, particulièrement, à la théorie controversée, désormais bien connue, du cerveau tri-unique de Paul Mac Lean.

en effet sédimenté et se trouve comme fossilisé, englué par les anticorps.

En dépit de ces faits connus depuis bien longtemps, la plupart des biologistes ont été longtemps fort réticents à admettre cette mémoire de l'organisme. Ce n'est que très récemment que s'est imposée dans la communauté scientifique l'idée d'une *mémoire épigénétique*. La mémoire épigénétique est une mémoire de moyen terme. Elle porte sur certaines expériences vécues par l'individu au cours de sa vie (tel un stress, une famine etc.) et pouvant se transmettre à la descendance par hérédité non génétique. Le milieu est alors responsable de l'expression ou de l'inhibition du gène. Dans ce cas, l'empreinte de l'expérience vécue par les ancêtres *se dilue* au fil des générations et s'atténue jusqu'à disparaître. On retrouve à nouveau l'idée que le vivant et son milieu forment un *continuum* que seule l'analyse fragmente. Le mot « individu » dissimule en fait un processus d'*individuation* ininterrompu qui ne cesse qu'avec la mort. Cette sculpture qui continue tout au long de la vie a été baptisée « *l'embryogénèse silencieuse* » par Claude Bernard.

Enfin, chez l'homme, et probablement chez les mammifères supérieurs, il existe une troisième sorte de mémoire, *la mémoire culturelle*. Elle diffère des autres en ce qu'elle est une mémoire à court terme qui opère sur le temps court de l'apprentissage et de la transmission par l'éducation. Elle compresse la temporalité et concentre l'information à un rythme incroyablement plus rapide que la sélection biologique (cette évolution culturelle a permis un progrès technologique plus important en l'espace de deux siècles que durant les millions d'années qui ont précédé).

Le corps vivant est donc un édifice temporel à toutes les échelles. C'est un véritable emboîtement de temporalités, construit à partir de rythmes multiples harmonieusement intégrés les uns aux autres.

*

Après avoir rappelé les trois exigences scientifiques indispensables à l'existence de l'être vivant, passons au scénario philosophique. Quelle différence se cache-t-il, finalement, derrière les mots de « mort » et de « vie » ? Pour répondre à cette question, je vais soutenir deux thèses. Elles dessineront les contours d'une nouvelle philosophie de la Nature.

Cette idée que la Nature (_Physis_) n'est que flux et écoulement perpétuel remonte à la plus haute antiquité grecque. Elle a déjà été enseignée poétiquement par Homère et philosophiquement par Anaximandre et Héraclite. Il n'y a pas d'autre réalité que le Mouvement. Rien n'est, tout devient. La réalité tout entière n'est que processus et métamorphose, les êtres et les formes n'ont qu'une identité relative et illusoire et ne sont pas vraiment. « _Pourquoi donnons-nous titre d'être à cet instant qui n'est qu'un éclair dans le cours infini d'une nuit éternelle ?_ » demande Montaigne. Nous disons : cette fleur est, je suis. Mais bientôt, la fleur sera fanée et je ne serai plus. Telles des apparences fugitives, nous glissons continûment de l'être au non-être, pareils à des éphémères (créatures d'un jour), et « _l'homme est le rêve d'une ombre_ » (Pindare). « _Tout s'écoule !_ » s'écrie Héraclite, et même dans l'intervalle de temps le plus petit, une chose est déjà autre qu'elle n'était. La Nature ne se fixe jamais, ne connait aucun repos dans son activité créatrice et

---

[262] Je distingue le mouvement transitif (mouvement _d'un_ étant) qui est la transition ponctuelle entre deux états ou entre deux êtres et le Mouvement intransitif qui est un synonyme de la Nature infinie et incommensurable dans son activité créatrice. Les êtres et les choses (tous les étants en général) n'existent que comme des concentrations éphémères dans le Mouvement, mais ils n'ont en eux-mêmes aucune réalité ontologique.

enfante à l'infini de la différence. Il n'y a aucun être, aucune chose, aucun état, seulement des événements et des processus de durée extraordinairement différente. Certains, telles des particules fugaces, clignotent un instant avant de disparaître ; d'autres, que nous appelons les corps matériels, semblent maintenir leur forme identique durant quelques jours, quelques années ou même quelques milliards d'années comme les étoiles. Mais tout se résout finalement en Mouvement pur. Nietzsche l'a dit mieux que personne : celui qui découvre la philosophie d'Héraclite est frappé d'effroi et éprouve le sentiment d'un homme qui, à la suite d'un séisme, verrait le sol s'ouvrir sous ses pas et perdrait confiance en la terre ferme. Il aurait l'impression que tous les corps familiers et solides, qui lui apparaissaient jusqu'alors comme des formes pérennes, cet oiseau, cet arbre ou ce rocher deviennent soudain plus liquides que l'eau et que la réalité tout entière s'abîme dans un torrent en furie. Toute chose s'écoulerait entre ses doigts comme de l'eau et s'évanouirait sous ses yeux. Héraclite écrit (fragment 105) : « *on ne peut pas descendre deux fois dans le même fleuve* ». Comment comprendre cela ? ***Tout change, mais tout change à des rythmes différents***. Il existe toutes les manières de fluer, toutes les vitesses d'écoulement dans la Nature. Dans ce fragment, on peut distinguer en première approximation trois rythmes différents : 1) les eaux du fleuve s'écoulent et se renouvellent sans cesse : d'une seconde à l'autre, l'eau n'est jamais la même ; ce changement est visible à l'échelle de notre perception. 2) Mais le corps du baigneur s'écoule lui aussi, à une vitesse plus lente, imperceptible pour l'œil humain. Le corps est tout entier métabolisme c'est-à-dire changement (*métabolè*), écosystème vivant en flux perpétuel qui croît et décroît sans cesse. Certes nous ne nous voyons pas vieillir comme l'eau qui s'écoule car l'usure est trop lente à notre échelle mais le corps dans son entier se renouvelle : chaque seconde qui passe, nous perdons 2000 cellules, et en l'espace d'un an nous renouvelons entièrement notre poids. « *Je est un autre*[263] », l'identité est une illusion. 3) À un rythme encore plus lent, le lit du fleuve fait de cailloux s'écoule lui-aussi : c'est l'érosion. Ce rythme d'écoulement extraordinairement lent à l'échelle de la perception humaine, c'est celui des phénomènes géologiques qui façonnent le visage des continents et l'histoire de la Terre. Les continents se font et se défont à la vitesse de croissance de nos ongles, les cristaux poussent de quelques millimètres par an et nous ne disposons pas, dans l'intervalle d'une vie humaine, du temps suffisant pour voir les montagnes devenir des vallées ou assister à la mort du Soleil. Pourtant, à l'échelle cosmique, rien n'est et tout finit par se transformer en tout, emporté par le torrent furieux du devenir.

Pour vraiment comprendre cette première thèse, il ne faut surtout pas la ramener à l'affirmation commune : « les choses changent ». Car dire cela serait encore attribuer un changement à des choses qui, elles, subsisteraient. Héraclite va bien plus loin : il dissout les concepts même d'être et de chose ! *Le Mouvement est partout l'ultime et l'unique réalité de la Nature* et les « êtres » ne sont que des illusions et

---

[263] Selon la belle formule de Rimbaud.

les dessins fugaces de l'énergie dansante qui prennent l'apparence de formes stables à notre échelle de mesure, un peu comme le seraient des tourbillons dans la rivière, qui ne sont pourtant que de l'eau. Autrement dit, Héraclite nie le principe d'identité (A=A), et affirme qu'une chose n'est jamais même qu'elle-même. Dans le fond, il n'y a que le Mouvement. Non pas le mouvement d'un corps, d'une forme, mais le Mouvement intransitif qui est tout et duquel notre perception, qui n'est elle-même qu'une autre espèce de mouvement à une certaine vitesse, prélève des séquences qu'elle condense, abrège et ramasse en choses[264]. Si la perception disparaissait, il n'y aurait plus nulle part aucune chose mais à l'infini le Mouvement pur, irreprésentable. Car la Nature sans le vivant ne connaît aucune forme, aucun point, aucun repos. Dans chaque mouvement se cache encore une infinité de mouvements et aucun état n'existe jamais : la Nature ne peut pas cesser d'être Nature, c'est-à-dire active. Le Mouvement est ici l'autre nom de l'infini, que le philosophe grec Anaximandre nommait **l'Apeiron** : le Sans-limites, le Sans-formes, l'Indéterminé pur, source vivante et éternelle de tout ce qui existe. Tout procède de lui mais il ne procède de rien. C'est une véritable révolution mentale que de comprendre cela. Celui qui plonge dans le Mouvement pur fait brutalement l'expérience de l'absolu !

---

[264] Seules la perception et la conscience des vivants donnent au Mouvement éternel forme de choses plurielles et distinctes qui, agencées ensemble, constituent un monde (*cosmos*).

Mais si la Nature est une sorte d'unique Mouvement de créativité éternelle, que sont donc la vie et la mort ? Faut-il encore les opposer comme le fait le sens commun ou bien plutôt voir en eux deux régimes/débits de la réalité (au sens où l'on parle du débit d'un fleuve) ?

Deuxième thèse : vie et mort sont deux motifs rythmiques dans le Mouvement éternel de la Nature

La thèse que je voudrais défendre est la suivante : vie et mort ne s'opposent pas comme réalité et néant[265] mais comme deux rythmes dans la créativité de la Nature. Ils sont ce que l'on appelle en musique une *nuance*, c'est-à-dire une variation d'intensité dans le Mouvement comme le *fortissimo* (très fort) et le *pianissimo* (très faible). Le rythme vivant est un rythme de haute amplitude et de faible fréquence. Le rythme inorganique est un mouvement de très faible amplitude et de très haute fréquence (un atome de césium vibre plus de 9 milliards de fois par seconde). Mais cette vibration frénétique est interprétée par nous, êtres de contrastes, comme une lenteur extrême et même comme une absence de mouvement car les vibrations de l'inorganique sont trop homogènes et unies[266]. Cette vibration sur place est tellement homogène rapportée à notre propre mouvement qu'elle nous semble une privation

---

[265] Ou comme être et non être dans le langage de la métaphysique classique.

[266] Comme le sont les petites perceptions de Leibniz.

de mouvement. C'est la raison pour laquelle, à notre échelle de mesure, l'état mort nous semble parfaitement continu et inerte. Pour donner une image parlante de cette différence, on pourrait comparer la Nature à un océan sans bornes : le régime des êtres vivants correspondrait alors à l'état maritime d'une forte houle. Dans « l'état vivant » nous aurions affaire à de hautes vagues, en relativement moins grand nombre, avec un intervalle plus grand entre chaque vague : une grande amplitude, une période assez ample et une fréquence relativement faible (un peu comme un *fortissimo* en musique) ; dans « l'état mort », nous aurions affaire à une mer d'huile en apparence (l'ataraxie, ou, mieux encore, ce que les Grecs appelaient « *atremes* », la vibration presque immobile) mais ce calme apparent cacherait en réalité d'innombrables rides extrêmement rapprochées les unes des autres formant toutes ensemble « *l'innombrable sourire de la mer* » (Eschyle). Une très haute fréquence (pouvant aller jusqu' à des trillions de vibrations par seconde), mais une amplitude si faible et une période si courte que l'activité de la Nature y est quasi-nulle à notre échelle de vivant caractérisée par l'écart et le déséquilibre. La mort est une espèce de *pianissimo* qui dissimule une activité frénétique derrière l'apparence d'une sourdine. C'est la raison pour laquelle nous confondons si souvent son mouvement si subtil avec un repos absolu et son pullulement vibratoire avec de l'inerte. Je pense que cette confusion est à l'origine d'un malentendu multimillénaire à propos de l'être et du devenir que nous avons opposés comme deux réalités irréconciliables alors qu'il ne s'agissait que de rythmes extraordinairement différents d'un unique

Mouvement, la créativité naturelle.

Cette idée originale qui est au fondement de ma métaphysique s'est petit à petit imposée à moi jusqu'à devenir une évidence. Elle s'est construite en deux temps :

a) La sensation n'a pas pu émerger de la matière morte, elle a toujours existé.

b) Mais la sensation de l'inorganique est très différente de la sensation du vivant et elle ne permet pas de construire un monde spatial ordonné évoluant dans un temps successif. C'est l'expérience immersive dans un Mouvement pur, non encore dimensionnalisé, sorte de sentiment océanique que nous baptisons maladroitement « l'état mort » faute de pouvoir le comprendre à partir de notre point de vue trop déséquilibré (au sens thermodynamique). En confondant le néant et l'irreprésentable, nous mésinterprétons profondément la réalité de la mort et la peuplons de superstitions. La mort n'est pas l'absence de vie, mais la vie à une autre échelle - échelle dans laquelle la division du Mouvement éternel en temps et en espace séparés n'a plus cours. Dans cette optique, le mystère de la mort est une énigme dimensionnelle : l'état mort renvoie à la vie du Mouvement éternel lui-même, que l'on pourrait décrire comme une sorte de sensation archaïque en dimensions infinies. Toutes nos conceptions habituelles de la mort, qui sont des projections spatio-temporelles, sont donc des représentations fausses et naïves prisonnières d'une illusion d'échelle.

Comment en suis-je venu à cette thèse ? Tout a

commencé par la lecture de Diderot. Diderot n'a jamais accepté le modèle de la machine ni l'hypothèse de l'âme pour penser la Nature et le vivant. Rejetant le modèle mécaniste de l'âge classique, il s'est orienté vers une conception d'un réel liquide et relationnel très proche de celle d'Héraclite : l'immense océan de matière est un fleuve qui coule sans cesse, où tout est lié et constamment en relation avec tout ; il n'y a ni objets ni individus, mais seulement des relations et des relations de relations. Nous sommes ici en face d'une pensée originale et complexe, une sorte d'*énergétisme.* Accompagnons Diderot un moment dans son raisonnement avant de prolonger ses intuitions.

Le raisonnement de Diderot repose sur deux convictions.

1. **La Nature est une**, il est impossible de poser deux espèces de matières : l'une morte et l'autre vivante. Une philosophie cohérente doit penser l'*unité* de la Nature : « *Si les phénomènes ne sont pas enchaînés les uns aux autres, il n'y a point de philosophie* ». Diderot rechigne à accepter la distinction de Buffon entre matière inerte et matière vivante (composée de « molécules organiques ») : il n'y pas de différence de nature dans les constituants, matière morte et matière vivante sont composées des mêmes « briques » de base. Il est inintelligible de poser l'existence de deux types de matières. « *Comment se peut-il faire que la matière ne soit pas une, ou toute vivante, ou toute morte ?* » écrit-il en 1753.

2. **Le sentant ne peut pas naître de l'insensible**.
   De ce qui est entièrement mort ne peut pas surgir
   la vie.

Comment, en effet, une simple modification de l'espace pourrait-elle faire surgir la vie ? *« La vie,* note-t-il dans une lettre à Sophie Volland d'octobre 1759, *ne peut être le résultat de l'organisation ; imaginez les trois molécules, A, B, C ; si elles sont sans vie dans la combinaison A, B, C, pourquoi commenceraient-elles à vivre dans la combinaison B, C, A, ou C, A, B ? Cela ne se conçoit pas »*. La disposition des molécules dans le corps n'explique pas la vie. Descartes se trompe : la sensation ne peut pas naître de la seule géométrie.

a) Une conclusion nécessaire s'impose alors : s'il est aussi difficile d'admettre l'existence de deux types de matières (1) que le passage de l'insensible au sentant (2), alors ne reste plus qu'une possibilité : que la sensibilité, ait, d'une manière ou d'une autre, toujours existé, qu'elle soit une propriété inhérente et universelle de la matière[267]. C'est la théorie de

---

[267] Je m'exprimerais toutefois en des termes légèrement différents de ceux de Diderot : il existe une proto-sensation de la nature inorganique, mais elle n'apparaît qu'à nous autres, vivants, sous l'aspect de formes matérielles. Non-vivant et vivant forment la Vie universelle ; l'état mort est une espèce de vitalité, encore soudée à elle-même qui fait l'expérience de l'absolu (l'absence de relations, ou, ce qui revient au même, de toutes les relations à la fois). L'être vivant est la Vie séparée d'elle-même, rythmiquement détachée (ce que j'appelle une *démixtion*) qui fait l'expérience d'un monde de formes

l'hylozoïsme (toute matière est vivante). Et c'est bien la voie que va suivre le philosophe : « *le sentiment et la vie sont éternels,* note-t-il, *ce qui vit a toujours vécu et vivra sans fin.* », ou encore cette formule célèbre écrite au début de l'<u>Entretien entre d'Alembert et Diderot</u> « *il faut que la pierre sente* », même, si « *cela est dur à croire* ». Il est vrai que c'est faire violence au sens commun que de soutenir que les pierres possèdent une subjectivité/intériorité (mais méfions-nous du sens commun : c'est souvent la chose la plus stupide au monde[268] !). Cette affirmation n'a pourtant rien de ridicule, ce n'est pas une naïveté préscientifique, dès lors que nous comprenons que cette « sensibilité » de l'inorganique ne doit pas être pensée sur le modèle humain, animal ou même végétal, ce que fait l'animisme primitif. D'ailleurs, refuser l'hylozoïsme conduit à s'exposer à des absurdités bien plus grandes encore : comment ce qui est étendu pourrait-il rencontrer ce qui est inétendu, comment ce qui est inerte pourrait-il se mettre un jour à sentir, à bouger, à devenir conscient etc. *Si la sensation existe, c'est forcément qu'elle a toujours existé, puisqu'elle n'a pas pu naître de l'insensible.* C'est seulement sa façon de se manifester qui diffère entre l'organique et

---

plus ou moins séparé (tous les degrés de viscosité existent entre le soudé et le détaché : la sensation qui fait encore corps avec son objet, la perception semi-détachée, la conscience objectivante).

[268] Ainsi la croyance de l'homme ordinaire au haut et au bas, ou à un maintenant unique dans tout l'Univers. Le sens commun confond sa mesure du réel avec le réel et reste pour cette raison prisonnier d'une échelle particulière dans sa compréhension des choses.

l'inorganique[269]. Mais il doit exister plusieurs *degrés* ou *modalités* dans la subjectivité car la « sensibilité » du minéral n'est pas celle de la plante ou de l'animal. Comment penser la sensibilité de la pierre *a minima* ?

Je suis donc parti de l'hylozoïsme. Mais je n'étais pas au bout de mes peines : car il me fallait maintenant me demander quelle différence faire entre la « sensibilité » du rocher et la sensibilité du vivant. Il serait bien entendu ridicule de prétendre qu'un rocher sent, voit, entend comme un être vivant, même aussi primitif qu'une bactérie (une bactérie n'a d'ailleurs rien de simple, c'est déjà un organisme très complexe). Affirmer cela relèverait de la projection animiste, d'une illusion naïve et d'une conception préscientifique du monde. Ce serait importer notre forme de vivant (la perception, la volonté, la conscience...) dans du non-vivant, ou du moins, dans un autre type de vivant qui ne nous ressemble en rien et dont nous ignorons tout. Mais alors que veut dire « sensibilité » quand nous parlons de l'inorganique ? Sur quel modèle comprendre *ce pathos (affectivité) archaïque plus primitif que la sensation* ? Il faut trouver une sorte de socle commun minimaliste qui s'appliquerait aussi bien à la nature de la pierre qu'à celle de la plante et de l'animal. Quelle piste suivre pour archaïser la

---

[269] Sensation océanique et auto-affection pour l'inorganique, distinction entre le senti et le sentant pour l'être vivant. La démixtion du sensible en sentant/senti, sujet/ objet, pensée/ être a peut-être déjà été envisagée par Anaximandre qui voyait dans l'*apokrisis* et l'*ekkrisis* la séparation et l'éjection du fini à partir de l'*Apeiron*.

sensation ?

Comme toujours, ce sont les phénomènes limites, à la frontière de l'inerte et du vivant, qui peuvent nous indiquer le chemin régressif menant à cette préhistoire de la sensation.

Prenons l'exemple des tardigrades (« marcheurs lents »). Ces animaux minuscules (1mm environ) appelés aussi oursons d'eau, en raison de leur apparence, sont les champions de la survie toutes catégories confondues. Ils ont colonisé tous les habitats, même les plus hostiles, du sommet de l'Himalaya jusqu'au fond des océans. Capables de résister à des températures extrêmes (-272 degrés Celsius jusqu'à + 150), de survivre aux plus fortes radiations et aux pressions les plus élevées, ils défient les lois du vivant et sont pour cette raison un sujet d'étude qui suscite la curiosité et l'émerveillement de la communauté scientifique. Le secret de cette extraordinaire résistance, c'est leur aptitude à entrer en *cryptobiose*. La cryptobiose est une forme de vie ralentie, au cours de laquelle toutes les fonctions métaboliques de l'animal semblent mortes. Face à un milieu hostile, les tardigrades commencent par perdre 99% de l'eau de leur corps ; ils synthétisent un sucre, le tréhalose, qui leur sert d'antigel puis s'entourent d'une petite boule de cire, le tonnelet. Leur activité vitale s'abaisse à 0.01% de la normale (ils deviennent 100 fois plus lents et cessent pratiquement tout échange avec l'extérieur !) Ainsi protégés, ils peuvent demeurer entre la vie et la mort pendant des années. De très récents résultats datant de 2016 attestent que des tardigrades ont pu demeurer en cryptobiose pendant plus de 30 ans à -20 degrés Celsius en laboratoire.

Dans le même registre, on trouve certaines bactéries capables de survivre 1000 ans en cryptobiose grâce à leur endospore (les endo-bactéries). Pourtant, quelques minutes suffisent pour les ramener à la vie. En réaménageant son temps et son espace dans sa bulle, le tardigrade nous apprend qu'il est possible pour un organisme de ralentir son métabolisme jusqu'à un niveau d'activité indécelable que nous appelons un peu trop vite « la mort ». N'est-il pas possible, en suivant la même logique, de comprendre par extrapolation **l'inorganique comme *une vie si ralentie et homogène* à notre échelle temporelle que nous la qualifions d'inanimée ou d'inerte** ? Ce que nous appelons le « monde mort » l'est-il vraiment ? N'est-il pas une sorte de vitalité latente et indécelable qui se perdrait dans le bourdonnement indistinct de ses fluctuations imperceptibles ?

L'exemple du tardigrade est plein d'enseignements : il nous montre que ce que nous qualifions grossièrement d'« inerte » ou encore d' « inanimé » pourrait être en réalité *une préforme de vie* trop lente pour être perçue au rythme de notre propre perception. Le tardigrade n'est pas absolument mort, sinon il ne pourrait pas miraculeusement renaître. Mais tout son métabolisme est presque figé, au point de nous paraître immobile. A un degré moindre, mais toujours victimes de la même illusion, nous avons mis longtemps à accepter l'idée que les éponges et les cnidaires étaient des animaux et non des plantes, tant leur lenteur ne correspondait pas à l'idée que l'on se faisait des mouvements animaux. Nous refusons la vie aux rythmes de la matière trop différents du temps humain et incommensurables à la vitesse de notre propre métabolisme. L'inerte est une matière rythmée autrement que la matière vivante. Mais quelle est précisément la différence ?

Si les roches « vivent » extraordinairement plus lentement que nous, leur durée de vie doit être aussi extraordinairement plus longue (des centaines de millions, voire des milliards d'années pour certaines roches comme les zircons). Leur seuil d'activité est si faible à notre mesure d'humains que nous refusons de croire qu'elles métabolisent, elles aussi...Pourtant, nous savons bien que les cristaux poussent, que la tectonique des plaques redessine le visage de la Terre à la vitesse de croissance de nos ongles. Mais dans le si petit intervalle d'une vie humaine, tout semble désespérément mort et immuable. Pour les êtres organiques, le mouvement de la nature inorganique est comme figé dans la glace, cristallisé en formes et désespérément immobile. Comment franchir un pas de plus et s'avancer dans la subjectivité muette de la matière ? *Pouvons-nous commencer à comprendre la mort de l'intérieur ?*

Un métabolisme très lent, cela veut dire une période perceptive extraordinairement plus longue et plus dilatée que la nôtre. Nous pouvons la concevoir grâce à une **expérience de pensée** qui nous fait quitter la prison rythmique dans laquelle nous enferme notre perception d'humains. L'espace et le temps, nous le savons depuis Einstein, ne sont pas deux entités indépendantes mais une même pâte déformable que nous qualifions tantôt de « spatiale » quand elle nous apparaît suffisamment visqueuse et tantôt de « temporelle » quand elle se présente comme un changement fluide et immatériel. Aussi, en déréglant notre rythme perceptif, c'est toute la pâte spatio-temporelle qui se déforme et nous pouvons alors explorer les propriétés d'une réalité qui nous est ordinairement interdite. En psychologie cognitive, la durée minimale entre deux sensations (deux images, deux sons ou deux pressions tactiles) s'appelle le *point de temps*. Chez l'homme, on estime le point de temps visuel à 30 /40 ms, le point de temps auditif à 2 ms, et le point de temps tactile à 10 ms. Le point de temps varie considérablement d'une espèce vivante à l'autre. Et même à l'intérieur d'une même espèce, le rythme perceptif n'est pas exactement le même et de petites différences individuelles subsistent.

C'est seulement parce que la durée de notre vie est courte et, par conséquent, que notre point de temps est relativement petit qu'un animal, une plante ou un rocher nous apparaît permanent dans sa forme et dans ses dimensions : car en une minute, nous pouvons le voir des centaines de fois ou même plus, sans remarquer aucun changement. En 30 ou 40 ms, la métamorphose continue de la Nature nous est presque imperceptible. Découper rapidement le mouvement donne au réel une permanence et une consistance suffisantes pour stabiliser un monde de formes et d'objets. Plus ma perception est rapide, plus le monde qui me fait face m'apparaît lent et figé, parce que je le découpe en un plus grand nombre d'images en un même intervalle de temps. Il en va de la perception comme du cinéma. Au cinéma, il faut filmer plus vite pour obtenir un ralenti à la projection, de même, plus la perception est rapide, plus le réel qui me fait face m'apparaît découpé et immobile.

[270]La stabilité et la permanence du monde que nous percevons est inversement proportionnelle à la vitesse de notre perception. C'est parce que mon point de temps est suffisamment petit que je crois voir la *même* personne, le *même* objet d'un instant à l'autre.

Toutefois, les événements qui se produisent plus rapidement que cette mesure ne peuvent plus être distingués séparément ; ils sont comme soudés entre eux et ne forment plus qu'un seul événement continu (par exemple, des clignotements lumineux survenant tous les 10 ms ne pourraient plus être discriminés par l'œil humain et formeraient un flash continu de lumière). On appelle *seuil critique de fusion du papillotement* le moment où la source discontinue de lumière apparaît constante et où les flashs ne peuvent plus être distingués les uns des autres. La multiplicité des événements se résorbe alors en un champ continu où tout se confond et devient homogène. On pourrait concevoir ce passage de l'hétérogène à l'homogène comme une molette que l'on tourne sur un ancien appareil photographique (non numérique, comme un reflex par exemple) : en tournant la molette permettant de faire la mise au point, on passerait de la multiplicité des choses nettes à une sorte de champ flou et indéterminé où plus rien ne serait visible. Il en va de

---

[270] Au cinéma, il faut filmer plus vite pour obtenir un ralenti. La vitesse de filmage est inversement proportionnelle à celle de la projection. Sur cette question, on peut écouter la superbe conférence de Philippe Granarolo intitulée « pourquoi le temps accélère-t-il ? », consultable sur son site.

même pour notre perception : elle ne distingue un monde de formes ordonnées et plurielles qu'à une certaine échelle de mesure ; en dessous du point de temps cessent toute fragmentation et toute visibilité, on sombre dans le non mesurable, l'indéterminable : l'*Apeiron*. L'agencement de la réalité en *monde* (c'est-à-dire en une structure de choses fragmentées et agencées entre elles) s'évanouit. On passe du *cosmos* au *chaos*. Dit autrement, le Mouvement n'est plus dimensionnalisé, c'est-à-dire séparé en un espace et un temps distincts. Car sans l'existence des formes qui servent de repères dans le flux, il n'y a plus de distance ni de succession possibles[271]. A cette échelle, il n'y a que le Mouvement infini, mais plus l'espace et le temps que notre expérience quotidienne sépare. *Le point de temps fixe la limite du monde*. En dessous, l'espace et le temps se sont évanouis en une écume de Mouvement sans repères.

Or, qu'en est-il pour un organisme bien plus lent que l'homme ? Le point de temps est alors beaucoup plus long. Pour la tortue de mer, par exemple, qui est quatre fois plus lente que l'homme, le point de temps est quatre fois plus long. Pendant que nous avons quatre sensations, la tortue n'en a qu'une. Son monde défile à toute vitesse car dans le même intervalle de temps il s'est passé pour elle quatre fois plus de choses. Pour les tortues et les escargots, la vie n'est pas un long fleuve tranquille mais un torrent en furie.

---

[271] L' « avant » et l' « après » supposent un repère reconnaissable tout comme le « loin » et le « près ». Une homogénéité trop grande supprime la notion d'espace tout comme celle de temps.

En conservant le même raisonnement, quelle serait la vitesse de perception d'une plante, d'un tardigrade en cryptobiose ? Et celle du calcaire ou du granit ? En dilatant petit à petit le point de temps, autrement dit en ralentissant de plus en plus le métabolisme, on se rapproche par paliers de « l'état mort », autrement dit de la subjectivité de l'inorganique. C'est encore une sensation, simplement à un rythme incroyablement plus lent et plus uni que le nôtre. Pour essayer de le concevoir, imaginons l'expérience mentale suivante : supposons que tout notre organisme ralentisse (notre perception, notre mémoire, notre battement cardiaque et toutes les fonctions métaboliques de même[272]) : si nous n'avions plus qu'une seule perception en une heure, un jour ou un mois, alors les formes et les objets du quotidien commenceraient à se dissoudre, emportés par le flot furieux du devenir. Plus l'intervalle de durée entre deux perceptions augmente, plus le mouvement s'introduit dans la sensation. A partir d'un certain seuil de lenteur perceptive, toutes les formes autour de nous se dissoudraient dans le flux torrentiel de la Nature, plus aucune qualité, plus aucune forme ne se détacherait d'un fond. Le gradient rythmique entre le sentant et le senti deviendrait si faible qu'aucune forme ne pourrait se détacher du fond de la Nature. La multiplicité des formes perçues ferait place à un mouvement presque homogène dans lequel nous serions entrainés et nous deviendrions toutes choses dans le courant de la Vie universelle : nous serions

---

[272] C'est ce qui se produirait si nous pouvions nous déplacer à une vitesse proche de celle de la lumière selon les lois établies par la relativité restreinte.

ce flux, nous et toutes choses confondues et il n'y aurait plus face à nous un monde spatial évoluant dans le temps. Toute mesure et toute individualité seraient abolies. C'est le passage du *peras* à l'*Apeiron,* (passage de la pluralité des formes spatio-temporelles à la pré-individualité du Mouvement). Les formes du réel n'existent qu'en raison de la vitesse de l'être percevant, autrement dit, de la brièveté de la vie. Si la durée de la vie humaine devenait celle des montagnes et s'étalait sur des dizaines ou des centaines de millions d'années, l'unité de la perception se dilaterait à tel point que nous ne pourrions plus stabiliser un monde d'objets. Ralentir à l'extrême la perception reviendrait à supprimer la représentation, à rabattre le dehors sur le dedans, à résorber l'objet dans le sujet, ou plutôt, à se retrouver avant la distinction, comme le dormeur qui ne s'est pas encore éveillé et qui ne fait qu'un avec son rêve. La représentation est la distinction entre le sujet et l'objet, le fait qu'un objet existe *pour* un sujet. C'est cette distance entre moi et le monde et entre moi et moi qui me permet de percevoir un monde extérieur et d'être conscient d'être moi-même. Mais au-delà d'une certaine lenteur de la perception, la distance s'annule, sujet et objet coïncident, comme noyés dans le flux originaire. **L'inorganique fait l'expérience de l'absolu, et cette expérience est ce que nous nommons à tort « la mort ».** C'est la fin de l'espace et du temps mais ce n'est pas la fin de la Nature. Il ne faut surtout pas confondre le Mouvement non représentable (non dimensionnalisé) avec le néant. Le néant est l'absence de toute réalité et il est impossible. Le Mouvement pur est l'absence de choses spatio-temporelles mais il n'est pas rien, il est *le réel à une autre échelle*. Simplement pour nous, vivants, il est irreprésentable car on ne peut représenter que ce qui a une forme et il n'en a plus. La participation au flux de la Nature (l'expérience de l'état mort) n'est plus susceptible d'aucune représentation car plus aucune forme ne se détache de l'être pré-individuel trop homogène. Si plus aucune différence de vitesse ne distingue le percevant du perçu, nous aboutissons à une sorte de sensation sans distance, un fourmillement presque homogène[273] qui ne connaît ni la distance ni la succession. C'est la définition même de l'éternité. Éternité qu'il ne faut penser ni sur le mode de l'immobilité comme Platon et ses essences, ni sur celui de la sempiternité d'Héraclite (une durée infinie qui suppose encore la distinction de l'avant et de l'après) mais comme un Mouvement sans mesure que les mystiques ont baptisé la durée de Dieu, la durée non successive : l'*aevum*. Il s'agit d'une fluctuation invieillissable, sans passé ni futur, toujours présente. N'est-ce pas précisément ce que les hommes appellent maladroitement « l'état mort » ?

Dans cette perspective, l'être vivant n'est rien d'autre que *l'acte de séparation du Mouvement*

---

[273] D'une homogénéité absolue ne pourrait surgir aucune action, aucun devenir. Pour expliquer le changement il faut donc présupposer la différence comme originaire. La Nature est acte de variation pure. La variation est à la fois discontinue par son intensité mais continue dans son mouvement, comme peut l'être une pulsation cardiaque. La Nature ne peut pas cesser d'être Nature, c'est-à-dire activité et présence. Il n'y a pas de trous dans l'être.

éternel en espace et en temps ; c'est donc un pic d'intensité dans le Mouvement éternel, une flambée dans la morphogénèse, une sorte de marée mortelle de l'éternité ; la mort, quant à elle, est la dissolution de l'espace et du temps du vivant et la subversion des catégories, le retour à l'agitation en dimensions infinies qui interdit la représentation. Elle n'est pas le néant, qui, de toute façon, n'est par définition ni pensable ni dicible. Ainsi « *le chemin montant descendant est un et le même* » (Héraclite, <u>fragment 118(60)</u>, Conche) parce que vie et mort sont tous les deux des **processus de création**. Il n'y a pas d'autre réalité que la création, *l'éclosion perpétuelle* que les Grecs nomment *Physis*. La seule différence entre la vie et la mort est la *cadence* à laquelle cette musique se joue. La première est une musique endiablée jouée *fortissimo*, qui cultive l'écart et le déséquilibre ; la seconde est une musique jouée *pianissimo*, une vibration sur place jouée en sourdine que nos oreilles de vivants, trop grossières, ne savent pas reconnaître comme de la vie. Mais la dichotomie du vivre et du mourir n'est qu'une manière de parler car toutes les nuances existent entre la musique de l'inerte et celle du vivant. Il y a plusieurs manières (rythmes) « d'être mort » de même qu'il y a plusieurs manières « d'être vivant ». Tous les degrés de viscosité existent parce que tous les quotients d'espace-temps sont possibles. La Nature est tout entière une polyrythmie, une polyphonie. L'inerte n'est « inerte » qu'à notre courte vue. La pierre sent, comme le suggérait déjà Diderot, même si elle sent sans percevoir de formes, c'est-à-dire même si elle est sans monde. Dans cette perspective, que signifie alors mourir ? Lorsque la membrane explose, seul le rythme vivant (autrement dit la mesure du temps et de l'espace) est détruit. Un monde est détruit. Le mortel se dissout dans le Mouvement sans mesure où s'annulent toutes les déterminations et tous les contraires. Mais une étoile qui s'éteint n'éteint pas le ciel. De l'éternité frémissante jailliront pour toujours d'autres mondes vivants, d'autres mondes mortels. L'infini est inépuisable.

Conclusion :

J'aimerais, pour conclure, préciser ma position métaphysique. Suis-je vitaliste ? On peut se dire vitaliste en deux sens très différents.

Premièrement, peut se dire vitaliste celui qui croit en l'existence d'un élan vital, une sorte de force occulte et mystérieuse qui permettrait de distinguer en nature le vivant de l'objet inerte. Ce vitaliste-là distingue deux types d'objets différents dans le réel, les non vivants et les vivants. Et pour rendre compte de la spécificité des derniers, il a recours à l'existence de l'âme comme à une sorte de *deus ex machina* : un principe additionnel à la matière, une sorte de force magique *supplémentaire* pour expliquer l'animation (Barthez, Driesch, Aristote). Je ne suis pas du tout vitaliste en ce sens car je ne crois ni en l'existence d'une différence de nature entre le vivant et le non-vivant, ni même en l'existence de la matière tout court. La matière, c'est du mouvement pur, de l'énergie insubstantielle, mais elle nous apparaît sous forme d'atomes, de molécules, de corps - bref comme des boules de densité réidentifiables parce que nous percevons cette vibration à une certaine vitesse, et c'est précisément cette différence de potentiel/vitesse entre le sentant et le senti, qui rend possible l'appréhension de structures granulaires. Quant à la différence que nous faisons entre le vivant et l'inorganique, elle est très artificielle et arbitraire, parce que c'est seulement une convention d'échelle. C'est une simple habitude de langage qui repose sur un degré de ressemblance entre le rythme humain et les autres rythmes de la Nature. Nous décrétons qu'une entité est morte ou vivante en prenant notre rythme humain comme mesure universelle : par exemple, nous disons qu'un arbre est vivant mais que le granit ne l'est pas parce que la durée de vie de l'arbre est commensurable à la nôtre : nous pouvons voir ses feuilles pousser au printemps et tomber en automne, tandis qu'à notre courte échelle il est impossible d'observer la croissance d'un cristal ou l'érosion d'un calcaire. Nous ne voyons pas la Vie dans l'inerte mais cela ne prouve rien : l'inerte est un mouvement si subtil que nous le confondons avec de l'immobile. Donc, pas besoin de rajouter une âme au corps pour expliquer l'animation. Le mouvement y est déjà, c'est nous qui ne le voyons pas. A la limite, il vaudrait mieux dire que c'est le corps lui-même qui est une âme, c'est-à-dire un souffle à une autre échelle que celle de la perception (je préfère pour ma part le mot « énergie » qui est moins chargé idéologiquement et ne connote aucun dualisme). Ce qu'il faut comprendre, c'est qu'il n'y a pas deux entités différentes, le corps et l'âme, mais une seule, l'énergie. Simplement, pour un être vivant, la vibration se présente sous l'aspect de formes matérielles. Un corps, ça existe pour un vivant mais ça n'existe pas en soi.

Mais le vitalisme a aussi une acception beaucoup plus générale. On peut se dire vitaliste dans ce deuxième sens si l'on fait de la Vie la source et le fondement de tout ce qui existe, y compris la connaissance qui n'est qu'une excroissance de la Vie. Anaximandre était vitaliste en ce sens-là, Bergson aussi. Je suis moi aussi vitaliste en ce deuxième sens car je pose à l'origine un Mouvement éternel (pas sempiternel car non mesurable, donc esquivant la succession qui est une détermination). Ce Mouvement éternel engendre tout ce qu'il y a par dissociation rythmique : les galaxies, les atomes, les molécules, les êtres vivants et même la conscience. Le processus du *chemin vers les formes* est toujours le même. La *Physis* est une puissance d'éclosion infinie qui engendre tous les rythmes possibles par dissociation d'avec elle-même, par séparation buissonnante. J'appelle cette séparation rythmique une *démixtion* (terme employé en rhéologie) pour décrire le processus de morphogenèse. Il s'agit de l'intensification d'une variation qui fait passer de l'homogène à l'hétérogène, qui invente toujours plus de différence et de diversité dans un milieu. La chimie est plus différenciée que la réalité quantique, le biologique plus différencié que le chimique, les êtres conscients et pensants encore plus différenciés que les êtres qui sentent seulement. L'être vivant émerge comme un contraste et un pic de différenciation par dissociation de la Vie originaire en sentant et en senti (qui sont deux gradients dans le flux créateur). Ce n'est que par lui et pour lui que les formes matérielles existent en vis- à-vis. La Nature peut donc se présenter sous deux formes différentes : soit comme un bloc soudé à lui-même, pré-individuel, continu et indivis qui se sent confusément à travers une sensation océanique globale que nous appelons la mort : c'est le rythme de l'inorganique ; soit à travers les innombrables miroirs qui sont les êtres vivants pour lesquelles il existe un monde de choses en face d'eux : c'est le rythme vivant, qui repose sur la relation. Le vivant n'est donc qu'une des intensités possibles de la Vie. Le Mouvement éternel, c'est la Vie universelle qui n'est pas organique mais qui peut donner naissance au vivant tout comme une mer calme peut, de temps à autre, engendrer des tempêtes. L'éternité peut engendrer des espace-temps innombrables (des rythmes), chacun de ces rythmes est un monde vivant déterminé et mortel. Plaçant la Vie à l'origine mais non le vivant, je me considère vitaliste dans ce sens très particulier : celui d'un naturalisme vitaliste, d'un énergétisme vitaliste, tout comme l'était Anaximandre.

Fixons pour terminer le vocabulaire : je distingue la Vie, le vivant, et la vitalité.

J'appelle **Vie** la réalité dans son ensemble qui est à la fois la vie de l'être vivant et la vitalité de moindre amplitude que nous appelons mort depuis l'échelle rythmique que nous occupons. La Vie est le Mouvement éternel du Tout, qui s'identifie à la Nature. Elle est sans contraire et indestructible, étant l'ensemble de la réalité à toutes les échelles.

J'appelle **vivant** le phénomène biologique confiné dans une *forme* vivante : une cellule, un organisme, un écosystème. Le vivant se distingue de la Vie universelle par un rythme particulier, le biorythme : un déséquilibre maintenu durant une durée suffisante pour que les recettes l'emportent sur les dépenses. L'être vivant décompose le Mouvement de la Nature en espace et en temps séparés ce qui lui permet d'agir sur son environnement en évoluant dans un monde de formes réidentifiables. L'être vivant n'est rien d'autre que cette chorégraphie spatio-temporelle, la dimensionnalisation de la Nature en trois dimensions d'espace et une dimension de temps. Les formes matérielles n'existent que pour un être percevant et conscient (pour l'être sentant seulement, il n'existe que des polarités, des *protoformes*). Lorsque la spatio-temporalité se réfléchit dans le miroir de la conscience, le temps devient alors une histoire pour le vivant.

J'appelle **vitalité** ce que le sens commun appelle ordinairement la « mort ». Le terme de mort me semble très mal choisi pour qualifier l'aspect le plus homogène et régulier de la Vie universelle. La mort est un régime fluvial du réel qui se caractérise par de très hautes fréquences et une amplitude et une période extrêmement petites. La Nature est alors animée de minuscules variations comme des frissons imperceptibles que nous confondons avec de l'immobile. Dans « l'état mort » la Nature se sent elle-même dans une sorte d'auto-affection ineffable pour un vivant soumis à l'échelle du spatio-temporel. Cet état est une sorte de sensation infinie, non encore fragmentée par le rythme perceptif du vivant.

Il résulte de ces distinctions que la Vie universelle inclut en elle l'inorganique et le biologique comme deux régimes fluviaux, le soudé et le séparé. La mort est le régime du soudé, de **l'absolu,** là où cessent toutes les relations. Le vivant est le régime du séparé[274], de la **relation.** Vivre, pour un être vivant, c'est faire l'expérience du non-absolu. Je ne peux rester en vie qu'à condition d'agir sur un monde qui n'est pas moi. Le vivant est toujours *en relation avec* : avec un environnement qui le sculpte, avec des prédateurs qui le menacent et des proies qui le fuient, avec d'autres vivants avec lesquels il collabore ou entre en compétition. Ou tout simplement en relation avec lui-même, ce qui s'appelle la conscience. Il n'y a pas de vie possible sans multiplicité et la multiplicité implique nécessairement l'interaction.

Le vivant signifie donc ontologiquement la scission de l'absolu d'avec lui-même, une sorte d'émancipation de la présence à soi indivise de la *Physis* à l'intérieur d'un intervalle d'intensités bien spécifique : un rythme. Chaque rythme est un quotient d'espace-temps qui se traduit par une certaine texture, une viscosité singulière de la pâte de la réalité. C'est ce que l'on appelle un monde vivant. Il y a des rythmes vivants innombrables parce que tous les degrés existent entre le bloc brut du réel encore soudé à lui-même et l'objet éjecté et réfléchi dans la représentation consciente. Chaque monde a sa métrique et sa viscosité propres car il est un quotient relativiste d'espace-temps plus ou moins

---

[274] Séparé mais non isolé. Dans une relation, chaque pôle est séparé de l'autre mais pourtant uni à lui. Le conscient, quant à lui, est le régime de l'éjecté (ce qui correspond à l'*ekkrisis* d'Anaximandre). Une représentation consciente est un spectacle projeté dans un espace extérieur pour un spectateur.

visqueux (spatial) ou plus ou moins fluide (temporel). Mais l'élastique que constitue chaque monde ne peut pas casser, car chacun appartient au Réel, qui est le Mouvement éternel et qui est sans dehors. Le réel lui-même n'est dans rien puisqu'il est Tout.

La Vie est donc pour moi l'ultime réalité. C'est ce qui m'éloigne radicalement de toute pensée matérialiste. Pour un matérialiste, la vie n'est qu'un accident chimique de la matière morte. Pour moi, elle est le fait originaire, l'auto-déploiement de la Nature sous toutes ses formes : inorganiques et organiques.

■■■

Table des matières

I)   Abrégé de Métaphysique 32

1.   Libération catégoriale et naissance du philosophe. 32

2.   Concepts opératoires de la Métaphysique de l'Ecoulement universel (Rhoé) 48

3.   Organisation arborescente de mes pensées...90

II)   Fragments...102

III)   Appendice...471

Table des matières 528

Livre auto-édité par :

Fabien Nivière

5 Avenue du Général de Gaulle

94160 Saint-Mandé

France

Tirage à la demande

ISBN : 978-2-9567380-5-3

Prix TTC France : 14,99€

Dépôt légal : octobre 2021